頤明遺文集

池鴻章

顾明远文集

第八卷

顾明远教育口述史
顾明远教育演讲录

顾明远 著

李敏谊 整理

北京师范大学出版集团
BEIJING NORMAL UNIVERSITY PUBLISHING GROUP
北京师范大学出版社

目　录

顾明远教育口述史

顾明远教育演讲录

.

顾明远教育口述史[*]

* 北京师范大学出版社2007年第一版，2012年第二版，本书做了修订。

前　言

　　两年以前北京师范大学出版社就约我写口述史。我觉得没有什么可写的。一个平平常常的教师，虽说工作了五十多年，但也就是备课、讲课、写作，都是一般老师要做的工作。只是因为当了几年副校长，参加了一些会议，知道一些学校以外的事情，但也觉得没有什么有价值的东西值得记录。出版社很把它当作一回事，刘生全同志又找到我的研究生签约，让她和我谈陈年老账，于是就有了这些琐忆。对我个人来说，这倒也是一次很好的回顾，但对别人来讲，实在没有多大意义。即使如此，我还是要感谢出版社的热心、研究生李敏谊的辛苦。

顾明远2005年暑假识于北京求是书屋

　　近几年来又在中国教育政策和发展大潮中做了些事情，在和学生交谈时又回忆了几件事，趁再版之际，把它们添加了进去。这次修订，我的学术助理滕珺做了不少工作，一并致谢。

顾明远又及

2011年11月20日

第一章　我的求学生涯

人生格言：像松树一样做人，坚挺不拔；

像小草一样学习，随处生根；

像大海一样待人，容纳百川；

像细雨一样做事，润物无声。

走进教育百草园

我出生在江苏长江边上的一个小城里，现在这个城市因为是"中华第一村"——华西村的所在地且近三十年来名列全国百强县前茅而闻名于世。但在我出生的时候，江阴还是一个非常落后的小县城。城墙一圈据说有九里十三步，算起来，城里的面积也就只有一平方千米多一点。从东城门到西城门大概有十几分钟的路程。抗日战争爆发之前，城西有一家电厂、一家面粉厂、一家纺织厂。但抗战爆发时，都给日军炸毁了。从此，江阴就没有电灯，直到我1948年离开江阴，电厂尚未恢复。我们一开始是在洋油灯下读书，太平洋战争爆发后，美孚洋行的洋油也没有了，只好用豆油灯，就是用一个小碟子盛上豆油，用一根棉绒或几根灯芯草把油引上来点着，其亮度可想而知。

背景资料：顾明远先生的故乡江阴，古称暨阳，见诸文字记载的历史有2 500多年。晋太康二年（281年）置暨阳县。南朝梁绍泰元年（555年）废县置郡，建治君山之麓，因地处长江之南，遂称江阴郡，此为"江阴"名称之开始。江阴钟灵毓秀，堪称人文渊薮。始建于宋代的文庙规模宏大，明清时代的江苏学政亦驻节于此。江阴是长江下游重要的交通枢纽，从江阴至上海、南京各150千米，以江阴为圆心、半径160千米范围内有6个机场。20世纪中国第一、世界第四的特大跨径钢悬索桥——江阴长江公路大桥，是沟通同三（黑龙江同江—海南三亚）和京沪两大国道主干线的过江"咽喉"。

天堑变通途——江阴长江大桥　　　　江阴文庙昭示了此地人杰地灵

我的家本来还算是小康人家，祖父在常熟一个茶庄做伙计，父亲在外埠学校教书。但抗日战争几乎把我家弄得家破人散。祖父失业在家，父亲在外面又结婚，把我们母子俩遗弃在家。那十多年的生活几乎都是靠亲戚朋友的接济才勉强维持下来。

抗日战争期间，我们受尽了日本侵略的苦头。原来我们住在江阴城里，日本兵来了，有钱人家逃到上海租界去了，有的逃到苏北泰州等地。我们则是逃到乡村，一年中辗转了多个村庄，先是贯庄，继而北漍、周庄、华墅。有时夜里住在村里，白天就逃到山上。一年以后，时局稍为稳定，我们就搬到离城不远的小镇金童桥。但日子并不太平，日本兵经常下乡来清乡，我们一听说日本鬼子下乡来清乡了，就赶快逃到另外的村子躲起来。因为这样躲躲藏藏一年多，所以学业也荒废了。这一年只上了几个月的私塾。所谓私塾，实际上是金童桥的一位郎中先生，一面给人看病，一面收了几个生徒。大致有四五人，年龄不等，记得有比我年纪小的，也有年纪大一点的，最大的也不过十来岁。因为年龄不等，所以学习的内容也不同。初入学的学《三字经》，最大的一个读《孟子》，老师让我读《大学》。天天让我们背诵，也不讲解。读了几个月，最后只记得"大学之道，在明明德，在亲民，在止于至善"。至于什么意思，完全不明白。

抗战期间，由于流离失所，我上小学时就先后换了五所学校；到上初中，才算稳定下来。

我在学校的功课一直很好，特别是数学，从初中开始一直名列前茅。但当时的家境无法供我上大学，因此我一度很消沉，但心犹不甘，于是参加了1948年的高考。当时的高考采用联考的方法，如清华、北大、南开就联合在各地招生。我那时年轻气盛，同时抱着工业救国的理想，报考了当时被认为是最好的大学和最好的专业，如清华的建筑系、上海交大的运输管理系，但都落榜了。于是经人介绍到上海私立荣海小学当教员，我承担了五年级的语文和算术课的教学

舞勺之年的顾明远先生

工作。一年的教育工作，使我热爱上了教师这一职业。在这一年里，我一面在学校教书，一面常常利用星期日跑书店，买了许多俄国19世纪著名作家如果戈理、陀思妥耶夫斯基、契诃夫以及高尔基等人的名著。我还读了艾思奇的《大众哲学》等著作。1949年全国大部分地区成为解放区，我毅然报考了北京师范大学，也正是大学免费圆了我大学之梦，使我从

此走上了教育工作岗位。

走上教师岗位也不完全是因为一年的教学经验，中学时代的生活、中学教师的影响也是原因。

我在南菁中学

南菁中学的前身是南菁书院，建于1882年。1903年重新制定癸卯学制（即《奏定学堂章程》）后改名为"南菁学堂"。学堂除设普通科，还设有农科和商科，是江苏省名校之一。可惜抗日战争时期被日本侵略军炸成废墟，学校被迫停办，只有少部分学生迁到上海租界上学。1942年学校由汪伪政府复办，校名改为"江苏省立第九中学"。那年我刚好上初中，就进入了这所学校。当时校舍破旧不堪，仅有的一座教学大楼被日军炸成了断壁残垣，只剩下几间平房。1945年抗战胜利，国民政府接管学校，恢复南菁中学校名。抗战胜利后第一任校长李天民，筹资盖了一座教学楼，因为是抗战胜利后建的，所以起名为"重光楼"。但除了校舍经修缮有所改善外，设备依然奇缺，物理化学课都是在黑板上"做实验"，因此我的物理成绩最差。

背景资料：南菁中学，前身是江苏学政黄体芳在光绪八年（1882年）创办的南菁书院。清末，这里是江苏全省的最高学府和教育中心，在中国近代教育史上曾产生过一定影响。中华人民共和国成立后，南菁中学曾是江苏省早期18所示范中学之一、江苏省首批办好的重点中学和江苏省首批合格重点中学；1998年上半年，南菁中学以高质量通过了国家级示范性普通高中的验收。南菁中学百余年间，英才辈出，桃李满天下，共为国家培养了27 000余名专家、学者、革命者和建设者，他们中有7名中科院院士，7名解放军现役将军，还有著名的革命家、教育家、

中街上南菁中学老校门　　　　　　　南菁中学的校园一角

医学家、工程师、书法家、音乐家等。[①]

　　我的中学时代可以说是在中国最黑暗的年代中度过的。小学四年和初中三年我都是在日寇的铁蹄底下过着亡国奴的生活，高中三年又是在国民党当局专制统治之下过来的。幸而学校中有几位好老师，使我在青少年时代没有虚度年华。例如在初中一年级教算术课的章臣顺老师，他常常用图解法讲解四则运算，如讲"两车对开，时速不同，在一定距离内何时相遇"等此类问题，都用图画出来，学生就很容易懂了。另外一位是教初三平面几何的胡静莲老师，她那时才二十几岁，患有肺结核，但给我们上课时却总是精神抖擞，极富艺术性。考试时她常常出一些难题，但不计在一百分内，只是另加分数，第一名交卷也能加分。我非常喜欢数学，常常把难题做出来了，而且第一名交卷，因此我的数学成绩总是可以拿到一百多分。不幸的是，她在抗战胜利那一年去世了。出殡那天，虽然天下着雨，但同学们都去为她送行。高中的数学一直是吴菊辰先生教的，他讲课极富逻辑性，而且讲话很快，前后衔接，一气呵成，所以上他的课很痛快。但数学成绩不太好的同学就感到吃力，跟不上他的节奏。高中教我们国文的李成蹊老师、教史地的李庚序老师都很

---

① 此数据为2005年统计结果。——编者注

有学问，不仅课讲得好，而且人也很好，和蔼对待每个同学。值得纪念的还有一位音乐兼美术老师胡森林，他身兼两职，既教音乐又教美术。1949年前的中学一般都是这样的。他善于彩粉画，音乐本来不是他的专业，但他的音乐修养较好。当时只有一架风琴，但他的课上得有声有色，给我们讲五线谱，介绍各国名曲，使我们增加了许多音乐知识。他不仅在课堂上教我们，而且还在课下组织各种活动，成立合唱团、口琴队。抗战胜利那一年又辅导我们排练话剧《一颗爱国心》。我国著名指挥家，曾任上海交响乐团团长的曹鹏就是我们当时的口琴队队长。抗战胜利前夕他过长江参加了新四军，1949年5月上海解放军进城仪式上的军乐队就是由他指挥的。

我的中学生活丰富多彩，没有现在这种高考的竞争压力，因此学习比较主动、生动。我们学数学，不仅学数学知识，还把它当作一门艺术。我们数学作业本都是最好的道林纸本，书写特别整齐。高一时上立体几何，把画圆锥体、立方体当作绘画，有阴面阳面，同学之间还互相比较谁画得最好。课外活动也是生动活泼。记得我小时候喜好画画，在我姨夫家阁楼上弄到一本《芥子园画谱》，就学起画来，结果班上有许多同学也都画起来了。当时夏鹤龄同学喜好书法和篆刻，于是班上许多同学都练写大字和刻起图章来。为了节省纸墨，同学们蘸着水在方砖上

南菁中学时代的顾明远先生

顾明远先生当年临摹过的《芥子园画谱》

顾明远先生与同学在南菁中学
老校门前合影，其中右二为顾
明远，左一为沈鹏

写。今天中国书法家协会名誉主席沈鹏之所以成为著名的书法家，不能说和那时的兴趣无关。初中二年级时，尹俊华同学从上海转学过来，他是个足球爱好者，从此，班上都踢起足球来。我们班的足球不仅是全校第一，就是在江阴也是数一数二的。为了赛足球，有一次还和当时的《正气日报》发生冲突，同学们一下子把对国民党当局的仇恨发泄出来，围困了《正气日报》报馆，差一点酿成政治事件。抗战胜利以后，同学们当时以为应该有民主政治了，谁知国民党当局又对解放区发动战争，对国统区人民残酷镇压。我们班在当时要求民主的气氛中办起了两个文艺社团，即曙光文艺社和新绿社。开始只是办墙报，用道林纸写好了贴在墙上，但设计很讲究，有文章，有插图，图文并茂。第二年，在薛钧陶同学的策划下，曙光文艺社办起了刊物，只是油印本，刻蜡版，手工印刷大多是我和夏鹤龄两人干的。没有想到刻蜡版的技术在20年后爆发的"文化大革命"期间用上了，为造反派刻小报，免去了我做苦力劳动，这是后话。后来我们又办起了铅印的正式杂志，名《曙光》，表示当时大家生活在黎明前的黑暗中，曙光必将来临。但终因缺乏经费来源，出了两期就停刊了，改为在《江声日报》上出文艺版，直到中华人民共和国成立。我们当时只是为了搞文艺，内容还是倾向于进步的，期盼着民主的曙光。记得办第一期油印版时刚遇上1946年双十节，国民党发布了双十节文告，进步人士马叙伦撰文评论了双十节文告，我们就在油印本上转载了这篇评论。我还清楚地记得正式出版的两期封面，第一期是一位木刻家为悼念陶行知而刻的陶行知头像，头像上陶行知的嘴巴被一把锁锁着，说明陶行知被国民党当局迫害，不允许他说话；第二期的封面也是一幅木刻，刻的是一名工人的双脚被铁链锁着，另一名工人正用榔头砸铁链。这两幅木刻都是反对国民党当局专制统治的，因此说《曙光》杂志应该属于进步的刊物。

高年级的进步同学对我们的影响也很大。比我们高三四个年级的徐瑞卿、花育城、尹素华等，较早地接受了党的领导。他们从南菁中学毕业以后在大学里学习，每逢寒暑假回乡休假就在江阴组成旅外同学会，把我们在家乡的同学集合在一起，举办假期补习班、图书室、歌咏队。他们把大学的民主空气带回家乡，使江阴这个小城有了生气。我们在和他们的共同活动中接触到了新思想，也就是这个图书室使我在抗战胜利后第一次读到《钢铁是怎样炼成的》，它对我以后的生活道路产生了很大的影响。

我后来选择了教师这个职业，与南菁中学六年的生活不无关系。我觉得，教师这个职业很有意义，学校的生活很有生气。我的成长是教师培养的结果，我也愿意像我的老师那样去培养下一代。

背景资料：当年顾明远和同一届校友薛钧陶、沈鹏一同创办曙光文学社，在校园小有影响。这些为他后来从事社会工作和投身教育事业都奠定了基础。

中記登部政內 請呈刊本

曙光文藝社贈

第**2**期

曙光文藝社
通訊處：江陰省立南菁中學

中華民國三十六年十月十日出版

《曙光》杂志第二期的封面

曙光文学社成员，后排右一为顾明远，右三为薛钧陶，左一为沈鹏

北上求学

1949年8月，我收到北平师范大学（现北京师范大学）的录取通知书，即刻整理行装，匆匆北上。与我同时考上北师大的还有我的同班同学陈寿楠，他考取的是音乐系。

那时中华人民共和国尚未成立，国民党军队虽已大部分迁往台湾，但还在福建、广东顽抗，经常派飞机来轰炸。所以我们乘火车从上海到北京，白天隐蔽起来，晚上才开车，走走停停，走了53小时才到北京。火车上拥挤不堪，我们两天半的时间没有地方睡觉，只能等火车停着的时候，爬到行李架上睡一会儿。

到了北京火车站（那时还在前门），早有老同学拉了平板车在等候我们。那时北师大还在和平门旧址，从前门到和平门只有两站的路程。接我们的是在物理系的老同学陈克岐，他热情地帮我们把行李放在平板车上，一边拉着我们的行李，一边向我们介绍北师大的情况，很快就到了学校。

我们到校不久，第一届中国人民政治协商会议就召开了，北京市为了庆祝会议召开，举行了提灯会，我们和老同学一起参加提灯游行。1949年10月1日举行开国大典，我们一大早就到天安门集合，等到下午3点钟，毛主席一声"中华人民共和国中央人民政府今天成立了"，五星红旗缓缓升起，那时激动的心情难以言表。随后是列队走过天安门，大家喊"毛主席万岁！"听到毛主席在天安门城楼上喊："人民万岁！"浑身热血沸腾，这是我一生中最难忘的时刻。

背景资料：1949年2月17日，北平师范大学师生在庆祝北平解放、欢迎中国人民解放军进城的无比喜悦之中，迎来了中国人民解放军北平军事管制委员会主任叶剑英同志派到北平师范大学的军管会代表。从此，北平师范大学进入一个崭新的时期。9月北平改称北京，学校也因此改为北京师范大学。北京师范大学建校已一百多年，其前身为创办于1902年的京师大学堂师范馆。师范馆在"办理学堂，首重师范"的理念下应运而生，开创了中国现代高等师范教育的先河。在一个多世纪的办学历程中，北京师范大学形成了以对祖国未来和民族命运的高度责任感为核心的"爱国进步、诚信质朴、求真创新、为人师表"的优良传统和"学为人师，行为世范"的校训，在人才培养、科学研究、社会服务等方面做出了卓越贡献，在中国现代教育史上书写了光辉篇章。

在北师大学习时，都是大师级的教授给我们授课，侯外庐先生给我们上社会发展史，胡明先生给我们讲政治经济学。这都是新中国成立后新开的课，高年级学生也没有学习过，因此，上课都在风雨操场，全校师生都听课。专业课有董渭川先生讲的教育方针，林砺儒先生讲的中等教育，邱椿先生讲的外国教育史，薛鸿志先生讲的教育统计学，周先庚先生讲的心理学。还有团中央的领导来讲团队工作，内容是非常丰富的，并且非常重视理论联系实际。

当时我们除了上课外，就是参加各种活动，如抗美援朝运动。我们还曾经到街上去演活报剧（简称"活报"，意为"活的报纸"，是一种用

大学时代的顾明远先生，左二为顾明远

速写手法迅速反映时事的戏剧形式，也叫街头剧）。参加志愿军报名的那一天，大家都在凌晨起床，抢着成为第一个报名的人。

我一进学校就担任了学校校报《师大青年》的编辑。当时的校报实际上是一种板报，用几张道林纸拼起来。当时担任编辑的还有历史系的张伟垣和俄语系的一个同学。我负责排版、美编、抄写。这对我来说驾轻就熟，因为我在中学时代就是板报的老手，从高中一年级开始办了三年。所以我常常说，我是办报出身，直到现在还担任着几个杂志的主编。

最有意思的是1950年暑假，北京市团委派我们几个团员到北京郊区大兴县（今大兴区）农村去建团。在农村住了40天，真正了解北方农村的生活。印象最深的是每天吃派饭，所谓吃派饭就是没有固定的就餐地点，每天被派到不同的农户家就餐，给他们应有的伙食费。这真是吃百家饭，对我来说这是第一次。我们先被派在贫下中农家里吃饭，走过一轮后，再被派到富农家里。但不论是在贫下中农还是在富农家里，这40

1950年6月北京师范大学旧校乐育堂前的青年才俊，右二为顾明远

天里我们都没有吃过一滴油。每天就是窝头咸菜或贴饼、玉米糙、小米稀饭，好一点儿的有大葱蘸酱，可见北方农民之苦。

留学苏联

1951年暑假的一个下午，我们几个同学到什刹海游泳池游泳。正在兴头上，忽然有人叫我，说学校党总支书记找我谈话。我赶快赶到学校，当时的党总支书记李传信已在办公室等着我。他开始只是和我聊家常，然后问我，如果派你到远方，去较长时间，你有什么困难？我当时以为组织上要调我出去工作，因为我们班上已调走了好几个同学，有的到团中央，有的到公安局，有的去参军。当时西藏刚解放，很缺干部。所以一听说要调我到远方去好几年，我想一定是要到西藏去。我当时表示，我没有什么困难，家里就只有一位老母亲，没有工作，但是我的舅舅会照顾她。之后等了好几天。一天系里忽然通知我，让我到燕京大学去报到，参加留学考试。这是我绝对没有想到的事情。

背景资料：在20世纪40年代后期，为了迎接革命胜利后的建国任务，中国共产党派出一些革命烈士和干部的子弟到苏联学习。新中国刚刚建立，百废待兴，百业待举，中国需要建设人才。而当时的国际形势决定了国家对留学生的派送基本面向苏联和东欧社会主义国家。毛主席为迅速改变中国贫穷落后的面貌，高瞻远瞩，向苏联、东欧社会主义国家派出大批留学生，学习先进的科学文化和管理经验。这项工作被纳入我国科学教育发展十年规划。中央设立了由聂荣臻、李富春、陆定一组成的留学生领导小组，每年的选派人数、专业都由周总理亲自审批。从1950年开始到1966年，中国先后向苏联和东欧社会主义国家派遣了一万余名留学生，其中，向苏联派出8 310人，占派出总数的78%；同时，还派出大量的在职人员到苏联参观实习。当时北京和莫斯科之间还没有直航飞机，留学生都是坐着火车去，每批都有几百人，一拉就是一个专列。中国留学生就是这样一专列一专列地奔向苏联。这就是人们所说的中国历史上特有的50年代"留苏热"。同时，大量的苏联专家也来到中国，帮助开展教育、科研和中国的经济建设。苏联计划经济的模式，斯大林式的社会主义体系，教育和科学研究的模式和方法，甚至体育比赛的时间安排，都对新中国产生了深刻影响。

对于派到苏联去的留学生，当时的要求也非常严格。

第一，一定要充分认识到这是党和人民交给的光荣而艰巨的学习任务，要加强自身修养，努力成为政治坚定、业务精通、身体健康、全面发展的专门人才。

第二，要严格遵守所在国家的法律，尊重其风俗习惯，做到国际主义和爱国主义的高度一致。

第三，要严肃纪律。要严格执行我国使馆关于留学生管理工作的各项规定和制度，认真执行向使馆请示报告制度，自觉用组织纪律约束自己的言论和行动。

第四，要热爱专业，刻苦钻研。

第五，要努力适应所在国的生活方式和所在学校的学习环境。

第六，要加强同本国同学的紧密团结，取长补短，相互学习，共同进步。

出发前夕，周恩来总理在北京饭店宴请所有留学生。这是我第一次近距离见到周总理。留学生纷纷上前去敬酒，我们也去了。总理问我们学什么专业，我说学教育专业。他对旁边的教育部长马叙伦说："这是你的干部。"宴会后，周总理还和同学们跳了一会儿舞。这真是一个难忘的日子。

1951年8月下旬，正是莫斯科阳光明媚的日子，我们一行300多名中华学子怀着向往、憧憬的心情，经过10天的长途跋涉，终于抵达了莫斯科雅洛斯拉夫（现译为雅罗斯拉夫尔——编者注）车站，来到了世界上第一个社会主义国家苏联的心脏，每个人都激动万分。汽车把我们拉到莫斯科动力学院，在那里休整和等待被分配到全国各所学校。两天以后，我和另外两位同学被分配到国立莫斯科列宁师范学院。校长基列耶夫来接我们，一路上这位校长滔滔不绝地给我们介绍路边的名胜和建筑，由于语言不通，我们听不懂他给我们介绍的是什么，但是我们都能感受到他的友好和热情。后来我们才知道，基列耶夫是一位很有声望的学者和活动家，在战争年代他曾担任过莫斯科广播电台的台长，当时任联共中央纪律委员会委员。他是一位十分严肃的领导者，不苟言笑，但对我们中国留学生却十分亲切和关怀。他不定期地找我们去座谈，问我们的学习，问我们的生活，问我们有些什么困难和要求。在校长接待日，他的办公室外面总是排着队，教师等着去见他。但如果我们去了，他总是优先接待我们。基列耶夫校长亲切而又严肃的形象让我们至今难以忘怀。

背景资料：列宁师范学院现已改名为莫斯科国立师范大学

（Московский педагогический государственный университет），迄今已有130年的历史，是俄罗斯历史悠久的高等学府之一，同时也是第一所师范类综合大学。它的前身是莫斯科女子高等专修学校，成立于1872年。1918年改建为国立莫斯科第二大学。1930年

国立莫斯科列宁师范学院

更名为国立莫斯科师范学院。1941年根据苏联最高苏维埃主席团的决定，该校被命名为国立莫斯科列宁师范学院。1990年国立莫斯科师范学院改建为莫斯科国立师范大学（简称莫师大）。莫师大是培养师范人才和进行教育科研的主要基地，设有18个系、104个教研室、11个科研实验室、高等学校教学法和心理学科学研究所、教师进修学院、预科部及其他部门。莫斯科师范大学设有29个博士和副博士学位论文答辩委员

1953年顾明远先生和列宁师范学院的同学摄于莫斯科，第一排右三为顾明远

会，在全国高校中排名第二。

入校的第一天，基列耶夫校长把我们接到离学校最近的一个宿舍，它坐落在乌萨乔夫街，离学校有两站汽车的路程。然后他派了一名研究生日尼亚与我们住在一起，又派了一名朝鲜研究生来做我们的翻译。其实这位朝鲜研究生（他叫金松基）也不会汉语，但认识汉字。于是我们就用纸和笔交谈。第一个月就是他带着我们去办理各种入学手续，陪着我们到商店购买食品。从此我开始了留学的生活。

苦学俄语

由于在国内没有学过俄语，因此第一步要过语言关。学校派了一名俄语系的研究生雅可夫斯基来教我们俄语。雅可夫斯基是一名很有经验的中学教师，正在学院攻读副博士学位。1955年他曾被派到我们北京师范大学来教过书。他对我们实行的教学方法很特别，第一个星期让我们背诵看图识字上的单词。看图识字本来是儿童的读物，上面有桌椅板凳等各种用具的名称，也有萝卜白菜等各种蔬菜的名称，还有日常生活使用的动词。每天要背100多个单词，一个星期要把看图识字上的上千个单词都记熟，这让我们初步熟悉了俄语的语言环境，积累一批最基本的词汇。第二个星期他就让我们阅读《联共党史》课本。第一天先读一小段，他领着我们读，完全是用俄语向我们解释。第二天读一大段。半年时间居然把《联共党史》啃了一大半。当时学习之苦是可以想象的。《联共党史》的一小段就能让我们啃上一整天，唯一的方法就是死记硬背，把单词尽量背下来。可是常常

顾明远先生在列宁师范学院宿舍的院子里

记住后又忘记了，所以不得不反复练习，以致有时候我甚至怀疑自己的记忆力有问题。日子长了，记的单词多了，语言也就熟练起来。另外，多亏我从国内带去了一本俄汉小词典，否则学习更是无从入手。

由此想到，记忆是学习不可缺少的环节。我们常常反对死记硬背，指的是学习知识要重理解，要消化，要内化为自己的知识。但有时必须强记死记，特别是学习外语，只有熟记大量词汇才有利于闯过语言关。我国外语教学效果欠佳，原因之一就是学生掌握的词汇量太少。教学重语法，不重词汇量的积累，外语永远过不了关。

艰苦的学习生涯

在苏联的学习是很艰苦的。进入正常的跟班学习以后，头两年上课时还是像坐飞机，昏昏沉沉，似懂非懂。老师讲课从来不按照课本来讲，也不指定看什么课本，只布置看原著。课堂上的笔记记不下来，就靠课后抄苏联同学的笔记。苏联同学对我们非常友好，共青团支部专门派两名团员固定帮助我们。其中一名叫娜基娅·雪淑娃，她热情、稳重，虽然年龄比我小，却像大姐姐那样照顾我。抄笔记，不是我照着她的笔记抄，而是她念给我听，有时还给我解释。有了她的帮助，我才能几乎每门功课都获得优秀的成绩。我们建立了深厚的友谊，我回国以后我们还经常通信，直到中苏关系恶化。之后我两次去苏联，总想找到她，但终未如愿。我祝福她健康、幸福。

苏联的大学教学非常重视原著的学习和课堂讨论，称之为习明纳尔。所谓习明纳尔，就是在课前就某个问题阅读老师指定的书目，到课上发表自己的意见。老师往往要点名发言，也可以自己请求发言。如果没有准备好，最好上课一开始就说明，老师就不会点到你的名。否则被点名而发不好言，不仅很难堪，而且会得到一个极不好的分数。政治

列宁师范学院首任教育系系主任、
著名的心理学家K. H.卡尔尼洛夫

理论课有6个学年的课程：两年联共党史、两年政治经济学、两年哲学。除了《联共党史》有联共中央编的课本外，其他都没有固定的课本，老师只布置从马克思到斯大林的许多原著。遇上联共（后来改为苏共）召开代表大会或中央全会，发布重要的决议文件，学校的政治理论课就停下来，用几个星期的时间学习文件。每个星期都有习明纳尔，尤其到了高年级，每周都有3—5次。

这种学习方式对我们来说是很艰苦的，苏联同学一天可以读完的书，我们两三天也读不完。为了在习明纳尔上发言，我们必须事先写好发言稿。而且发言总是必要的，否则这门课就没有平时成绩。对我们来说，唯一的办法就是加班加点，从此养成了熬夜的习惯。

认真阅读原著是我在苏联学习的最大收获。现在研究些问题，写些文章，还常常得力于当年读的马列主义和教育理论的原著。

当时考试都采取口试的方法。每门课要考一整天。一个学期如果要考4门课，则连复习带考试要花三四个星期。考试从一大清早就开

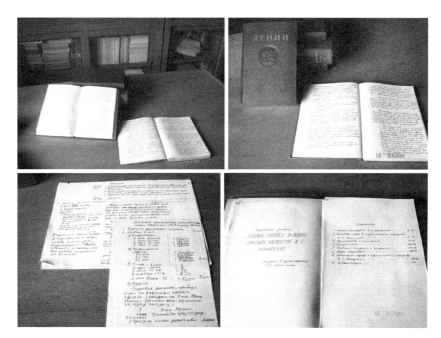

顾明远先生留苏期间所做的读书笔记

始，每一批5名学生进考场，抽考试题，准备几分钟，先由一位同学答考，老师围绕着考题提问，当场给分。每名考生大约需用20分钟到半个小时，因此30多名同学要考10多个小时。考到最后，老师都疲惫不堪。据说有一次同学回答问题时，老师睡着了，醒过来糊里糊涂就打个好分数。所以有些功课不太好的同学总爱磨蹭到最后几名进考场，那时不仅可以打听前面的同学抽了什么题，如何答才能得到高分，而且老师考累了，也懒得提问，容易蒙混过关。我总愿意第一批进去考，往往一夜不睡觉，把书最后看一遍，一早进考场，考完回去睡大觉。

当时的中央领导也都非常关心留苏学生们，他们到莫斯科来访问时总要看望留学生并讲话，毛泽东主席1957年在莫斯科接见留学生，就发表了"你们是早上八九点钟的太阳"的著名讲话，可惜那年我已经回国了。我在莫斯科时李富春副总理在大使馆召见我们并讲话。他们关心我们，包括思想状况、专业选择和学习要求。刘少奇同志对大家说："你们一个人的生活费和学费，需要国内17个工农生产的东西供应。"这说的是实情，当时的中国还很贫穷，但国家给留学生的待遇却是非常优厚的，不仅所有费用全部由国家支付，书本之类学习用品国家发，服装鞋帽统一制作，而且每人还配一大一小的皮箱。可见当时中央领导对人才的渴求。

背景资料：1955年，我国驻苏联使馆发现留学生健康状况很成问题，差不多有十分之一的人患有头疼、神经衰弱、肠胃不适、关节炎或心脏病等各类疾病。到东欧其他国家的留学生也是类似。原因是中国学生为了取得好成绩，学习强度很大，有的一天学习超过14小时，而休息少，锻炼少，加上不适应国外生活，营养也没有跟上去。为了改变这个状况，有关部门专门做了大量细致的工作，以确保学生的身体健康。留苏学生每个月发助学金，方式是苏方先发给，两国政府再结算，双方各承担一半。开始时每个月是500旧卢布。后来考虑到学生的健康，经过当时国务院外办的批准，每人每月再增加100旧卢布。为了不惊动苏联，这个钱就直接由使馆发放。这让留学生们非常感动。

1955年顾明远先生在列宁师范学院宿舍前

顾明远先生与同学参加莫斯科"五一"国际劳动节游行，第一排右三为顾明远

理论与实践相结合的教育实习

苏联师范教育很重视学科专业理论和教育专业理论的学习，也就是我们通常说的学术性和师范性的结合。各系课程除学科专业课外，教育专业课程有4门，即教育学、心理学、教材教法、教育史。我们教育系的培养目标是中等师范学校的教育学、心理学教师和小学教师。因此很重视宽广的基础知识，如课程中有解剖学、生理学、儿童文学、苏联文学、世界史等。

苏联师范教育很重视教育见习和实习。从一年级开始老师就带着同学到中小学去见习，去听老师的课，然后与老师一起讲评。教育实习分两次，一次在三年级，到初中实习6周；一次在四年级，到高中实习8周。我们教育系的学生则到小学和中等师范学校去实习。

苏联中小学的暑假特别长，有三个月。但其中一个月学生要参加夏令营。大学放假两个月，但师范生二年级的暑假提前一个月放假，这个月就是让师范生到夏令营去实习，担任少先队辅导员。当时我们也很想去当辅导员，但因为我们是外国留学生，不是他们的共青团员，不能去担任少先队辅导员，可是学校组织我们去参观，在那里住一天，体验一

1952年5月1日在莫斯科顾明远先生和同学与少年先锋队成员合影，右三为顾明远

下他们的生活。

夏令营都建在森林的边上，河流的近旁，风景优美，空气新鲜。有的是单独为少先队建的，有的则与共青团的夏令营合在一起。夏令营生活以活动为主，如访问革命圣地、参加农场劳动、游泳、爬山、开专题队会等。都是学生自己组织，自己活动，只有少数老师（主要是师范大学的学生）作为辅导员加以指导，同时保证优良的后勤工作。在夏令营中你可以看到一片朝气蓬勃的景象。在这一个月中学生既参加了丰富多彩的集体生活，又锻炼了自己的生活能力。

丰富的文化生活

我留学的这一段时间正是苏联社会主义社会发展的顶峰时期，也是中苏关系最好的时期，我们学校里丰富的文化生活给我留下了深刻的印象，包括有很多看电影和听音乐会的机会。

苏联的大学生活也是丰富多彩的。活动都是由共青团组织，老师从来都不参加。夏天有志愿劳动队，大家或参加夏令营担任少先队辅导员，或参加大学生建筑队，可以赚一些钱。秋天组织同学到农村去刨土豆，这是义务劳动。平时校内也有各种活动，如定期举行时事报告会，请宣传员或者塔斯社的记者来讲国际、国内形势。这些报告会都是自愿参加的。文艺活动更是丰富多彩，除了几乎每个周末都举办舞会外，还有系列音乐会，但需要购票入场，都是开学初就预购系列票，每周或每两周举行一次。同学们参加这些活动都像过节一样，要认真打扮一番，当然主要是女同学。无论是到大剧院看戏，还是在学校小礼堂听音乐会，女同学都穿戴得很讲究。他们把上剧院当作学校学习的重要部分。我们在学习俄罗斯文学课时，有许多著名的作品要阅读。但是这么多书怎么来得及读？一个简便的方法就是到剧院去看戏，以代替读书，从剧中了解作品的主题、思想内容等。我们对契诃夫、托尔斯泰、高尔基的许多作品都是这样了解的。

各个班级的共青团也常常组织各种有意义的活动。我印象最深的是参观国立特列斯基雅可夫画廊（即特列季亚科夫画廊——编者注）。这是一个系列参观，每两周去一次，整整去了一学年。从15世纪的神像画到19世纪现实主义的作品，从现实主义到浪漫主义、印象派、现代派的作品应有尽有。讲解员系列地向我们介绍讲解。我最喜欢的是19世纪列宾、苏洛可夫（即苏里科——编者注）等人的作品，都是一些气势宏伟的历史画卷，也有一些生活小品很耐人寻味。这些作品都是世界艺术精品。系列地参观画廊，不仅使我们得到了丰富的艺术享受，而且学习到了许多历史知识、美学知识，受到了一次深入的审美教育。

新年除夕之夜，俄罗斯教育部为各国留学生在克里姆林宫乔治大厅举行元旦联欢会。有一次我们还组织了一个腰鼓队在联欢会上表演。联欢会上各国留学生和苏联学生尽情地跳舞、亲切地交流。我们还参观了克里姆林宫内17世纪的豪华宫殿和博物馆。当时克里姆林宫还没有公开开放，所以我们能够自由自在地参观，真是特别的待遇、难得的机会。

夏天有到各种休养所休养的活动，一般都是由工会组织。师范学院的学生也算教育工会的一员，因此也能享受到休养所休养的权利，但是只有极少数学生能有这种机会。中国留学生得到特别照顾，几乎每年暑假都能有这种机会。休养所和夏令营一样，都建立在郊外风景优美的地方。一般为期一个星期，全部是免费。休养所也组织各种活动，但大多时间是自由活动，可以到附近河里去划船、游泳，也可以到森林里去采蘑菇。但一般不能走得太远，因为森林很深很远，走进去往往会迷失方向，走不出来。

有一年夏天，苏联高等教育部组织外国留学生远足旅游，专门雇了一条船，从莫斯科出发沿着伏尔加河一直航行到黑海边上的阿斯特拉

1954年在莫斯科克里姆林宫的新年晚会，右三为顾明远

罕，行程20多天。沿途参观了许多城市，访问了列宁的故乡、高尔基的故居、斯大林格勒保卫战的遗迹，还有许多其他名胜古迹。我们吃住在船上，白天靠岸参观，夜里航行。船上200多名留学生，大多是中国人，也有少数阿尔巴尼亚、匈牙利、朝鲜等国的留学生。东欧国家的多数留学生暑假都回家去了，中朝留学生一般都不能回国，所以苏联政府也特别关照我们。船上是一所国际学校，旅途之热闹可想而知。晚上我们举行各种晚会，舞会自不必说，还举办了音乐会。我国著名女高音歌唱家郭淑珍的演唱给大家留下了美好而深刻的印象；著名的音乐指挥家李德伦是我们留学生中的老大哥，经常给我们讲笑话。我作为中国留学生学会的干部，有幸成为这次旅行的组织者。指挥这个200多人的队伍可不是一件容易的事。每次上岸、上船都费很大劲，特别是一次在伏尔加河上游泳的活动，可让我担惊受怕了半天。我自己不敢下水游泳，坐在岸上，眼盯着河水，一个个数着人头，生怕少一个。好在那时候大家的组

顾明远先生留苏期间参观了车尔尼雪夫斯基故居（左）、高尔基故居（上）和契诃夫故居（下）

织性、纪律性都比较强，20多天里没有出任何事故。

最难忘的一次旅行是在最后一个学年的暑假，教育工会组织的一次横穿克里米亚地区的徒步旅行。旅行队一行10多个人，有莫斯科地区的中小学老师，也有师范院校的学生。我毅然报了名。说是徒步旅行，实际上也只有一小段，约200多千米路程，但都是山路。我们先坐火车到塞伐斯托波尔，那里设有一个营地，在那里一面参观，一面集中训练了几天，包括徒步旅行需要的一些知识，准备一些用具，还进行了一次演习，来回走了10多千米。

到正式出发，我们背着背包，带着必要的食品和饮水，由一名向导带领。第一天翻过一座小山，就到了第二个营地。这一天走的路不多，才约30千米，大概是为了循序渐进，不要一下子太累。在营地住了两

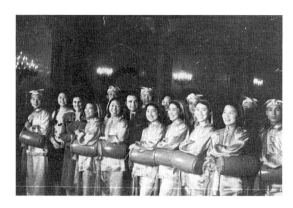

新年晚会上扭秧歌，右一为顾明远

天，游览了附近的峡谷，参加了集体农场的劳动，还组织了一次晚会。第三天清晨天还没有亮就出发，这次背的东西很多，因为前面再也没有集中的营地了。一天中翻过了两个山头，走了五六十千米的山路，到了一座山下，在一个农户家里取了帐篷、炊具，再次上山。走到山头已经天黑了。大家立即动手把帐篷支起来，搭灶做饭。山上一片漆黑，而且雾很重，我们靠一盏油灯照明。我有一次站起来，只见后面一个大黑影，把我吓了一大跳。原来是灯光把我的影子照到雾上，雾好像一个大屏幕，人影照上去显得很高大，像什么野兽扑过来，真有点吓人。山上很冷，一个帐篷里可以睡两个人，我们都睡在睡袋里，倒也很暖和。

徒步旅行中整装待发的顾明远先生

第二天一早起来，把睡袋帐篷收拾好，放在原地，山下的农户会来取走，供下一批旅行者使用。我们又走了一天，到了另一个山顶，那里有一些古迹。晚上就住在一个山洞里。第三天又走了一整天，翻过几个山头，到达了克里米亚半岛上最高的山顶，名字已经忘记了，据说海拔有1 000多米。这里像一个小市镇，有一座小旅馆，几只小商店。我们就在小旅馆里住了一夜。山高天寒，夜里很凉。

　　翌日下山，因为此山很陡，靠海的一边几乎是直上直下，因此大半天就走到了黑海边的小镇阿洛波卡。

　　阿洛波卡是一个美丽的小镇，也是旅游休养胜地，有美丽的海滨浴场，还有人工精心设计栽培的植物园，景色如画。小镇十分宁静舒适，充满着俄罗斯情调。我们在那里住了两天，真舍不得离开。

　　离开阿洛波卡，我们又步行到克里米亚最美丽的小城雅尔塔。1945年2月，英、美、苏三国首脑曾在这里聚会，签订了著名的《雅尔塔协定》，小城也因此闻名于世。小城也是一个休养胜地，附近布满了苏联政府的高级别墅，有点像我国的北戴河。我们在那里参观了雅尔塔会议的会址和其他一些名胜古迹，徒步旅行队也就在此地解散。每个人获得一枚徒步旅行者纪念章，作为完成一项体育运动的标志。

　　这次活动给我留下了深刻的印象，不仅一路上欣赏了俄罗斯大地的

顾明远先生在到雅尔塔途中

自然风光，而且受到了很好的锻炼。我们走过的地方都是高山峻岭，没有道路，有些地方十分险峻。这对我这样一个从小生长在江南小城里的人来说真是不小的考验，但更让我佩服的还是旅行队里的俄罗斯姑娘们，她们居然能穿着高跟鞋爬上上千米的高峰。旅行队是一个很好的集体，大家互相帮助，互相鼓舞，克服了不少困难，5天内走完了200多千米的崎岖山路。队里有一对夫妇，是莫斯科郊区的农村教师，我们建立了友谊。当年十月革命节假日他们邀请我们到农村做客，他们用藏在地窖里的香肠、奶酪、土豆款待我们。这种友好的情景，虽50多年过去了，但至今仍恍如昨日。

作为一名教育工作者，我特别为这种活动的形式和组织所吸引。我觉得这是对青少年极有意义的一项活动。它的组织安排十分周密：旅行是在大自然中，路途并不长，是一般青少年完全可以承受的；沿途设有几个营地，在那里可以休整和补充食品；每个小队有一名向导，他领着大家走，虽然走的都是崎岖小道，但向导是很熟悉路线的，知道哪里可以休息、哪里有泉水，天黑之前一定会到达预定的宿营地；旅行之前还有几天训练和准备的时间，如果不适应，半途可以退出。周蕖（顾先生之妻——编者注）曾经也是这个旅行队的队员，但走了第一站就坚持不下来了，那时她正患着关节炎。后来在第一站营地里我们遇到一位苏联将军，将军就直接用吉普车把她带到阿洛波卡。我在想，这种活动我们中国不也可以组织吗？共青团可以组织这种活动，旅行社也可以组织这样的活动。当然要从教育着眼，光从赚钱的角度考虑就难以组织得好。

我们学校有很多国家的留学生，我们班上就有捷克、匈牙利、波兰、罗马尼亚的同学。第一、第二年宿舍里住的是朝鲜、蒙古的留学生，第三、第四年住的是德国、匈牙利的留学生。我们友好相处，正如一个国际大家庭。

我在苏联留学的五年是中苏关系最好的年代。苏联百姓对中国留学生特别友好，特别是我们刚到苏联的1951年，我国志愿军把美国军队打回"三八"线。苏联老百姓把我们留学生当英雄看待，处处给我们最优惠的待遇，例如购买电影票可以免排长队。当时学校旁边有一个俱乐部，我们常去那里看电影。一有新电影，俱乐部的工作人员就给我们留学生最好的座位。我们在这五年享受到了苏联人民对中国人民的友谊。但据说现在中国留学生在俄罗斯不太受欢迎，这固然是因为时代变化了，俄罗斯也变了，民风受到市场经济的冲击。但恐怕我们的年轻留学生也变了，不像我们当年那样认真读书了。要改变这种状况，我们当然希望大环境能够向好的方向转变。但我们的留学生也要自尊自爱，发扬老一代留学生刻苦学习的精神。这是题外话，有感而发。

1951年8月到1956年7月，我作为新中国成立后第一批留学生，在苏联生活了整整五年，这是在中苏合作时期，对于年轻人来说非常难得和重要的机会。

顾明远先生徒手滑行通过林中山涧的英姿

留苏期间，顾明远先生和周蕖女士的合照

第二章　我与北师大

学为人师

行为世范

——北京师范大学校训

我在1956年7月由莫斯科启程回北京。开始被分配到华东师大，但因为我回北京后即与周蕖结婚，她被分配在北师大，教育部为此又把我改派到北京师范大学教育系。当时教育系主任是彭飞同志，他分配我到地理系讲教育学公共课。一年以后，教育系在北京市西城师范（又称北京市第二师范）建立学生实习基地，教育系教育学教研室的郭笙挂职当副校长，金元逊任教导主任，派我任教育学教研组组长，并兼任一个班的班主任和教育学课程教师，这个班的学生后来就在北京市城郊各区中小学担任教师、校长，有的担任了区县教育局局长。

暑假后我们即到西城师范，除了讲教育学外，就是带着班上的学生参加劳动。印象最深的是那年毛主席号召全民除"四害"，即消灭蚊子、苍蝇、老鼠、麻雀。消灭苍蝇主要是讲究卫生，不乱扔垃圾；消灭老鼠主要靠鼠药和老鼠夹子，难以人人动手。最有意思的是消灭蚊子和麻雀。为了消灭蚊子，大家想出了各种办法。用灯火引诱，在黄昏前和黎明后半明半暗时，待蚊子投向纱窗便扑打。最有效的方法是拿一个洗脸

顾明远先生青年时期的工作照

盆，里面抹上肥皂水，拿它来兜蚊子，有时洗脸盆里会沾满一层，可见当年蚊子之多。消灭麻雀更有意思，全北京市老老少少拿着竹竿，有的站在地上，年轻的爬到房顶上，在同一时间摇旗呐喊，不让麻雀有停下来的机会，直至麻雀疲劳至死。当年我就带着学生在学校打麻雀，还被派到动物园打麻雀。现在想起来还觉得可笑至极。

在师大附中

1958年"教育大革命"开始，是年5月，教育系教研室主任王焕勋教授被北师大党委派到北京师范大学附属中学担任校长兼支部书记。8月，我被王焕勋点名去当他的助手。本来是去帮助他搞"教育革命"，制定教改方案的，但随着工作的开展，王焕勋要求我留下工作。于是我被任命为北师大附中教学处副主任，一直到1962年8月才离开，在附中工作了整整4个年头。

1958年的"教育大革命"使师大附中的领导班子换了人马。除教导处主任蒋伯惠是原来的领导以外，校长兼书记王焕勋、副书记钱曼君、教导处副主任陶卫和我都是从师大调来的。当时蒋伯惠有病休养，学校教育教学工作主要是陶卫和我负责。陶卫负责高中和教学工作，我负责初中和班主任工作。

我当时年轻气盛，同时受到苏联教育中师道尊严的影响，对学生要求很严厉，动不动就要训斥学生，因此学生背地叫我"凶主任"。现在想起来，那时做了很多不符合教育规律的事情。

1958年的"教育大革命"是在反右派斗争的基础上和在"大跃进"的背景下从教育大辩论开始的，大辩论的热点是"教育与生产劳动相结合"和"红与专"的问题。1958年《红旗》杂志第7期发表了陆定一的文章《教育必须与生产劳动相结合》，于是在教育界引发了对"教育与生产劳动结合"的大讨论。当时人们认为教育与生产劳动是否结合是无产阶级教育与资产阶级教育的分水岭。为了使教育与生产劳动相结合，学生就不能只在学校读书，而是要到工厂去，到农村去，参加实际劳动，教学实习则是真刀真枪地搞生产。北京的密云水库就是在这种思想指导下由清华大学师生动手设计建造的。1958年秋天，全国师生都参加到大炼钢铁的运动中，各校还办起了各种工厂、农场。

除开展教育与生产劳动相结合的大辩论外，师生还开展了"红与专"的大辩论：是先"红"后"专"，还是先"专"后"红"，还是又"红"又"专"？高等学校的毕业生还专门听了陈毅关于又"红"又"专"的报告。他用飞行员打比喻，深入浅出地讲述了"红"与"专"的关系，给大家的印象特别深刻。辩论结束后，每个人都要写"红专计划"，表明自己将来发展的方向和奋斗的计划。

"教育大革命"遍及全国大中小学，师大附中也不例外。为了对师大附中进行彻底改革，几乎撤换了原来的所有领导，由师大党委派出新的领导班子。1958年5月，王焕勋到任，不久师大党委派了40名高年级学生到附中闹革命，贴大字报，批判了一批知名的老教师。8月份开始整改，开始对学制、课程、教材进行改革。我就是在这个时期被派去的，同时还选派了10多名应届毕业生去担任各科教师。

在1958—1959年这段时间里，我们在附中进行了多种学制改革的试验，有九年一贯制（中学四年一贯）的试验，半工半读的试验，并编写了各种教材。

这种过"左"的试验当然不会取得成功。从1959年三年困难时期开始，全国进入了一个"调整、巩固、充实、提高"的时期。我们的改革试验受到北京市委的批评，因此就停了下来。1959年开始转入狠抓教育质量的时期。特别是1959年高考，福建省名列全国第一，北京市就坐不住了，狠抓北京四中、师大附中、师大女附中几所学校的工作。于是我们决定由陶卫抓高中的教学质量，并对毕业班把好关。1960年高考，师大附中位居北京市高考第一名。

1960年，陆定一撰文批判"量力性原则"，说它是资产阶级教育思想，把学生当容器，造成了教育的少、慢、差、费。他提出新的教改试验，并由此成立了北京市景山学校，由中宣部直接领导，开始试验从小学到高中九年一贯制教育，后改为十年一贯制。教育部把北京市西城区丰盛胡同中学作为附属试验学校。师大附中、师大女附中没有开展全面试验，但也要按他们的精神改革教学。

现在看起来，当时中央是想摆脱苏联教育的影响，探索我们自己的道路。从客观上讲，的确有许多突破，如理论联系实际等。但从当时师大附中的改革来讲，只能说是搞了一场闹剧。我在这场闹剧中也扮演了一个不大不小的角色。我帮助王焕勋制定了四年一贯制、半工半读的教学计划。我既对各学科的内容不熟悉，又没有去请教专家，自己凭着教育学上的书本知识就随意制定了多个方案，现在想起来还是十分可笑。

除了教导工作外，我还担任了初中一个班的俄语课教师。我当时没有什么教学经验，备课的时候觉得教学大纲中的要求太低，词汇量太少，学生学了后面的忘了前面的，怎么能学得好？因此我根本不管教学大纲中的要求，增加了识字量，加快了进度，加大了难度，效果还是不错的。有几位优秀的学生学得很好，有的后来考入了师大二附中设立的文科班。

在师大附中的几年里我虽然做了很多蠢事，但这几年对我来讲收获是很大的，我亲身参与了中学教育的实践，得到了很大的锻炼，在实践中探索了教育教学的一些规律。特别是通过后来的反思，悟出了一些道理，为我后来进行教育理论的探索提供了实践基础。

我曾经系统地听了特级教师陈婉芙老师的生物课，还听了许多老教师的课，感悟到教学真是一门艺术，每个教师的教学风格、教学技巧都不同。当时像数学组就有韩满庐、申介人、曹振山三位老师，他们不仅在师大附中很有名，在北京市名气也很大，根据教学特长和风格，他们被人称为"韩代数""申三角""曹几何"。我本来还想对陈婉芙的教学经验进行系统总结，但因为后来回到师大，也就不了了之了。

我负责附中的班主任工作，和学生接触密切，当时发表了一些小文章，如《表扬和批评》《谈纪律教育中的严格要求》《从理论联系实际谈起》，分别发表在《文汇报》《北京日报》《北京青年报》上。这一时期的教育实践还坚定了我的教育信念，即没有爱就没有教育，没有兴趣就没有学习。

没有爱就没有教育

对"没有爱就没有教育"这句话，我在一个学生身上领悟得比较透彻。

1958年秋天，全国轰轰烈烈大炼钢铁，学校也不例外。我所在的中

没有爱就没有教育
没有兴趣就没有学习
中国教育学会
实验幼儿园　　二〇〇五年初秋　顾明远题

顾明远先生为中国教育学会实验幼儿园题词

学里，操场上小平炉林立，师生们彻夜奋战，欲夺取"大跃进"胜利。一天清晨我忽然发现会议室里睡着一位女学生。第一天没有在意，以为是因为炼钢炼得太晚了，无法回家。可是一连几天这个女孩子都没有回家，这引起了我的注意。我问她为什么不回家，她回答说不愿意回家，再三劝说教育都不愿意回家。

经过调查了解才知道，她是一位领导同志的孩子，生于革命战争的艰苦年代，出生后就被寄养在老百姓家里，1949年后才被接回家，因此与父母在思想感情上有一些距离。再加上母亲要求过严，据说姥姥还有点重男轻女的思想，对待她和对待她的哥哥不一样，孩子觉得缺乏家庭温暖，因此拒绝回家。经过再三的思想工作都无效，我们只好把她安排在宿舍里。之后我曾经多次和她母亲联系，劝她多给孩子一些温暖，有了感情才能对她提出要求。但是，她的父母却觉得学校对她的要求不严，因而使她的思想不稳定，学习成绩欠佳。我们在教育思想上发生了分歧，后来他们甚至认为学校的态度是没有阶级观点的"母爱"的表现，差一点在批评"母爱"时把我也捎进去。

"母爱教育"在1963年受到了严厉批判。批判的起因是1963年5月30日《人民日报》发表了《斯霞和孩子》一文，强调教师要以"爱心"爱"童心"，儿童"不但需要老师的爱，还需要母爱"，教师"像一个辛勤的园丁"，"给我们的幼苗带来温暖的阳光、甘甜的雨露"。可是，几个月后，教育界掀起了一场关于"母爱教育"的讨论和批判，斯霞的名字也顿时成为舆论的焦点。当时批判之深入和广泛是空前的，几乎动员了教育界的所有理论工作者，除各大报刊外，《人民教育》在同期刊物上发表了《我们必须和资产阶级教育思想划清界限》《从用"爱心"爱"童心"说起》和《谁说教育战线无战事？》三篇文章。这组文章以讨论"母爱教育"为题，认为所谓"母爱教育"就是资产阶级教育家早就提倡过的"爱的教育"，说它涉及教育有没有阶级性、要不要无产阶级方向、要不要对孩子进行阶级教育、要不要在孩子思想上打下阶级烙印这些问题。随后，围绕着这些问题，教育界掀起了一场关于"母爱教育"的讨论和批判。当时中宣部一位领导就说，母爱教育在全国影响很坏，一定要批判，我的孩子在学校里就接受这种教育。他说的就是我前面提到的女学生那件事。当时因为我只是一名青年教师，既不是名师，又没有发表文章，所以没有被点名，也就不为人所知。

这次教育批判的来头是很大的。1963年7月，中共中央在北戴河召开政治局会议，会议讨论阶级斗争，提出阶级斗争要年年讲、月月讲、日日讲。在教育战线讲阶级斗争，就不能讲母爱，因为母爱没有阶级性，与阶级斗争理论相悖，自然要被狠狠地批判。为了批判母爱就要挖老祖宗，一直批到夸美纽斯、卢梭、裴斯泰洛齐，他们都是新兴资产阶级代表人物，自然母爱教育也就成了资产阶级教育思想，非把它批倒不行。

没有兴趣就没有学习

"没有兴趣就没有学习"，我是从许多学生的学习中看到这一点的，我发现有的学生喜欢数学，有的学生喜爱语文，凡是他们喜爱的课程，学得就很好，不喜欢就学不好，因为他们根本就不想学它。有些学生喜爱某门课程，开始的时候并不是对课程本身有什么了解、有什么兴趣，而是由于老师讲得好，引起了他的兴趣。还有些学生对某门课不喜欢，并非因为对该门课的厌恶，而是因为对任课老师不满，换了一位老师，学生的兴趣又能被调动起来。总之，"没有兴趣就没有学习"，这是颠扑不破的真理。不过如何引起学生的兴趣？这既是一门教育科学，也是一种教学艺术，值得去探究。

说到这一点便想到，之前北师大课程改革课题研究小组请几位院士来座谈基础教育中的科学教育问题。课题组的同志总想从他们那里得到学生应该掌握哪些科学知识、养成哪些科学品质的建议。但没有想到，院士们却大谈教育要听其自然，首先要使学生对学习科学有兴趣，而不是关注要给他多少知识的问题。黄祖洽院士说，对小孩子的教育，最好是不要折腾他（她）。本来他（她）生下来就有许多天性，如模仿、好奇，如果不去折腾他（她），他（她）会很好地发展。他还说，要培养孩子的兴趣。小孩主要是玩，在玩中学习，玩的时候学习的效率是最高的。他说，他小时候喜欢看小说，后来对科学感兴趣了，一下子就学得很好。其实小学的一些知识，只要孩子有兴趣，很快就能掌握。黄祖洽先生说得非常透彻。我也在附中实际感受到这些。因此"没有兴趣就没有学习"应该成为每个教师的信念。

1962年，在"调整、巩固、充实、提高"的方针下，北师大对师大附中的领导也放松了，师大开始从附中调回自己的干部。首先是王焕勋在1961年年底回到师大，我也于1962年暑假招生完毕后回到师大。

三年困难时期的读书和生活

三年困难时期，全国陷入半饥饿状态。为了减少能量消耗，中央号召大家劳逸结合，各种运动便停止了，晚上也不加班加点了。这给了我一个学习的好机会。

我因为只读完大学二年级就到苏联去学习了，因此中国文化的底子很薄弱，总想有机会再读点书、补点课。但回国以后忙于参加各种政治运动，没有时间静下来读书，三年困难时期却给了我读书的好机会。在这期间我读了范文澜的《中国通史简编》，舒新城编的《中国教育史资料》，以及中国古代思想家的一些著作，还读了苏联人编的《西方哲学史》。1962年我从师大附中调回师大教育系，刚好那年教育系开办中国教育史研究班，我就抽时间到这个班上听几位老先生讲中国教育史，总算补了一些课。

回师大以后，我给教育系二年级学生讲教育学，并兼任该班辅导员。在大学的时间比在中学宽裕得多，于是我每天早上第一件事就是练毛笔字。我在中学时代练的是柳体，即柳公权的书法，这次我改练欧体，临欧阳询的碑帖。柳体的笔法是圆笔，而欧体笔法是方笔，两者差别很大。练到后来觉得自己的字越写越差，变成"四不像"了。

三年困难时期还有一段趣事，叫作"鸡吃黄鼠狼"，说出来与大家分享。大家只听说过黄鼠狼吃鸡，没有听说过鸡吃黄鼠狼吧。世上确有这样的奇事。三年困难时期，粮食定量，副食品短缺。为了填饱肚子、改善生活，家家都在想方设法在屋边地头种上几棵玉米豆子，养鸡生蛋。现在北师大京师大厦的地方在当时是我们教育系的菜地。秋天，每人总能分到几十斤胡萝卜。我家当时住在师大对面北太平庄4号。那时北太平庄还很荒凉，我们房子前面也有些许空地，当然不能让它浪费，于是种起了向日葵、老玉米。还用向日葵秸秆搭了一个鸡棚，养了十几只鸡。有一次一只鸡被黄鼠狼拖走了，把大家气得要"死"。更有甚者，比如我家保姆元婆婆，买了一窝小鸡，活泼可爱，为了防黄鼠狼，把它们放在自己睡觉的床头椅子上。没想到第二天早上起来一看，一窝小鸡全死了。思来想去，一定是被黄鼠狼吓死的，黄鼠狼真是可恶！怎么办？我家隔壁住的是大名鼎鼎的荣毅仁，当时任纺织工业部副部长，他家的服务员叫阿牛，也搭有鸡棚养了几只鸡，当然也受到黄鼠狼的光顾。于是我们两家联合起来，做了一个捕黄鼠狼的笼子，一头放一只鸡，一头放上机关，黄鼠狼一进笼子就被关在里面。果不其然，第二天黄鼠狼又来偷鸡，被我们逮个正着。怎么处置它？元婆婆真有办法，用一个麻袋把它套起来，乱棒打死。然后把毛皮剥下来，还卖了三毛钱。把肉剁成肉末，当成鸡饲料喂了鸡。这不成了鸡吃黄鼠狼吗？

有这样的趣事，我就写信告诉在浙江任职的周建老（即周建人，鲁迅三弟，顾明远先生的岳父——编者注）。周建老来信说，黄鼠狼喂鸡太可惜，黄鼠狼可以食用，味道比兔子肉还鲜美。真的，第二次逮住了，不客气，我们就把它红烧自己享用了。特别是几个孩子美餐了一顿，因为他们也不知道是什么肉。我只尝了一口，虽然没有什么异味，但总是有点心理障碍。有人说黄鼠狼有很重的骚味，的确是的，但把它的腺囊挖去后，也就没有什么异味了。当然，这是困难时候的事，所谓饥不择食嘛。现在可不能再吃它了，不可像吃果子狸那样吃出病来。

参加1964年的北京科学讨论会

1964年8月21日至31日，世界科协北京中心在北京召开了北京科学讨论会。这是中华人民共和国成立以后召开的第一次大型国际会议。参加会议的有亚洲、非洲、拉丁美洲、大洋洲共44个国家和地区的367位代表。我参加了会议教育小组的准备工作，并列席了小组会议。

这次北京科学讨论会共分5个组：理、工、农、医、社会科学。社会科学又分政治与法律、经济、教育、语言与文学、哲学与历史5个分组。参加讨论会的中国代表是61人，教育分组的正式代表只有1人，即当时任北师大党委书记的程今吾同志；列席代表4人，有当时的教育总工会副主席方明、北师大汪兆悌和我、首都师范学院（现改为首都师范大学）周鸿志。我们主要是协助程今吾的工作，周蕖也参加了秘书处的工作。为了准备这次会议，在会议开始一个多月以前工作就开始了，会议秘书处在友谊宾馆包了一座楼，我们就住在那里。我的任务主要是为程今吾同志写发言稿。一开始写主题发言稿，写的内容已经记不清楚了，无非是介绍新中国成立以后教育取得的成就。稿子修改了很多次，记得当时党委宣传部部长徐鸿武，还有政教系副主任吴家国，也参加了讨论。发言稿写好后，还要拿到秘书处翻译组请人翻译成英文和西班牙文。主题发言稿写好以后忽然想起，万一小组讨论时外国代表提问，怎么回答，要有准备。因此上面通知，回答也要预先写好稿子。于是在开会前几天又忙了起来。这些小问题的稿子大部分是我执笔的，大致有十来个稿子，每个稿子千把字，内容包括扫盲教育、农村教育、职工业余教育、职业技术教育、妇女教育等。我每写完一份稿子，就到程今吾的办公室念给他听，他也不看稿子，听我念到满意的地方就点点头，认为需要修改的地方就指示怎么改。我拿回去连夜修改，几乎要天天开夜车。我就是从这一年开始吃起安眠药来，以后养成睡不着就吃安眠药的坏习惯。

开会那几天，我虽说是列席代表，但仅仅挂了列席代表的牌子，什么会议都没有参加，尽干些事务性的事情。当时对外国代表十分重视，都把他们当贵宾款待，一会儿要联络翻译，一会儿要联络汽车，忙得不可开交。最令人懊丧的是，会后时任副总理兼外交部部长的陈毅在人民大会堂宴请代表，连工作人员都去了。忽然秘书处通知我，有一个非洲代表没有乘上车，要我留下等他，另叫车把他送过去。我等了半天，结果那位老兄说不去了。我也只好留下来，没有能参加陈毅的宴请。

参加这次国际会议的正式代表，在世的已经不多了，很多人都不记得这件事了，我也几乎把它忘了，上次口述史中就没有讲到它。但它在当时是我国国际关系史上的一件大事。最近我在网上查找，才找到一些资料。当时我还是一个青年教师，只是帮助程今吾代表写写发言稿，做做杂事，对会议的背景全然不知。看了资料才略知一二。

背景资料：世界科协成立于1931年。早在1952年5月，当时世界科协主席、法国著名科学家约里奥·居里就曾在该协会第十一届执行理事会上建议设立世界科协北京中心，以后每次会议都有人提到。但由于美国和苏联的干扰，直到1963年北京中心才成立。中心主任由清华大学张维教授担任。

北京中心成立以后，马上筹备北京科学讨论会。1964年2月初，中国科协和世界科协北京中心在北京召开了中国、朝鲜、越南、日本、印度尼西亚五国代表会议，商讨1964年的北京科学讨论会的会议计划。当时周恩来总理还接见了代表。

中国把这次会议作为团结亚非拉科学者反帝反修的会议。会议的主题是"有关争取和维护民族独立，发展民族经济、文化，改善和提高人民生活的科学问题"。所有代表都由中国提供旅费和食宿。

中央对这次会议非常重视，由范长江担任大会秘书长，周培源担任学术委员会主任。会议由中国科学院院长郭沫若致开幕辞。会议期间，毛泽东主席和中央主要领导人还接见了所有代表。（详见熊卫民在《科学文化评论》2008年第2期上发表的《在科学与政治之间：1964年的北京科学讨论会薛攀皋先生访谈录》一文。）

"文化大革命"中的逍遥派

回到师大，我在教育系二年级担任教育学主讲老师兼辅导员。1965年学校开始"四清"运动。运动结束，我被任命为教育学副系主任。1965年年底，学校成立外国问题研究所，任命我为研究所的副所长。"文化大革命"期间，我就成了"走资本主义道路的当权派"（俗称"走资派"），免不了要挨批斗和劳动改造。其中的是是非非，至今也说不清楚。不久，批斗的目标就转移到早已调离我校的原教育系总支书记兼系主任于陆琳同志身上，我就靠边站了，既不批斗我，也不许我参加批斗会，说我是"走资派"，不是革命群众。此后我就成了"文化大革命"的逍遥派，直到后来工宣队进校。1967年夏天，毛主席畅游长江，中央号召全民游泳。于是我们积极响应号召，天天去游泳。我本来是个旱鸭子，不会游泳，只好从头学起，最后居然也能游上几百米，但水深的地方仍然不敢去。那时没有正规的游泳池，主要在自然湖泊中游泳，开始在我校南面的太平湖，后来又转到积水潭后海，年年夏天都去游泳，一直持续到"文化大革命"结束。

后来我被派到第三轧钢厂去劳动。我在第三轧钢厂是做小工，把轧钢工人压下来的带钢，约50公斤重，搬到一边堆放起来。到了轧钢厂，我才发现我国轧钢之落后，轧20公分宽的钢带，完全是手工操作，其劳动强度是难以想象的。我搬了一个多月的钢带，结果手指得了腱鞘炎，至今未愈。

1970年秋天，我校师生都被派到东方红炼油厂去劳动。东方红炼油厂在北京房山地区，那时那里是一片荒地，要在那里兴建化工基地。现在已经是我国最重要的化工基地之一——北京燕化区。我干的活起初是架子工，搭建工棚，后来又去烧锅炉，用蒸汽做混凝土预制板。劳动强度也是很大的。我们在那里整整干了三个多月。

1971年春节以后我又被派到山西临汾干校劳动，在山坡上开荒，劳动了整整两年。在那里劳动虽然很累，但很开心，而且增强了对中国农村的了解，增长了农业知识，增强了身体素质。我从小就很矮小瘦弱，但没有想到不惑之年还能挑起100多斤的水桶，割麦子割得很快。第二年来了一批新"战友"，应该都是我的学生辈，他们比我年轻许多。但有一次，我把一根输水钢管的一头提了起来，但新来的年轻"战友"却提不起来，割麦子也没有我割得快，可见锻炼的作用。

在劳动的队伍中还有许多老教师，如教育系老主任彭飞同志、历史系何兹全先生、中文系郭预衡先生、数学系吴宏迈先生等，他们当时都已年逾花甲，我们在劳动中增加沟通，增进了友谊，到后来见面时还很亲切，常常以"五七战友"相称。

读完《鲁迅全集》

在"文化大革命"中，闲来无事，想读点书。于是就读起《鲁迅全集》来。越读越有兴趣。特别是在处境困难的时候，读鲁迅的书最有味道。由于作为一名教师的"职业病"，我总要从教育的观点来看问题。我发现鲁迅的作品不仅针砭时弊，而且很关心下一代的教育问题。其实这也很自然，任何一个关心社会问题的人都会关心教育问题。鲁迅作品中许多地方讲到教育，并且有几篇是专门讨论教育问题的，如《我们怎样做父亲》《我们怎样教育儿童的？》《从孩子的照相说起》等。他的教育思想是一贯的，而且很先进，有些话说得很精辟。我于是就萌发了开展鲁迅教育思想研究的想法，"文化大革命"以后这种思想更为强烈。刚好，那时杭州大学教育系的金锵同志和鲁迅早年的学生、时任杭州学军中学校长的俞芳同志也正在开展鲁迅教育思想研究，他们到北京来找周建老，遇到了我。我们一拍即合，就联合起来一起研究。我们略作分工，我收集鲁迅从事教育工作的事迹和整理他的教育思想，他们去访问鲁迅当年的学生，请他们写回忆的文章。从1977年开始一直到1981年，刚好在鲁迅诞辰100周年前夕成稿，并由人民教育出版社出版，书名为《鲁迅的教育思想和实践》。这项研究曾被列入中国教育科学第一次规划会议的规划中。此书2001年在鲁迅诞辰120周年时我又修订出了第二版。

创建教育管理学院

　　1981年7月11日，教育部发出通知，委托北京师范大学、华东师范大学、东北师范大学、陕西师范学院（现陕西师范大学）、华中师范学院（现华中师范大学）、西南师范学院（现并入西南大学）6所学校举办高等学校干部进修班，分别培训华北、华东、东北、西北、中南、西南地区高等学校的中层以上的领导干部。我校积极筹备，第一任培训班的主任由当时的党委书记聂菊荪兼任，冒海天同志任副主任。当年10月即开班。第一期学员25名，第二至第五期每期学员都超过100人。教师是由教育系、心理系的老教授担任，并聘请了校外著名的大学校长、教育部各司局的领导为兼职教师。我曾在这个班上讲过比较高等教育这门课。

　　1984年我任北师大副校长，接任了这个培训班的主任。但这个时候高等学校干部培训工作逐渐出现低潮。原因主要是：首先，高等学校已经修复了"文化大革命"造成的创伤，学校秩序走上正轨，干部配备已经整齐，要求学习教育理论的愿望已经减弱；其次，现职干部已经接受过一次轮训；最后，学校工作繁忙，不可能长期脱产学习，一部分干部还顾虑到学习期间自己的岗位可能被别人顶替，因而不愿意出来学习。因此，高等学校干部培训班越办人数越少、时间越短、层次越低。第一期学习期限为一年，来学习的有不少是大学的校级领导干部，例如曾任北京市教委主任的耿学超同志就是第一期学员。从第二期开始，学习期限缩短到半年，到1984年以后，学习期限缩短到3个月，参加学习的除系处级干部外，还有一般干部。我感到这样下去难以为继。但是教育部对教育干部的培训是很重视的，不仅这6所学校的高等学校干部培训班属教育部和学校双重领导，而且教育部拨专款盖建培训大楼。我校的大楼于1986年完工并交付使用。同时教育部也不断委托我们办一些短训班，如人事干部培训班、外事工作干部培训班、后勤干部培训班等，但时间都很短，长则1个月，短则个把星期。长此以往，培训班如何进一步发展？我当时认识到，教育管理学是一门科学，国外早有这个专业。我国过去不重视教育管理的研究、管理干部的教育，无论是学校的领导还是教育行政人员，都没有受过教育管理理论的教育和培训，因此在现实生活中违背教育规律的事时有发生。应该让我国教育行政干部都受到教育管理理论的训练，具有现代管理的能力。因此我认为，要把教育管理作为一门学科来建设，不能只是培训班的形式。为此我建议将我校的高等学校干部培训班改建成教育管理学院。首先是加强教育管理学的学科建设，同时把高等学校的干部培训扩大到基础教育，不仅只是高等教育，对教育行政干部进行全方位的培训。我的建议得到以王梓坤校长为首的学校领导的支持，并得到教育部批准。于是我国第一个教育管理学院于1985年6月在北京师范大学诞生。不久华东师范大学也成立了教育管理学院。

当时，教育部也看到形势的变化，于1986年将6所高等学校干部培训班改建为地区教育干部培训中心，把干部培训扩大到基础教育。我校的高等学校干部培训班则改建为国家教委华北地区教育干部培训中心，由我任主任，冒海天任副主任，不久又调来马燮如为副主任。可惜冒海天同志于1991年不幸因病去世。冒海天同志是高等学校干部培训班的创始人之一，也是教育管理学院的元老，他为教育管理学院的建设做出了贡献，我们永远怀念他。

教育管理学院是一个教学实体，它不能像培训班那样从外面聘请教师来讲课，应该建立自己的教师队伍。因而我从学校要来了教授编制的名额，把孙喜亭老师从教育系调来任教育管理学院的首任教授，把从德国留学回来的安文铸聘为副教授，又从数学系调进程书肖副教授担任教育统计学课程教师，动员学院原有的教师承担起课程，同时在校内校外聘请了十多位兼职教师，如教育系陈孝彬、中央教科所孟明义、原教育部高教司司长刘一凡、当时的计划司司长尚志、北京工业大学樊恭休等，于是教师队伍初步建立起来。建成教学实体就要有学生。建立教育管理学本科专业是不现实的，因为教育系已经有这个专业。于是我们从高等学校干部培训班的实际出发，先申报高等教育学硕士点。1985年学位第三批审核时，我们就成功地获得高等教育学硕士授予权，1986年开始招收第一批硕士研究生。1991年我们又成功地获得教育管理学硕士授予权，1996年获得教育经济与管理学博士授予权。这样，教育管理学的学科建设初步完成。在这期间，我们从我校教育系、经济系、外教所以及外校聘任了多名博士，留任了我们自己培养的博士。截至2006年年底已有16名博士，其中已有7名升为教授。一支高学历的、生气勃勃的教师队伍建立起来了。

20世纪90年代中期，业务方面的形势有了好转。教育界呼吁校长、教师提高学历水平和业务能力的声音高涨，各级教育行政部门也开始重视对校长的培训，于是在90年代中期掀起了研究生课程进修班的办学热潮。教育管理学院首先接受了沈阳市的校长培训班工作，后来改为教育管理研究生课程进修班，至2005年已办了十几年，共15个班，接着又为广东中山市举办教育管理研究生课程进修班。此后一发而不可收，可以说是应接不暇。1996年我院又获得教育经济与管理学博士授予权，1997年开始招生。1997年国务院学位委员会批准设立教育硕士专业学位，1999年以后研究生扩大招生，这一系列举措给教育管理学院发展提供了一个很好的机遇。学院抓住了这个机遇，扩大发展。现在学院的教育经济和管理学已是北京市的重点学科。学院承担着教育部、北京市和国际组织的多项科研任务。2005年有博士研究生20余名，硕士研究生160余名。学院呈现了一派生气蓬勃的气象，真正成为我国教育管理学科重要的研究基地和教育管理干部的培训基地。

我担任学院院长整整20年，但主要是挂名院长，具体工作都是几位副院长做的。开始是冒海天同志主持工作；冒海天同志去世后，由马燮如同志主持工作；马燮如同志离休后，由陈忠文、邸明杰相继任副主任、副院长并主持工作。现在他们也已相继离、退休，我则于2004年离任，担任名誉院长。学院能够走到今天，与他们这些领导的敬业精神有关。特别是邸明杰同志，担任总支书记兼副院长的时间最长，

2000年早春顾明远先生在北师大

为学院的建设做出了贡献。同时学院的全体教师和职工都能像院训中写道的"团结勤奋，求是有为"那样，兢兢业业，团结一致，这是学院的希望所在。现在我们都已把工作交给年轻学者，他们学历高、能力强、有朝气。我祝愿他们为学院开创新的局面。

不过教育管理学院的建设并非一帆风顺，其中经过几次危机。第一次危机就是上面提到的在80年代中后期，高等学校干部培训任务萎缩，不知高等学校干部培训班何去何从。这个危机被我们以建立教育管理学院、扩大培训范围、招收研究生的方式克服了。第二次危机是90年代初，这次危机来自两个方面。一是业务方面的危机。当时国家教委委托举办的培训班不多，招收研究生名额有限，不少年轻教师感到彷徨，觉得前途未卜。但我认定一个理，教育管理学科的建设应该由我们北京师范大学担负起来。于是我当时向年轻人指出，既然教育管理是一门科学，就应该有人研究它、发展它，我们北师大应该担负这个任务，我们年轻人应该担起建设教育管理学的担子。目前的困难是暂时的，即使培

训任务萎缩，我们也可以把教育管理学院办成研究机构，成立教育管理研究所。于是大家的心情才稳定下来。二是来自学校的机构改革。当时的学校领导总是想把教育管理学院与经济管理合并，成立管理学院。我一再给学校领导申述教育管理学院独立存在的理由：教育管理学是一门独立的学科，它的母学科既有管理学又有教育学，而且教育管理不同于其他管理，它以育人为对象，不是以物为对象，它应与教育而不是与经济结合得更紧密；同时北师大的特色就是教育，应该把教育学科凸显出来，我校教育管理学院在社会上已经有一定的影响，是北师大的一个品牌，不能随意撤销；另外，教育管理学院又肩负国家教委华北地区教育管理干部培训中心的任务，是国家教委的一个下属机构，没有得到国家教委的同意是不能被撤销的。经过力争，教育管理学院才得以保留至今。可惜后来在成立教育学部时又把教育管理学院的培训任务分了出去，教育管理学院成了单纯地培养本科和研究生的教学单位。

北京师范大学教育管理学院

创建特殊教育专业

"文化大革命"以前，我在教育系讲授教育学，曾经带领学生去参观盲聋哑学校，看到许多有生理障碍的儿童很聪明活泼，但缺少教育。当时北京市只有三所聋哑学校，招收学生很少，远远不能满足社会的需要。因此我感到，中国很需要发展这种为有障碍儿童服务的特殊教育。

障碍儿童是社会上弱势群体中的弱势群体。他们有受教育的权利，同时，只有接受教育，学到生存的本领，他们才能融入社会，在社会上独立生活。因此，发展特殊教育既是人权问题，也是社会问题。发达国家都很重视障碍儿童的特殊教育，国际组织也十分重视。1959年11月20日联合国大会通过的《儿童权利宣言》中就提出："儿童应不受歧视地享有一切权利；制定法律要以儿童的最大利益为首要考虑；儿童的家长和社会、公众事务当局有责任为处在困境中的儿童排除困难并给予特殊照顾。"1989年联合国又制定了《儿童权利公约》，强调："每个儿童无论贫富，都应受到特殊关照。"国外大学教育学院中都设有特殊教育专业，培养特殊教育专业人才。有的国家还设有特殊教育的大学，为有生理障碍的学生提供接受高等教育的机会。美国华盛顿的加劳德大学就是为聋人设立的综合大学。1991年我访问了加劳德大学，学生们为我们表演了舞蹈。校长接待我们的时候，讲话的时候还习惯不断地用手语。我在苏联就读的列宁师范学院也设有特殊教育专业，而且培养了一名全盲且全聋的教育学副博士。那名副博士名叫斯科罗霍多娃，5岁时因患脑炎双目失明，继而双耳失聪，后入敖德萨盲校学习，掌握了盲文和聋人手语。斯科罗霍多娃凭借着毅力和特殊教育老师的帮助，读完了本科，又读了研究生，1962年获得副博士学位。我曾经听过她的报告，当时斯科罗霍多娃还是列宁师范学院的研究生，在学院的大讲堂报告，听报告的人挤满了讲堂。斯科罗霍多娃讲她如何学习，如何凭借触觉、嗅觉、振动觉以及其他正常感官感知、理解和想象世界。报告非常感动人，我至今仍记忆犹新。她著有一本书，名叫《我怎样理解和想象周围世界》，1956年由苏联教育科学院出版社出版，我买了一本书带回国来。当时我们班上还有一位盲人同学，名叫瓦洛杰·伊万诺夫，他是在卫国战争中失去双目的，我们都视他为英雄。他用盲文记笔记，记得很快。我们关系很好，有时他还帮助我学习，给我解释课上没有听懂的问题。这是题外话了，只是说明生理障碍并不可怕，但需要用教育来弥补他们的缺陷，发展他们潜在的能力，他们同样会为社会做出贡献。

1979年我担任北京师范大学教育系主任，就萌发了设置特殊教育专业的念头。为了筹备这个专业，我把朴永馨从北京市第三聋哑学校调到北师大来。他是我国派往苏联学习特殊教育专业的两名学生之一。他们就在莫斯科列宁师范学院学习，去的那一年我刚好毕业回国，所以在莫斯科没有同窗过，但我知道他们两人。"文化大革命"前我去北京市第三聋哑学校参观时也见过朴永馨。因此要办特殊教育专业，我首先就想到他。另一名留苏的特殊教育专业人才银春铭，他在上海工作，我无法把银春铭调过来。我又让教育系秘书秦忠洲抽一部分时间参加筹备工作。1982年我从首都师大调来顾定倩老师。1986年特殊教育专业在北京师范大学教育系成立，这是我国有史以来第一个特殊教育本科专业。

1985年《中共中央关于教育体制改革的决定》提出要在全国范围内普及九年义务教育。普及义务教育当然要涵盖特殊儿童，所以当时国家教委也很重视特殊教育，在基础教育司设有特殊教育处。当时我正担任北师大副校长，为了发展特殊教育事业，我和基础教育司商量，在北师大成立特殊教育研究中心。经过一段时间的筹备工作，北师大特殊教育中心于1988年11月正式成立。在建设霍英东教育楼时，我们又专门为特殊教育研究中心设立了特殊教育实验室。这在当时的中国是独一无二的。后来，国家教委又在南京成立了特殊教育师范学校，华东师大、辽宁师大也相继成立了特殊教育专业，特殊教育事业蓬勃发展起来。但是从整个国家来讲，中国的特殊教育事业还不够发达，还不能满足障碍儿童受教育的需要，理论研究也有待进一步加强。

值得一提的是，我们还于1988年6月在北京成功地举办了首次在中国举行的国际特殊教育会议（International Conference on Special Education, Beijing, 1988）。有20多个国家和地区的600多名代表出席，其中中国代表100余名，收到论文134篇。开幕式在人民大会堂举行。我作为当时的大会组织委员会主席出席了大会开幕式、闭幕式和在北京饭店的宴会，并在开幕式上致开幕词。会议分成教学计划、聋哑教育、儿童早期鉴定和干预计划、课程、教师培训、职业训练和就业准备、服务设施和形式、研究、为残疾人服务的技术9个专题，进行了分组讨论。我们北师大在这次会议上唱了主角。这次会议也是我校首次主办这种规模的国际会议。虽然这次会议的发起和承办者是中国国际科技会议中心和美国环球交流公司，但一切专业工作都是由我校特殊教育中心承担的。

特殊教育在我校可以说是曾经辉煌一时。可惜30年来北师大特殊教育专业发展得不够理想。本来特殊教育本科专业是北师大最早创建的，硕士点也建立得很早，但博士点的建立却落后了其他学校好几年。我曾经多次努力设法引进特殊教育专业人才，但终未有结果。我希望北师大作为教师教育的排头兵，不要忘记这部分生理障碍儿童的教育。我国是人口大国，这样的儿童大约也以千万计，因此特殊教育事业特别值得我们重视。

筹办北师大燕化附中

北师大燕化附中位于北京市原房山县（今房山区）百花山下的一个山沟里，此地因在20世纪70年代建立起来的燕山石油化工公司而闻名于世。学校距离北京市区近100公里。1969年根据林彪一号令，我们学校大部分师生都被疏散到这里参加建厂的义务劳动，那时候叫建设东方红炼油厂。我开始当架子工，搭工棚。这个活还可以，爬上爬下，扛竹竿、铺苇席，很有意思。工棚搭完了又被分配去烧锅炉。烧锅炉不是为了给人取暖，而是给水泥预制板取暖。那时制水泥预制板要浇水，因为是冬天，怕冰冻，所以要给预制板盖棉被、送暖气。烧锅炉三班倒，夜里还要干活，炉子不能停火。烧锅炉可不是一个轻松的活，推煤送煤还可以对付，出炉渣可让我受不了，一把铁锨就重十几斤，要把炉内的煤渣扒出来，要费很大的劲。我本来个子小，又没有力气，干这种活要一百二十分的气力，结果手指的腱鞘炎又加重了，至今未愈。队里一位小民工，房山人，看我实在太吃力，常来帮助我。我们结成了朋友，"文化大革命"结束后不久，那个小民工在市政公司干活，还到我家里来看我，给我带来了他家乡生产的大米，可惜后来他工作调动，就失去了联系。

那到底为什么要在那里办北师大附中呢？这是根据燕山石油化工有限公司的要求办起来的。改革开放以后，燕化公司发展很快，不仅有炼油厂，还有化工厂、化纤厂、橡胶厂等约30个厂，职工达45 000余人。但是这里远离市区，20世纪80年代时交通很不方便，进一次城要花3个多小时，现在有了高速公路，但也要1个多小时。这里没有好的学校，职工因为孩子上学问题，常常离职。为此公司领导很着急，他们想请师大帮助去办一所附中。在我担任师大副校长之前，双方就已经谈过几次，但因为责权利的问题未能谈成。我任副校长以后，我认为应该促成这件事，师大为基础教育服务，不应该讲什么条件。1985年春天，公司的副经理曹湘洪和人事处长徐莉来商谈。我说办学不讲条件，只要你们公司决心办这所学校，经费人事你们负责，学校的办学理念、教育教学工作由我们来指导安排就可以，就此达成了君子协定。过了几天我就和我校普教处处长陶卫一起到燕化公司，讨论具体创办的方案。那时曾担任国务院副总理的吴仪正在燕化公司任党委书记，她接待并宴请了我们。根据协议他们开始建设新校舍，我们这边则由陶卫同志负责招聘校长和教师。经过不到半年的努力，一所崭新的北京师范大学燕化附属中学就拔地而起。陶卫担任名誉校长，聘请了原北京市十五中学校长王绍林为校长，除了从当地长风中学合并过来的老师外，还从外地招聘了30多名教师，北师大又连续几年分配多名毕业生去任教。我请北师大三所老附中去帮助他们培训教师，他们把教师送到老附中进修。我在担任师大副校长期间，每年都要到学校去，有时给老师讲课，有时与老师座谈，还送了一些书给学校。燕化附中经过几年的努力，教育质量不断提高，成了当地最好的学校，为燕化公司职工和当地居民解决了子女上学的后顾之忧，对稳定职工队伍起了一定的作用。

其实办一件善事总是会多方得利的。当初我们帮燕化公司办这所附中并没有要求什么回报，但当我们有困难时却得到了他们的帮助。例如80年代我校进口了一批轿车，需要标号较高的汽油，燕化公司二话没说，每月供应我校一车平价标高汽油；我校留学生楼友谊餐厅要液化气，燕化公司提供了几十个大液化气罐，解决了留学生供餐的燃眉之急。这说明办事不能急功近利，更不能只向钱看，只要互相信任、互相支持，就能达到双赢。

30年来，北师大燕化附中不断发展壮大。1997年又落成了新的校舍，学生从创办时的600人发展到现在的2 000人，2005年又被北京市评为示范中学。2005年年初我和陶卫去参观他们建校20周年和示范校揭牌仪式的庆典，看到了它的壮大，我们感到无比兴奋。当然附中所取得的成绩主要是公司领导支持和附中老师努力的结果，我们并没有出多少力。但现在我回顾40年前，曾经在这块土地上劳动过，30年前又曾经参与过这所学校的筹建，我心里也有一种难以言表的激动和欣慰。

第三章　我与比较教育

立足中国，走向世界

一个愚蠢的笑话——我对终身教育的认识

1971年联合国恢复我国的合法地位，相继联合国教科文组织也恢复我国的席位。1972年我国清华大学副校长张维教授代表中国出席了联合国教科文组织第十七届大会。1974年我国正式派代表团参加联合国教科文组织第十八届大会。代表团由5位正代表、5位副代表、3位顾问组成。我作为教育方面的顾问参加了这次大会。当时根据"文化大革命"中的思维方式认为联合国是帝国主义的表决工具，联合国教科文组织也不例外，但是可以利用这个论坛去"反帝反修"。联合国教科文组织大会和联合国大会一样是一个马拉松会议，长达50天（现在为了节约经费，已经缩短到20天）。会议分3个阶段：第一个阶段是大会辩论，约20天，每个国家的代表团长要在会上发表演说，亮明本国的观点。我国当时的观点是反对帝国主义，反对霸权主义，具体是反对欧安会，反对跨国公司。第二个阶段是分委会审议，分5个委员会，即教育委员会、科学委员会、文化委员会、经济委员会等，会期也是20天，也是先一般辩论，然后讨论计划。第十八届大会刚好遇上制定中长期规划，因此就要讨论中长期规划的各个项目并逐项表决。第三阶段又是大会，会期10天，各国代表就已经决定的问题发表意见。50天中大会、小会中间有些交叉，3个阶段不是截然分开的。

背景资料：1974年联合国教科文组织第十八届大会所通过的《关于技术和职业教育的建议（修订案）》（*Revised Recommendation concerning Technical and Vocational Education*）中，把职业技术教育的范围或阶段规定为：（1）普通教育中的技术和职业教育；（2）为就业做准备的技术和职业教育；（3）作为继续教育的技术和职业教育。1974年第十八届联合国教科文组织大会还通过了《关于促进国际理解、合作与和平的教育及涉及人权及基本自由的教育的建议》（*Recommendation concerning Education for International Understanding, Co-operation and Peace and Education relating to Human Rights and Fundamental Freedoms*）。从内容上看，它既是联合国教科文组织一贯倡导的和平与合作教育、国际理解教育精神的体现，同时又是在新的政治、经济和科技相互依赖的条件下对国际理解教育的深化和发展。在此文件的倡议推动下，许多国家的中小学乃至大学都实施了国际合作学校教育（开展了国际合作与交流活动，实施了国际理解与合作教育），以消除种族的、宗教的歧视，促进各民族的交往，为人类个体发展提供更为有利的国际环境。

为了参加这次会议，我们在国内做了充分的准备，一个月以前就集中学习，阅读有关材料。当时我负责教育委员会的材料。教育界就我一个人，与我同行的只有英语翻译——我校英语系的青年老师李迺清同志。我是用俄语作为工具语言的，但会议上使用英语比较普遍，所以就备了一位英语翻译。在国内准备的时候，我看了有关教育的100多条提案，提案的内容可以分为两大类：一类是非洲、拉美的发展中国家提出的，要求联合国教科文组织关注普及初等教育、扫除文盲，并要求立项

1974年11月在巴黎参加联合国教科文组织第十八届大会的中国代表团的部分成员在凡尔赛宫门前合影（自右到左分别为鲁毅、顾明远、刘作述、林军、李迺清）

援助。因为发展中国家很穷，文盲很多，儿童没有受教育的机会。另外一类是发达国家提出的，要求关注青年的失业问题，为成人教育和终身教育立项。关于成人教育，我还有所认识，如我国扫盲、业余补习学校（职工学校、农民夜校等），但这与西方发达国家提出的成人教育也有所区别。我国的成人教育往往是学历补偿教育，为没有上过学的工农补习文化，达到小学毕业、中学毕业的程度，而西方发达国家的成人教育主要是岗位培训、继续教育。至于什么叫终身教育，我却从来没有听到过，周围的教师也都不知道什么是终身教育。于是按照当时阶级斗争的思维定式，既然终身教育是发达国家提出来的，发达国家全都是资本主义国家，因此终身教育肯定是资产阶级教育思想。于是在分委会讨论时，我就大力支持发展中国家提出的扫除文盲和普及初等教育的提案，

顾明远先生在
埃菲尔铁塔上

而对终身教育则只好置之不理。等到表决时，对于发展中国家提出的扫盲、普及初等教育的立项，我就高高举手；对于终身教育的立项，因为不了解我也不敢反对，只好弃权。当时阿尔巴尼亚还是我们的盟友，他们的代表坐在我的右前方，他常常转过头来看我，看我举手他就举手，看我不举手，他也不举手。

会议期间，法国教育部长在凡尔赛宫举行隆重的招待会，在互相交流中，有一位澳大利亚代表问我，中国如何解决青年失业的问题。我一句话就把他顶了回去。我说："我们中国没有人失业，中学毕业生全部上山下乡，中国农村有广阔的天地！"现在想起来很可笑，但当时自以为立场很坚定，实际上反映我自己闭目塞耳，才闹出了这样愚蠢的笑话。

1976年"文化大革命"结束以后，我们才看到联合国教科文组织教育委员会1972年的教育报告《学会生存——教育世界的今天和明天》（简称《学会生存》）。这本书由华东师大邵瑞珍先生翻译，但直到1979

年才由上海译文出版社出版。这本书全面阐述了终身教育的历史必然性及其深远的意义。如该书提出的21条革新教育建议的第一条是："我们建议把终身教育作为发达国家和发展中国家在今后若干年内制订教育政策的主导思想。"《学会生存》还提出："终身教育这个概念，从个人和社会的观点来看，已经包括整个教育过程了……从今以后，教育不能再限于那种必须吸收的固定内容，而应被视为一种人类的进程，在这一进程中人通过各种经验学会如何表现他自己，如何和别人交流，如何探索世界，而且学会如何继续不断地、自始至终地完善自己。"最后，《学会生存》向我们提出了"向学习化社会前进"的行动和策略。

实际上终身教育的提出已是1965年的事。1965年12月，联合国教科文组织国际成人教育促进委员会（UNESCO'S International Committee for the Advancement of Adult Education）讨论了法国学者朗格朗提出的关于终身教育的主张。他认为，数百年来，一个人的生活被分成两半，前半生用于受教育，后半生用于劳动，这是毫无科学根据的。教育应是一个人从生到死继续着的过程，因此要有一体化的教育组织。今后的教育应当是，随时能够在每一个人需要的时刻，以最好的方式提供必要的知识和技能。他建议联合国教科文组织批准终身教育的原则。他说终身教育是"一系列很具体的思想、实验和成就，换言之，是完全意义上的教育。它包括了教育的各个方面，各项内容，从一个人出生的那一刻起一直到生命终结时为止的不间断的发展，包括了教育的各个发展阶段，各个关头之间的有机联系"。

这个思想一提出就受到世界各国的响应，许多国家都立法推进终身教育，如法国就于1972年立法。

1980年，我在准备中国教育学会和北京市高教局为北京市高等学校领导干部举办的教育讲座时，查阅了马克思的《资本论》第一卷第十三章，发现马克思在一百多年以前就讲到终身教育的思想。马克思说："现代工业从来不把某一生产过程的现存形式看成和当作最后形式。因此，现代工业的技术基础是革命的，而所有以往的生产方式的技术基础本质上是保守的。"[①]他又说："大工业的本性决定了劳动的变换、职能的更动和工人的全面流动性。"[②]并且他指出："大工业还使下面这一点成为生死攸关的问题：用适应于不断变动的劳动需求而可以随意支配的人员，来代替那些适应于资本的不断变动的剥削需要而处于后备状态的、可供支配的、大量的贫穷工人人口；用那种把不同社会职能当作互相交替的活动方式的全面发展的个人，来代替只是承担一种社会局部职能的局部个人。"[③]怎么才能做到全面发展，那就要学习。工人要接受教育，要把生产劳动和教育结合起来。只有这样，工人才能不仅体力得到发展，脑力也得到发展，才能够适应大工业机器生产的不断变革。虽然马克思没有使用终身教育这个词，但他这些思想中不就是包含终身教育的思想吗？因此终身教育不仅不是资产阶级的教育思想，而是十分先进的、有远见的教育思想。它在20世纪60年代被提出来并很快流行不是偶然的，是社会发展的必然，也是教育发展的必然，因此我把它称为20世纪最重要的教育思潮之一。

可惜我们对它的认识可以说落后了30年。我国政府在正式文件中第一次提到"终身教育"概念的是1993年公布的《中国教育改革和发展纲要》。随后，1995年全国人民代表大会通过《中华人民共和国教育法》，才正式提到要建立终身教育体系，并且两处提到终身教育。

我在想，《资本论》第一卷我在新中国成立初学习政治经济学课程时就读过了。在苏联时又读过一遍，回国以后讲教育学时总要讲到马克思关于全面发展的论述，也总要引用《资本论》中的论述，为什么就没有读懂

---

① 马克思：《资本论》第1卷，533页，北京，人民出版社，1975。
② 马克思：《资本论》第1卷，534页，北京，人民出版社，1975。
③ 马克思：《资本论》第1卷，535页，北京，人民出版社，1975。

呢？现在想起来，这也并不奇怪，由于我们长期生活在小农经济的环境中，看不到生产的变革，不理解教育与生产劳动相结合的根本意思。例如恩格斯在《共产主义原理》一文中还提到，"教育可使年轻人很快就能够熟悉整个生产系统，它可使他们根据社会的需要或他们自己的爱好，轮流从一个生产部门转到另一个生产部门"。①我当时就不理解，党教育我们一辈子在一个岗位上做一个螺丝钉，怎么可以从一个岗位转到另一个岗位？直到20世纪80年代后期，我国经济发生革命性转变，许多工人下岗转业，我才真正体会到大工业生产的变革，以及由此造成的大批工人下岗流动。下岗工人再上岗就必须重新学习，参加职业培训，这不就是终身教育吗？

终身教育的思想有一个发展过程。开始提出的时候，只是因科学技术的发展引起的生产变革造成了一批工人的流动，为了适应流动的需要，或者为适应失业者再就业的需要，有学者提出要为这部分人群提供终身学习的机会。因此，最早的终身教育的理念是与成人教育联系在一起的。但是，随着学习化社会的到来，终身教育的理念已经不仅适用于成人教育，而是包含了正规教育与非正规教育、正式教育与非正式教育，目的是要培养一个人的终身学习意识和能力，使每一个人都能不断学习，不断发展。正如《学会生存》一书中所说的："最初，终身教育只不过是应用于一种较旧的教育实践即成人教育（并不是指夜校）的一种新术语。后来，逐步地把这种教育思想应用于职业教育，随后又涉及在整个教育活动范围内发展个性的各个方面，即智力的、情绪的、美感的、社会的和政治的修养。最后，到现在，终身教育这个概念，从个人和社会的观点来看，已经包括整个教育过程了。"②直到后来终身教育演变为终身学习的概念，更体现了学习者的主体性和主动性。

---

① 《马克思恩格斯论教育》，149页，北京，人民教育出版社，1958。
② 联合国教科文组织国际教育发展委员会：《学会生存》，108页，北京，教育科学出版社，1996。

20世纪末21世纪初，人类步入了知识经济时代和学习化社会，每一个人都必须不断学习才能适应社会的变革，才能使个性得到充分全面的发展。如今学习已经成为人的生活的一部分，成为人发展的动力、社会发展的动力。

我和《外国教育动态》

1964年秋天，大家都在忙着下乡搞"四清"运动。下乡之前要体检，体检发现我有肺炎，需留下休息。当时教育系系主任于陆琳同志就说，干脆留下筹备《外国教育动态》杂志吧。于是我就和比较教育结下了不解之缘。

《外国教育动态》是一份什么样的杂志呢？还得从当时的形势说起。1964年5月12日，中共中央国际问题研究指导小组和国务院外事办公室批准高等教育部《关于高等学校建立研究外国问题机构的报告》，6月北京师范大学成立了外国教育研究室、苏联哲学研究室、苏联文学研究室、美国经济研究室。那时我就被调到外国教育研究室工作。当时中央

从《外国教育动态》到《比较教育研究》的进化史

宣传部提出要办一份教育杂志，供地委以上的干部作参考。时任校党委书记的程今吾同志就把这个任务接了过来，并交给教育系筹办，于是这个任务就落到我的头上。当时协助我进行筹备工作的还有黄菊美同志。我们经过几个月的紧张筹备，于1965年春出版了第一期试刊。当年8月正式出刊，到"文化大革命"之前共出试刊2期、正刊5期。关于《外国教育动态》的办刊宗旨，在试刊第一期的发刊词中有如下一段说明："《外国教育动态》是供教育工作者在教育领域内开展反对帝国主义、反对现代修正主义的斗争，进行外国教育批判研究作参考的内部刊物。它的内容将介绍马克思列宁主义教育著作、兄弟国家的教育经验；亚洲、非洲、拉丁美洲各民族独立国家和地区的教育情况；现代修正主义的教育理论和实施，以及资本主义各国的教育动态和帝国主义的教育政策。"选编的每篇文章前面都注有编者按语或说明，以表示我们的立场，每期稿件都送中宣部教育处审核。即使如此，"文化大革命"开始后，杂志还是被扣上散布资产阶级和修正主义教育思想的帽子而被迫停刊。

1965年年底，四个外国研究室合并为外国问题研究所，校党委副书记谢芳春同志任所长，刘宁和我任副所长。"文化大革命"中谢芳春和我都被夺了权，外国问题研究所差一点被裁撤。1972年5月周恩来总理召开外语院校"教育革命"座谈会，问到1964年成立的一批外国问题研究机构还在不在。于是工宣队没有敢把它撤销，而且不久就让恢复工作。

1973年，外国问题研究所开始局部恢复工作，《外国教育动态》作为内部资料又开始编印，至1979年共出刊22期。但这段时间已不是由我负责。"文化大革命"中我被揪回教育系，作为"走资派"被批斗，后又下放到山西临汾吕梁山进行垦荒劳动，1972年回来任北京师范大学二附中"革委会"主任；1974年12月参加联合国教科文组织第十八届大会回来以后又回到师大；1975年任北京师范大学教育革命组副组长兼文科组组长，"文化大革命"后改为文科处处长；1979年我任教育系系主任兼外国教育研究所所长。改革开放以后，中国迎来了一片大好形势，教育领域也有了生气，而且全国教育工作者都想了解国外教育发展的情况和经验，在这样的形势下，我努力想促使《外国教育动态》正式复刊。于是我给当时国务院主管科教的方毅副总理写了一封信，说明《外国教育动态》的来历，提出改革开放以后我国教育界了解和学习外国教育经验的迫切性，希望《外国教育动态》能早日复刊，并向国内外公开发行。没有想到，这封信很快得到方毅同志的批复，同意复刊并成为正式刊物向国内外发行。当时我还请赵朴初先生写了《外国教育动态》的刊名。

发行过程也是几经周折，开始想由人民教育出版社发行，因为"文化大革命"前就是人教社发行的。当时人教社社长戴伯韬同志也同意，但终因经费问题未能成功。最后在天津教育出版社发行。但后来因为他们要求把杂志办成专以中小学教育为对象，我们未能同意，只好撤回来由北京师范大学出版社出版。当时学校给予了极大支持，每年都拨专款支持出版发行。编杂志需要编辑，当时所里的研究人员都不愿意担任编辑，最后由我任主编，由宋文宝同志任副主编，具体负责编辑部的工作，不久又请了况平和同志来任编辑，协助宋文宝同志看稿、改稿。我们在编辑部成立了一个审稿班子，除了我和宋文宝以外，又请了周蕖、曾昭耀等来初审。凡投来的稿件我们几人都要初审一遍，认为合乎质量的或有基础修改的就留下，再由编辑部处理。宋文宝同志退休后，一直由曲恒昌同志主持编辑部的工作。刊物向社会开放，特别欢迎比较教育界的同行学者投稿，不限于反映本所的研究成果，不搞同人杂志，从而保证了充足的稿源，保证了刊物的质量。所以，宋文宝、况平和等同志对《外国教育动态》这份杂志来讲是有大功劳的，我们不能忘记他们。可以说，《外国教育动态》这本杂志促进了我国比较教育学科的发展。

1991年在比较教育界同人的爱护和要求下，作为中国教育学会比较教育研究会的刊物，《外国教育动态》更名为《比较教育研究》。2001年从双月刊改为月刊，2003年又从64个页面增加到96个页面，篇幅扩大了二分之一，成为我国中文核心期刊、中国哲学社会科学核心期刊，受到广大读者的欢迎。近几年来，杂志主要由曲恒昌教授负责，他对杂志质量的提高、杂志的规范化起了重要的作用。

我和比较教育学科

1979年1月外国教育研究所独立成所，我担任第一任所长，并兼任教育系系主任。改革开放以后，研究所开始和国外交往。最早来访问的是日本广岛大学教育研究中心代表团，其中就有现在与我们交往密切的研究中国教育的日本专家大塚丰，后来任日本比较教育研究会会长的马越彻也是在那时认识的（最近马越彻先生因病不幸去世，在此表示深切哀悼）。1980年3月，教育部邀请了美国哥伦比亚大学教育学院比较教育专家美籍华人胡昌度教授来我校讲学3个月，同时组织了一个高等学校比较教育教师进修班，有10所高等学校10多名老师参加。我作为教育系系主任和外国教育研究所所长，组织了这次活动，并亲自与本科生和进修班教师同堂听课。进修班结束时，我们10多名教师凑在一起，商量我国比较教育学科重建的问题。大家认为，应该在教育系开设比较教育课程，以扩大学生的眼界。为此，当务之急是编一本教科书。这个主张得到教育部高教司的支持。于是我们就开始着手编写，做了分工，收集资料，编写提纲。为了保证质量，我们请老一辈比较教育学学者王承绪、朱勃、檀仁梅教授来指导并担任教科书的主编。后来檀仁梅教授因病未能参加。因为全部组织工作都是由我主持的，所以高教司要我补上檀仁梅教授之缺，添为主编之一。1981年在华南师范学院（现华南师范

1982年、1985年和1999年
版的《比较教育》

大学）召开了编委会，讨论大纲。又经过一年半的努力，中华人民共和国第一本比较教育课本终于在1982年问世。之后有过两次修改，因朱勃同志已去世，这两次修改都是由王承绪先生和我完成的。1999年发行第三版，至今仍是师范院校本科生使用的基本教材（已于2015年出版第五版——编者注）。

北师大外国教育研究所（1995年更名为国际与比较教育研究所，2009年更名为国际与比较教育研究院）一方面着力于学科建设，另一方面重视为决策部门提供外国教育的信息和资料，提供咨询意见。我们除公开出版《比较教育研究》杂志外，还编印《外国教育动态简报》，分送教育部领导和各科研单位。同时还向广大教育工作者介绍外国教育的思想和经验。我们曾为我国的学位制度建设和研究生教育提供了大量资料，为师范教育会议和教师节的设立提供了许多外国资料。"六五"科研规划期间，我们除了承担"战后苏联教育研究"国家重点课题外，还编写了《苏联高等教育和中等专业教育法令汇编》《苏联普通教育和职业教育法令汇编》《比较高等教育》《职业技术教育比较》《师范教育比较》等专著；介绍了赞科夫、苏霍姆林斯基的教育思想，翻译出版了他们的专著。其中，《比较高等教育》曾获得北京哲学社会科学优秀成果

《比较教育导论——教育
与国家发展》的两个版本

一等奖及其他多个奖项，《战后苏联教育研究》获国家教委第一届哲学社会科学优秀成果一等奖。"八五"期间，我们关注周边国家普及义务教育的研究，由王英杰承担了国家重点课题。与此同时我们开始了比较教育的文化研究，由我承担了国家重点课题"民族文化传统和教育现代化"的研究工作，1998年课题完成并出版《民族文化传统和教育现代化》一书，此书获1999年北京哲学社会科学优秀成果一等奖。1996年我和薛理银合著的《比较教育导论——教育与国家发展》一书出版，此书获得2001年北京哲学社会科学优秀成果一等奖，国家级教学优秀成果二等奖。

1979年，北师大外国教育研究所在全国招收第一批硕士研究生。1980年《中华人民共和国学位条例》颁布后，比较教育被列为教育学科中的二级学科。1983年北京师范大学外国教育研究所被国务院学位委员会批准为比较教育学科第一个有权授予博士学位的学科点，我被批准为第一个比较教育博士研究生指导教师。经过准备，我于1985年招收第一位博士研究生，他于1988年获得博士学位，这就是我国有史以来第一位比较教育博士王英杰。1993年开始招收外国留学研究生，至2002年已有韩国、日本、越南等国7位研究生获得博士学位。自1985年设立学位至2004年，国际与比较教育研究所共招收博士研究生121人，硕士研究生

214人；获得博士学位者达70人，获得硕士学位者135人；其中招收港澳台博士研究生7人，硕士研究生13人；外国博士研究生12人，硕士研究生6人；此外从1997年至2004年共招收高级访问学者13人，博士后5人。由我指导的研究生中已有50余名获得博士学位，其中韩国的具滋亿是第一位获得我国文科类博士的外国留学生。

在比较教育学科建设中，特别值得注意的是薛理银的博士论文《当代比较教育方法论》一书。薛理银于1988年到1992年在我指导下攻读博士学位，就读期间到英国伦敦大学留学一年，广泛地接触了如霍尔姆斯、埃德蒙·金等世界著名的比较教育学家。他着重研究了当代比较教育的方法论，对各种流派，包括中国比较教育学者的方法论观点进行了评析，并提出了比较教育作为国际教育交流论坛的观点。论文是我国第一部有关比较教育方法论的论著，受到国内外专家的好评，对我国比较教育学科建设和研究起到了积极的作用。

随着国际形势的发展和学科的发展，外国教育研究所于1995年更名为国际与比较教育研究所。不久，华东师大、东北师大也相继更名。经过全体成员多年的努力，国际与比较教育研究所的成绩被社会承认。1988年我所的比较教育被教育部评为全国重点学科，并被列为全国重点资助的12个研究所之一，2000年被评为教育部人文社会科学重点研究基地，2002年再一次被评为全国重点学科。

比较教育学科建设一直是我们研究所关注的重点。从"六五"规划开始，差不多每期规划都有我们的重点课题。特别要提出的是，自从"八五"规划申报"民族文化传统与教育现代化"的课题以后，比较教育的文化研究成为我们研究所的特色。项贤明的博士后论文，就是从文化的视角来审视中国比较教育研究中的西方中心主义和去殖民化等问题。我在珠海召开的比较教育研究会第十二次年会上又强调了文化研究作为比较教育研究方法的重要性。2004年我出版了《中国教育的文化基础》

教育部人文社会科学重点研究基地北京师范大学比较教育研究中心、北京师范大学国际与比较教育研究所

一书，虽然讨论的是中国教育，但也是放在比较教育视野中来探讨的。

北师大国际与比较教育研究所自创立以来，特别重视与国外的交往。自从胡昌度教授来所讲学，我们就与美国教育学者经常联系，不断派遣研究人员到美国去留学。最早的一位就是王英杰，1982年就被派往斯坦福大学留学两年，之后又有研究人员被派往日本、德国等国深造。在派出的同时我们又把外国学者请进来。请进来的著名学者有埃德蒙·金、库姆斯、横山宏、达维多夫、铃木慎一等。20世纪90年代中期，我建议每年主办一次国际学术会议，这个目标达到了，有一年甚至召开了两次国际研讨会，并收到了很好的效果。例如1996年召开的高等教育评估国际研讨会、1998年召开的亚洲比较教育学会第二次年会、教师教育国际研讨会、终身教育国际论坛等，都有较大的影响。

　　背景资料：1998年10月6日至9日，由中国教育学会比较教育研究会主办的亚洲比较教育学会第二届年会在北京师范大学召开，参加会议的各国比较教育专家200余人，包括日本、韩国、伊朗、泰国、印度、越南、马来西亚等亚洲国家，和美国、加拿大、墨西哥、澳大利亚、法国、德国以及世界其他国家和地区的外籍专家70多人。我国香港特别行政区和台湾省也有20多名学者参加了会议。这次会议的主题是"文化传统与教育现代化"，与会各国专家就国际化背景下的文化传统与教育现代化问题，如文化传统在教育的现代化变革进程中的困境与出路、国际

1998年召开的亚洲比较教育学会第二届年会，正中为顾明远先生。由于照片太大，人数众多，这里仅截取其中一部分

化时代文化传统的嬗变与比较教育的发展，各级各类教育在信息社会和知识经济时代的社会作用与面临的挑战等问题进行了深入的探讨。

我与比较教育研究会

"文化大革命"结束以后，高等教育百废待兴。1977年8月教育部高教司在司长刘道玉及处长蒋妙瑞的倡导下，在北戴河召开外国教育座谈会。参加会议的有北京师范大学、上海师范大学（今华东师范大学）、吉林师范大学（今东北师范大学）、河北大学外国教育研究室的负责人。北京师范大学由周蕖代表外研所参加了会议。会议讨论了外国教育的研究和资料收集问题，制定了初步的规划。

1978年7月5日至15日，全国第一次外国教育研讨会在北京师范大学举行。参加会议的有北京师范大学、上海师范大学（今华东师范大学）、吉林师范大学（今东北师范大学）、河北大学、华南师院（今华南师范大学）5所高等学校的外国教育研究机构的约50名代表参加。教育部副部长高沂同志出席会议并讲话。当时北京师范大学外国教育研究所尚未建立，我还在担任学校文科处处长，没有系统地参加全部会议，只参加了开幕式及几次讨论。当时开一次会议很麻烦，招待所的被褥要自己去租，大米供应要到粮食局审批。外国问题研究所动员了全所同志为会议服务。会议交流了经验，研讨了规划，商讨了分工。会议开得很成功，并商定5所学校轮流承办每年的研讨会。

1979年10月底在上海召开了第二次外国教育研讨会，由华东师大外国教育研究室承办。参加会议的除上述5所院校的外国教育研究机构外，又增加了中央教科所、人民教育出版社及其他几所师范院校的代表共90余人。会上成立了外国教育研究会，隶属于中国教育学会，由刘佛年担任会长。1981年在保定召开了第三次全国比较教育学术研讨会，会议由河北大学日本问题研究所承办。研究会理事会换届，第二届理事会由中央教育科学研究所副所长张天恩任理事长。1983年在长春召开第四次全国比较教育学术研讨会，会议由东北师范大学外国教育研究室承办。研究会理事会换届，大家推举我担任理事长。1986年第五次全国学术研究会在武汉召开，由华中师范大学承办。1990年第六次年会在天津召开，由天津师范大学和天津比较教育研究会承办，在这次年会上我做了题为《比较教育的回顾与瞻望》的发言，总结了改革开放10多年来我国比较教育发展的成绩和问题，阐明了今后发展的方向。1993年第七次年会在北京召开，由北京师范大学外国教育研究所承办。1995年第八次年会在济南召开，由济南大学承办。1997年第九次年会在黄山市召开，由安徽师范大学教育系承办。第十次年会在重庆北碚召开，由西南师范大学（今西南大学）教育学院承办。2002年第十一次年会在桂林召开，由广西师范大学教育学院承办，理事会换届，由东北师范大学外国教育研究所梁忠义教授担任理事长。第十二次年会在珠海召开，由北京师范大学珠海分校承担，理事会换届，由钟启泉教授担任理事长，聘我为名誉理事长。我从1983年担任研究会理事长起，一直到2002年止，共担任了19

第三次全国外国教育学术讨论会于保定，1981年5月20日至29日（后排左三为顾明远先生）

年，为我国比较教育学科建设出了一点微薄之力。

比较教育学科的建设一直是研究会关心的事。我在1990年第六次年会上发表了一次演讲，题目为《比较教育的回顾与瞻望》。在讲演中我讲道，我国比较教育研究经过了几个阶段。第一个阶段是对外国教育的客观介绍和描述。80年代初全国一下子出现5种介绍外国教育的杂志，代表性的译著有《教育的传统与变革》、《比较教育学》、《美国教育基础》、《六国教育概况》、布鲁纳的《教育过程》、赞科夫的《教学与发展》、苏霍姆林斯基的《给教师的一百条建议》等。第二阶段是对外国教育进行比较和借鉴。从1985年开始我们对几个发达国家进行了系统研究，出版了《战后教育研究丛书》《比较高等教育》《比较师范教育》《中外职业技术教育比较》《现代课程论》等著作。同时陆续翻译出版了埃德蒙·金的《别国的学校和我们的学校》、库姆斯的《世界教育危机》等。可以说成果累累，但是也存在着不少问题。当时我指出：第一，严

1984年10月在杭州召开的全国比较教育学科建设讨论会合照（第一排右五为顾明远先生）

重脱离中国教育的实际，许多比较教育工作者不了解中国教育情况；第二，比较教育研究缺乏理论的深度，许多外国教育的介绍和比较停留在表面层次上，不能从分析比较中找出规律性的东西；第三，不重视比较教育学科本身的建设。我在讲演中提出了几点建议：一是要改变以往研究的重点，将单纯研究外国教育转移到从中国教育的实际出发，研究中外教育的比较上；二是拓宽研究领域，能够逐步对我们邻近的、国情相似的几个亚洲国家的教育有突破性的研究；三是加强比较教育的学科建设；四是资料工作仍需加强，它是我们研究的基础。

到了20世纪90年代初，我又感到我国比较教育研究总是停留在制度层面上，即使介绍外国的教育思想也只是就事论事，缺乏分析。特别是联系到中国教育改革和发展的实际，觉得中国在教育现代化进程中遇到不少障碍，可不可以从国外发达国家实现现代化过程中遇到的问题吸收一些经验？同时在研究各国教育时发现许多奇怪的现象：我们常常讲，教育受一定的政治经济的制约，但是，同样是发达国家，美国的教育制度与欧洲大陆的教育制度很不相同；而不同的政治制度和经济发展水平

1993年全国比较教育研究会第七届年会，第二排右十为顾明远

的国家，如中国和日本，教育中却存在着许多相同的问题。因此我萌发了研究教育与传统文化关系的想法。"八五""九五"教育科研规划都以"民族文化传统与教育现代化"作为重点课题。虽然课题已经告一段落，但我认为这个问题远没有研究透彻，我们今后还需要继续深入研究。

关于比较教育学科的定义和身份问题，许多学者认为存在着身份危机。但我认为，比较教育是一门学科也好，是一个研究领域也好，对各国教育的研究总是需要的。教育领域中有许多问题是别的教育学分支学科难以解决的，如国别教育的系统深入的研究，各国教育政策、制度、模式的比较研究，国际教育问题的研究，等等。关于研究方式，我赞同多元的方法，但更重视文化研究。因为只有深入到文化层面才能对教育现实及其由来有一个全面的了解。

第十二次比较教育年会，主席台上左四为时任世界比较教育学会联合主席马克·贝磊先生，左五为顾明远先生

比较教育研究会在全体会员的努力下，坚持开展各项研究活动，队伍也越来越壮大。截至2010年年底，全国已有博士授权点24个，硕士授权点数十个，每年培养博士约50名，硕士几百名。1998年中国还成功召开了亚洲比较教育学会第二次年会，由北师大国际与比较教育研究所承办。与会代表有200多人，其中境外代表有70多人，世界比较教育学会联合会的前任和现任主席都出席了这次会议，并都对这次会议做了积极的评价。这次会议多少弥补了第九届世界比较教育大会未能在中国召开的遗憾。虽然比较教育研究会曾一度直接参加世界比较教育学会联合会的会议，但并没有断绝联系，两会的领导和会员都经常来往交流。继在2002年成功举办了"第一届世界比较教育论坛"后，2005年8月22日至24日，由北京师范大学主办、北京师范大学比较教育研究中心和香港大学比较教育研究中心承办的第二届世界比较教育论坛在北京师范大学英东学术会堂隆重举行。当时的世界比较教育学会联合会主席马克·贝磊（Mark Bray）教授和秘书长福克斯（Christine Fox）教授，日本比较教育学会前会长铃木慎一（Shinichi Suzuki）教授和望田研吾（Kengo Mochioda）教授，美国比较教育学会前会长阿诺夫（Robert Arnove）教授，韩国比较教育学会会长李铉清（Lee Hyun Chong）教授，中国香港特别行政区比较教育学会会长王淑英（Suk-ying Wong）教授，以及中国比较教育学会会长钟启泉教授、副会长王英杰教授和孙启林教授、秘书长赵中建教授等出席了论坛。来自德国、法国、比利时、澳大利亚、美国、加拿大、墨西哥、巴西、日本、韩国、印度、新加坡、马来西亚、菲律宾、中国等15个国家的200余位代表参加了会议。2008年，我们又成功举办"第三届世界比较教育论坛"。2011年金秋，"第四届世界比较教育论坛"在京圆满落幕，这次论坛不仅是以往论坛的延续，同时也是庆贺国际与比较教育研究院成立50周年。

2005年第二届世界比较教育论坛，从左到右分别是美国比较教育学会前会长阿诺夫教授、欧洲比较教育学会前主席施瑞尔教授、中国比较教育学会理事长钟启泉教授、世界比较教育学会主席贝磊教授、顾明远先生、北京师范大学副校长董奇教授、教育部社政司副司长袁振国教授、世界比较教育学会联合会主席秘书长福克斯教授和日本比较教育学会会长望田研吾教授

我与世界比较教育学会联合会

1980年夏天，我应日本比较教育学会会长平冢益德教授的邀请，与中央教科所金世柏及我所苏真一起去日本琦玉县参加了世界比较教育学会联合会的第四次大会，并提出了中国比较教育学会加入世界比较教育学会联合会的申请。1984年在巴黎召开的第五次大会是由华东师大马骥雄教授和河北大学刘文修教授参加的。1987年在巴西里约热内卢召开第六次大会，中国比较教育研究会派出了金世柏、周南照、吴福生、孟宪德和我参加了大会。世界比较教育学会联合会的执行委员会正式批准中国比较教育学会成为该会的团体会员，并选举我为该会的副主席。我们在这次会上正式提交举办下一届大会的申请。但执委会考虑到时间太仓促，决定第七届大会由加拿大举办，为了照顾中国的迫切要求，会期由

在1980年4月世界比较教育学会联合会第四次大会上，左二为顾明远

三年缩短到两年，第七届提前到1989年举行，第八届大会在1991年由中国举办。

　　第七届世界比较教育大会如期于1989年7月在加拿大蒙特利尔举行。中国比较教育学会出席这次大会的有周南照、詹瑞令、吴福生、曹清阳、毕淑芝、王英杰和我，还有在北美留学的中国留学生等。当时适值国内发生过政治风波，西方国家对中国实行制裁。于是在世界比较教育学会联合会执委会上，对下一届大会能不能在中国举办展开了激烈的争论。我们坚持这是中国的内政，而且当时已经恢复正常秩序，世界比较教育学会联合会是一个学术团体，不应让政治问题干扰学术活动，中国完全有资格、有能力办好大会。执委会中有少数与我们友好的专家，如埃德蒙·金、梅斯曼以及苏联的马林科娃等支持我们的意见，但大多数委员有的由于自身的偏见，有的由于要与本国政府保持一致，反对在中国召开大会。会上的争论十分激烈，最后执委会还是决定第八届大会由捷克举办。关于决议草案如何拟定，又展开了一场辩论，我们坚决反对提及中国内政。最后达成协议，只提出"执委会鉴于广大学者对捷克斯洛伐克教育民主化进程感兴趣，下届大会在布拉格召开"，并议定第九

1987年7月10日参加世界比较教育学会联合会第六届大会，后排正中者为顾明远

1989年7月参加世界比较教育学会联合会第七届大会，右二为顾明远

1990年7月顾明远先生参加欧洲比较教育学会年会期间与霍尔姆斯教授（右一）及加拿大教授参观西班牙塞戈维亚水渠

届大会在中国举办。

1990年7月，我和周南照去马德里参加欧洲比较教育学会年会和世界比较教育学会联合会执委会会议。在会上又一次对第九届大会能否在中国召开展开了激烈的争论。最后大多数执委都同意在中国北京召开。但是，本来应该谁家举办，谁家就担任联合会的主席。但一些执委仍然坚持让德国比较教育学家米特尔继续担任主席（上届也是他担任的主席），在金和梅斯曼等友好学者的支持下，由我担任合作主席，负责筹备1993年在北京举办第九届世界比较教育大会。

1991年7月在布拉格召开第八届世界比较教育大会。中国比较教育学会参加的有周南照、吴福生、詹瑞令和我四人。会议期间又商讨下届大会筹备的问题。

但是，一波未平，一波又起。第九届世界比较教育大会在北京的召开最终流产，后来改为于1994年在悉尼召开。（但第十六届世界比较教育大会于2016年8月在北京召开。）没能在北京办成第九届世界比较教育大会后，我国比较教育研究会一度不再参加世界比较教育学会联合会的一切活动，但联系一直没有中断，我仍然担任着执委会委员，不断收到他们寄来的文件。同时，我们学者间的个人交往不仅没有中断，而且有所加强。不仅前任联合会主席米特尔多次访华，后来继任的主席威尔逊、安娜·胡特逊等都曾来华参加我们在1998年举办的亚洲比较教育学会第二次年会。胡特逊还参加了2002年我校为建校一百周年举办的世界比较教育论坛。联合会秘书长、香港大学的马克·贝磊（后任联合会主席）更是中国比较教育学会的好朋友，经常来往于香港和内地之间。时任联合会主席的李荣安教授也给予了我们很多支持。其他世界著名比较教育学者也都与我国比较教育学者有频繁的交往。

1996年亚洲比较教育学会在日本成立，中国比较教育学会是发起单位之一，我参加了该会的筹备工作和第一次年会。亚洲比较教育学会在会上决定第二次亚洲比较教育年会于1998年在北京召开，由中国比较教育学会主办。1998年北京师范大学国际与比较教育研究所承办了这次以"文化传统与教育现代化"为主题的大会。这实际上是一次世界比较教育的会议。参加会议的各国比较教育专家有200余人，包括来自日本、韩国、印度、泰国、菲律宾、马来西亚、越南、伊朗等亚洲国家，以及美国、加拿大、墨西哥、澳大利亚、法国、德国和世界其他国家和地区的外籍专家70余人。我国香港特别行政区和台湾省比较教育学者（20余人）也参加了会议。会议取得了圆满成功，并在某种程度上弥补了未能在我国举办第九届世界比较教育大会的遗憾。

我作为一名比较教育的老兵，回顾几十年来的历程，感慨万千。比较教育在我国可以说是从无到有，经过几代人的努力，现在已经发展壮大。现在全国已有博士授权点24个，硕士授权点数十个，20多年来培养了一大批人才，出版了无数专著。但是瞻望未来，比较教育的发展仍需我们努力。创业维艰，发展创新更难，年青一代比较教育学者任重道远。

第四章　我与中国教育改革

教育的发展在于改革，

教育的改革在于创新，

教育的创新在于学习。

现代生产与现代教育

在1978年4月召开的第一次全国教育工作会议上，邓小平同志重新解释了教育与生产劳动相结合的含义。他说，教育与生产劳动相结合，更重要的是整个教育事业必须要和经济发展的需要相适应，为现代化建设服务。邓小平同志明确指出，为了培养社会主义建设需要的合格的人才，我们必须认真研究在新的条件下，如何更好地贯彻教育与生产劳动相结合的方针。此后，邓小平同志又强调指出，要做到在教育与生产劳动相结合上不断有新的发展。"各级各类学校对学生参加什么样的劳动，怎样下厂下乡，花多少时间，怎样同教学密切结合，都要有恰当的安排。更重要的是整个教育事业必须同国民经济发展的要求相适应。不然，学生学的和将来要从事的职业不相适应，学非所用，用非所学，岂不是从根本上破坏了教育与生产劳动相结合的方针？那又怎么可能调动学生学习和劳动的积极性，怎么可能满足新的历史时期向教育工作提出的巨大要求？"①

我就在思考，长期以来我国只提教育是阶级斗争的工具，教育是无产阶级专政的工具。教育有没有其他功能？教育与经济的关系是什么？过去我们把教育与生产劳动相结合只是简单看作学生参加生产劳动而已，根本不去思考如何结合的问题。1978年8月吉林人民出版社出版了东北师大（当时称吉林师范学院）王桂、梁忠义同志等翻译的《日本的经济发展和教育》。该书论述了经济发展与教育的作用，日本教育的普及和社会、经济发展的关系。该书在日本于1963年出版，当时正是日本经济起飞的时期。该书激发了我的思路，我想从比较教育的视野论述教育对经济发展的重要性。

1979年3月23日到4月13日，教育部、中国社会科学院在北京召开第一次教育科学规划会议。我们外国教育研究所为这次会议准备了一篇文章，名为《工业化国家经济发展与教育》。这篇文章是外国教育研究所的同志集体创作的成果，大家收集资料，最后由我整理并写成文章。因为是大家的创作，所以并没有收录在我的文集中。但有些观点是我提出来的，特别是最后一段的几点启示。我在文章中写道："今天我们看一看工业化国家经济和教育发展的情况，给我们教育理论工作者打开了眼界。教育范畴有一部分是属于上层建筑，但它不完全是上层建筑，它与生产在许多方面有着直接的联系。在现代科技发展的时代里，劳动力的再生产要依靠教育，把科学技术的成果转移到生产过程中去要依靠教育。教育已经作为潜在生产力在起作用。"

在1979年掀起关于教育本质属性的讨论时，我没有写过文章。因为我没有把握，我拿不准。我总觉得教育是很复杂的社会现象，很难简单

---

① 邓小平：《在全国教育工作会议上的讲话（一九七八年四月二十二日）》，见《邓小平文选》第2卷，北京，人民出版社，1994。

地用是"上层建筑"还是"生产力"来表述。但是我的态度早在上述文章中就明确表达了。

1980年夏天，北京市教育局和成立不久的中国教育学会为了普及教育科学理论，举办了一次为高等学校领导干部准备的高等教育讲座。这个任务落到了我们北师大教育系的身上。能举办这个讲座，我们觉得非常高兴，但又觉得难以胜任。我们过去长期只研究中小学教育，不研究高等教育，因此要由我们担任主讲，大家都感到很为难。当时任副校长的肖敬若同志就对我施加压力，说："你是系主任，你来带个头，讲第一讲！"我只好硬着头皮准备。我本来想结合在第一次教育科学规划会上的文章，讲一讲如何正确理解"教育与生产劳动相结合"的问题，但制订讲座计划的教育学教研室主任陈孝彬同志却给我出了《现代生产与现代教育》这个题目。当时我正好招收了第一届硕士研究生，我上课时就布置他们为我的讲座写一个提纲，两个星期后交给我。谁知道两个星期以后，谁都没有交出提纲来。我只好亲自动手，查阅了许多资料。首先要弄清楚什么叫现代生产、现代生产有些什么特点这些问题。得益于我早期学习马克思的著作，我找到了现代生产的基本特征。马克思在《资本论》中说："现代工业从来不把某一生产过程的现存形式看成和当作最后的形式。因此，现代工业的技术基础是革命的，而所有以往的生产方式的技术基础本质上是保守的。"[①]我从工业化高度发达的国家的情况看，总结出现代生产五个新特征：第一，生产手段超过机械化时代，进入了"人化机械"时代；第二，工业生产由过去的粗放化转到集约化；第三，农业生产机械化；第四，经营管理现代化；第五，产生了新型工人。提纲写完，我觉得没有把握，便首先请当时的教育系副主任尹德新同志为我审阅提纲，他是研究中国教育史的。他首先对我的提法提

---

① 马克思：《资本论》第1卷，533页，北京，人民出版社，1975。

出异议。他说："你的题目是现代生产，而你引用的是马克思的话，他说的是近代生产，近代和现代在历史学上是不同的时期。"原来，我一开始在提纲中引用马克思《资本论》的话来自旧的译本，1953年以前的译本把"现代"译为"近代"。在我引用的马克思的话中，马克思说的是"近代大工业和机器生产"。他的意见一下子把我给难住了。我只好去查阅了《资本论》的英文版和德文版。在这些外文版本中，关于"近代大工业生产"都用的是"modern"这个词；后来我找到了《资本论》的中文新译本（1975年版），这个版本中都已经改成了"现代大工业生产"了，这个难题终于解决了。但我还是不放心，又拿到中国人民大学工业经济系，请我童年的老同学沈思聪同志审阅，得到他的认可后，我才敢于走上讲台。这次讲座连续了好几讲，延续了半年的时间。除了我讲之外，黄济教授讲了教育的本质，迟恩莲讲了苏联教育，时任国务院经委主任的袁宝华讲了德国的职业教育。

我在这次演讲中讲了两个观点，一是现代教育是现代生产的产物，二是教育与生产劳动相结合是现代教育的普遍规律。对第一个观点，没有人反对；对第二个观点，别人则为我捏了一把汗。我的讲稿分别由《红旗》《外国教育动态》《百科知识》摘要选登。在《百科知识》刊登时，编辑就有些顾虑，问我能否把"教育与生产劳动相结合是现代教育的普遍规律"删去，编辑吓唬我说："怕你受到批判！"我说："我不怕，'文化大革命'都过来了，还怕什么！"为什么这个问题有争议？因为长期以来，我们把教育与生产劳动相结合作为社会主义教育的基本特征。1958年时大家曾经认为教育与生产劳动相结合是社会主义教育与资本主义教育的分水岭，现在把它看作是现代教育的普遍规律，不就抹杀了教育的阶级性吗？论文发表以后倒是没有受到批判，毕竟大家在"文化大革命"后不随便挥舞棍子，但这个结论的确一直不被某些人承认。

1991年，我在一次座谈会上又提出教育与生产劳动相结合是现代教育的普遍规律，当场就有人批评我的观点。不久，1992年第1期的《清华大学教育研究》就发表了一篇文章，名为《略论教育与生产劳动相结合》，批评了我的观点。该文章尖锐地指出："西方一些资产阶级学者，正是利用两种制度都注重教育与生产劳动相结合这一表面现象，得出21世纪将是'教育的世纪''学习化的社会'的结论。"同时文章还认为："这不仅阉割马克思主义教育与生产劳动相结合的实质，而且成为资产阶级'和平演变'社会主义的烟幕。对此我们必须用阶级与阶级分析的态度相对待。"①

也是这一年夏天，我在一次报告中讲到关于教育发展史可以依据社会发展的五种形态分为五种教育，即原始社会教育、奴隶制教育、封建主义教育、资本主义教育和社会主义教育；也可以按照生产力发展水平划分为原始形态教育、古代学校教育、现代教育。我还加了一句："当然，现代教育有社会主义教育和资本主义教育两种完全不同性质的教育。"中央教育科学研究所的《教育文摘》小报摘录了我的这段讲话，没想到因此受到了某位领导的严厉批评，他在我文章上批道："用生产力来划分教育的发展历史，如何体现教育的阶级性？马克思主义不是口头禅，要与实际相联系。"由于这位领导没有看到我的后一段话："现代教育有社会主义教育和资本主义教育两种完全不同性质的教育。"所以他批评我把马克思主义当作口头禅，而不联系实际。这个批评意见是在中央教科所的领导中传阅的，但也传到我的耳中。我又不好去与领导辩解，出于无奈我只好请摘编我的文章的小报编辑部出来澄清，才算没有受到公开批判。

其实马克思在讲生产劳动与教育相结合时是从大工业生产的特性中提出来的，并没有规定这是社会主义教育的专利品。现实也告诉我

---

① 张孟威、安洪溪、刘文渊：《略论教育与生产劳动相结合》，载《清华大学教育研究》，1992（1）。

们，现代生产必须有现代教育人力资源的支持，现代教育也只有适应现代生产发展的需要才能得到普及和发展。所以联合国教科文组织于1981年11月10日至19日在日内瓦召开的第38届国际教育大会（International Conference on Education）上专门讨论了"教育与生产劳动相结合"（The Interaction between Education and Productive Work）的问题，会议最终通过了决议，提出了8条重要原则，并倡议各国从教师培训、评价等各个方面强化教育与生产劳动的结合。我们外国教育研究所的符娟明教授参加了这次会议。

《现代生产与现代教育》报告的出炉受到了各界的重视，不仅像《红旗》和《百科知识》这样一些重要杂志刊登了主要内容，而且各地请我去开讲座。我仅在80年代那几年就以这个题目讲了约40场，听众有上万人。

学生是教育的主体

1980年，教育部师范司要为新恢复的中等师范教育编写教育学、心理学教材。这个任务就落到了北师大教育系和心理学系头上，心理学方面请心理学系主任彭飞同志挂帅，教育学方面本来应该由教育学教研室的同志承担。但是，当时几位同志都不愿承担此任务，似乎觉得中等师范教育学是小儿科的东西，不值得搞。没有办法，我作为教育系系主任，只好自己承担起来。当时我找了靳希斌、赵敏成两位老师，成立了一个编写小组。虽然只是中等师范学校用的教育学教材，但我们认为不能掉以轻心，因为它将影响几百万名小学教师。而且这是"文化大革命"以后的第一本中师教育学教材，一定要把它编好。为了编好这本书，我们从调查研究着手，走访了北京的中师教育学的老师，又到全国调查，先到成都、重庆，经三峡到武汉、长沙，又到杭州、上海，走访

1982年6月讨论中等师范教育学，前排左二为顾明远先生，左三为黄济先生

了10多所中师，在这几个城市召开了老师的座谈会，收集了中师教育学老师和小学老师的意见。当时我们又参考了国内外教育学的教材，终于在1981年完成编写，并由人民教育出版社正式出版，此书一直用到20世纪90年代初，印刷10多次，印数上百万。这本书虽然没有摆脱凯洛夫教育学的影响，没有打破原来的体系，但是和旧版的教育学相比，还是有几个重要的创新。

1981年版中等师范学校专用的《教育学》（左）和1987年版的《中学实用教育学》（右）

第一，关于教育发展的分期，我们既根据社会发展的五种形态来划分，又重视了生产力发展水平对教育的影响。因此，我们把教育发展分为：原始形态的教育；古代学校教育，其中又包括奴隶社会教育和封建社会教育，分析了它们的相同点和不同点，认为这两个社会的教育基本上是一个类型，都是为统治阶级服务，与生产劳动相分离，教育具有等级性；现代教育。在论述教育发展的历史时，我们强调了生产力的发展及我国四大发明对教育发展的影响。例如纸的生产、活字印刷的发明对教育发展的影响，这在过去的教材中是没有提到的。

第二，注意到教育与文化的关系。过去一般只讲到教育受政治经济制度的制约，又反过来作用于政治经济，不提教育与文化的关系。我们这本教育学中专门有一节讲到教育与文化的关系，虽然当时的认识还很肤浅，但毕竟提出来了。

第三，把教育与政治、经济、文化的关系，即教育的外部规律放到教材的最后一章讲，而把教师和学生放在全书的第二章、第三章讲，即一开始讲什么是教育，教育发展的历程，紧接着就讲教师，然后讲学生，也即把教育的主体放到前面来讲。这里还有一个考虑，就是中师学生刚从初中毕业，大约都只有十五六岁，一上来就给他们讲教育与政治经济的关系，他们哪里能理解？教育学这门课在中师有两年的课程，把这部分内容放在最后一章讲，学生到了高年级再学，此时理解能力已有所加强，比较容易接受。但是有些中师的教育学教师限于老习惯，认为还是先讲外部规律再讲内在规律比较顺当。因此第二版时又把这一章放到了前面作为第二章。但"教师""学生"这两章顺序不变，没有恢复到原来教育学的结构。同时在最后增加了"国际教育发展的趋势"一章，让师范生开阔眼界，了解国际教育的改革和发展。这也是旧版教材中所没有的。

第四，也是该书最重要的一点，就是我们在书中提出学生既是教育的对象，又是教育的主体。我们在"学生"一章中用了一节来论述这个问题，本来想用一章来论述，但在逻辑上不好安排，只好在"学生"一章中设一节。但在我的思想上是想把它作为全书的主线，贯彻到每一章中，当然由于当时对学生的主体性认识还不够充分，因此这个精神在全书中贯彻得并不彻底。

学生既是教育的对象，又是教育的主体。这个命题一提出来就被当时《江苏教育》杂志的总编辑看中了，被要求先在他主编的杂志上发表。于是《江苏教育》在1981年第10期上发表了《学生既是教育的客体，又是教育的主体》一文。谁知道，这个命题引起了教育界的一场争论。赞成者有之，反对者更多。反对者的论点大致有以下几种。

第一种意见认为，教育过程中教师应该是主体，学生只能是教育的对象、教育的客体。

第二种意见认为，教师要起主导作用。从教育过程看，教师是教育主体，学生只能是学习的主体。

第三种意见从哲学等方面来论述，认为在同一个事物中只能有一个主要矛盾，在一个矛盾中只能有一个主要方面。教育过程的师生关系中，教师是矛盾的主要方面，教学过程中不能有两个主体。

为此，1991年《华东师范大学学报》教育版的主编瞿葆奎教授约我写稿，我就以此做文章，写了《再论教师的主导作用与学生的主体作用的辩证关系》一文。文章避开了认定在教育过程中谁是主体的问题，只从教学层面来理解师生两者互为主体、互为客体的关系。我赞成在教育过程中提"教师的主导作用和学生的主体作用"，但是"主体作用并非主体，主导作用更非主体，它只是表明教师和学生两者在教育过程中的相互关系"。"在教育过程中，学生是教育的对象，教师起着主导作用……认识教师的主导作用，就在于教师起到引导和指导的作用。""我们强调在教育过程中要发挥学生的主体作用……指的是充分发挥学生的学习积极性和主动性，有主人翁感，使他主动地接受教师的指导。"现在，教师的主导作用、学生的主体作用似乎已经被广大教师接受，而且主体性教育的实验也开展得很热闹。今天大家都提学校要"以学生为本"，这与当时我说的学生是主体是一个意思。但我认为这个问题从理论上来讲，还有探讨的空间。

教育立法刻不容缓

改革开放以后，国家百废待兴。教育秩序得以恢复，教育事业正在发展。1980年12月3日，中共中央发出《关于普及小学教育若干问题的决定》（简称《决定》）。《决定》要求在80年代，全国应基本实现普及小学教育的历史任务，有条件的地区还可以进而普及初中教育。这揭开了我国普及教育的序幕。但是要在全国范围内普及教育，需要有财力和人员的保障，教育经费要落实，合格的教师队伍要到位。但是当时的现实状况是：对教育投入没有明确的规定，国拨教育经费有的被层层克扣，有的被挪作他用；校舍被机关、部队、工厂占用；教师队伍合格率极低且不稳定。因此，普及教育必须有法律保证。于是我在全国教育工会主办的杂志《教工月刊》1982年第1期上发表了一篇文章，名为《教育立法刻不容缓》，呼吁教育立法。

1985年中共中央、国务院做出了《关于教育体制改革的决定》，进一步提出要在全国范围内普及九年义务教育。中央在做出这个决定以前，曾经召开过多次座谈会，征求专家和有关教育部门的意见。关于实施普及九年义务教育，当时有两个问题引起争论。一是以我国当时经济发展水平和财政能力，要不要提普及九年义务教育？怕在15年内难以完成，还是先提普及小学教育较为稳妥。二是义务教育是不是必须免费？在第一个问题上，我比较保守，主张先扎扎实实地普及小学教育，在此基础上再提出普及初中教育，免得完不成又退回去，像我国邻国缅甸一样，影响反而不好。现在看来，这个顾虑是多余的，20世纪末我们基本上完成了普及九年义务教育的历史任务，即在85%地区和85%的人口中普及了九年义务教育。这说明在我们社会主义国家，只要有决心，大家就能齐心协力去完成任务。普及九年义务教育的基本完成，不只是靠政府的投入，而且靠人民大众的努力，特别是农民大众的牺牲精神，他们出钱、出力修建校舍，普及九年义务教育才得以实现。

关于第二个问题，我坚决主张义务教育应该是免费的。因为义务是两方面的：一是国家有义务建设好学校，给每个学龄儿童提供上学的机会；二是家长有义务送孩子上学。但是如果不免费，有些贫困家庭就无法履行送孩子上学的义务。许多国家为了普及教育，不仅实行免费，而且提供校车接送，免费提供课本、午餐等。有些同志则坚持义务教育也可以收费，特别像我国正在发展中，经济还不发达，无法全部免费。后来在实施过程中是学费免收，只收杂费。但是只收杂费也会把学生拒在门外，特别是贫困山区，所以现在又提出免费问题。2006年《义务教育法》经过修订，规定实行全部免费。

中共中央、国务院《关于教育体制改革的决定》公布以后，教育立法更是刻不容缓。当时国家教委为了教育立法，委托北京师范大学对教育立法进行研究，包括各国教育立法的比较。我当时任北师大

1995年国家教委副主任张天宝同志授予顾明远先生教育法起草证书

副校长，接下这个任务后就找了教育系的成有信和劳凯声，加上外国教育研究所的同志，成立了一个立法研究小组。当时主要要立三个法：教育基本法、高等教育法、教师法。教师法我们请我校教科所汪兆悌同志组织人研究，最后写出了一个初稿。外国教育研究所收集了各国教育法的文献。而教育基本法和高等教育法，我们也曾拟出一个初稿。后来，国家教委成立了教育法规司，立法起草工作主要由他们会同有关司局负责，我们主要参加了初稿的讨论。现在已经记不清楚参加了多少次，只记得高等教育法就讨论过八稿。

关于高等教育法的讨论主要集中在两个问题上。一是高等学校是不是法人单位？当时对高等学校要有办学自主权的呼声很高，因而多数同志同意高等学校应是法人单位，校长应是法人代表。二是高等学校的领导体制问题。我国历史上高等学校实行过校长负责制、党委负责制、党委领导下的校长负责制、党委领导下的校务委员会负责制等。西方国

1994年1月高等教育法起草工作第一次咨询会议在成都召开，第一排右一为顾明远先生

家大多实行董事会或理事会领导下的校长负责制。我国到底实行什么体制，大家意见很不一致。教育部曾一度提出实行校长负责制的试点，当时北京师范大学、辽宁大学等少数几所学校为试点学校，但并未认真总结。最后根据我国的国情，通过的高等教育法中规定的高等学校领导体制是党委领导下的校长负责制。

20世纪90年代初，我又参加了学位法的起草研究工作。1980年2月12日全国人大常务委员会通过了《中华人民共和国学位条例》。实行十几年以后，感到情况已有很大变化，学位条例需要修改，并上升为法律。国务院学位委员会学位办公室组织了十几所大学的研究生院院长或副院长，组成了一个专家班子，开了多次会议，但在90年代末又停了下来，不知道是什么原因。

我国教育法制建设正在完善中。但有的法律已经过10多年的实践，亟须进行修改。特别是像高等教育法、教师法等，现在的实际情况已与立法时有很大不同，法律需要做出相应调整。

关于学制问题的讨论

"文化大革命"期间根据毛泽东主席的"教育要改革，学制要缩短"的指示，小学学制缩短到5年，中学学制把初高中并在一起，缩短到4年。要用9年的时间完成过去中小学阶段12年的课程简直是梦想。同时，为了贯彻教育与生产劳动相结合，中学取消分科教学，把原本是分科的理科课程缩编为"三机一泵"的内容，所谓"三机"是指拖拉机、柴油机、电动机，"泵"是指水泵。学生还要学工、学农、学军，学习的时间没有多少，因而中学毕业生的素质严重下降。"文化大革命"以后要恢复学校的正常教学秩序，提高教育质量是刻不容缓的事情。要提高教育质量必须延长学制。但是当时还有一部分人有顾虑，认为毛主席提倡学制要缩短，因而只是小心地把中学学制延长为5年。我认为，中小学学制是建立一个国家教育制度的大事，需要从学理上认真研究，多长的学制、什么样的结构是合理的，需要根据中小学生生长发育的规律、教育现代化的要求和各国的传统来制定。于是，1979年我在《文汇报》和《中国教育报》上发表了《各国中小学学制的比较——兼谈我国学制改革中的几个问题》，此文后来收录在人民教育出版社1980年出版的"外国教育丛书"的《中等教育结构改革》一书中。

我认为学制的制定不是随意的，是有规律的。首先，要考虑儿童青少年的生长发育规律，早在17世纪捷克的教育家夸美纽斯就提出教育要遵循自然的法则。他提出自然万物都是有一定秩序的，教育要模仿自然，要遵循自然的秩序，即遵循孩子身心发展的秩序。其次，学制要考虑各国的传统，有的国家入学年龄小，有的国家入学年龄大；有的国家初等教育时间长，有的国家初等教育时间短。但是总的基础教育时间大体上是一致的，都在10—12年。最后，中等教育的学制还要与高等教育制度联系起来考虑。例如苏联中小学只有10年，但高等教育的年限较长，大都在5年以上，所以中小学教育的年限就短一些。

经过讨论，大家认为，毛泽东讲学制要缩短是对的，但是把中小学学制改为9年是完全不够的，因而20世纪80年代初我国中小学学制逐步改为"五五"制，即小学5年，中学5年（初中3年，高中2年），后来又改为"五三三"制、"六三三"制。

学制改革的讨论还涉及我国的学制是恢复"文化大革命"前的"六三三"制还是改为"五四三"制。当时的教育部副部长、中国教育学会会长董纯才同志是主张"五四三"制的，我也同意"五四三"制。1983年我们北京师范大学在当时的副校长肖敬若同志的领导下，师大附属实验小学和师大二附中开始"五四三"学制的试验。我在1984年接任师大副校长一职后，接过了这个试验。

我为什么赞成"五四三"学制而不是"六三三"学制，有以下几点理由。

第一，我认为小学生的潜能很大，过去小学6年的课程内容完全可以在5年内完成，这在苏联赞科夫的小学教育科学实验中已经得到了证明，在北师大实验小学30年的试验中也得到了证明。

第二，初中开始分科教学，科目骤然增多，学生负担过重，初中4年可以缓解学生的学习压力。在教育现实中，初中的分化最为严重，延长年限也有利于缓解两极分化。

第三，当时初中学生毕业以后，大多要进入社会，特别是在农村。初中应该加强职业教育，使他们掌握一技之长，以适应毕业后就业的需要。这就需要有一定的时间保证，初中4年可以做到兼顾职业教育。

其实我校实验小学从1958年创办以来就在坚持五年制的试验。当时教育系派去了一部分教师，在毕业生中留下一大批学生到实验小学当教师来试验五年制小学。他们自编教材，力行改革创新，在"文化大革命"前名扬全国。可惜"文化大革命"中，实验小学划给地方管理，大批教师流失。"文化大革命"以后，我任教育系主任时北师大加强了对实验小学的领导，继续五年制试验，与北京景山学校同时使用了自编教材，特别是由周玉仁教授主编的小学数学教材，别具特色。可惜的是，由于当时北京市实行小学升初中的统一考试，学生不能仅使用实验教材，还要照顾统编教材，学生负担过重。坚持了好几年，到1988年学校迫于种种压力而不得不停止了30年的教改试验。当时的校长尤素湘含着眼泪向我诉说她的无奈，我也感到万分惆怅。

小学的五年制试验停下来了，但是北师大关于"五四"学制的试验并没有停止。我在担任副校长期间，继续批准这项改革试验。我认为这项试验在城市难以推行，因为当时城市小学都已改为6年，而且升学要考试，在农村则更有意义，因为农村更需要有时间进行职业方面的训练。因此我们把这个试验扩大到农村地区。为了加强试验的领导，我把师大各系教材教法的教师集中起来，首先成立了中学教育研究中心，1989年把它与教科所合并，以"五四"学制教材的编写和试验为契机，加强了北师大学科教学论的队伍建设。

1986年，当时国家教委提出教学改革的思想，提倡"一纲多本"，即一个教学大纲，多种教材。于是全国出现了8套教材，我校"五四"学制教材就是其中重要的一套。

此项试验以北京师范大学中学教育研究中心、教科所所长阎金铎教授和师大普教处处长陶卫为首，在山东诸城、烟台，黑龙江密山，湖北沙市（当时为省辖市，现为荆州市中心城区——编者注）、荆州等地区，进行了10多年的试验。参加的学校达千所，学生40余万人。此项试验直到这次新一轮的课程改革开始才停止。应该说试验是成功的，因为这些地区的"五四"学制并没有影响学生升入高中，也没有影响到他们成功地走向社会。

参加学位委员会学科评议组工作

1980年2月12日第五届全国人大常委会第十三次会议通过了《中华人民共和国学位条例》，我国开始建立研究生教育和学位制度。为了评议学位授权单位和遴选博士研究生导师，学位委员会成立了学科评议组。评议组成员一届参加两次评议，一般是4年，但后来评议有时间隔3年，因此一届有时要延续5至6年。第一届学位分10个门类授予（第二届增加军事学门类，第四届增加管理学门类，2010年又增加了艺术类，共13个门类），第一届评议组分为84个分组（每届都有调整），教育学和心理学合为一组，由著名心理学家陈立教授和刘佛年教授担任召集人，成员有张敷荣、高觉敷、王焕勋、陈元晖等。第一届第二次评议组会议于1983年6月在北京召开，增补我为评议组成员，并邀请潘懋元、朱曼殊为评议员，参加评议工作。

这次会议评议通过了北京师范大学比较教育学科、杭州大学比较教育学科、华东师范大学中国教育史学科、西南师范大学（今西南大学）教学论学科的博士授权点。当时北京师范学院（首都师范大学前身）申报教材教法研究硕士点，数学教材教法研究送到了数学评议组，地理教材教法研究送到了地学评议组，他们认为无法评议，退回到学位办公室。刘佛年同志就建议，各科教材教法虽然有各学科的专业问题，但毕竟是属于中小学教育，我们教育组应该承担评议的任务。刘佛年同志还说，教材教法研究首先应该在北京师范大学和华东师范大学设点，因为这两所学校的教材教法研究是最强的，也是学科最全的。在刘佛年教授的建议下，会议通过了北京师范大学、华东师范大学、东北师范大学、北京师范学院教材教法研究学科的硕士授权点，而且是全学科的；同时通过了华南师范大学教材教法研究（物理单科）学科硕士授权点。我当时建议，把教材教法研究更名为学科教学论。因为教材教法研究的名称只反映课程教材和教学方法的研究，没有反映学科教学的理论问题，名称改变有助于这门学科的理论建设。学科评议组的成员都同意我的意见。后来第二届学科评议组在学科、专业目录调整时采纳了我的意见，教材教法研究学科更名为学科教学论学科。1997年学科、专业目录进一步调整，合并一些学科、专业，学科教学论又与教学论合并为课程与教学论学科。

第二届教育学科评议组由刘佛年、陈元晖和我担任召集人；第三届教育学科评议组与心理学分开，由潘懋元和我担任召集人；第四届由我和叶澜担任召集人。直到2003年，我担任了三届半的学科评议组成员。在这几届中，学科、专业目录经过两次大的调整。第一次和第二次博士、硕士授权点评议时，大家都没有经验，学科、专业的设置不太全

1986年5月25日到6月2日国务院学位委员会学科评议组第三次会议教育心理组成员合影，前排右二为刘佛年教授，后排左三为顾明远先生

面，也不太规范。1986年开始调整学科、专业目录，教育学科就比较规范了。当时增加的重要学科有教育技术学、职业技术教育学。20世纪80年代关于教育技术学的名称在电化教育界争议得很激烈，一部分老电教工作者赞成叫电化教育学；另一部分专家认为电化教育的名称已旧，不能适应现代技术发展的要求，应该称为教育技术学。但在学位委员会学科评议组成员内部却没有什么争议，一致同意应称教育技术学，而且增加到博士、硕士学位学科专业目录中。

在学科评议中值得一提的是华中师范大学教育学原理的博士授权点的问题。华中师范大学在教育学科建设中是很有实力的。"文化大革命"之前他们就编写了高师用的教育学教科书，"文化大革命"结束以后在杨葆昆教授的领导下，首先开展了教育经济学的研究，并出版了我国第一部教育经济学专著。在教学论方面他们也很有研究，有一批著名学者，如杨葆昆、王道俊、肖宗六、任钟印等都是非常有水平的，在教育理论界也很有声望。但他们的博士点迟迟拿不下来，原因是申报中出了不少差错。我记得很清楚，在第三次申报时，杨葆昆教授领衔申报教育学原理博士点，但他送交的学术专著却是《陶行知全集》，评议组成员认为送审专著与申报的学科内容不符，未能通过。第四次申请时，杨葆昆教授领衔申报教育经济学博士点，送审的专著也符合。但在评议时，有位心理学家提出，教育经济学本身尚是一个不成熟的学科，怎么能培养博士生？当时教育学和心理学合为一组，虽然我们几个教育学的成员认为教育经济学在国外已很成熟，我国虽然研究者尚少，但已有不少成果，而且这门学科亟须发展。但那位心理学专家的话还是影响了投票的结果，又未通过。等第五次、第六次申报时，杨葆昆教授已超过年龄，未能申报，新申报的学者也因为送审的材料与申报的学科不符而未获通过。直到第七次评议，这个问题才作为第六次评议的遗留问题而被通过，但许多著名学者已经退休。这是我感到十分遗憾的一件事。遗憾的还有我校的学前教育学。我校学前教育专业也是有历史、有影响的，但因为每次评议博士点时都有名额限制，直到我校教育学获得一级学科授权后才得到博士授权点，这时许多老教师都退休了，未能培养博士研究生，这无疑是一个损失。

由此可以看出，这种评议的办法虽然总体上保证了博士生导师的质量，但也有许多不足，使一部分有水平的学者失去了培养博士研究生的机会，对学科的发展来说也是一种损失。第六次评议工作开始实施有些学校自评博士生导师的办法，弥补了上述办法的某些不足。

自第七次评审博士点开始，学位委员会鼓励通过一级学科。目的是拓宽博士生培养的基础，鼓励在一级学科内跨学科培养。第一批获得教育学一级学科博士授权点的有北京师范大学和华东师范大学，第二批有南京师范大学，后来又有几所学校。但我觉得各校在理解一级学科授权方面有差异。有些学校单纯地把它当作博士点的增加，因而不顾条件是否成熟，让一级学科中的所有二级学科都招收博士研究生；有的学校又过于保守，如我校，有一级学科博士授权的二级学科还要层层申报才能招收博士研究生，学校学位委员会还控制得过于严格，使得有些二级学科迟迟不能得到很好的发展。

我在教育学科评议组做的另一件事是促进教育硕士专业学位的诞

生，这在另一篇中将谈到，这里就不多讲了。

中小学教材审定工作

1986年9月22日国家教委成立全国中小学教材审定委员会和各学科教材审查委员会，提出今后编写教材实行"一纲多本"和"编审分开"的新体制，这是我国教材建设的一次重大改革。为什么说它是一次重大改革呢？可以回顾一下新中国成立以来中小学教材编写的历史。新中国成立以后，我国中小学教材一直实行全国统一编写教材，统一使用一套教材，所谓"一纲一本"。新中国成立初期是由中小学教材编审委员会编写和审定教材。1950年人民教育出版社成立以后，就由教育部制定教学计划和教学大纲，教材则由人民教育出版社编写、审定、出版，通行全国。现在要实行"一纲多本"，就是教学计划和教学大纲由国家教委聘请专家编写，经全国中小学教材审定委员会审查通过后公布，全国是统一的，然后各出版社、各大学或教育机构甚至个人都可以申请编写教材，经过审定委员会通过后在全国发行。过去教材的编写和审查是不分家的，现在要实行"编审分开"，就是说要打破过去既当运动员又当裁判员的制度，把编者和审者分开，以保证"一纲多本"的质量，所以专门成立了中小学教材审定委员会。

其实，说过去就是"一纲一本"也不太确切。因为有些实验学校都使用自编教材，如北师大实验小学和北京景山学校就是使用"五四"学制的自编教材。因此说"一纲一本"是就全国范围而言，不排除有个别现象。

全国中小学教材审定委员会由20人组成，由何东昌任主任，副主任有沈克琦、邢家鲤、柳斌、王明达和我，各科审查委员有111人。参加审定委员会的还有我校丁尔陞教授和钟善基教授。我校19位学科教学论的教师参加了审查委员会，是各科审查委员会中的骨干力量。

在成立大会上，何东昌代表国家教委讲话，强调编写教材要把教育的实际效果放在第一位，编写出高质量的教材，使大多数学生经过努力能够学得好，大多数教师经过努力能够教得了。这就意味着新编教材要比过去的教材适当降低程度，不要偏难、偏深。但这个问题引起了争议。有的专家认为，程度不能降低，否则会影响高等教育生源的质量，不利于天资优异人才的发展；有的专家甚至说，会贻误一代青年。我不同意这种观点。我认为，义务教育阶段是面向全体适龄儿童的，是普及教育，不是面向天资好的学生的精英教育。同时根据我国当时的师资状况，适当降低一些程度，有利于教师教得了、学生学得好；过深过难，教师教不了，学生学不好，反而不利于质量的提高。在普及的基础上，对于天资好的学生可以另设一些选修课，或用课外小组活动来弥补。后来我写了一篇小杂文《让胃口小的吃饱胃口大的吃好》就是反映了我这个思想。我在杂文中引用了吕型伟同志一个形象的比喻，他说，现在的教材太难，一部分学生消化不良，一部分学生没有胃口再吃些喜欢吃的东西；适当降低程度，可以使胃口小的学生消化得好一些，让胃口大的学生吃点自己喜欢吃的东西，即有时间学习他感兴趣的东西，这样才真正有利于人才的成长。

全国中小学教材审定委员会和审查委员会在当年11月审定通过修改后的中小学18个学科的教学大纲，由国家教委于1987年1月发布执行。80年代末又启动义务教育大纲的修订工作。经过多年努力，义务教育各科教学大纲于1992年4月经过全国中小学教材审定委员会审查通过。1992年8月国家教委下发了《关于印发〈九年义务教育全日制小学、初级中学课程计划（试行）和24个学科教学大纲（试用）通知〉》。

审定委员会和审查委员会换了三届，我都任审定委员会的副主任。审查委员会每年都要开会审查教材。审定委员大多兼任审查委员，我们几位副主任并无明确分工。何东昌、柳斌、王明达都是国家教委的领导，不可能具体负责教材审查。沈克琦是物理学专家，他关注理科教材的审查；邢家鲤虽然专业是工科，但他关心思想政治教育和历史教学，因此他常常参加这两门学科教材的审查；我则没有具体专业学科的背景，我特别关注小学教育，所以就参加小学各科教材的审查，特别是小学语文教材的审查。

当时承担教材编写的有许多单位，俗称有8套半教材。即人民教育出版社承担的"六三"学制和"五四"学制两套教材，北京师范大学的"五四"学制教材，上海市教委组织编写的"发达地区城市版"教材，浙江省的"发达地区农村版"综合课教材，四川省教委和西南师大联合编写的"内地版"教材，广东省教育厅、福建省教委、海南省教育厅、华南师大联合编写"沿海版"教材，八所高师联合编写的"高起点"教材，共8套。还有半套是河北省教委编写的小学复式班教材，因只有小学，所以称半套。但后来，八所高师编的"高起点"版、四川的"内地版"和广东的"沿海版"都半途就停止了。实际上各地竞争，编写的教材远不止这8套半，还有个别老师编写后请求审查的，例如广东丁有宽的语文教材等。到1993年秋天，全国中小学都统一使用审查过的新教材。

教材的审查工作是很繁重的。每一套都有十几门课，都有几个年级，所以课本的总量是极为可观的。每一个课本，包括挂图，都要经过审查，所以审查的任务十分繁重。1992年至1999年审查的义务教育教材大致有三类：一是前面提到的规划内的教材；二是各省市自己规划的成套教材；三是大量的单科教材，例如小学数学、小学语文就有近20种，中学语文有14种等。审查委员会审查了近80家编写单位送审的必修课教材（包括学生用课本、教学挂图、图册）共2 400余册；同时还审查了15门学科的录音带、录像带260余盘，投影片6 000余片，VCD和CD60

1990年小学语文审查委员会委员合影，第一排左一为斯霞老师，左二为霍懋征老师，右二为顾明远先生

余套，计算机教学软件近20套。

审查委员会每年都要开一次审查工作会，有时各科委员会合起来同时开，有时分学科召开。审查委员都是各学科的专家，有不少特级教师。有的年事已高，如小学语文教材审查委员会中就有斯霞老师，当时已年逾80，霍懋征老师、袁镕老师当时也都在古稀之年。但是审查时，她们特别认真，一字一句都不放过，连插图中的细节都会被挑出毛病。她们都说，教材是马虎不得的，它要影响孩子一辈子。参加审查委员会我学习了许多东西，不仅学习到学科知识，更重要的是学习到老师们那种对教育事业的忠诚、对工作认真负责的精神。

我与教育技术学

1977年12月，当时的国家科委编制了《1978—1985年全国科学技术发展规划纲要》，教育部要我校派人参与教育方面科技课题的起草工作。我当时正在教务处工作，意识到随着电视、卫星和计算机的发展，这些新的技术一定会在教育中发挥重要作用，因而竭力主张开展教育技术方面的研究，于是就请我校物理系副主任尹俊华同志去参加那次会议的筹备工作，接着尹俊华同志又参加了于1978年初召开的科技发展规划会议。规划中正式列出了开展现代教育技术手段的研究课题，即规划第75项："研究现代教育的新技术、新设备。"教育技术的名称也从那时开始使用。1983年国务院学位委员会调整规范研究生教育专业目录，我作为学位委员会教育学科评议组成员参加了这个工作，教育学一级学科下设12个二级学科，其中就有教育技术学。

1991年，我刚从学校副校长的岗位上退下来，当时国家教委电化教育司司长邢纯洁同志就来找我，要我参加国家教委电化教育（教育技术）专业教材委员会的工作，并担任该委员会的主任委员。当时我觉得难以胜任，因为我只是教育技术的支持者，我本人对教育技术却一窍不通。但是，邢纯洁司长认为，过去从事电化教育的大多只具有技术背景，需要有教育理论背景的人参加，因为电化教育也好，教育技术也好，都属于教育领域，是培养人才的工作。我在他的劝说下，只好参加了这项工作。后来这个委员会又改名为国家教委高等师范电化教育专业教学指导委员会，仍由我任主任委员。但我一直以外行自居，虚心请教从事电化教育的老学者、老电教工作者。

委员会的第一次会议于1991年夏天在北京师范大学召开，遇到的第一个问题就是学科的名称。在20世纪80年代对这个问题就争论了好几年。一种意见认为就叫电化教育学，因为电化教育这个名称自30年代以来已经用了几十年，大家都习惯了，而且具有鲜明的民族性，体现了我国视听教育的特色。另一种意见认为，正式学科的名称应该叫教育技术学，因为电化教育的着重点是研究媒体在教育领域的使用，而教育技术作为优化教育的手段来讲，已经不限于教育媒体的运用，还包含了教育设计和评价，而且使用"电化教育"则难以在国际上交流。我是赞成第二种意见的，但是我认为，"电化教育"这个名称始用于20世纪30年代，如果我没有记错的话，是陈友松先生最先翻译使用的，使用了约70年，已经约定俗成，为大众所接受和使用，一下子抛弃它也是不可能的；同时为了大家团结，不应纠缠在名称问题上。因此我主张两种名称并用，对国内仍称电化教育学，对国外称教育技术学，专业名称就为电化教育（教育技术）学，但学科的性质和内涵要认真地讨论研究，统一认识。问题就此迎刃而解。后来在实践过程中，对这个专业的定义和研究内涵的意见逐渐统一，特别是大家对美国教育传播与技术协会（AECT）1994年所描述的教育技术定义和范畴的认同，使得教育技术学的名称普遍使用起来。

20世纪90年代我曾多次参加国家教委组织的电化教育教具的评选活动，又担任了由当时新闻出版署组织的优秀教育音像制品评选委员会的四届主任委员。参加这些评选活动使我受到很大的教育，我对教育技术有了进一步的认识，因而写了几篇文章。一篇是《我对电化教育的认识》，发表在《电化教育研究》1992年第2期上；另一篇是《教育技术学和二十一世纪的教育》，发表在《中国电化教育》1995年第8期上。我总的观点是，信息技术在教育领域中的应用，将给教育带来深刻的革命，它将改变教学过程，包括某些教学原则、教学方法、评价方式、师生关系、教师角色。对于这门学科，我认为，教育技术学是教育科学群体中的一门新学科，它是以教育学的理论为基础，运用现代科学技术成果和系统科学的观点与方法，探究提高教学效果的技术手段和教学过程优化的理论和方法。教育技术所要解决的问题涉及教育的各个领域，包括教育规划、课程开发、教学设计和教学评价等方面。90年代国际互联网的发展，更是给传统教育带来新的冲击，也带来许多新的课题，不仅需要从教学方法上加以研究，更需要从文化学的角度去研究网络文化对教育的影响。

背景材料：美国教育传播和技术协会（AECT）关于教学技术的定义是："教学技术是为了促进学习，对有关的过程和资源进行设计、开发、利用、管理和评价的理论与实践。"（摘自[美]巴巴拉·西尔斯、丽塔·里齐著，乌美娜、刘雍潜等译：《教学技术：领域的定义和范畴》，北京，中央广播电视大学出版社，1999。）

但我始终认为我对教育技术学是外行，只是从教育学的角度看到它对教育的影响，对教育技术学一直采取支持的态度。至于我自己则是电子计算机的"文盲"。我想我这一辈子不可能再去摆弄电脑了。虽然1993年教育技术专业教材委员会的乌美娜同志为了鼓励我学电脑，借给我一台手提电脑，但是用起来很不方便，写文章还不如我手写得快，所以不爱用它。直到1999年，我女儿出国，说用电子邮件联系最方便，也最省钱，这才下决心购买一台电脑，开始学起来。这时电脑的性能发展很快，界面已经非常人性化，学起来也就容易多了。因此我说我70岁才学电脑，现在还在不断学习，真正活到老学到老，现在似乎写文章已经离不开电脑了。可见教育技术不仅对学校教育有影响，而且是终身教育的最有效的手段。

关于教育现代化的讨论

1993年中共中央、国务院发布的《中国教育改革和发展纲要》（简称《纲要》）第一次提出要实现教育现代化的问题。《纲要》是这样提的："根据我国社会主义现代化建设'三步走'的战略部署，到本世纪末，我国教育发展的总目标是：全民受教育水平有明显提高；城乡劳动者的职前、职后教育有较大发展；各类专门人才的拥有量基本满足现代化建设的需要；形成具有中国特色的、面向21世纪社会主义教育体系的基本框架。再经过几十年的努力，建立起比较成熟和完善的社会主义教育体系，实现教育的现代化。"政策本意是按照社会主义现代化建设"三步走"的战略部署，要到21世纪中期才实现教育现代化，但许多地方已经迫不及待地提出要率先实现教育现代化。首先是在珠江三角洲发动起来，华南师大冯增俊教授在广东中山、顺德、江门搞了一系列教育现代化的研讨会、座谈会，还出版了当地各个市县教育现代化的专辑。紧接着江苏省举办了教育现代化专家论证会，上海市举办了一流城市一流教育专家论证会。这些会议我都参加了。教育现代化的呼声越来越高，为什么会出现这种现象？因为珠江三角洲和长江三角洲地区是我国经济最发达的地区。那里在20世纪90年代初就已经普及九年义务教育。义务教育普及了，进一步怎么办？是停步不前呢，还是进一步发展？江苏的同志就提出这个问题，认为应该提出新的目标，因此提出率先或者提前实现教育现代化。这是符合社会主义现代化"三步走"的要求的。因为我国地域广阔，发展不平衡，东部地区应该率先进入现代化，这样全国才能在21世纪中期进入中等发达国家的行列。

但是，什么是教育现代化？大家并不太清楚。为了弄清什么是教育现代化，首先要弄清什么是现代化。早在20世纪50年代末，在西方就出现过一种"现代化理论"，企图论证西方社会制度的优越性和合理性，并为战后发展中国家的社会发展提供理论指导和政策依据。这种理论认为，非西方的发展中国家与西方发达国家的发展历程是一致的，非西方的发展中国家要想实现现代化，唯一的途径就是西方化和照搬西方的模式，只有靠西方文明的传播，靠输入西方社会的现代化因素才有可能。这种现代化理论早在60年代末就遭到许多学者的批判。这种理论代表了西方中心主义的观点。事实上，世界文明并非以西方文明为中心，西方文明只是人类众多文明中的一种，而且"现代化理论"并没有给发展中国家带来真正的发展，因此需要对现代化进行重新解释。

早在20世纪80年代初我在研究现代生产和现代教育时，就对现代化的概念和特征做了一些研究。我总认为，现代化是一个过程，是向现代性发展的过程，最基本的特征是科学技术与生产的结合，从而引起不断变革。这在我1980年写的《现代生产与现代教育》论文中已经提到。后来我在给高等教育硕士研究生班讲课时给出了一个定义："所谓现代化是一个历史过程，反映人类控制自然的能力空前提高，以及由此引起的在政治上、经济上、思想观念上的一系列的变革。"90年代中期这场全国性的讨论，促使我进一步思考这个问题。于是我在1995年和高益民合写的《现代化与中国文化传统教育》一文中，重新对现代化的概念做了描述。我在书中是这样写的："所谓现代化，是指人类认识自然、利用自然和控制自然（包括人类自身）的能力空前提高的历史过程，以及由此而引起的在政治、经济、文化等社会各领域广泛而深刻的变革，其目标是创造高度的物质文明和精神文明。"其中最后一句"其目标是创造高度的物质文明和精神文明"是高益民加上去的，我认为加得很好。

1997年在全国热烈讨论教育现代化的热潮中，中国教育学会在无锡召开了第十一次年会，专门讨论了教育现代化问题。我写了《关于教育现代化的几个问题》一文，并在会上做了主题发言。除了重申关于现代化的上述概括外，提出了现代教育的八个特征：（1）受教育者的广泛性和平等性；（2）教育的终身性和全时空性；（3）教育的生产性和社会性；（4）教育的个性性；（5）教育的多样性；（6）教育的变革性；（7）教育的国际性和开放性；（8）教育的科学性，即教育对教育科学研究的依赖性。此外，我还特别强调，从教育观念来讲，教育现代化首先要求教育思想的现代转化，包括人才观、教育价值观、教学观、师生观。而现代教育思想具有以下几点特征：教育价值的全面性、教育观念的开放性、教育观念的民主性和教育观念的未来性。我的意思是想说明，教育现代化不是像有些人所想象的有一些指标，有了现代化的校舍、设备，受教育达到较高的水平就算实现了，而是有一系列特征要求的，特别是教育思想观念要现代化。当然教育现代化也需要有一些可以操作的指标，但这些指标不只是硬件的，更重要的是软件，是全社会对教育的认识，特别是教师队伍的思想建设和业务能力的提高。

我与中国教育学会

"文化大革命"结束以后大家都感到教育的重要性、科学研究的重要性。1977年5月中国社会科学院成立，时任中国社会科学院副院长的于光远同志特别重视教育。在一次教育座谈会上他提出，教育不完全是上层建筑。一石激起千层浪，教育本质属性的讨论就此开始。于光远同志以及社科院哲学所的陈元晖研究员在1978年开过多次座谈会，在一次座谈会上我就提议应该建立教育科学研究所和教育学会。我说，我国养猪有畜牧研究所，香烟有烟草研究所，钓鱼有钓鱼协会，为什么教育就没有教育研究所，就没有教育学会？应该呼吁成立中国教育学会。陈元晖认为我的呼吁很重要，于是让我在1978年秋天在公安部礼堂召开的一次有上千人参加的教育工作者大会上发言，我的观点获得与会同人的赞同。同时教育部在董纯才同志的带领下，也在奔走呼吁恢复中央教育科学研究所，成立中国教育学会。终于在1978年7月，中央教育科学研究所恢复，并经邓小平同志批准，在1979年4月第一次全国教育科学规划会议期间成立了中国教育学会，由董纯才担任会长，杨秀峰、成仿吾、陈鹤琴任名誉会长，可能因为我曾积极呼吁成立教育学会，也因为我当时担任北京师范大学教育系系主任，我被选为常务理事，是常务理事会中最年轻的一名。我校参加常务理事的还有王焕勋教授。1983年换届，因为北京师范大学副校长王于畊同志进入中国教育学会任副会长，我就被选入新成立的高等教育学会理事会，但仍然在中国教育学会担任学术委员会委员，在张承先会长的领导下开展学会的学术活动。

1987年和1991年的第三、第四届理事会上，我都当选为学会的副会长。2000年第五届理事会后任会长。在2000年理事会换届的两年前，会长张承先就提议让我担任会长，但我一直没有答应。我列举了一些理由：第一，我没有董纯才、张承先两位会长的威望，中国教育学会是中国教育界最大的民间学术团体，只有董纯才、张承先这样有威望的老教育家才能担任会长的职务；第二，我在学术上也缺乏威望，在我同辈学者中，在学术上比我有成就的也有的是，我担任会长会有失学术界的期望；第三，我没有在教育部担任过任何职务，与部里领导极少接触，不容易更好地获得部里领导的帮助。承先同志认为，我说的有一定道理。因此就决定再物色其他人选。可是经过两年的酝酿，比较合适的人选都有其他职务，承先同志又把目光集中在我身上，经过承先同志的劝说，陈至立部长认可并说："有事可以找我嘛！"话说到这个份上，我也只好接受下来。我想，只要依靠教育部领导，同时团结理事会和广大会员，总能把工作做好。

2006年4月15日，中国教育学会召开了第六次代表大会，我再一次被选为会长。这次会议开得很隆重，国务委员陈至立发来了贺信，副委员长许嘉璐、政协副主席张怀西出席了会议。副委员长许嘉璐还发表了长篇讲话。教育部部长周济到会做了报告，副部长陈小娅也出席了会议。会议总结前五年的工作，明确会后的任务，即要建设现代国民教育体系，推进素质教育服务。

2000年我担任会长以来，学会主要做了以下几项工作。

第一，尽量配合教育部的工作，与教育部有关司局联合召开几次论坛，如与基础教育司联合举办了两次基础教育论坛，与师范司联合举办了师德论坛等。反映广大教师和学会对教育问题的心声，为我国基础教育的改革和发展服务。

第二，结合教育的热点问题开展高层次的论坛，例如与北京师范大学联合举办了教育现代化论坛，与苏州市政府联合举办的教育论坛。这些论坛在社会上引起了较大的反响。

第三，提高学术年会及学术活动的学术质量和提升学会的品牌。2004年，我会与北京师范大学联合举办了首届中国中学校长大会，参加的校长达600余人。2005年又举办了首届中国小学校长大会。

第四，制定了"十五""十一五"科研规划。各地会员申报特别踊跃。2007年和2010年又分别召开了第二届、第三届中学校长大会，2008年召开了第二届小学校长大会。虽然我们没有经费支持，但许多项目做得非常认真，取得了很好的成果。如陶西平、梅汝莉主持的"借鉴多元智能，促进素质教育的研究"，全国10多个省几十所学校参加了这项研究，已连续两年举办了国际研讨会，在国内外都产生了积极的影响。

第五，开展教育试验，在全国设立了20多个以区域（县区）为单位的试验区，探索区域性的教育改革。这是继承老会长张承先同志搞教育试验区的经验，他曾经在山东烟台市开展教改试验，后来全国在烟台召开了现场会，影响很大。第五届理事会成立以后，我们认为一定要把这种教育试验继承下去。我们每年都召开了试验区工作年会，不但提升试验区的研究水平和教育质量，而且正在进一步扩大试验区。

第六，调整和改革《中国教育学刊》的编辑工作，坚持为基础教育服务的方针，加强与基层一线教师的联系，2002年从双月刊改为月刊，2005年第7期开始又增加篇幅到80个页面，2009年又增加到96页。改版以后的刊物受到各地第一线教师的欢迎。

第七，参加了《国家中长期教育改革和发展规划纲要（2010—2020年）》（简称《教育规划纲要》）的调研和制订工作。学会多位领导直接主持了几个专题调查的工作。学会还直接向领导小组提供了《办好每一所学校，教好每一个学生》的报告。

学会的工作是大家做的，在全体会员的支持下，这几年学会工作欣欣向荣，工作有了较大的发展。我个人只是做了一些协调工作，但因为从学会成立至今一直在学会承担这样那样的工作，对学会是有感情的，看到学会的发展，我由衷地高兴。

教师要具有不可替代性

教育是受到"文化大革命"破坏最严重的一个领域。"文化大革命"结束以后，教育事业在邓小平同志的指示下很快恢复，但是教师队伍却不是立刻就能恢复的，合格的教师奇缺。同时由于受到"文化大革命"的冲击，教师的社会地位很低，物质待遇很低。20世纪80年代，优秀青年都不愿意报考师范院校。很多师范院校招生录取第一志愿的学生竟然到不了10名。因此各界有识之士都呼吁全社会都应该重视教育和尊重教师。1985年，我曾经和时任教育工会主席的方明同志在《光明日报》发表了尊师重教的倡议。方明同志、我校王梓坤同志等都呼吁要建立教师节。但是我认为，一方面要大力呼吁社会尊师重教，另一方面，教师自身也要提高专业水平，值得让社会尊重。于是1989年5月我在《瞭望周刊》上发表了《必须使教师职业具有不可替代性》的文章，提出了教师要具有不可替代性的观点。我认为任何一个社会职业，只有具有不可替代性，这个职业才能有社会地位，才能受到社会的尊重。如果一个职业是任何人都能担任的，则这个职业不可能有较高的社会和经济地位。我认为这是社会的一条铁的规律。

为什么得出这样的结论呢？因为有一件事情刺激了我。1980年我为了编写中师学生用的《教育学》教材，和靳希斌、赵敏成同志到四川、湖北、湖南、浙江、上海等地调查。在湖北武汉时住在省委招待所，同屋住的是一位劳动人事部的干部。我们茶余饭后闲聊时就讲到知识分子的待遇太低，体脑倒挂，我说我们教师的待遇也很低，特别是农村小学教师的待遇太低。他忽然说："小学教师怎么能算是知识分子？"我说："小学教师是教书的，有知识的人，怎么就不是知识分子呢？"他说："你没有看到吗？农村小学教师大多是半文盲，怎么能称为知识分子呢？"这句话对我的刺激很大。的确，经过"文化大革命"的破坏，教师队伍中充斥了许多不合格的人。不是有这样的笑话嘛，有一个村干部对小学教师说："你好好干，干好了我提拔你去当合作社售货员！"可见小学教师的地位竟然不如售货员！怎么才能让社会尊重教师呢？我想首先要使我们的教师提高自己的业务水平，值得人们尊敬。

为此，我从20世纪90年代初开始着力为教师创造进修和提高的条件。80年代初到90年代初是我国教育的恢复期，各级教育的教师队伍都是在低水平上。由于高等教育的发展，高校教师也不足。我们北师大80年代的毕业生大部分都被分配到高校去当教师，但是他们都没有研究生学历。为了提高他们的业务水平，教育部于1985年成立了高等学校师资培训中心。全国有两个中心，一个是北京中心，设在我们北师大；另外一个是武汉中心，设在武汉大学。中心设有分工，武汉中心负责全国普通高校师资培训，北京中心则负责全国高等师范院校的师资培养。后来还在全国设立了六个分中心，各省的省级师范大学也设立了师资培训中心，形成了全国高师教师培训进修的网络。师资培训中心主要是设立助教进修班、访问学者来提升高校教师的学历层次和业务水平。90年代初，学位委员会办公室和我商量，想为高校的教师设立专业学位。当时受到一些专家的反对，认为高校教师还是应该走学术性学位的路子；同时随着研究生教育的发展，高校教师中研究生的比例也在逐年增加，因此在高校教师中设立专业学位似乎已经没有必要了。但是对中学教师来讲，设立教育硕士专业学位却是一个进修提高的最佳途径。于是我在当时学位办的领导下着手筹备为中学教师设置教育硕士专业学位，经过多年的努力，终于在1996年获得国务院学位委员会第十四次会议的通过。我们立刻着手筹备，首先成立专家委员会，学位办公室聘我担任主任委员。第一次委员会会议于1996年9月在东北师大召开。1997年教育硕士学位开始招生，参加招生的有北京师范大学、华东师范大学、东北师范大学等19所师范大学。但是由于计划内名额有限，又是全国统一考试，因此第一年只录取了177人。这样一个数字对于我国1 000多万名中小学教师来讲，别说是杯水车薪，完全可以说是"滴水车薪"！于是，专家委员会1997年在天津召开第二次会议时，当时任学位办副主任的谢桂华同志提议，我们可以走工商管理硕士那条路，绕开计划，采取在职申请的办法。但是只能授予学位，不能授予学历。考试采取招生高校联考，联合出题。这可以说是一次创新。第二年采取这个办法，招生就猛增至1 400多人，1999年增至2 000多人，2002年则招收8 000人，到2002年全国已有8 160名教师在读，共有29所师范大学设立了此专业，2004年增加到41所师范大学。1999年成立了教育硕士专业学位教育指导委员会，仍聘我为指导委员会主任委员。

为中小学老师设立教育硕士学位的必要性在哪里？我认为有下列几点。

第一，从根本上提高教师教书育人的业务能力，实现教育专业化。建国大计，教育为本；教育大计，教师为本。只有高水平的教师，才能培养出人才。俗话说："名师出高徒。"当今时代是科学技术突飞猛进的时代、创新的时代。提高教师的素质和业务能力，是时代的迫切需要。现在和几十年以前不一样了。过去教师只要把书本上的现存知识教给学生就可以了。现在教师要把日新月异的新知识教给学生，还要培养学生自己获取知识的能力。教师不能"以其昏昏，使人昭昭"。

第二，实现教师的专业化，有利于提高教师的社会地位。前面已经讲到，社会上任何一个职业，只有专业化，才能有社会地位。现代社会是一个重学历的社会，学历越高越受到社会的尊重。教师如能取得硕士学位，必然会提高自己的声誉。

第三，有利于吸引优秀青年从事教师职业。青年总是求上进的，总希望在工作之后有进修提高的机会。教育硕士专业学位的设立，为青年教师进修提高提供了最有效的途径。

但是，教师是否是一个专业化的职业？如何专业化？这些是有争议的。一种意见认为，教师并非是专业化的职业，只能称半专业化，有学识的人就可以当教师，并不要多少专业化的知识。另有一种意见是，教育硕士专业学位的培养，主要是加深教师所教学科的知识，不需要教育方面的知识。他们同样不把教师看作是专业化的职业。我认为，教师不仅要精通自己所教学科，更重要的是要有正确的教育理念、精湛的教学能力、高尚的道德品质。教师要教书育人，不能只做教书匠。教育是一门科学，人的发展是有规律的，教育也是有规律的。教师要懂得教育规律，就要学习教育理论、心理学理论，并在实际中应用。教育又是一门艺术，教师教书育人是要讲策略、讲技巧的，教师尤其要以自己的人格魅力感染学生。因此我曾说，教师是知识的传播者、智慧的启迪者、情操的陶冶者、心灵的铸造者。

教育硕士专业学位的设立是我国教育史上的一个里程碑，为此我在《中国教育报》上发表的《中国教育发展史上的里程碑——谈教育硕士专业学位》一文。文章对教育硕士专业学位的性质、宗旨、特点做了详细的说明和论述。

我与《教育大辞典》

1986年11月5日至9日，中国教育学会在武汉召开第二次年会。期间张承先会长、吕型伟副会长找我，他们两位建议为中学教师编一部《教育大辞典》，以提高教师的业务水平。这件事情本来早在1984年郭永福同志就和我提过，那时郭永福同志是张承先同志的秘书，他说承先同志想为教师编一部教育辞典，希望我能参加。我原来以为要我帮助承先同志来编写这本书，但是这次谈话却是要我来主持这项工程。我觉得自己不能胜任，建议还是请张承先同志任主编，我来协助。11月9日，上

2002年4月23日全国教育硕士专业学位教育指导委员会第四次会议暨第二次扩大会议，主席台右六为顾明远先生

2005年8月江西南昌全国教育硕士专业学位教育指导委员会工作会议，第一排右五为顾明远先生

海教育出版社陈义君社长、曹余章主编从上海赶过来，晚上讨论编写《教育大辞典》的事情。他们一致要我直接任主编，主持全部的编纂工作。我当时坚持不答应，希望承先同志亲自任主编或者由刘佛年教授任主编，我一定全力协助。但是承先同志和佛年教授都坚持认为我可以胜任，说这项工程浩大，不是一年两年能完成的，他们年事已高，精力不如我，而且认为我是北师大的副校长，可以调动教师的力量。为谁做主编这个问题一直讨论到凌晨1点多钟，话都说到这个份上，我就不能再坚持自己的意见了。考虑到有老一辈如承先、型伟、佛年等同志的支持，依靠教育界的同人，我做一些组织工作可能还是能够完成的，于是我就答应下来了。会上又初步讨论了编纂这部大辞典的基本方针，认为这是新中国第一部大型教育专科辞典，应该体现出大、齐、新的特点，尽量反映当代教育科学发展的新成果和新中国教育改革及发展的成就。

会后我就积极筹备，初步组成了编纂处。1986年4月底在北京师范大学召开第一次编纂工作会议。时任中国教育学会会长、《教育大辞典》领导小组组长的张承先同志出席了会议。他在会上说明了编纂这部大辞典的目的和方针。他说："我们历来把教师队伍的建设、教材的建设和设备的建设视为提高教育质量的三项基本建设。在教育工作中要办实事，就应该在这三项基本建设方面狠下功夫。我们发起编纂一部《教育大辞典》，其目的正是要为这三项基本建设做一点切实的贡献。为迫切要求学习业务、提高教育科学水平的广大教师提供一部学习工具书。"他为辞典的编纂确定了方针，要求"一大、二齐、三新，内容要求包括古今中外，要把国内外教育科学研究的新成果、新理论、新兴学科都尽可能收集进去"。这样，《教育大辞典》的编纂方针就确定下来了。第一次编委会确定了编纂方针，制定了编纂框架，确定了编委会和分册主编的名单。根据大会所制定的方针，初步拟订了以下分册：教育总论、课程与教学论、教育哲学、教育经济学、教育社会学、教育心理学、教育测量与统计、教育管理学、学前教育、中小学教育、师范教育、职业技术教育、高等教育、成人教育、中国教育史、外国教育史、比较教育等17分册，计划是600万字。

1987年2月在上海召开第二次编委会，主要是讨论编辑条目。在讨论过程中，又增加了少数民族教育、军事教育、港澳台教育、教育边缘学科。少数民族教育、军事教育是过去任何教育辞典所没有的，体现了大、齐、新的要求。条目初步确定以后，编委就开始撰稿、审稿。1990年教育理论卷、心理学卷，也就是第1卷和第5卷首先出版。1990年8月22日在北京人民大会堂举行首发仪式，参加首发仪式的有雷洁琼副委员长、北京市委副书记徐维诚同志、国防大学副校长黄玉章将军、原教育部副部长周林等同志，当然还有张承先会长和吕型伟副会长。国家教委主任李铁映同志到编委会看望了全体同志。

整个系列出齐，已是1992年秋天了。全书包括教育学、课程和各科教学、中小学校、师范教育、幼儿教育、特殊教育、高等教育、职业技

1990年8月22日，在北京人民大会堂举行《教育大辞典》首发式

术教育、成人教育、军事教育、民族教育、华侨华文教育、港澳教育、教育心理学、教育哲学、教育经济学、教育社会学、教育边缘学科、教育技术学、教育统

顾明远先生在《教育大辞典》首发式上

计与测量、教育管理学、中国古代教育史、中国近现代教育史、外国教育史和比较教育等各个领域的基础知识和国内外教育科研成果。总计收词2.5万余条，约800万字，分成12卷出版，于1992年8月出齐。根据原来的计划，分卷出版后再出合卷本，于是我们马不停蹄地开始筹备合卷本。为了提高合卷本的权威性，我们请了教育界知名专家组成了专门的编委会。1997年编委会在呼和浩特召开了合卷本第一次编委会，会上讨论了合卷本的编纂方针。编委会一致认为合卷本不是简单地把分卷本合起来，而是要精益求精。按照张承先同志的意见，就是要"再创造，高质量"。合卷本是按照编写辞典的惯例，以字母或者笔画编排，而分卷本是按照学科体系来编排的，所以造成了很多重复的条目，经编委会审查发现3 000余条词目重复。例如，"孔子"这一条，教育哲学卷有，中国教育史卷也有；"哈佛大学"这一条，外国教育史卷有，比较教育卷也有。而且有些条目虽然名词一样，但是撰写角度不同，内容就有所差别。同时，从一开始出版分册到合卷本编委会成立，已经过了6年的时间，有些内容已经陈旧，教育又出现了许多新的理论和名词，需要增加。因此，大家都认为，合卷本不能简单地把各分册打乱再组合起来，而是要重新修订，可增可删可修改。因此"合卷本"这个名称也就不合适了，大家经过讨论，认为应该叫"增订合编本"。

方针确定以后，各分卷对照方针自行调整、修改。此项工作又经过了6年的时间，最后到1998年完成了《教育大辞典》的修改合编工作。人称"十年磨一剑"，而我们这部大辞典整整编了12年！而身为《教育大辞典》的副主编，上海教育出版社的总编曹余章同志竟然没有能够见到这部他所策划的、在分卷本时付出心血的辞典的合编本面世就溘然离去。

作为这部大辞典的主编，我在编纂这部大辞典中尝到了各种酸甜苦辣的滋味。在《教育大辞典》于1987年召开第二次编委会时，我们请《辞海》的老编辑严其龙同志来做指导，他就说："曾经有人说过，如果想要惩罚别人，就让他去编辞典吧！"这12年真是体现了他所说的这句话。

1998年，我曾经写了《一项教育研究的系统工程》一文发表在《图书》杂志上。我认为，许多学者看不起编辞典，认为编辞典是抄袭别人的成果，没有什么创新。辞典一般也不算是科研成果，被认为不过是一部工具书。但是我在编辞典的过程中发现，编辞典可真的不是一件容易的事情。一个教育名词，本来看起来是很平常的，我们也经常在口头上讲，但是真要给它一个科学的明确定义可不那么容易。辞典也不能像文章那样天马行空，任你自由发挥，而是要准确精练。释文不但要科学，而且要有知识性、可查性、准确性、权威性，同时还要简练，要做到多一个字则厌多，少一个字则厌少，才能成为典范。因此，编写辞典的工作是非常严肃细致的，是十分繁重的

1998年出版的《教育大辞典》
（增订合编本）

工作。我在这项工程中也得到很大的锻炼。

背景资料：1928年，中华书局出版《中国教育辞典》，由余家菊、邱椿、陈启天、陈东原、舒新城等21人编著。这是中国现代第一部教育辞典。收入词目2 000余条，以教育方法、教育原理、教育行政、教育史为主，酌收心理学、伦理学、社会学、生理学，以及哲学、生物学词目；书末附录"四千年中国教育大事年表"和"中西名词对照表"。

商务印书馆于1930年出版《教育大辞书》，原分上下册；1933年缩印为全一册，收入词目3 000余条。凡教育原理、教育史、教学法、教育制度、教育行政、教育心理学、教育统计、著名教育学术机构或团体，以及与教育有关的诸学科均收入。编著工作始自1922年春，初以唐钺为主编，1926年朱经农、1927年高觉敷相继担任。（1963年台湾师范大学教授孙邦正应台湾商务印书馆之约，对《教育大辞书》做了修订，1974年印行修订第二版。）

此后的半个多世纪中，再没有出版过大型的教育辞书。直到1990年，上海教育出版社开始出版《教育大辞典》。此书被列为"七五"国家教育科研的重点项目，并列为1988—2000年全国辞书编写出版规划的重点项目。1992年起，《教育大辞典》在分卷本的基础上，经6年时间的潜心修订，增加1 700余条新的条目，修正了某些错误或欠妥之处，1998年正式出版《教育大辞典》（增订合编本）。它收录教育类词条2.3万余条，其中重要词条收至1996—1997年，与分卷本相比，修订词条达30％以上。1999年，又出版《教育大辞典》（简编本）。《教育大辞典》1998年11月14日在北京通过国家级鉴定。有关专家认为，这是新中国成立以后我国第一部教育学方面的大型百科辞书，充分反映了最新教育科研成果，是教育辞书的集大成者。

这部《教育大辞典》之所以能顺利地完成，应该归功于老一辈教育专家的指导和支持。几乎全国老一辈教育家都担任了这部书的顾问，像滕大春这样著名的老教育家还担任了外国教育史分册的主编，黄济同志担任了教育哲学分册的主编，他们都亲自主持选词、释义、修改等工作，真是对我莫大的支持。总顾问刘佛年多次给编纂工作提出宝贵意见。辞典编纂领导小组组长张承先同志多次亲自出席编委会，对编纂工作的方针做出了明确的指示。吕型伟同志更是时时关心指导，参加历次编委会，提出许多宝贵的意见，帮我们出了许多好点子。我们戏称他为"点子公司"。

编纂这部《教育大辞典》，凝聚了上千名老中青学者的辛勤劳动。许多同志为此废寝忘食，特别是各分册主编和副主编，不仅要组织稿件，而且亲自动手修改、重写、找资料。许多稿件因为要弄清楚准确几个数据、名词、出处，曾几次退回给他们，他们总是不厌其烦地查阅资料，认真修改，毫无怨言。这次大辞典的编纂工作也培养了一大批中青年学者，他们在老学者的指导下知道了怎么严谨地治学。同时，还应该提到几位值得我们纪念的同志。

一位是《教育大辞典》的副主编、上海教育出版社的总编曹余章同志，应该说这部大辞典是他策划的。他担任这部书的副主编，同时他又从上海教育出版社的角度进行编辑把关。《教育大辞典》全书12卷，800多万字，他几乎字字过目，精心修改，最后定稿。我当时任主编，也看书稿，但是只从词条释义的内容及科学性方面把关，而他则是从编辑的角度精雕细刻，所下的功夫是常人所无法想象的。他因为积劳成疾，肝疾发作，卧床不起。即使在病榻上，他仍然念念不忘辞典的修订工作，直到生命的最后一刻。他这种对工作认真严谨的态度使我十分感动。我们经常通信，讨论辞典中的问题，也讨论工作中的问题。他也认为我是一个能够合作的伙伴，可以说我们谈话都很投机。《教育大辞典》之所以能够顺利出版，他的贡献是最大的。

另外一位是副主编季啸风同志。他从教育部社科司离休以后，就积

《教育大辞典》编委会主要负责人（左二为吕型伟，左四为副主编曹余章，右一为顾明远先生）

极参与到《教育大辞典》的编纂工作中，他工作热情，思路开阔。大辞典中的少数民族教育卷、军事教育卷都是他建议收录的。他还积极与教育部联系，确定教育部的经费支持。没有他的努力，《教育大辞典》难以完成，可惜他在不久前也离开我们了。可以说他把最后的余热都用在了《教育大辞典》的编纂工作中。

另外还有《教育大辞典》编委会的很多同志，如魏一樵、连健生、胡守律等同志都为大辞典的编纂工作做出了贡献。我不能忘记他们对我的支持和鼓励。

当时编纂这部大辞典也受到来自某些方面的压力。有的同志怕我们编不好，出错误。有一位同志来看我们，一进门就说："我是来挑毛病的。"接着翻开我们的第一卷，说了一句："呵！还是注意阶级观点的。"

这部辞典应该说还是受到广大教育工作者欢迎的，第一卷出版以后，第一次发行量就达到5万余册。现在许多博士硕士论文在教育名词的解释上也常常引用这部辞典。为此辞典获得多种奖励，如获得了中国教育科学第二届优秀成果奖一等奖、第三届国家图书提名奖、第三届吴玉章奖一等奖。

我为什么呼吁废除"三好学生"的评比

2004年5月20日我在上海教育论坛上提出废除评选"三好学生"的建议，引起了各界的关注。赞成者有之，反对者有之。许多媒体也很关注，约我访谈。大家都问我为什么要提出这个建议。

其实这个建议并非今天提出来的。早在1998年我曾经写过一篇短文，名叫《不要把学生分成三六九等》，最初发表在上海《教育参考》1998年第6期上。2000年我又在中央人民广播电台《中午一小时》节目中与一位"三好学生"和她的班主任一起座谈过。我的观点是：评选"三好学生"不符合青少年儿童发展的规律，也许过去曾经起过鼓励优秀的作用，但是近些年来已流于形式，而且把它与升学联系起来，不仅失去了鼓励先进的作用，还产生了许多弊端，不利于学生身心健康的发展。

起因还在这之前。十多年以前，有一位老朋友对我说，他的孙女刚上小学一年级，没过两个星期，孙女回家对他说："爷爷，我是班上第二号种子。"爷爷不明白是怎么回事。她就说："我们班老师给我们排队，谁最聪明谁排第一。我是第二名，所以是第二号种子。"过了约一个学期，他的孙女又回家告诉他说："我们班上有八个笨蛋。"爷爷又不明白。她解释说："今天下午开班会，老师问，谁是笨蛋？站起来。班上八个同学站了起来。"这位老朋友叹一口气："怎么现在还会有这样的老师？"我作为一名老教育工作者，听了感到十分悲哀。无独有偶，有一次我参观一所小学，看到光荣榜上公布着"十佳少年"的照片，但是其中只有一名是男生，九名都是女生。我觉得评价标准可能有问题，这样的评比起不了什么好作用。

现在既然提出了这个建议，总要说出点儿道理来。

先要从基础教育的任务说起。什么叫基础教育？基础教育就是为人一生的发展打基础的教育。基础教育对于个体的发展来说有如楼宇的基础，打得坚实，楼宇就能盖得高大。个体的基础打好了，他将来的发展空间就大。基础教育要打好什么基础，我认为主要是打好三方面的基础，一是少年儿童身心健康发展的基础，二是终身学习的基础，三是走向社会的基础。

打好少年儿童身心健康发展的基础是基础教育中最重要的任务，是基础的基础。没有这个基础，终身学习和走向社会都不可能发生。但是，在现实生活中，家庭和学校往往只重视少年儿童的身体发育，不大重视他们心理的健康发展。有时甚至会有意无意地伤害他们的心理。把学生分成三六九等就是对少年儿童的一种伤害。少年儿童的心理是非常脆弱的，需要家长和老师的悉心呵护，当然也需要锻炼，使他们将来经得起风浪。

我在《不要把学生分成三六九等》的短文中写过："自尊心是一个人的基本品质，丧失了自尊心，也就丧失了人格。而自尊心是要通过老师和家长从小对孩子的尊重而培养起来的。"我又写过："自尊心又是和自信心连接在一起的。有了自尊心就会建立起自信心；反过来，有了自信心就会促进自尊心的确立。因此，对于中小学生来说，自尊心和自信心是一种巨大的教育力量，有了它们，学生就能够自己教育自己。因此，每个老师都要重视它们，从小培养学生的自尊心和自信心。"

评选"三好学生"是把成人中的评先进的办法运用到少年儿童身上，这是不符合教育规律的。少年儿童处在成长过程中，一切还没定型，不能说哪个学生优秀，哪个学生不优秀。他们正在变化中，他们的发展不是线性的，有时会犯这样那样的错误。如果不从发展的观点来看待学生，总认为好学生永远是好学生，坏学生永远是坏学生，那样就既不符合学生发展的规律，也不利于培养学生成才。

把成人评先进的办法运用于少年儿童，恐怕是中国文化的特色，西方国家就没有这种观念。我看见《报刊文摘》有一期上刊登了一篇小短文，大意是讲在美国盐湖城召开冬奥会期间，我国奥委会代表团参观一所学校时带去了两个熊猫玩具。团长对校长说，一个送给你们学校最优秀的男生，一个送给你们学校最优秀的女生。这一下难住了校长。校长说，我们学校个个学生都是优秀的，没有最优秀的。有的学生学习优秀，有的学生运动优秀，有的学生做义工优秀。最后校长只好把两个熊猫玩具陈列在学校的展览柜里，写上"送给最优秀的学生们！"供所有学生欣赏。他们的教育也许很多方面不如中国，但平等地对待每个学生这一点，不是值得我们借鉴吗？

评选"三好学生"，一小部分学生受到鼓励，但会伤害大多数学生。当然，也会有一部分学生受到刺激，以"三好学生"为榜样，争取也能当上"三好学生"。但"三好学生"的名额是极少的，因此对大多数学生来说可望而不可即，其实是起不到激励作用的；相反，对培养他们的自信心和自尊心是不利的。

再从我国的教育方针上来讲。我国的教育方针是使学生在德、智、体、美等方面都得到发展，成为社会主义事业的建设者和接班人。教育方针是要求每个学生都是全面发展的。那么，为什么只有极少数学生是"三好"呢？因此，评选"三好学生"显然与教育方针相悖。如果真要评选"三好学生"，那么，应该百分之九十以上的学生都是"三好学生"。这才说明我们认真地贯彻了教育方针，我们的教育是有成效的、是成功的。的确，"三好学生"曾经激励过一部分优秀学生，恐怕当前

2000年11月面向21世纪"新基础教育研究"现场研讨会，第一排左八为顾明远先生

各条战线的骨干都曾经是"三好学生"。但是，从教育工作者的角度来讲，我们最重要的信条是相信每个学生都能成才，我们面对的是每一个学生，而不是一部分学生。

评选"三好学生"的制度，最初的用意是好的，也曾经起过一些激励的作用，但是近些年来越来越片面化。首先，评选的标准从"三好"变成了"一好"，主要是学习成绩要好。或者有些老师认为思想好就是"听话"。其次，不少地区对"三好学生"给予升学的优惠，或者作为保送上高一级重点学校的条件，或者直接加分。把评选"三好学生"纳入到应试教育的轨道。争"三好"已经不是争优秀，而是争升学，于是各种弊端应运而生。为了争"三好"，向老师送礼者有之，向老师施加压力者有之，与同学讲关系者有之。成人社会中的一些腐败恶俗侵蚀着学生幼小纯洁的心灵。面对这种对学生心灵的伤害，作为一名教育工作者，能听之任之吗？

有人说，孩子是需要激励的，评选"三好学生"是对学生的一种激励，不能因为现在出现一些弊端而废之，不要"因噎废食"。"孩子是需要激励的"，这句话千真万确。问题是，"三好学生"到底能激励多少孩子？对多少孩子有伤害？有没有别的激励办法？任何一个制度都不是永远不变的。所谓与时俱进，就是当一种制度不能适应时代的需要时就进行变革。教育制度也是如此。有没有别的激励办法？当然有，而且可以有很多办法。只要我们的思想从传统教育思想中解放出来，每个学校、每位老师都会想出许多办法。我曾经在七八年前参观过广东省中山市一所初级中学，叫杨仙逸中学。这是一所薄弱校，拿校长的话来说，别的中学不要的学生都进入了这所中学，生源之差可想而知。但学校没有嫌弃他们，而是开展"激励教育"，激励每个学生。他们设立了许多奖项，有"学习进步奖"，只要这次考试比上一次考试有进步，就可以获得"学习进步奖"；有"学雷锋精神奖"，只要做一点好事，就可以获得"学雷锋精神奖"；还有其他各种奖，每个月发一次。优秀的学生一年最多可以获得十个奖，差的学生每年也能获得两三个奖。有一个所谓差生，从小就没有人夸过他，有的总是批评、呵责，到这所学校以后居然也能得到奖。他拿到奖的时候的激动心情是难以形容的，并从此走上进步之路。有的家长也反映，自己的孩子进了这所学校以后变了，变得懂事了。这所学校的"激励教育"不是值得推广吗？其实各地还有许多激励学生的经验，因此，评选"三好学生"的制度是可以有许多更好的办法替代的，激励学生的方法是很多的。我们要有一个信念，即每个学生都是能够成才的，没有教不好的学生，只有不会教的老师。表现差的学生是教育不当的结果，他们更需要老师的呵护和激励。

从经济学的观点来讲，任何改革都是需要付出成本的，制度的改革是一种利益的再分配，教育改革也不例外。废除"三好学生"的评选，也是一种教育制度的改革，也需要付出成本。有些人赞成，有些人反对，这是不足为奇的。我作为一名教育界的老兵，提出这个建议，并非心血来潮，也不是为了新闻炒作，而是出于对教育的忠诚，对少年儿童的爱护。当然，我这也只是一家之言，要取得一致的认识，恐怕还要时日。

背景资料：2004年5月20日，中国教育学会会长、北京师范大学教授顾明远先生在上海教育论坛上呼吁废除"三好学生"的评选制度。他认为目前"三好学生"的评选常常依据的是"一好"（成绩好或听话），无论从理论上、实际上还是心理学上讲，都没有继续推行的必要。从理论上讲，"三好学生"的评选与我国的教育方针不合，与教育的民主性不符；从心理学上讲，它给学生造成了分等级的压力，这是最伤害学生的，可能影响到孩子们今后的人生之路。一石激起千层浪，一时间街坊巷陌议论纷纷。上海当地的报纸，如《新闻晨报》《新闻晚报》《东方早报》等纷纷刊登读者的热烈讨论，而京城媒体新贵《新京报》更是连续三天刊载了来自不同背景读者的观点交锋。全国各地的媒体更是闻风而动，北京的《中国青年报》、广州的《羊城晚报》、厦门的《厦门晚报》、成都的《天府早报》和《成都晚报》、南京的《江南时报》、郑州的《大河报》和哈尔滨的《新晚报》等都不吝笔墨地刊登不同人士所持的针锋相对的观点。连中央电视台新闻频道的《小崔说事》栏目也不失时机地弄了一期《三好学生》，直接抓住观众的眼球。媒体先锋凤凰卫视更是不甘落后，在《时事辩论会》栏目力邀众嘉宾唇枪舌剑了一番。而在网上的论坛上早就是吵开了锅，口诛笔伐的有之，义愤填膺的有之，更不乏对中国教育"指点江山，激扬文字"的众多"愤青"。

"三好学生"这个问题属于旧话重提，为何在今天却像一个重磅炸弹一样引来如此多的连锁反应，甚至引起全国性的讨论？而对顾明远先生来说，这个想法并不是今天才形成的。

1998年，一家出版社编了一个全国"十佳少年"事迹材料，准备出一本书，想让顾明远先生写个序。岂料，他在看过书稿之后感慨良多，提笔写了一篇千字小文《从"十佳少年"评审谈起》。文章开门见山地指出："我是不大赞同在少年中评什么'十佳'之类的活动的。"他重申了"不要把学生分成三六九等"的主张，进一步阐明了不赞成评"三好"的道理："现在的实际情况是评'三好'时并不真正看'三好'，往往只看'一好'，即学习好。所谓'学习好'又指考试的分数高。这样评'三好'不是走上应试教育的轨道了吗？更值得反思的是，从小把学生分成三六九等有什么好处？少年是脆弱的嫩芽，他们需要的是爱护和培育，因此首先要帮助少年树立自信心，他们才能在成长的道路上克服种种困难，勇往直前。"而过早地为一些少年戴上"十佳少年"之类的荣誉光环，就无形中为他们上了"紧箍咒"，束缚了他们的自由发展，甚至还人为地制造了他们人际交往和社会适应的障碍。当然，这篇"序"最终没有被采用，但它发表在1998年第6期的《教育参考》上，在教育界引起了强烈反响。可惜当时是"内行看热闹，外行不知道"，最终并没有在大众层面形成广泛的讨论。

一滴水也能照出太阳的光芒。这场热闹的"三好学生"话题讨论本身蕴含着深厚的社会经济文化背景，同时更是公众借助媒体对如何推行新世纪的教育改革表达出了他们自己的观点。废除"三好学生"，这并不仅仅是一个称号或荣誉的终结，它反映了一种教育理念的变革。

我为什么呼吁停办奥数班

有一天，一位博士研究生抱怨孩子的奥数题目他都做不出来。这样的难题让奥数班的孩子做，有什么用处？不是折磨孩子又是什么？现在学生作业负担过重，主要不是重在课堂作业上，而是重在校外各种补习班的作业上。许多家长为了孩子能够升上好学校，让孩子在他们应该玩儿的时间去上英语班、钢琴班、舞蹈班、奥数班。这样就增加了学生的学业负担。这不仅有害于学生的身体健康，而且影响到课内基础知识的学习，未必能提高学业成绩。相反，如果强制孩子学习他并不喜欢的科

关怀

目，可能会抑制他的才能的发展。

国际奥林匹克科学竞赛始于20世纪50年代末，开始只有数学一科，60年代增加了物理与化学，1989年增加了信息科学，1990年增加了生物学。每年举行一次，由各国政府轮流举办，参加比赛的有100多个国家和地区。这是一项很有意义的活动，它不仅推动了各国科学教育的交流，促进了科学教育水平的提高，而且激发了广大青少年对学习数学和科学的兴趣，增进了各国青少年的相互了解和友谊。因此受到了各国教育界的重视，也得到联合国教科文组织的关注和支持。

可以说我也是我国奥数的"始作俑者"。我国过去没有派过学生参加国际奥林匹克科学竞赛，直到1985年国家教委决定派中学生去参加，要求在北师大、北大、清华的附中设立集训班。我当时任北京师范大学副校长，负责管理附属学校的工作。我就决定在师大附属实验中学设立数学集训班。北大附中、清华附中分别设立物理班、化学班。我们从各地挑选了一些在这些科目中有天赋的拔尖学生来集训一年，第二年去参加比赛，第一次数学就拿回来5块金牌。后来得奖的学生都被清华、北大等校免试录取了。于是有些学校看到培养这些学生有利于提高升学率，就开始办起奥数班来。因为学数学不需要实验设备，比较容易，所以出现了奥数班。后来许多名校都把奥数成绩作为录取新生的依据。许多家长看到上了奥数班得奖以后可以保送名校，也就纷纷把孩子送入奥数班。于是奥数班从高中延伸到初中、小学。社会上一些教育商家看到了这里面的商机，也开始办起奥数班来。就这样，奥数班泛滥于我国大地。

奥数教育本来是一项有益的活动，有利于激发学生学习数学的兴趣，培养学生的数理思维。但它是一种特殊性质的教育，只适合于少数在数学方面有天赋才能的学生，并不适合于大多数学生。现在许多学生上奥数班并非出于天赋或者兴趣爱好，而是为家长所迫，家长又为学校所迫。有的学校为了提高升学率、为了创收，要求学生上奥数班。既无天赋又无兴趣，这样的学习怎么能学得好？奥数班的教学也逐渐因应试教育而异化，用奇奇怪怪的题目让学生解答，不仅增加了学生的作业负担，浪费了孩子最宝贵的时间，而且让学生受到沉重的心理压力。这实在是对学生的一种摧残。许多学生叫苦连天，家长也是有苦难言。

2007年11月，我在成都市青羊区参加小学生减负座谈会。我说要减轻学生过重的课业负担，首先老师要把每一节课上好，让每个学生听懂学会，这样就可以少布置课外作业。其次学校减轻了学生课业负担，家长切不要再增加学生的额外课业负担，不要买那么多课外辅导书，不要上那么多补习班。我说，我最讨厌奥数班，奥数班摧残人才。谁想到我话音刚落，一位小学生就举手发言，他说："顾爷爷，你说不要上奥数班。但是，不上奥数班就上不了好的初中；上不了好的初中就考不上好的高中；上不了好的高中就考不上好的大学；上不了好的大学，将来毕业就找不到好的工作。我怎么养家糊口啊？"这话出于小学生之口，真是又可笑又可叹。这都是大人的语言，可见减负不那么简单，它蕴涵着深层的社会矛盾。

奥数并非坏事，但人人学奥数就不是好事。什么事情被纳入到"应试教育"轨道就会变质，该是叫停奥数班的时候了。《国家中长期教育改革和发展规划纲要（2010—2020年）》中明确规定："各种等级考试和竞赛成绩不得作为义务教育阶段入学与升学的依据。"有些地方教育行政部门已经明令禁止，但是由于各种利益的驱动，有禁不止。为了切实减轻学生的作业负担，学校首先要负起责任来。其实也很容易做到，只要按照政策要求，在招生录取中停止为奥数班的学生加分录取，只要有这一条，我想奥数班就会很快在中国大地上销声匿迹。

我和研究生

1979年我国正在酝酿建立学位制度和研究生教育的时候，我校就开始招收研究生。我们比较教育也在这年开始招生。我和符娟明、迟恩莲等老师招收了5名研究生，就是李守福他们几位。学制两年。学位条例颁布以后，给他们补发了学位证书。这是我国比较教育专业第一批获得硕士学位的研究生。

1983年国务院学位委员会审批第二批博士授权点和博士导师时，北师大比较教育学科和杭州大学比较教育学科被批准为博士授权点，我和王承绪先生被批准为博士研究生导师。这是我国比较教育学科第一批博士点和第一批博士研究生导师。我在高兴之余也感到诚惶诚恐。我自己没有当过研究生，怎么去指导研究生？尤其是比较教育这门学科在我国还是一门刚建立起来的新型的发展中的学科，我个人还只是站在学科的门槛上，缺乏深入的研究，怎么能培养博士生？因此心里感到很不安。1984年就应该开始招生，但我觉得条件不成熟，没有敢招生。1985年才在外国教育研究所内部招了第一名研究生，就是现在的王英杰教授。为什么招他为研究生，因为在这之前他已经在美国斯坦福大学读了两年博士课程，他比我更知道研究生如何学习、如何培养。因此想拿他做实验，积累培养研究生的经验。我们研究所其他老师也参加了培养工作，如毕淑芝教授指导他学哲学，我则主要负责教育基本理论、教育哲学等课程，比较教育的研究都是王英杰自己钻研。论文课题"美国高等教育的改革与发展"，也主要是由他自己收集资料、处理资料，然后我们共同讨论后完成的。因此我国第一位比较教育的博士是我们集体培养的结果。

20世纪90年代开始，招收的研究生也多起来了。由于我国硕士研究生已有一定规模，所以考博的学生也多了起来。报考我的研究生的不仅有本国的学生，还有国外的留学生。1993年我就招了一名韩国留学生具滋亿，1997年他毕业获得博士学位，是我国第一位获得文科博士的外国留学生。以后我又陆续招收了日本、韩国、越南的留学生共7名，他们都获得了博士学位。具滋亿现在韩国教育开发院担任要职，韩国学者宋吉缮则留在中国，先后在清华大学、上海交通大学和浙江大学承担教学研究工作，日本的铃木正彦在日本大阪教育大学担任教育学部部长，越南裴明贤现在越南高教部工作。至今毕业的研究生已有60多位，其中博士生50多位。他们现在都活跃在各种岗位上，有的担任了教育行政部门的重要职务。

20多年来，我也积累了一些培养研究生的经验。我的主要经验很简单，只有一条，就是让他们自己学习、自己研究。我认为，博士研究生的活动主要是研究。文科研究和理科研究不一样，理科可以和导师研究同一个课题，在导师指导下共同做实验，然后个人独立完成研究论文。文科则主要靠研究生独立查阅文献、调查研究、处理信息。即使参加导师的课题，学生所承担的子课题也必须自己独立完成。因此，文科研究生的独立研究能力，包括进行社会调查的能力，应该更强。如何培养他们独立科研的能力？那只有让学生自己去探索。导师只起到引导作用，更重要的是培养研究生的思维能力。所以，我给研究生制定的课程中，

第一位博士研究生王英杰接受答辩委员会的提问

与韩国留学生具滋亿在博士论文答辩后的合影

和留学生一起讨论问题（左为日本留学生大滨庆子，右为越南留学生裴明贤）

专业课比较教育反而不是重点，哲学史、教育哲学才是重点。哲学就是培养思维的学科，一名文科研究生如果没有哲学、哲学史的基础是做不好研究的。至于比较教育，这是学生的专业，他们自然会去钻研，用不着作为一门基础课程。教学方式我也是采取放任式。我认为没有必要给博士研究生滔滔不绝地讲什么课，重要的是要他们多读书，有时也组织讨论。读书要做笔记，做笔记不是抄语录，而是写出自己的理解、评论。通过自己的笔，实际上是通过自己的脑，才能更深刻地理解所读的书。我们常常选一些重要的问题讨论，也选一些当前教育热点问题进行讨论，例如关于素质教育的讨论、关于知识教育的讨论等。我还支持研究生搞沙龙、论坛，各种专业的研究生都可以参加。这种沙龙和论坛可以使研究生获得多方面的信息，大大扩宽了眼界，增长了知识，达到资源共享的目的。说实在话，导师现在是年龄大、记忆差、开会多、时间少。我

王英杰正在回答答辩委员会的问题

们看的书哪能比学生多？信息也没有学生多。因此导师的指导更重要的是指明研究方向，指导研究方法，并对他们严格要求，只此而已。

研究生选择论文题目主要是根据他们的兴趣和将来的研究方向，我不要求学生一定要选我的课题。跟我一起做课题对我来说当然很好，可以帮助我收集资料，尽快完成我的研究任务。但是他们都有自己的文化背景，有将来的专业方向，不能把他们绑在我一个人的战车上。例如有的研究生当过多年数学、物理老师，他们将来也愿意进一步对课程、教学开展比较研究；有的研究生愿意从事比较教育方法论的研究等。我都鼓励他们与他们未来的研究方向相结合来选择博士论文的题目。沈立同学信佛教，且对佛教有研究，我就鼓励他研究佛教对中国教育的影响，他欣然接受了。这是一个很大很重要的题目，要分几步走。首先他要研究佛教的教化意义，不是把它作为宗教而是把它作为教育来看，它有什么教化意义。于是他撰写了《觉人教育——佛教教育》的论文，得到宗教界、学术界的好评。

研究生要有自己的学术见解，不要只介绍别人的观点，人云亦云。我鼓励学生发表不同的观点，哪怕是对我的观点的批评。薛理银的博士论文是《当代比较教育方法论研究》，论文评介了当代世界比较教育多名学者的理论观点，在中国学者中选了滕大春、王承绪、朱勃和我作为靶子进行了评析，指出我们研究中的不足。我认为是很有意义的，他的博士论文得到学术界很高的评价。李现平的博士论文是《比较教育身份危机之研究》，也是讨论比较教育方法论的。对他的观点我虽然有不同意见，但还是鼓励他说出自己的观点，论述自己的观点，他也圆满地完成了论文。

1998年顾明远先生和弟子们在一起

第五章 参加《教育规划纲要》调研讨论

只有一流的教育，

才有一流的国家。

集体备课

2006年8月31日中央各大报纸在头版头条发布重要新闻报道："中共中央政治局8月29日下午进行第三十四次集体学习，中共中央总书记胡锦涛主持。他强调，必须坚定不移地实施科教兴国战略和人才强国战略，切实把教育摆在优先发展的战略地位，推动我国教育事业全面协调可持续发展，努力把我国建设成为人力资源强国，为全面建设小康社会、实现中华民族的伟大复兴提供强有力的人才和人力资源保证。"新闻报道还提到，这次集体学习安排的内容是世界教育发展趋势和深化我国教育体制改革，由浙江师范大学校长徐辉教授、教育部教育发展中心主任张力研究员就这个问题进行了讲解，并谈了他们对促进我国教育发展的意见。

为了这次讲解，教育部组织了一个备课小组进行了认真准备。小组成员有徐辉、张力、谈松华、胡瑞文和我五人，时任社科司副司长的袁振国也参加了讨论，时任教育部副部长的袁贵仁主持了几次重要的讨论。徐辉和我主要负责世界教育发展趋势部分，张力、谈松华、胡瑞文主要负责我国深化教育体制改革的部分。我们首先进行调查研究，然后讨论两部分的内容，用了差不多四个多月的时间形成了讲解稿子。

开始准备的时候不知从何下手，五个人各人提出各人的见解，很不一致。经过查阅各种资料，反复研究讨论，我们总算捋出一个头绪，写出提纲，最后形成讲稿；又征求各方面专家的意见，才把讲稿定下来。

世界教育发展趋势和深化我国教育体制改革是有联系的两个部分，体现了面向现代化、面向世界、面向未来的精神。立足中国，放眼世界，把我国的教育改革放在国际视野中，从世界教育发展趋势中吸收世界教育改革和发展的经验。

关于世界教育发展的基本趋势，我们总结了四条：一是教育先行，人力资源开发上升为国家战略；二是实施全民教育，提高国民素质；三是倡导终身教育，建设学习型社会；四是大学在国家创新中成为重要的基础和引领力量。对于世界教育改革和发展中面临的主要问题和对策，我们总结了三条：一是关于教育公平和效率问题；二是关于教育普及与提高问题；三是关于公共财政与社会资源问题。

关于深化我国教育体制改革，讲稿分析了我国教育发展的现状和面临的挑战，提出了四条思考与建议：一是坚持教育优先发展，建设人力资源强国；二是全面推进素质教育，培养高素质的社会主义建设者和接班人；三是适应经济社会发展需要，促进教育持续协调健康发展；四是坚持教育的公益性，努力促进教育公平。

当然讲稿里面都有一些数据来支持上述的观点。例如讲到教育先行，讲稿就提到，经济学家舒尔茨通过对美国1929—1957年国民经济增长因素的分析发现，教育对经济增长的贡献率约为33%；世界银行发现，在低收入国家读过四年小学的农民与不识字农民相比，其粮食产量提高8.7%；还分析了战后日本和韩国教育发展与经济增长的经验、美国重视教育的经验等，列举了发达国家和发展中国家的许多例子。

在国内部分我们也列举了一些数据。例如，要强调教育优先发展，政府就要增加投入，明确提出要落实全国人大通过的"十一五"规划中提出的"保证财政性教育经费的增长幅度明显高于财政经常性收入的增长幅度，逐步使财政性教育经费占国内生产总值的比例达到4%"。我们对推进素质教育和促进教育公平也提出了一些具体的意见。整个报告集中在教育先行、增加投入、促进公平、提高质量几个方面。

在这次准备工作中我只是收集了一些资料，发表了一些自己的见解，参加了集体讨论，没有起什么大的作用。执笔写稿都是徐辉和张力两个人承担的。但我们的讨论是十分认真的，为了参加讨论，我取消了访问英国的机会。我去过许多国家，唯独没有去过英国。2006年6月英国伦敦大学教育学院邀请我去访问两周，但正好在研究讨论讲稿的紧要关头，我只好放弃了这个机会。但参加这次备课我觉得收获很大，为了分析世界教育发展的趋势，我们研讨了各国教育发展的经验和世界教育发展的总的趋向，参照了国际组织对教育的评价和预测，使我学到很多知识。分析我国教育现状和问题也使我认识到教育与我国经济社会发展的密切关系以及种种矛盾和制度障碍，从宏观上对我国教育有了较完整的理解。

参加总理的教育座谈

2006年8月22日是一个不平常的日子，那一天时任国务院总理的温家宝同志邀请我们到中南海座谈基础教育改革。

2006年下半年，国务院当时计划召开改革开放以后的第四次教育工作会议，计划发布《中国教育发展纲要（2006—2020）》。为了决策的科学性，总理说要召开几个座谈会，听取各方面的意见。此次是第二次座谈，谈基础教育的改革。为了谈得充分一些，只请了五个人，有原北京市人大常委会副主任、原北京市教育局局长陶西平，华东师范大学叶澜教授，南京金陵中学校长丁强，成都草堂小学校长蓝继红和我。陪同温家宝同志参加座谈的有时任国务委员华建敏、陈至立，还有时任国务院副秘书长陈进玉，时任发改委主任马凯，以及时任教育部长周济等。

上午9点整，温家宝同志走进会场，和我们一一握手。座谈会开始，温家宝同志先说："我们明年要实现免费九年义务教育，这是中国历史上很大的举措。也就是说以后农村孩子上小学初中就不再缴费了，贫困地区国家还补助他们的生活费。今天想请大家来谈谈基础教育如何改革，我们最终目的是要把基础教育办好，提高孩子们的学习质量，提高整个民族的素质。"

大家开始依次发言。叶澜教授第一个发言，她讲了课程改革，介绍了她的新基础教育实验；接着金陵中学的丁校长、草堂小学的蓝校长介绍了他们学校的改革和经验；陶西平同志发表了关于实现教育公平的意见和民办学校的政策建议。温家宝同志听得非常认真，随时记下笔记，有时还插几句话来呼应发言人的意见。最后轮到我发言，教育中的重要问题前面几位都讲到了，我讲什么呢？我想，我是研究比较教育的，就讲讲世界教育发展的趋势和中外教育的比较吧。

我说，改革开放以来，我国教育取得了很大成绩，这是举世瞩目的。最近修订的义务教育法已经由全国人大常委会通过了，这是我国教育史上又一个里程碑，必将带来教育发展的高潮。但在发展过程中也遇到很大的矛盾和问题，这些问题都是发展中遇到的问题，世界各国在教育发展过程中都遇到过类似的问题。今天我想介绍一下世界教育在半个世纪以来发展的情况和经验。

第二次世界大战以来世界各国教育发展大致经历以下三个大的阶段。

第一阶段是20世纪50年代和60年代，这是教育大发展大改革的年代。50年代以前，即使是发达国家，中等教育都还没有普及。高等教育毛入学率除美国以外都没有超过10%。但是到了60年代末，发达国家基本上都普及了12年的中等教育，高等教育毛入学率也达到了15%左右。特别是1957年苏联第一颗人造卫星上天，刺激了欧美教育的改革。美国人认为，苏联此举动摇了美国在军事和科学技术方面的领先地位，认识到国际竞争的先决条件是高质量的教育和大批训练有素的人才。于是1958年美国国会通过了教育史上著名的《国防教育法》，强调"国家安全要求最充分地发展全国男女青年的智力资源和技术技能"。主要内容包括三项：一是加强基础教育，提高中小学数学、自然科学和现代外语三门课程的水平；二是加速理科实验设备的更新；三是设立奖学金鼓励有才华的青年进入大学学习。美国为了落实这个法案，花了41亿美元。这个法案开创了美国历史上联邦政府直接拨款支持教育。这次改革编写了一批新教材：新数学、新物理、新化学等。虽然新课程因为太深太难没有取得预期的效果，但是这次课程改革影响到世界各国，而且确实培养了一大批优秀人才。

第二个阶段是20世纪70年代和80年代，是学习化社会、终身教育思潮兴起的时代。终身教育是在60年代中期提出来的，它的背景是科学技术革命带来的生产的变革。1973年石油危机，西方失业人数增加，要再就业就得学习，因而就出现了终身教育的思潮。关于终身教育，我一开始不理解。1974年我去巴黎参加联合国教科文组织第十八届大会，看到终身教育是发达国家提出来的，按照"文化大革命"的思维定式，以为这是资产阶级教育思想。"文化大革命"结束以后看到《学会生存》这本书，讲到科学技术的发展引起生产的变革，造成工人流动、失业，要适应这种生产变革，就要不断学习，终身学习。后来发现马克思的《资本论》早就讲到，大工业生产造成了劳动的交换、职能的更动、工人的全面流动性，这才认识到终身教育是先进的教育思想。终身教育思想在70年代得到世界各国的认同，许多国家通过了终身教育的法律，加强职工的继续教育和专业培训，以适应科技进步带来的生产变革和经济转型。

第三个阶段是20世纪80年代中期至今，是教育民主化、提高教育质量的时代。随着世界和平发展的进程和国际竞争的日益激烈，教育民主化和提高教育质量的呼声越来越高。教育民主化的重要体现是1990年在泰国召开的全民教育大会，大会把教育视作一种基本人权，提出满足全民的基本学习需求。同时鉴于教育大发展带来的教育质量问题，提出要全面提高教育质量。80年代日本和德国在汽车、电子产品等方面超过美国，美国立即有危机感。为此美国于1983年发出了"国家处境危险，教育改革刻不容缓"的呼声；1989年制定了《中小学数学课程及评价标准》；随后又制定了《国家科学教育标准》，明确规定从幼儿园到高中的学习目标；1994年又制定了《社会学科课程标准》。1991年老布什总统提出重建美国学校与《2000年教育计划》。克林顿总统执政后，以追求教育质量优异为目标的教育改革进一步深入，并由国会通过了《2000年目标：美国教育法》。英国也在80年代开始了新一轮的教育改革。1988年英国议会通过了《1988年教育改革方案》，规定1989年起全国所有公立中小学实行统一课程，规定开设两类课程——核心课程和基本课程，制定统一标准，改革考试制度。日本于1984年开始拉开了第三次教育改革的序幕。1984年中曾根首相成立了临时教育审议会，审议会三年中提交了四次咨询报告，提出八项基本指导思想：（1）重视个性原则；（2）重视基础；（3）培养创造性思考能力和表达能力；（4）扩大选择受教育的机会；（5）教育环境中的人与人之间的关系；（6）向终身教育体系过渡；（7）适应国际化社会；（8）适应信息化社会。

世纪之交的世界教育也遇到许多困难，主要有以下几个方面：一是学习需求的迅速增长与社会满足这种需求之间的矛盾，各国都遇到教育财政的困难，包括发达国家；二是教育与就业关系的矛盾，许多国家出现了"高教育、低就业"的现象；三是教育中存在严重不平等现象；四是学生的全面发展和个性的充分发展被忽视；五是教育管理效率低下，公共教育体系僵化，资源浪费严重；六是教育失败现象严重，学生有厌学、逃学、吸毒、自杀、欺侮弱小等现象，严重地影响人口素质和社会安定。

纵观第二次世界大战以后世界教育的发展，可以归纳为以下几个发展趋势。

（1）教育的民主化和教育平等。20世纪60年代以来，教育民主化逐渐成为世界教育的主要趋势。教育民主化的核心是教育平等。教育已经不只是为了发展经济的需要，教育是一种人的权利，人受教育的最终目的是个体自由、和谐、全面的发展。教育应该给每个人提供平等的机会，同时要承认差别，因材施教。为了实现教育平等，各国都制定了照顾弱势群体的计划。例如美国的"提前开始计划"，又称"开端计划"，由联邦政府资助贫困家庭儿童的早期教育；法国的"教育优先发展区"计划，1999年我到法国访问，听说"教育优先发展区"，以为是发展重点优质教育，后来才知道是给移民贫困地区的优先政策，他们的经费比别的地方多，教师编制也宽。

（2）教育终身化。终身教育是在科技迅猛发展和知识社会形成过程中发展起来的一种国际教育思潮。它强调教育应该贯穿人的一生，主张学校教育、社会教育和家庭教育互相沟通，互相促进。终身教育不是另搞一个系统，而是把一切教育都纳入到终身教育体系。小学也要实施终身教育，教育他们有终身学习的意识和能力。有的专家说，现代教育就是终身教育。党的十六大提出，我国要形成全民学习终身学习的学习型社会。我的理解是学习型社会就是以学习求发展的社会。在这个社会中，企业要成为学习型企业，学校要成为学习型学校，社区要成为学习型社区。

（3）教育的信息化。信息技术的发展对教育产生了革命性的影响。

（4）教育的国际化。现在国际交往越来越频繁，国际合作越来越广泛。留学生越来越多，各国互相承认学位、学分等，都是教育国际化的表现。

（5）普遍重视教育质量问题。许多国家都把提高教育质量作为增强国家综合实力的重要措施。拿现在世界上最强大的美国来说，美国经常有危机感、忧患意识。我到美国去，问他们为什么经常提到危机，他们说危机总是与机遇并存，有了危机感就会认真改革。当20世纪50年代苏联卫星上天，美国提出《国防教育法》，说国家安全受到威胁，原因是中小学教育不如苏联；当80年代德国、日本有些技术超过美国时，美国又提出"国家处境危险，教育改革刻不容缓"；2001年小布什又提出"不让一个孩子掉队"的法案。英国以及欧洲大陆国家也都在采取措施，提高教育质量。

经常有人问，中国的教育和欧美发达国家相比到底处于一个什么水平？我觉得这个问题很难回答。因为国情不同，文化传统，包括教育传统不同，因而教育理念、教育方法不同，很难说谁好谁坏，只能说各有长处，也各有不足。杨振宁曾经说过，中国学生的基础知识比较扎实，基础知识还是会发挥作用的。美国教育与我国相反，重视发挥学生的主动性和个性，美国学生会提出问题，会自己动手。我觉得两国教育各有所长，两者结合起来就好了，美国的长处中国还是要学习。

我对温家宝同志讲，我今天带来两本书，是一位在美国读书的十六七岁的华裔学生写的《我在美国上中学》，一本是初中卷，一本是高中卷。可以看看人家的教育理念和教育方法。我说，您如果感兴趣，我把这两本书送给您。温家宝同志马上接过去，当即就翻了几页。旁边华建敏同志也翻了起来。我说，我举书中的几个例子。

第一个例子是初中一年级的艺术课。老师说："这个学期学习传统的和现代的绘画艺术。我不会讲著名艺术家的知识，而是让你们自己去调查研究这些艺术家，找出他们的代表作品，找出他们的艺术风格和艺术特色，介绍他们的代表作品与他们的流派，然后给我们全班同学做一个报告与表演，然后向全班同学布置一个作业，按照报告的那种艺术作品形式来完成。"学生对老师的布置都拍手叫好，下课后同学就选自己喜欢的艺术家。第一位同学汤姆选的是达·芬奇，介绍了达·芬奇的生平、代表作品、风格，然后给同学布置用达·芬奇现实主义的方法画旁边的同学的任务，于是大家就画起来。

第二个例子是生物课。老师布置这次作业是采集树叶，书上列出20多种树叶，老师说："我不会给你们树叶检定表，我要你们自己去找到树叶的图像。你们可以查参考书，上网，或者找植物学家咨询。采集树叶后要查出每一种树叶的正式名称、树叶结构、树叶附属物、树叶排列、树叶形状、树叶边缘和树叶脉型。"然后老师教学生如何画树叶。这个作业用两个星期完成。课后学生到处去找树叶，找资料，并将找来的树叶对照，写出作业。

第三个例子是高中一年级，也就是九年级的历史课。这一学期讲1889—1945年的世界史。布置的作业是"历史文化组合：1889—1945"，包含10个内容：历史事件表、历史人物专访、对历史人物的讣告、对历史人物的颂文、历史电影评论、一本书的书评、史评、一幅历史画的画评、假如历史可以假设、献词。作业的封面设计有两个要求：一是采用对美国历史的艺术表达形式；二是镶嵌历史名人的名言。这个作业用两个月完成。那个华裔学生说他选择的历史事件是第二次世界大战中的东方战场，历史人物是陈纳德，颂文和讣告选的是宋庆龄写的。

我之所以不厌其烦地讲这几个例子，是想说明，这些自由主义国家不是不重视基础知识。通过这几个例子可以看出，他们的教学是非常有计划的，而且是精心设计的。学生这样学习基础知识怎么能学不牢固？

学生这样兴趣盎然地学习，不仅会牢固地掌握基础知识，而且会发展学生的主动性、创造性，还能大大扩大学生的知识面。温家宝同志说，它是启发式，不是灌输式。

这里就带出两个问题：一是教育理念的问题，二是教师水平的问题。

教育理念当然有各自文化传统的背景。美国人讲平等、讲自由、讲竞争。讲平等就是给所有学生平等的机会。公立学校的条件基本上是差不多的，公立学校就是讲求平等公平。但是在公平中又强调个性发展。那本书中讲到，他读的高中，课程有300多门，任学生选择。有学生顾问来指导帮助学生选课。必修课里也有选择，如数学就分普通数学、强化数学、高级数学。特别是到了高中，如果想上好的大学，就要选择难的课程，如果只想上一般大学，可以选一般的课程。而且他在初中的时候就到明尼苏达大学去选修数学强化班。美国设立"先修计划"，这是1955年开始实施的。根据这个计划，高中可在13个学科开设大学水平的选修课程。学生在修完某门课后，可以参加大学入学考试委员会举行的标准化考试，入大学后可以免修。大学也为中学生开设各种课程。选大学的课程也是要考试的，竞争十分激烈。他说，他参加的数学强化班，报考的有2 500人，只录取150名。但考试很简单，20分钟回答50个问题，所以负担不是很重。

大学入学也需要考试，但这种考试在高中一开始就可以参加，而且可以选择难的考试或容易的考试。大学录取参考这种全国考试，还要考查平时成绩。每个大学对申请者的课程要求都不一样，因此在高中选课时就要考虑自己将来发展的前途。大学还要考查学生有没有参加过社会活动，有没有做过义工。所以，有的学生暑假到非洲去做义工，有的到社区做义工。

第二个问题就是教师水平问题。从上面的例子可以看出，美国的教育不像一般人所想象的那样自由放任，而是由老师周密计划设计的。业务上没有高水平，能设计出这样的课吗？不可能。特别值得佩服的是，这些老师都非常敬业，想方设法让学生学好。这两本书里描写了许多老师，都说老师怎样怎样好，某某老师有什么特点等。让学生这么说好是很不容易的。

温家宝同志曾经说过，没有爱就没有教育。教师要有对教育的热情，对学生的热情。这种爱与父母对子女的爱不同，教育的爱是对人类的爱，对民族的爱，对未来的爱，是不求回报的无私的爱。

我还想加一句，没有兴趣就没有学习。从上面的例子可以看出，老师千方百计地让枯燥的课程变成有趣的作业，学生总是怀着一种期望，兴致勃勃地学习探讨。在这样的气氛中怎么能学不到知识并培养创造能力呢？

因此，教师的敬业、教师的水平是提高教育质量的关键。所以我只给温家宝同志提一个建议，就是要重视教师队伍的建设。应该说，我国大多数教师非常辛苦，他们起早贪黑地忙于对孩子的教育上，许多事迹极为感人。但是现在许多教师很苦恼，一是明知现在这样的教育方法不能培养创新人才，但是社会、家长对于升学施加的压力压得老师喘不过气来；二是社会上对教育的指责使得教师感到很大压力，感到当教师似乎不那么光彩了。这不能不引起大家的重视。教师队伍不稳定，无疑是毁我长城。社会上还是要为教师树立正气，尊重教师。

另一方面要大力提高教师的专业水平，提高质量，使教师的职业值得社会尊敬。只有教师职业专业化，成为不可替代的职业，教师才会有社会地位，受到社会尊重。对于现在优秀青年不报考师范的现象，我很担忧。我建议要给师范生免费上学，贷款也行，毕业后当教师的，政府负责还贷。温家宝同志表示赞同，他说就是要免费，先从教育部直属的六所师范大学试点。

最后，温家宝同志作了简要而又十分重要的总结。他说，大家的讨论具有很大的启发性。教育振兴是中国振兴的重要标志。我国经济持续28年高速增长，已发展成为世界第四大经济体。我们国家能否持续繁荣下去？可持续发展的基础和动力在哪里？关键在人才，根本在教育。他还说，我们有一流的教育，才能有一流的国家实力，才能成为世界一流的国家。温家宝同志还语重心长地说，提高教育质量必须依靠教师。中国需要建设一支规模宏大、素质优良的教师队伍，造就一大批教育家。国家要进一步加大对师范教育的支持力度，吸引全社会最优秀的人来当教师。大家听了温家宝同志的重要讲话都十分兴奋，感到温家宝同志这样重视教育，我国的教育一定会更好地发展。我认为自己作为教育工作者任重而道远。此时钟表指针已经指在12：10上。温家宝同志说："我今天请大家吃便饭，一面吃再一面谈。"蓝校长提出要和温家宝同志合影，温家宝同志欣然同意。大家都到会议室门口照相，先照了一张大合影，每个人又和温家宝同志单独合影。

午餐中间大家又谈了许多教育问题。午餐后，温家宝同志在我们的菜单上签名留念，最后一直把我们送到汽车上。大家当时心里都感觉到，温家宝同志真是一位平易近人、亲民的总理。

参加《教育规划纲要》①的调研工作

2008年8月11日教育部通知我们到国家教育行政学院开会。到那里才知道，国家要制定中长期教育改革和发展规划纲要。制定纲要要从调研开始，因而组织11个战略专题组开展调研。11个组分别由教育部退居二线的老领导和六大教育学会的会长担任组长，同时有教育部及有关部

---

① 即《国家中长期教育改革和发展规划纲要（2010—2020年）》，顾先生在口述史中将此纲要简称为《教育规划纲要》。——编者注

委的司局长、高校领导参加。我和原上海教委主任张民生担任第二战略专题组，即"推进素质教育研究"组的组长，小组成员还有当时教育部基础教育一司的高洪司长，另外基础教育司的朱东斌和张宁娟、李敏谊两位博士担任小组秘书。

2008年8月29日国务院科教领导小组召开会议，成立了以温家宝总理为组长、国务委员刘延东为副组长、国家科教领导小组成员参加的纲要领导小组，同时成立了以刘延东为组长、14个部门参加的工作小组。温家宝做了重要讲话，就是后来发表的《百年大计，教育为本》一文，明确了制定规划纲要的指导方针。

除了组织11个战略专题组以外，工作小组还邀请各民主党派、六大教育学会、驻外教育处进行调研，还委托世界银行和欧盟总部等国际组织进行国际调研。

关于素质教育，在2006年就已经有一次大规模的调查。那是因为何东昌同志给当时的胡锦涛主席写了一封信，反映了教育中存在的片面追求升学率，忽视德育、体育，素质教育不能落实等问题，胡锦涛主席做了重要批示，要求调查研究。于是由教育部、中宣部、人事部、社科院、团中央等部门组成了调研组，经过半年多的时间，写成了详细的调查报告《共同的关注——素质教育系统调研》。因此，我们这次调研要在这个基础上再深入一步，要分析研究困扰素质教育的各种因素和障碍，要提出实施素质教育采取的重大政策、重点项目和实施目标。按照调研工作方案，我们组又分成以下四个子课题。

1. 素质教育基本目标和实施途径研究，包括人的素质的时代内涵、素质教育的现实目标、素质教育实施途径的效果分析及改进的重点政策举措。

2. 社会主义核心价值体系融入国民教育全过程研究，包括德育为先，德育目标的分阶段要求，德育与教学、管理等相渗透的制度，德育工作的针对性和实效性。

3. 人才培养模式改革研究，包括课程改革与教学改革、教育评价与考试制度改革、减轻中小学生过重课业负担的策略、面向全体学生与培养创新人才。

4. 实施素质教育的政策与制度研究，包括建立"以能力为本"的用人制度，建立便于学习者选择和沟通的教育体系和教育制度，以及学校、家庭、社会相结合地实施素质教育的体制。

我们这个组调研的内容非常庞杂，几乎涵盖了基础教育的所有内容。

第一子课题我们请上海教科院普通教育研究所所长傅禄建负责；第二子课题请德育专家朱小蔓负责；第三子课题请教育学会常务副会长郭振有负责；第四子课题由中央教科所副所长田慧生负担，组成40多人的队伍开展广泛的调研、讨论。他们做了大量调研，积累了很多国内外资料。同时我们还分别在北京、上海、山东、河南等地召开了多次座谈会。经过半年多的调研最后形成了3万字的调研报告和8 000字的摘要，报送教育规划纲要工作小组。

为了听取社会各界对教育改革和发展的意见，教育规划纲要工作小组还召开了两次专家咨询会议。参加咨询会议的专家有来自全国人大、全国政协专门委员会、各民主党派、各级各类学校、科研机构、企事业单位和海外高校负责人等各领域100多位高层次专家，我也作为专家参加了这两次会议。

我除了参加战略专题组以外，中国教育学会也分别做了调研，提送了调查报告。中国教育学会提交的报告名称是《办好每一所学校，教好每一个学生》，这个标题被写进了纲要之中。

推进素质教育研究战略专题组在调研中发现，困扰素质教育的因素十分复杂，有观念问题、制度问题、政策问题、教学内容和方法问题。

集中起来是种种社会矛盾在教育中的反映，如社会分配不公引起的就业竞争，教育发展不平衡引起择校问题，评价制度和高考制度制约着素质教育等。因此，要解决推进素质教育的困境必须全社会努力。首先要改变地方政府的政绩观，不要给教育部门和学校施加升学指标压力；其次要改革评价学校和教师的制度，不要以考试成绩为评价依据；要逐步改革高考制度，综合评价学生的素质；同时要建立由以"学历为本"转变为以"能力为本"的用人制度，从而逐渐改革家长片面追求升学率的观念。这是一个长期的艰苦的工作。

要改变人才培养模式，我们提出，要给每个学生提供最适合的教育，要爱护学生的好奇心，培养学生的兴趣爱好。高考制度的改革是群众最关心的问题，因此要稳妥慎重，但都认为要改变"一考定终身"的制度。我们调研了许多国家的高校招生制度，也想出了很多办法，但是由于我国国情不同，觉得一时在我国难以推行，最后提出，扩大高校招生自主权，多次考试，分层录取。我们的一些建议在纲要中有所反映。

《教育规划纲要》的制定工作，历时1年零11个月。大致可以分为四个阶段。第一阶段从2008年8月至2009年1月，是分组调研的阶段，各战略专题组都写出了调研报告。第二阶段是2009年上半年，是征求各方面意见的阶段，工作小组于1月公布了四方面的20个问题，在全国范围内征求意见。同时战略专题组又分专题进行深入调研。我们这个组在这段时间里又专门调查了中小学生学业负担过重的问题。第三个阶段是2009年下半年，是制定纲要文本和讨论的阶段。文本初稿写出以后，先后四次大范围征求意见，文本前后进行了40轮大的修改。第四个阶段是2010年2月至3月，公布文本草稿，在全国范围征求意见。一个月收集到的信件有27 900余封，网上意见和评论约250万条。撰写文本的小组再一次认真修改。最后经过纲要领导小组、中央政治局常委、中央政治局分别讨论通过。在2010年7月13日至14日召开了全国教育工作会议，会后不久公布了纲要全文。

这次纲要的制定持续时间之长、参加人员之多、征集意见之广是前所未有的，是民主决策、科学决策的典范，对我国今后教育发展具有不可估量的作用和意义。

参加这次调研，我个人的收获也很巨大。在调研的那段时间，我天天想的问题是如何有效地推进素质教育，我几乎走到哪里就调查到哪里。每次乘出租车我总要问司机有没有孩子，上几年级，每天几点起床，几点睡觉，每学期要缴多少费用等。有一次一位司机对我说："我们小孩的老师不太好，不好好上课，让孩子上补习班，每门课要缴200元。"我说这就不好了，这是师德问题。通过这次调研，我更深入地了解了我国基础教育的现实。一方面感到推进素质教育的艰难。在这之前，在成都一次减轻学业负担的座谈会上，我说，要减负，首先老师要把课上好，让每个孩子听懂学会，这样课后就可以少留作业；其次是学校减轻了负担，家长就不要再增加额外负担，不要买许多辅导材料，不要上那么多补习班。因此，治理教育的乱象也需要全社会努力。另一方面我们在调研中也发现了许多好的典型经验。特别是看到许多地方领导、校长和教师都认识到素质教育的重要性，他们正在努力地摆脱困扰，励行改革创新，把学校办出特色，提高教育质量。例如山东省以省政府的名义发布文件禁止学校假日补课，取得了较好的效果；山东杜郎口中学的改革，以及北京、上海许多名校的改革，取得了可喜的成绩。我深深感到，创新往往在基层，经验在第一线的教育实践中，教育理论工作者只有深入实际，虚心向教师群众学习，理论才能充实，思想才能升华。

《教育规划纲要》的公布吹响了教育改革创新的号角。全国各地都在开展各种改革试验，全国申报的试点项目达到400多项。

为了深入基层调研、跟踪改革试点、宣传先进理念，国家科教领导小组又成立了国家教育咨询委员会。章程规定国家教育咨询委员会是对国家重大教育改革进行调研、论证、评估的咨询机构。国家教育咨询委员会的主要职责是：对重大教育政策、重大改革事项等进行论证评议，提供咨询意见；开展调查研究，对教育改革和发展中的重大问题提出政策建议；对国家教育体制改革试点以及重大项目进行评估，提出报告。第一次咨询会议就认真审议了全国500多项的试点项目，提出了修改意见。

我被聘为咨询委员并担任第一组"素质教育"组的组长，深感责任重大。我是咨询委员中年龄最大的，但我愿把我的余生献给祖国的教育事业，哪怕只能做一点点小小的事，发一点点微微的光。

第六章　国际交往

我们要了解世界，也让世界了解我们。

"文化大革命"结束以后，北京师范大学就成为外宾接待单位。我被学校领导指派负责这项工作。1984年我担任副校长以后，又负责外事工作，再加上我的比较教育专业的特点，因而与外国人交往很多，也结交了不少朋友。

我与横山宏先生

横山宏先生是我最早认识的日本朋友之一。1980年的秋天，学校告诉我有一位日本国立教育研究所的资深研究员要到教育系来做高级访问学者。我到机场去接他，一见面，他居然用半生半熟的北京话和我交谈，使我十分惊讶。他说："我是横山宏，抗日战争时期在北京大学读过书。"当时学校没有条件接待外宾居住，我们只好把他安排在北纬饭店。

背景资料：横山宏（1921—2001），日本著名的教育学家，曾经担任日本社会教育学会理事、副会长等职。他出生在中国，1943年在北京大学农学院求学。回国后，在日本文部省社会教育局工作，曾任日

1988年8月10日顾明远
先生与横山宏先生

本国立教育研究所社会教育部研究员、日本早稻田大学教育学部教授
等职。

横山宏先生是研究成人教育的，我请教育系的陈孝彬、外国教育研
究所的司荫贞两位老师负责接待他。在北京一个月的时间，他访问了北
京市成人教育局、各种成人教育机构，和我校教育系、外教所的老师座
谈，当然还访问了北京大学。他还有一个愿望，就是想寻找年轻时在北
京居住过的地方。我陪他转了几个地方，终于在西单西面长安街路北找
到了。他确认就是那个地方。但样子早就变了，因为长安街在20世纪50
年代就拓宽了。他说，他一直把北京视为他的第二故乡。

自此以后，他对中国念念不忘，把促进中日友好交流作为他后半生
的事业。每年都组织一个教师代表团来中国访问，让更多的日本教师了
解中国，增强中日人民的友谊。他们每次来中国都是中国友协接待，日
程安排很紧，但他总忘记不了我这个老朋友，总要挤出时间来和我见
面。最使我感动的是，1982年他来中国时我送给他一本我和两位朋友写
的《鲁迅的教育思想和实践》一书，他十分高兴。他说，他也是鲁迅的
崇拜者。而且没有想到，第二年他就把这本书翻译成日文在日本由同时
代社出版。

为了加强中日两国教育工作者之间的交往与友谊，他和日本著名教育家、原日本教育学会会长大田尧先生在日本成立了日中教育研究交流会，开始是大田尧先生任会长，后来他继任会长，直到去世。该会会员都是日本教育界的名流，是一批从事中日友好交流的人士。交流会每年都要召开研讨会，讨论中日共同关心的教育问题。他们关心中国留学生，帮助他们解决困难。在20世纪90年代我每年都访问日本，每次都要与横山宏先生晤面畅谈。

日本同时代社出版的《鲁迅的教育思想和实践》

我们最后一次见面是在2000年4月1日的东京早稻田大学，在中国在日华人教育研究会和日中教育研究交流会联合举办的研讨会上。当时这个研讨会是趁我到东京参加第四次日中师范教育研讨会之便召开的。中国在日华人教育研究会聘请横山宏先生和我作为他们的顾问。我们俩都在会上发了言。我讲了些什么，自己已记不清，但横山宏先生的讲话我至今记忆犹新。他讲了中国人民和日本人民的友谊，赞扬在日中国留学生的刻苦勤学，他希望中日两国学者多多交流，希望中日两国人民世世代代友好下去。我们俩很高兴又见面了，并约好下次在北京见面。但万万没有想到，这次一别竟成永诀。

横山宏先生对中国的情谊是至深至切的。他不仅介绍他的学生到中国来留学，而且把自己的孙女在初中时代就送到中国来学习，托付我照顾她。我把她安排在北京师范大学二附中学习，她毕业后考入北京大学中文系学习，早已毕业了。横山先生时时刻刻想着中国。我听他的学生新保敦子讲，他在弥留之际还要他的孙女唱中国歌曲给他听。听了敦子的话，我不禁潸然泪下。为了补偿他想再一次来华的心愿，2002年北京

新保敦子手持横山宏先生遗照（第二排右五）在北京师范大学百年校庆和国际
与比较教育研究所的师生合影，第三排右三为顾明远先生

师范大学百年校庆时，新保敦子捧着他的遗像来参加我校校庆活动，并
和比较教育所的全体师生合了影。

我与埃德蒙·金先生

埃德蒙·金先生（Edmund J.King）是英国著名的比较教育学家,《比
较教育》杂志的创始人，也是世界比较教育学会联合会的创始人之一。
1982年我通过英国文化委员会请他到我校外国教育研究所访问。我请他
给我所的研究人员和研究生讲课，又陪他及夫人游览了北京的名胜古
迹。虽然只有短短两个星期的时间，但是我们结成了友谊。他的到来使
我们与西方国家加强了联系。这次访问不仅通过讲课使我们了解到西方
在比较教育研究领域中的动态和理论，也使他了解了中国。他回国不久
就在《比较教育》杂志上策划了中国教育专刊，并约我写了《中国高等

1984年第1期《比较教育》的"中国教育专刊"

教育的发展与改革》一文。该专刊为《比较教育》1984年第1期。

背景资料：埃德蒙·金（Edmund J. King, 1914—2001），英国著名比较教育学家，曾经长期（1980—1992年）担任《比较教育》的主编。他通晓多种欧洲语言，因此他可以不依靠翻译来发表自己对比较研究的看法。同时他还是一位多产的学者，其主要著作包括《比较研究与教育决策》（*Comparative Studies and Educational Decision*）、《别国的学校和我们的学校》（*Other Schools and Ours: Comparative Studies for Today*）、《西方教育史》（*History of Western Education*）等。他对比较教育的目的、内容和方法提出了不少新的见解，是比较教育一个新学派的代表。他的主要思想如下：（1）教育发展的三模式理论。他根据某些历史学家划分的前工业社会、工业社会和后工业社会的历史发展阶段，把科学技术的发展分为三个阶段，提出这三个阶段相应的教育模式。在前工业社会阶段，教育重视的是"纯粹科学"和传统的学术技能；在工业社会阶段，重视的是"应用科学"和各种"工程学"；在后工业社会，社会科学对人类反应和决策的研究的重要性增大，教育重视的是科学在上述三方面中间的相互依存。（2）把比较教育的内容和方法同目的联系起来，强调比较教育的研究应对当前重大教育问题的决策和行动做出贡献。他不赞成比较教育的内容和方法有什么独特性，主张比较教育的方法主要取决于研究的目的。他把比较教育的研究分为三级，每一级的研究内容和研究方法各有不同。第一级是比较教育的初学者，主要目的在于对各国教育有大概的了解，这一级应采取区域研究的方法，对各国教育的背景和制度做介绍。第二级是稍有比较教育根底的人，对教育工作上反复出现的专门问题进行跨文化的分析研究。第三级是比较教育的研究工作者，应着重对教育改革的实际问题进行研究，对教育决策做出贡献，这一级应采取有哲学家、经济学家、社会学家和政治学家参加的多学科协作的研究方法。（3）对比较教育中的比较分析强调可比性，提出了比较分析的框架，在概念、制度和实施三个水平上进行比较分析。例如，关于机会均等问题，首先就各国对均等和教育机会的概念进行分析比较，然后就这些概念的具体表现形式如学校的类型、课程的安排进行分析比较，最后就制度的具体实施进行分析比较。

之后，他在历次世界比较教育学会联合会的执委会上总是站在中国一边，为中国说话。1989年春夏之交的政治风波以后，西方各国都制裁我们。世界比较教育学会联合会虽然是一个非政府的国际学术组织，但执委会的一些西方学者却坚持本国政府的立场来制裁我们。本来，在1987年巴西里约热内卢的世界比较教育第六次大会上就决定，第八次世界比较教育大会于1991年在北京召开。但在1989年秋天他们就变了卦，提出不在北京召开。在这场讨论中，埃德蒙·金总是站在我们一边，帮我们讲话，给予了我们很大的支持。

1991年我的博士研究生薛理银通过埃德蒙·金到英国伦敦大学进修，也得到他很大的帮助。1992年正值我校建校九十周年校庆，我又趁机请

1992年10月7日顾明远先生与金教授在北京黑龙潭

他来参加校庆和薛理银博士论文的答辩。他虽年逾八十，但欣然答应，可惜的是他的夫人因病未能陪同前来。薛理银的博士论文答辩很隆重，这是我校第一次请外国学者来参加论文答辩会。除了金教授以外，我们还请了杭州大学王承绪教授，他也是我国老一辈比较教育学家，当时也已年逾八十；还请了北京大学汪永铨教授，都是国内顶尖专家。薛理银的博士论文题目是《当代比较教育方法论研究》，论文受到答辩委员会的好评，特别是金教授对它评价很高，还专门写了评语。

外国教育研究所全体师生到北京郊区黑龙潭郊游，金教授与王承绪教授也欣然前往。两位白发老翁一路上还在讨论比较教育问题。黑龙潭并不高，但峡谷很险。金兴致勃勃，他说在英国就没有这样险峻的高山。随后两天我又陪他到天津，访问了天津师范大学，在那里做了演讲，参观了天津电视塔。

英国比较教育学家金与外国教育研究所全体师生在黑龙潭，第二排左一为顾明远先生，左二为金教授，左三为毕淑芝教授，左四为王承绪教授

他对这次访问感到非常高兴，回国以后还经常来信。可惜他在2001年不幸去世，我又失去了一位朋友。

我与菲利浦·库姆斯先生

1988年秋天，菲利浦·库姆斯（Philip Coombs）先生应邀到我校访问。他在外教所演讲，与所领导讨论研究所的建设和发展问题，他还提送了一份《对外国教育研究所发展的建议书》。在此期间我接待了他，代表学校在友谊餐厅宴请他，随手送给他一篇文章，即1987年发表在《中国社会科学》杂志第4期上的《论教育的传统与变革》一文的英译本。他看了很高兴，认为是了解中国文化传统和教育传统最好的资料。他回国以后给我来信说，他把我的文章作为研究生的教材让研究生

1988年10月28日顾明远先生（左一）及他的弟子王英杰教授（右一）与库姆斯夫妇合影

阅读。我当然很高兴。我一直认为，我们不仅要了解世界，也要让世界了解我们。我到过不少国家，发现他们对中国的情况了解甚少，对中国的教育尤其了解不多。所以我常常希望办一本英文杂志，介绍中国的教育。

1989年7月，我和毕淑芝教授一起去蒙特利尔参加世界比较教育学会联合会第七次大会，会后顺访美国，住在佛蒙特大学，当时王英杰在那里做访问学者。王英杰把我们到美国的消息告诉了库姆斯。没有想到年逾七十的库姆斯夫妇驾车六个多小时来看望我们。那时正是中国处境困难的时期，由于政治风波，各国制裁我们。在蒙特利尔会议期间我就受到世界比较教育学会联合会执委会的质难，受到不明真相的留学生的围攻。但是库姆斯却一如既往地保持对中国的友好，关心我们，来看望我们，我们怎能不深受感动呢？

背景材料：菲利浦·库姆斯（Philip Coombs），世界著名教育学家。曾任教于美国阿姆斯特学院、威廉姆斯学院、耶鲁大学和哈佛大学。20世纪60年代曾任美国肯尼迪政府国际教育和文化事务助理国务卿，此后任联合国教科文组织教育规划研究所首任所长，后任福特基金会教育项目主任、国际教育发展协会副主席，积极推进国际教育交流与合作。库姆斯特别关注发展中国家的教育。他在1968年著有《世界教育危机——系统分析》（*The World Educational Crisis: A Systems Analysis*），1985年又著《世界教育危机——80年代观点》（*The World Educational Crisis: The View from the Eighties*），后者已由北京师范大学外教所的专家译成中文出版。

我与许美德教授

1986年秋天，许美德到北京师范大学来找我。她说着一口流利的汉语，自我介绍说是加拿大多伦多大学安大略教育学院教授，在香港教过书，在上海复旦大学进修过，找我的目的是她想搞一个中加合作培养博士研究生的项目。她说，教育部黄辛白副部长访问加拿大时，她曾向他提到这个项目，黄辛白对她说："你去北京师范大学找顾明远吧。"于是她便来了。我认为这个项目很有意义，当时国家教委也正在提倡中外联合培养博士研究生，但苦于没有资金。她说，不要紧，我们可以向加拿大国际发展署（CIDA）申请。于是我们就讨论了合作项目的方案，她回国以后即着手进行。

背景资料：据许美德回忆，1989—1995年，顾明远先生和她进行了逾6年的非常紧密的合作，因为顾明远先生当时是中加联合培养教育学博士项目的中方协调人。参加这个项目的成员包括北京师范大学、东北师范大学、西北师范大学、华东师范大学、西南师范大学（今西南大学）、南京师范大学和加拿大多伦多大学（University of Toronto）的安大略教育研究院（Ontario Institute for Studies in Education, OISE）。在1986年的秋天，原中国教育部副部长黄辛白访问了多伦多大学的安大略教育研究院，他当时带了一个特别的请求——希望安大略教育研究院和中国几所师范大学联合培养博士。他知道安大略教育研究院是加拿大培养教育学博士的主要中心，同时希望安大略教育研究院可以对中国在发展教育博士的项目中有所支持。当时安大略教育研究院的院长沃尔特·皮特曼（Walter Pitman）对此大力支持，于是要求许美德教授联系加拿大国际发展署（Canadian International Development Agency）就此项目的财政资助问题进行协商。1987年10月的时候，顾明远先生在访问安大略教育研究院期间，与许美德教授签订了协议，并开始向加拿大国际发展署申请财政资助。一年半以后，也就是在1989年4月，中加联合培养教育博士项目得到加拿大国际发展署和中国对外经济贸易部的核准，同时得到大约50万加元的资助。

1987年秋天我访问加拿大和美国时，和她讨论了具体方案：向加拿大国际发展署申请50万加元资金，确定项目为5年，中国派15名博士生到加拿大的大学读1年，中方承认学分，一切费用由项目承担；加拿大共派5名博士生到中国大学进修3个月，旅费由学生自己负责，在中国的膳宿由中方负责。但根据加拿大国际发展署的规定，一个单位不能承担两个加拿大国际发展署项目，当时北京师范大学正承担着中加语言中心这个大项目，所以不能再承担这个项目。同时，当时研究生招生规模甚小，北京师范大学一个学校也难以派出15名博士研究生，因此决定联合几所有权授予教育学博士学位的大学共同申报，中方由我牵头，加方由许美德牵头。不久加拿大国际发展署就批准了。

但是正当项目开始执行时，国内发生了政治风波。加拿大对中国实行制裁，中国也不同意派研究生出去联合培养，项目差一点停止。许美德和我都很着急，经过多方多次磋商，决定改派进修生，时间缩短为半年到8个月。于是包括华东师大施良方在内的第一批进修生终于在1991年成行。之后的5年内，中国派出22名博士研究生和青年教师到加拿大，接受了12名加拿大研究生到中国。这批留学生除极个别的未回国外，现在已经成为各校的学术骨干。在执行这个项目时，我是中方项目负责人，因此不仅要与国内参与项目的6所大学联系。还要经常与许美德联系。有些事是非常烦琐的，如年度报告等。因此我们联系很密切，不断地书信往来，她有时也到中国来访问，我们时有见面。1990年，比较教育学会第六次年会在天津召开，我们请许美德莅会并做了演讲。

90年代中期，许美德曾在北京任加拿大驻中国使馆文化参赞。我们就有更多的机会见面。那时她就有一个计划，想采访几位中国教育界的著名学者。当时她选定了谢希德、李秉德、王承绪、潘懋元、汪永铨和我，并开始采访起来。于是我们就海阔天空地谈起来，从小时候上学到对现实教育理论和政策的看法。

1997年，她应聘任香港教育学院院长。香港教育学院是为了整合资源，提高香港小学教师的学历水平，于1994年由历史悠久的罗富国教育学院、葛量洪教育学院、柏立基教育学院及香港工商师范学院合并而成的，1996年建立了新校舍。许美德就是受命于香港教育学院创建的关键时期。她在任期内为香港教育学院做了许多实事，在教员中有很好的口碑。1998年秋天，我曾应香港教育学院教育系主任罗厚辉博士的邀请，在香港教育学院访问了10天。我讲课时，她还来听课。1998年12月，又应香港大学副校长程介明教授的邀请在香港大学教育学院做短期访问学者，同时香港教育学院有两名教师在我的指导下攻读博士学位，因此我多次到学院去。有次许美德教授专门接我到学院，又谈了两个多小时。2001年由她提议，经香港首任特首董建华批准，授予我香港教育学院首个名誉教育博士学位。2001年11月22日在应届毕业典礼大会上举行了授予名誉博士的隆重仪式。

背景资料：许美德教授（Ruth Hayhoe），多伦多大学古典文学学士，伦敦大学教育学院比较教育学文学硕士及哲学博士。她曾于1997年9月至2002年3月出任香港教育学院院长。许教授和香港渊源深厚。1967年，她大学一毕业，即来港任中学教师，坚守岗位11年，其间很快掌握了普通话和粤语，流利程度可媲美其英语及法语。得力于其中文修养，她在1980年至1982年执教于复旦大学，1989年至1991年又任加拿大驻北京大使馆文化及科学事务一等秘书。许教授曾任多伦多大学安大略教育研究院副院长，负责研究生课程。许教授曾任世界银行的中国高等教育顾问、美国比较及国际教育学会会长、香港教育研究学会会

顾明远先生2001年11月被授予香港教育学院第一个名誉教育博士学位，左一是许美德教授，右一是香港教育学院董事会主席叶锡安太平绅士

长。1998年1月又被授为伦敦大学教育学院名誉院士。她还曾经担任香港教育统筹委员会成员及其幼儿及基础教育工作小组成员、香港救助儿童会董事局成员及其中国委员会主席，以及中国各地9所大学的顾问教授。

在国际交往中还交了许多朋友，如日本教育学会前会长大田尧先生、早稻田大学铃本慎一先生、美国人类学家梅斯曼教授、德国比较教育学者施瑞尔等，这里就不一一介绍了。

尾 声

　　讲完教海琐事，不能不想起影响我一生的几个人，没有他们的教诲、引领、支持，就没有我的今天。当然，影响我命运的主要是中国共产党领导的中国革命，没有共产党就没有新中国，也就没有今天的我。是党把我培养成一名大学生，是党送我到苏联去留学，是党教育我全心全意为人民服务，忠诚于人民的教育事业。这不是套话，对我来讲是实实在在的。记得上中学的时候，我受到一些进步思想的影响，就想找党的组织，但到哪里去找呢？江阴是一个小县城，没有什么学生运动，不知道谁代表党组织。有一次我和同班同学许纪祖约定，谁先找到组织，谁就介绍另一个人加入。后来他考上无锡教育行政学院，在那里加入了新民主主义青年团。等到上海一解放，我回到江阴，他就如约介绍我加入了青年团，从此一生没有离开过党的领导。除了党以外，在我一生中还有几个人对我的影响至深至远。

　　首先是我的母亲周淑贞。她是江阴大族周家的闺女，上过几年小学，能够初读书报。但是因为要侍奉公婆，母亲不能跟随我的父亲外出，父亲在我出生不久以后就另外结婚，离我们而去。抗战期间却是我母亲侍奉公婆至天年，祖父还瘫痪在床约三年时间，就是这位被儿子离弃的媳妇端屎端尿，服侍送终，极尽孝道。我家没有房地产，老家只有薄田三亩，由我的堂兄代耕，生活全靠祖父战前少量积蓄和亲友的接济。但是她一直供养我读书，希望我长大成才。她总是对我说："你要争口气，将来一定要超过你父亲。"其实我父亲也就是一名中学教师，但是在她眼里似乎已了不起。我们住在江阴城里，租别人家的房子。周围都是比我们富裕的家庭，所谓大户人家。跻身于这种环境中，要做到不卑不亢实在很不容易。我母亲处理得很得体，受到邻居的好评和尊敬。她从小教育我这种不卑不亢的精神，对富贵的人不低声下气，对贫穷的人富于同情。教育我一粟一米来之不易，饭粒掉在地上都要把它捡起来；教育我千万不要把玻璃碎片掉在路上，以免赤足的农民割破脚皮。她时时刻刻教导我要做一个正直的人。她的为人中还有一条对我的影响极深，就是她讲宽容，为别人着想，不麻烦别人。她真是做到了这一点。她不仅和自己的公婆关系很好，和自己的媳妇关系也很好，和邻里关系都很好。她81岁突发心脏病去世。我说她到临终都没有给我们添一点麻烦。她从来没有打过我，只是在我不听话的时候伤心地流泪。我见到她流泪，心里比挨打还难受，因而总是立即改正自己的错误，努力读书。后来我考上北京师范大学。当时对我们江南人来讲，北京是一个遥远的冰天雪地的世界，小时候听说在北京冬天鼻子都要冻掉的。让相依为命的独生子到这样遥远的地方，母亲内心是很不愿意的，但为了我的发展，她毅然地鼓励我北上读书。以后我又到了更远的地方——莫斯科。因为经济困难，去苏联之前我都没有回过家，因此一连七年没有与母亲见过面。可以想象，这七年中她是在日夜思念我的情况下度过的。我上学七年期间，她是完全靠借钱过来的。1956年我学成回国，就想把她接到北京来，但是她坚决不肯，非要把欠的债务还清以后才出来，这样直到1959年我们才团聚。她来到北京以后，并没有享闲福，又为孙子辈辛苦。我的母亲既生了我，又教育我，她是最伟大的母亲，我永远怀念她，并于自己88岁生日时作了一首诗。

　　妈妈，我梦见了你

（八十八岁生日抒怀）

妈妈，我梦见了你，

你在抚摸着我的肚皮。

那是什么时候的事啊？

八十年以前。

妈妈，我肚子痛，

不要紧，妈妈给你按摩，

"摩也摩，百病消魔！"

"摩也摩，百病消魔！"

妈妈真是慈爱的母亲。①

妈妈，我永远想你！

妈妈，我梦见你了，

一个鸡蛋，一碟小菜，

吃吧，吃饱了好念书，

那七十多年以前。

妈妈，咱们家无房无地，

爸爸又走了，②

爷爷瘫卧在床上。

你是怎样撑起了这个家？

妈妈真是坚强的母亲。

妈妈，我永远想你！

---

① 我小时候体弱多病，妈妈总是守候在我身旁。

② 父亲在我8岁时离开我们，重组家庭。

妈妈，我梦见了你，

你遥望着北方，

盼望着儿子的早日归来。

那是六十八年前的事啊，

儿子离开了你的怀抱了，

奔向了遥远的北方。①

那里天寒地冻，

听说连耳朵鼻子都要冻掉，

你怎么舍得放儿子离开你啊？

为了让他读书，

比他的爸爸更有出息。

那一等就是七年啊！

这七年，

妈妈，你是怎样熬过来的？

妈妈真是伟大的母亲！

妈妈，我永远想你！

妈妈，我梦见了你，

我们终于团聚了。

你烧的菜怎么那么香，

你做的糖怎么那么甜，②

又在为儿孙们忙碌着。

---

① 1949年我到北京上学，1951年又莫斯科留学，7年没有回家。
② 每年春节妈妈都会用麦芽糖制作芝麻花生糖。

妈妈，你该憩息啦，

你却说："这生活多幸福！"

妈妈真是诚朴的母亲。

妈妈，我永远想你！

妈妈，我梦见了你！

三十三年前，

你忽然离开了我们，

你走得那么突然，那么匆忙，

儿子连抚摸你一下都没有来得及。

你为什么走得那么匆忙？

让儿子侍奉你一天都不要？

不孝的儿子多么伤心。

妈妈是世界上最伟大的母亲！

妈妈，我多么想念你！

（作于2017年10月9日求是书屋）

　　第二位是我的远表舅章臣标。说是表舅，实际上相隔不知道多远，主要还是邻居。他在第二次世界大战前在桂林英国海关工作，太平洋战争发生后，只得失业回家，和我们住在一个院子里。他英语很好——不是一般好，而是特别好。由于天天与英国人打交道，说一口流利、地道的英语。他终日捧着一本英文书，一本牛津字典已经被翻烂了。他常常讥笑中国英美留学生，吃的是洋饭，但发音不准，语法不通。暑假时他给我们办过英语班，教我们读《天方夜谭》的英文本。可惜我没有学好，后来英语也就忘光了。他很喜欢和我们青年人聊天，特别是讲他在海关上受英国人欺侮的事。当时中国在鸦片战争失败后与外国签订不平等条约，把中国的海关都让给外国人了。中国人在海关上只能做艰苦的外勤工作，而且受到外国人的支配。看到中国人处处被压迫，看到海关上中国苦力的苦难，他常常义愤填膺，他希望中国快快富强，不要再做亡国奴。他的思想深深影响着我们。因为我的父亲离开了我们，我平时得不到父亲教育，但他像父亲那样教育我。由于他爱和青年人一起谈天说地，所以也影响我后来愿意从事教育工作。他说他非常想当教师，把他的英语知识教给青年。1949年以后他仍念念不忘想当教师，但因为年事已高，没有哪一个学校愿意聘请他。他只得在一个职工学校教了几年书，勉强圆了教书的梦，但始终未能成为正式的教师，晚年谈起来还觉得遗憾终身。

第三位是我的岳父周建人。我和周蕖结婚以后就一直和她的父母住在一起，整整生活了28年。周老的为人影响了我的人生。他是名人，又是领导干部，但他一直保持书生的本色，非常平易近人。而且记性特别好，不论谁来看他，或者他出去视察时遇到干部群众，他都能记住他们的名字，下次遇到，一定能叫出来。他平时非常喜欢和我聊天。我开始很拘束，但一两次以后感到他特别能够倾听别人的话，因此也就很自然了。聊天的内容不是天下大事就是科学文化教育一类的事。我把在苏联学习的情况告诉他，他鼓励我写出来。在他的鼓励下我在50年代写了一些文章，翻译了不少苏联的著作和论文。

他特别关心人民群众的疾苦。1958年他到浙江省任省长，每年中央开会总要回来几次，经常对我讲浙江农民的疾苦。特别是困难时期，农民饿肚子，他心里很难受，但地方上有些干部还搞浮夸，虚报粮食产量，国家按报告征收粮食，对农民是雪上加霜。有一次他告诉我，有一个农村妇女实在因为饥饿难忍，在地里掰了一个玉米，被人发现了，村干部竟然罚她裸体游行。他听到这个消息以后气愤至极，忍无可忍，以至给毛主席写信。他个人总是过着清贫的生活，从来不搞特殊。困难时期以后，他就拒绝到疗养地休养。在我和他相处的日子里，我只听说有一年夏天因杭州太热，他到莫干山住过几天外，再没有听说他到哪里休养过。他作为省长以及后来的人大常委会副委员长，本来有资格乘坐火车专列，但他一直只乘普通软卧车厢。他总是把群众放在第一位。最突出的例子是，1976年我们家搬到护国寺，邻居反映冬天烧锅炉的鼓风机声音太大，影响他们休息。他听到反映后立刻让工人把鼓风机挪到里面来，这样对邻居的影响小了，但离他自己的卧室却近了。邻居为之感动。

他是自学成才的典范。他只有小学毕业，因为两位兄长在外面读书，他要侍奉寡母，只好放弃外出学习的机会。他经常和我们讲述未能读书的痛苦，直至晚年还耿耿于怀。他经常和我讲，他不愿意做官，他喜欢做学问，很想去一个学校当校长，最好是当图书馆馆长。他一直收集各种植物图片，有时还自己用透明纸把植物的叶或花描下来。他对马克思恩格斯著作的译文不太满意，常常把误译的地方挑出来。特别是《共产党宣言》，他购买了德文版、英文版，反复对照，在书上注满了自己的意见。80岁以后，他眼底出血，视力衰退，近乎失明。但他仍然用放大镜看书，写文章。晚年他特别关注思想革命，认为中国人最需要的是思想观念的转变，使思想觉悟起来，因此他写了许多思想小品。他崇尚科学，反对一切迷信。最后要求把自己的遗体交给医学院解剖，骨灰撒到大海中，表现了彻底的唯物主义精神。

他特别关心中小学教师，提倡尊师重教。1981年和1983年连续两次发生侮辱毒打教师事件。他看到这个消息后非常气愤，他和叶圣陶联名给中共中央办公厅写信，要求惩办凶犯。他又给《光明日报》编辑部写信，要求全社会来尊重教师。

以上只是我列举一小部分我看到的事实。他高尚的品格、平易近人

周建人先生对《共产党宣言》德文版的批注

的作风、彻底的唯物主义思想，都从深处教育着我，感化着我。由于小时候家境贫寒，但又生活在周围都是望族的环境中，因此滋生了我的虚荣性和庸俗性。但与周老一起生活以后，潜移默化，我渐渐克服了思想上的缺点和弱点，注意到人格的修养。

第四位对我影响和帮助至深的是我的妻子周蕖。我们是在苏联读书时认识的，当时同在莫斯科列宁师范学院读书，回国以后又同在北京师范大学教育系工作。她默默工作，不爱交际，但与同事相处都很好。"文化大革命"一开始，我就受到很大冲击，当时摸不着头脑，饭吃不下，觉睡不着，心情很不平静。是她鼓励我要坚强，要挺住。她说，听说延安整风比现在还厉害，许多同志都挺过来了。听了她的话我的情绪才安定下来。她的性格特别倔强，"文化大革命"时造反派批斗我时，也拉她出来陪斗，她就是不低头。

她为我做了一切牺牲。特别是在晚年，她担负了一切家务，使我能够一心一意做学问和从事各种教育活动。不仅如此，她还在业务上帮助我。最突出的是在我编纂《教育大辞典》和《世界教育大事典》时，她成了我的"助理编辑"，帮我审稿改稿，做初审工作，节省了我许多精力和时间。因此可以说，我的成果中有一半是她的。

她是勤俭持家的典范，她讲究实际，不求虚荣。只要举一个例子就可以说明：我们结婚已有50年（现在已过60年——编者注），除了1975年她作为中国高等教育代表团成员，第一次出访加拿大、英国、法国，出国前我陪她到出国人员服务部定做了一身西服，买了几件衬衫外，至今没有见到她为自己买过一件衣服。当时买的衣服至今还在穿着，有时穿她女儿掷下的衣服。她从来没有戴过一次首饰。我有时劝她买两件好一点的衣服。她却说，衣服是为自己穿的，又不是为别人穿的，管人家怎么说，自己穿着舒服就可以了。我们家里的家务劳动都是她一人承担，做饭洗衣，打扫卫生，都是她动手，别人想帮她，她都不愿意，实际上是想减轻我的负担。她不仅勤劳，而且节俭。家里明明有洗衣机，但除了床单被单窗帘等大件用洗衣机外，平时总是用手洗衣服。为了节水，洗衣服的水又用来擦地板或者冲厕用。她出门不坐出租车，总是坐公交车或地铁。她多次批评我："你过去骑自行车，（现在）骑自行车的能力已经消失，现在上班天天坐小轿车，连坐公交车的能力也要消失的。"她的节俭已经近乎吝啬。但是说她吝啬，她有时又极其慷慨。我1996年和她商量准备资助学校的贫困生，她十分赞成，从此开始每年拿出1万元资助10个贫困生。她要求我不声张，不要告诉学生，不求回报。我都按她的要求告诉了学校，但学校却把这件事泄漏出去了，为此她很不高兴。2002年她又对我提出，资助的钱太少了，每个人1 000元管什么用，连吃饭都不够，于是在2003年增加1万元，以后又有所增加，2011年每个贫困生每年有4 000元（从2016年开始已增加到每人6 000元——编者注），当然这还是太少，但我们也只有这样一点力量了。

她虽然是书香门第出身，父亲又是高级干部，但她从不张扬，不求

顾明远先生与夫人把臂同游直布罗陀海峡

顾明远先生与夫人到荷兰看望女儿女婿

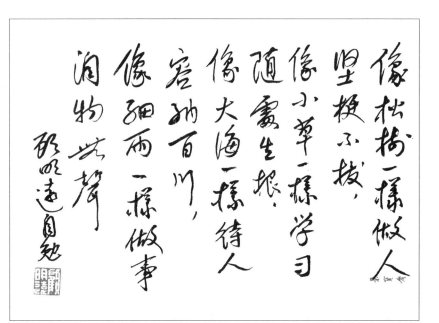

顾明远先生人生格言

虚荣，不愿意出头露面。她的克勤克俭的精神，不断地感化着我。我上面提到，由于小时候家庭贫困，但又生活在周围是一群大户人家的环境中，我心里曾滋生着一种虚荣心。自从和周蕖及其父亲在一起，我的虚荣心才逐渐被克服，才逐渐做到淡泊明志。这种对我人格上的影响是至深至远的，是难于言状的。

就是在这几位至亲的影响下，我今天总结了四句人生格言。

像松树一样做人，坚挺不拔；

像小草一样学习，随处生根；

像大海一样待人，容纳百川；

像细雨一样做事，润物无声。

后　记

（2006年版）

向这一代知识分子的光荣与梦想致敬

我的导师顾明远先生生于1929年，是成长于20世纪三四十年代的知识分子，是新中国第一代建设者的杰出代表。他们这一代知识分子尝尽了动荡战争年代的苦难，经历了中华人民共和国成立后各种运动的洗礼，参与和领导了改革开放后的各场变革。这是一部中国知识分子的受难史，也是一部整个中华民族的受难史；这是一部中国知识分子的奋斗史，这也是一部整个中华民族的奋斗史。在这样错综复杂的历史洪流中，有的人被各种压力压垮了，有的人却在血与火的洗礼中，绽放出绚丽的人生之花，我的导师就是他们当中的佼佼者。他们这一代知识分子是新中国的"脊梁"，他们的光荣与梦想永远值得我们铭记，他们身上的道德风骨、精神追求需要我们传承和发扬光大。

一、顾明远先生这一代知识分子的光荣与梦想

知识分子（intelligentsia/intellectuals）一词是俄国作家彼德·博博雷金于19世纪60年代提出的，并由俄语翻译成其他语言。《辞海》把知识分子定义为"有一定文化科学知识的脑力劳动者，如科技工作者、文

艺工作者、教师、医生、编辑、记者等"。而国外学者则从功能上去定义知识分子，认为他们是推动和传播知识以及阐明其特定社会价值观念的人们。还有高尔基令人震撼的定义：知识分子——这是在生命的每一分钟都在准备挺身而出的不惜以生命为代价捍卫真理的人们。

对中国来说，知识分子是外来词，这个词的意思大致相当于中国古代的"士"。孔子曰："士志于道。""道"就是对真理的追求，就是人生理想和社会责任，就是一种价值准则。从屈原到曹雪芹，中国古代知识分子形成了关于责任和人格的传统，如"富贵不能淫，贫贱不能移，威武不能屈""先天下之忧而忧，后天下之乐而乐""疾首砭时弊，挥泪书民情"。顾明远先生这一代知识分子也是如此，他们内心的真诚与人格的坚挺让我们这些后辈望尘莫及。他们既有"为中华之崛起而读书"的豪情，也有"我以我血荐轩辕"的悲壮。他们是有理想的一代，但现实对他们却是残酷的，理想与现实的矛盾挤压着他们，使得他们变形、分化，经受着坎坷的历史命运。他们是奋斗的一代，尽管他们奋斗的道路并不平坦，但是他们永不放弃，永不言败，勇往直前。正如鲁迅先生所说："真正的勇士，敢于直面惨淡的人生，敢于正视淋漓的鲜血。"他们是光荣的一代，因为他们创造了历史，他们创造了新中国的辉煌，他们为我们这些后来者打好了基础。他们是有梦想的一代，他们有着一颗奔腾的心，他们时时刻刻都在为中华民族的伟大复兴而呕心沥血。尽管他们历尽劫难，但是他们无怨无悔。这一代知识分子用他们的青春和生命谱写了一首气势磅礴、荡气回肠的振兴中华的进行曲。

顾明远先生正是这一代知识分子的杰出代表。基耶斯洛夫斯基曾经说过："每一个人的生命都值得仔细审视，都有属于自己的秘密与梦想。"透过典型人物的命运，我们可以理解历史的复杂性，进而感受到社会历史的变迁，正如"一滴水也能折射太阳的光辉"。顾明远先生作为中国教育学会的会长，见证了新中国教育事业波澜壮阔的发展过程，亲历并领导了改革开放后多次重大的教育讨论和变革，他本身就代表了一部活生生的新中国教育发展史。如果从顾明远先生1948年当小学教师开始算起，那么可以说先生历经半个多世纪的沧桑，把他毕生的精力都奉献给了教育事业。虽然在这当中先生有好几年是在北京师范大学和苏联的列宁师范学院求学，但是先生始终没有离开教育这个大领域。50多年以来，顾明远先生当过小学教师、中学教师、中等师范学校教师、中学校长、师范大学教师、系主任、学院院长、副校长以及研究生院院长等职务。可以说，顾明远先生经历了学校教育的各个层次，既教过书，又做过教育行政工作；既做实际工作，又从事理论研究。改革开放后，顾明远先生更是通过理论研究、实地调查、上书直言等多种形式参与和领导了多场教育变革。在他身上，我们看到了中国传统知识分子的良知与社会责任感。这些精神都需要我们这些后来者传承和发扬光大。

二、我们这一代知识分子的责任和使命

一代人有一代人的责任，一代人有一代人的使命。顾明远先生代表的这一代知识分子是"白手起家"的新中国第一代建设者。他们很好地完成了历史交给他们的使命，义无反顾地履行了他们的责任。反思我们这一代人，则感到任重而道远。

当代中国不仅面临着市场经济和现代化所带来的种种问题和挑战，也同时面临着知识经济和后现代性所带来的种种机遇和冲击。这是一个"众神狂欢，群魔乱舞"的时代。正如狄更斯在面对英国第一次工业革命的时代状况时，曾做出坦率且真诚的表述："这是一个最坏的时代，这是一个最好的时代。这是一个令人绝望的冬天，这是一个充满希望的春天。我们面前什么也没有，我们面前什么都有。"在这样一个时代，我们更需要反思当代知识分子所肩负的责任和使命。

尼采曾经说"上帝死了"，利奥塔则声称"知识分子死了"。所谓"知识分子死了"，是指在当代技术官僚统治一切、市场逻辑无孔不入的社会中，知识分子渐渐失去了自己的身份特征，失去了自己的责任感和使命感。在市场经济的大潮下，相当一部分知识分子忘掉了自己的灵魂、道义、价值、根本归宿和存在意义，传统知识分子特有的责任感和人格意识正在淡化，世俗化与功利化成为他们的主导价值观。反思当代中国社会的转型过程，从"以阶级斗争为纲"转变到"以经济建设为中心"，这是一个巨大的历史跨越。对于知识分子这个特殊的群体而言，他们身上背负着"道德十字架"以及建立于其间的责任感、使命感和身份感，他们在这个迅速的转型过程中深刻体会到转型所带来的疼痛感和断裂感。这是哈姆雷特式的"生存还是毁灭"这一伟大命题的现代性翻版。

如果说当代中国知识分子既不能成为道德的虚无主义者，也不能成为庸俗的现实主义者，那我们的出路到底在哪里？看看共和国第一代建设者所走过的道路吧！他们没有怨天尤人，他们没有哭哭啼啼，他们就是要有所为，就是要改变世界。顾明远先生作为其中的杰出代表，不仅是一位出类拔萃的专家学者，同时还是一位"胸怀祖国，走向世界"的社会活动家。他在身体力行"穷则独善其身，达则兼济天下"的古训。作为一位"唯书有色，艳于西子；唯文有华，秀于百卉"的博学者，顾明远先生虽然已至耄耋之年，但他还在为中国教育的明天而奔走，还在不知疲倦地默默耕耘。真可谓"烈士暮年犹赤子，书生逸气在青衫"。从他身上，我们看到了学院生活与公共空间的"无缝连接"，看到了知识分子的人生真谛。布迪厄曾经在《走向普遍性的法团主义：现代世界中知识分子的角色》(*The Corporatism of the Universal: the Role of Intellectuals in the Modern World*) 一书中详细讨论了当代世界中知识分子如何从特殊走向普遍，捍卫知识的自主性，进而介入社会，也就是"入世而脱俗"。在当代中国，作为专业化时代的公共知识分子，将学院生活与公共空间连接起来并赋予超越的批判性意义是我们的责任和使命。

"往者不可谏，来者尤可追。"一个世纪的风雨沧桑之后，我们如今又处在一个挑战与机遇并存的格局中。对知识分子来说，我们的使命是用知识创造物质财富和精神财富，走与人民生活相结合的道路，体悟人生的真谛，为当代人的安身立命问题尽心。

"士不可以不弘毅，任重而道远。仁以为己任，不亦重乎？死而后已，不亦远乎？"

三、顾明远先生和我

当年我在华南师范大学读本科的时候，一次偶然的机会我坐在当时校长颜泽贤教授的旁边。颜校长可能对我这个学生活动的积极分子有点印象，很关心地问我毕业的打算。那时真是初生牛犊不怕虎，豪情壮志在我胸。我表示要考北京师范大学的研究生，特别是想读顾明远先生的研究生。我还记得当时颜校长皱了皱眉头说，好像顾明远先生现在已经不带硕士了。我当时真是无比失望，但是又在心中暗暗给自己加油：我一定要努力考上顾明远先生的博士。结果在2003年天遂人愿，我非常幸运地投身先生门下，得到他的亲身教导，耳濡目染先生的道德文章。其实在我2000年进入北京师范大学国际与比较教育研究所时，先生就给我们这群研究生上课。那时候研究生人数还不多，先生都认得我们。有一次先生生病住院，我跟着硕士导师去探望先生，先生一眼就说出我们谁谁经常在所里看书，真是让我们这些小辈们诚惶诚恐，更不敢造次了。

进入师门后，我真的觉得自己进入了一个教育的百花园。先生为所有学生打开了一扇"立足中国，放眼世界"的大门。先生的大师气象、先生"自主且入世，入世而脱俗"的风骨让我们这些学生终身受用。有师兄曾经这样描述先生："他有菩萨的心肠、佛祖的胸襟、大师的眼界、先生的气度。他宽容学生个性，包容晚辈奇想，使我的自由心灵得到了灌溉和滋养。"我将用一生的追求和创造去回报这种无比宝贵的心灵自由与宽容。

在先生"百花齐放，百家争鸣"的众多优秀弟子中，我是年龄最小的，也是资历最浅的。能够参与口述史这个事情首先要感谢顾明远先生对我的厚爱，让我这个空有满腔热情的"初生牛犊"担此大任。其次要感谢北京师范大学教育学院院长张斌贤教授、北京师范大学出版社社长赖德胜教授和编辑刘生全老师对我的支持和鼓励。特别是张斌贤教授，他在着手筹备阶段从专业角度给了我很多的真知灼见。另外还要感谢师门所有师兄师姐对我的帮助。最后要感谢《科学时报》记者李晨和滕珺同学的"拔刀相助"。参与这个事情让我觉得就像是在"听爷爷讲那过去的事情"。对我本人而言，这是一次非常宝贵的精神洗礼。说真的，当初报考先生的博士研究生，确实是因仰慕先生是教育界的泰山北斗，

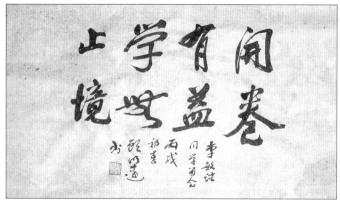

顾明远先生对我的鼓励和期望

所谓"高山仰止，景行行止；虽不能至，心向往之"。但是对于泰山北斗是怎么"炼成"的，我并没有一个清晰的概念。直到能够拜读于先生门下，特别是有幸聆听先生所经历的风风雨雨，我的灵魂被深深地震撼了！那真是一个"千淘万漉虽辛苦，吹尽狂沙始到金"的艰苦历程，原来泰山北斗的"炼成"要经历如此的沧海桑田！这也让我更加明白我们这一代人所肩负的实现中华民族伟大复兴的责任和使命。我是改革开放后成长起来的一代，我们这一代人在某种意义上说是没有"集体记忆"的一代，我们是享受战斗成果的一代。从另外一个意义上说，当建党100周年的时候，我们这一代人正是40出头、风华正茂的建设者。我们需要认真学习共和国第一代建设者的经验和教训，铭记他们的光荣与梦想，传承和发扬他们的精神，真正实现中华民族的伟大复兴。

看到我协助先生所整理出来的口述史，我真是心中有愧。先生考虑到我博士论文的压力，在关键的时刻喊停，怕耽误我的学习。我非常希望这仅仅是故事的序幕，我愿意继续"听爷爷讲那过去的事情"。因为时间仓促，我整理得还不够细致，如果文中有什么不合适的地方，请大家批评指正。

李敏谊

2005年10月31日于北京师范大学

2012年版增订说明

　　光阴似箭，日月如梭，自2006年版《顾明远教育口述史》发行至今，已有五个春秋。顾先生依旧忙碌，带着对教育不减的爱与执着，奔走于祖国的大江南北。这几年来，顾先生几乎所有的工作都是围绕着《国家中长期教育改革和发展规划纲要（2010—2020年）》展开的。从为中央集体学习教育问题做准备，到参加总理教育座谈，再到参加《教育规划纲要》的调研工作，顾先生亲历并见证了中国教育发展的又一个春天。在这个过程中，顾先生常常遇到许多有趣的事儿，也常常迸发出许多新的想法，如"取消奥数班""让懂得教育的教育家办学""把选择权还给学生""与反教育行为做斗争"等，先生总是在第一时间与我们分享。这些故事是中国教育发展的当下，这些想法更是中国教育发展的未来。在这几年来的闲谈中顾先生又讲了一些往事，也就丰富了增订本的内容。"听爷爷讲那过去的事儿"是幸福的，"听爷爷讲那现在的事儿"是深刻的，"听爷爷讲那未来的事儿"是激动的。无论是过去、现在还是未来，记录都是一种精神，我们希望不断增补新的内容，留住今天、留住明天的历史。最后要特别感谢北京师范大学出版社编辑郭兴举老师，感谢两位研究生皮国粹和曲梅的协助，有了他们这个增订本才能成功出炉。心怀感恩，文责自负。

李敏谊　滕珺

2011年6月22日于北京师范大学

顾明远教育演讲录*

---

* 人民教育出版社2014年版，本书做了修订。

自　序

（2014年版）

改革开放以来，教育界迎来了教育科学研究的春天。经过多年的闭关自守，一旦打开门户，大家都想了解外面的世界。教育工作者，不论是教育管理干部，还是第一线的教师，都渴望了解教育的新理念、世界教育发展的新趋势。我是一名比较教育研究工作者，有责任向广大教育工作者介绍世界教育的新动向。于是在1978年年底，我给时任国务院副总理的方毅同志写信，建议恢复《外国教育动态》（现名《比较教育研究》）杂志的编辑出版和发行，很快得到方毅同志的批准。几经筹备，该杂志于1980年正式出版，公开发行。与此同时，我开始被许多地方和学校邀请去介绍外国教育的理论和经验。我的第一讲是在1980年暑假给北京市高等教育讲习班讲的《现代生产与现代教育》。此讲后来整理成文，发表在《红旗》杂志和《百科知识》杂志上。可惜20世纪80年代至90年代的演讲大都没有被记录下来，但演讲的主要内容大多散见在我发表的一系列论文中。

进入21世纪后，我演讲得比较频繁。随着信息技术的发展，我的许多演讲被记录下来，于是就有了这部演讲录。前面说到，我演讲的主要内容其实大多散见在我的论文中，所以我曾经犹豫要不要再出演讲录。后来感到，演讲录与论文确有不同之处。首先，论文是把我的研究成果、我的理论观点阐发清楚，由读者去选择评判。演讲是听众想听什么，我就讲什么，要根据听众对象来设计演讲的内容。例如，听众是小学教师，我就不能给他们讲高等学校怎么办。当然内容要结合自己的研究和专长。其次，论文比较严肃，重视论述的逻辑性、理论性、科学性。演讲比较自由，许多是以讲故事的形式出现的，虽然也要注意论述的逻辑性和科学性，但自由度较大，有时还需要有点趣味性，才能吸引听众。

本演讲录主要收录的是进入21世纪后我在各种场合演讲的记录稿，内容涉及多个方面。有在大学的演讲，有给中小学教师培训的演讲，有专门给青少年学生的演讲；内容主要有国际与比较教育研究、基础教育改革和发展、高等教育改革和发展、职业教育改革和发展、教师教育改革和发展、《国家中长期教育改革和发展规划纲要（2010—2020年）》（本书收录的演讲录中多简称为《教育规划纲要》）解读、创新人才培养、学习型社会创建、中小学教师和校长专业化、青少年历史使命、教育学科建设等。2010年中共中央、国务院颁布了《教育规划纲要》，我曾参与了《教育规划纲要》制定的过程，因此，关于《教育规划纲要》的解读，我讲的次数比较多。由于在不同场合演讲，即使题目不同，内容不免有一些交叉和重复，但作为完整的一讲，又不能把它删去。虽然在编选时我尽量避免重复的主题和内容，但也不能完全做到无一重复。演讲稿大多由当地组织者录音整理。不少演讲口语化较重，内容有一定的跳跃性。为了保持历史原貌，我只对部分文字进行了技术性处理。

本演讲录的编排是按时间和专题相结合的综合结构排列的。按时间排列，可以看到不同时期大家关心的热点和我的观点的变化，但主题不集中。按专题排列，主题比较集中，特别是基础教育和高等教育等内容很不相同，如果混在一起则显得杂乱。专题集中，易于读者选择，但又缺乏不同时期的特点。因此，只能把两者结合起来，以时间为主，照顾到专题的结构。

进入21世纪后，我担任中国教育学会会长12年，因此特别关注中小学教育。改革开放30多年来，我国教育取得了巨大成就，但问题也层出不穷。当前大众对我国教育的诟病很多，尤其是对基础教育。但我总是认为，矛盾是发展中的问题，而且就教育论教育是说不清楚的，教育中的问题和矛盾实际上是社会矛盾的反映，教育改革需要全社会参与。全社会都需要贯彻党的十八届三中全会精神，树立正确的教育观、人才观、用人观，还原教育本真，把立德树人作为教育的根本任务。当然，教育内部也需要深入改革，教育工作者更需要更新教育观念、改善教育内容、改进教育方法。要改革教育制度，使每一个学习者都有成功的机会；要改革人才培养模式，给每一个学习者提供适合的教育。特别是要提高教师队伍的素质，因为要办好每一所学校，教好每一个学生，就要有敬业爱生、教艺精湛的教师。因此，我常常送给教师四句话：没有爱就没有教育，没有兴趣就没有学习，教书育人在细微处，学生成长在活动中。这就是我的教育信条。

一些教师，特别是一些学师范的大学生和研究生非常关注我的成长过程。我在华东师范大学博士生暑期学校的演讲《不懈的追求，60年的探索》就讲述了我的教育生涯，可供读者参考。

有一点需要说明的是，由于演讲时不便表述许多引文和数据的出处，便没有注明，现在要补出处，工程又太大。只好向大家表示歉意，对引文的作者也表示歉意。

总之，教育有说不尽的话。本演讲录在时间上跨越50余年，有的话对大家有益，有的话对教育有效，有的话已经过时，有的话可能是错误的。恳请读者批评、指正。

谨以此书纪念新中国成立65周年和设立教师节29周年！

顾明远

2014年9月10日

不懈的追求，60年的探索

——在华东师范大学博士生暑期学校的演讲
（2008 年 7 月 26 日）

主持人（丁钢）：同学们，上午好！今天是我们暑期学校的最后一讲，也是分量最重的一讲。今天我们非常荣幸地请到了我国教育界的前辈学者顾明远教授。我想对于顾先生大家应该都不陌生，大家肯定都已经了解了很多，也看了很多顾先生的论著。顾先生今天要跟我们讲《不懈的追求，60年的探索》。我感觉这个题目其实比学术报告更有意义。顾先生在学术上的经历，我们都没有经历过，所以很羡慕。我相信顾先生在这里会提到很多前辈先生，估计有很多大家都不大熟悉。这样的一段段经历都非常珍贵。我感谢顾先生今天来讲他60年的探索，对我们青年学子来说，这应该是富有非常深刻的教育意义的。我们看一位前辈学者，他的学术道路，他60年的探索是如何走过来的，这些对我们大家都是非常有益的。而且我们这一辈其实也是在顾先生的教导和关怀下成长起来的。这不是客气话。我记得在20世纪80年代，我们一些中青年教育学者发起成立了全国中青年教育理论工作者学术组织，第一次会议是1987年在大连召开的，顾先生就非常支持我们。后来好多次会议顾先生一直在支持我们，每次都到会。当时他就是我们这些青年学者的导师。他对于后学的扶植，对于青年学者的关怀，真的非常令人感动。你们今天有幸来听顾先生讲他60年的探索的故事，我感觉也是你们的荣幸。我想在这个过程当中，顾先生会用自己的经历告诉我们如何去做学问，如何肩负起对中国教育发展的使命。好，现在有请我们的学生主持人。（掌声）

学生主持人（孔令帅）：刚才丁钢老师的引言非常精彩。好，现在我就开始我的主持。尊敬的顾先生、各位学友，大家上午好！（掌声）我叫孔令帅，和乒乓球世界冠军孔令辉只差一个字。今天我非常荣幸能够担任我们嘉宾顾老师演讲的主持人。提到顾老师，我想大家应该都比较了解，在教育学界他是大名鼎鼎，无人不知，无人不晓。（笑声）而且，最特别的是，除了教育学界的人知道顾老师的大名以外，其他学科，如物理学科、化学学科的人也知道顾老师的大名。所以说，顾老师的影响力在中国教育界是非常大的。

尽管大家可能比较了解顾老师，但我还是想占用大家一点时间来简单地介绍一下顾老师。我打算从三个方面来介绍顾老师。（唏嘘声）第一，在社会兼职方面，顾老师是中国教育学会会长，曾是比较教育学会理事长，呃……而且，而且，（笑声）还曾担任过世界比较教育学会的主席之一，主席是两个，他是之一。（笑声／掌声）这个影响力也是很大的。他还担任过北京师范大学的副校长，教育管理学院的院长，北京师范大学研究生院的院长。第二，在学术研究方面，顾老师著作等身，主编、撰写了一系列的著作、论文，特别是他主编的《教育大辞典》，成为教育著作的经典。而且，顾老师在教育本质的讨论、教育现代化、教育与文化、比较教育学科建设等方面做出了极大贡献。特别是在比较教育学科建设方面，他是中国比较教育学科的创始人之一，他跟他的博士生薛理银合著的《比较教育导论》是我们比较教育学生必读教材之一。第三，在人才培养方面，顾老师培养出了很多很多优秀的学生和教育学者。据不完全统计，（笑声）他培养的硕士、博士、博士后有70余名，其中很多已经成为博导，甚至他的一些学生的学生也已经成为博导。（掌声）

所以说，他为我国培养了不少优秀的教育学者。并且，他还为北师大教育学院的一些硕士生和博士生设立了顾明远教育发展基金，（掌声）由他自己出资给硕士生和博士生的学位论文提供资助，我觉得这是非常难能可贵的。另外呢，值得一提的是，今年（2008年）是顾老师执教60周年，也即将是他80寿辰。（掌声）今年的10月，在北师大举办的比较教育论坛上，将由美国哥伦比亚大学比较教育学院院长给顾老师颁发荣誉证书，这在一定程度上说明了顾老师在国际教育上的影响力，也是国际教育学者对顾老师的一种认可。届时，我希望教育学专业的学生，特别是对世界比较教育感兴趣的学生到北师大来参加这个论坛。（掌声）综上所述，（笑声）顾老师的经历是具有传奇色彩的经历，（笑声／掌声）我们必将从他的治学、工作、为人之道中学到一些东西。现在，让我们以热烈的掌声欢迎顾老师给我们讲述他的学术生涯。（掌声）

顾明远：同学们，早上好！（掌声）非常高兴跟年轻朋友们进行座谈。本来要我做学术报告，实际上我现在没有什么学术报告可做，因为这几年我看的书没有你们多，新的事物也没有你们接受得快，虽然现在还在搞一些课题，如"学习型社会的理论与实践研究"，但是我觉得我写不出什么东西来。做学术报告也都是（讲）老话。后来我想了半天，就讲讲故事吧。（掌声）刚巧今年是我从教60年。我从教是从上海开始的，我在上海当过小学老师。其实要我讲学术生涯，也谈不上什么学术生涯，我没什么学术生涯，可以说是有教育生涯。我中学毕业没考上大学，就去当小学老师，在上海当小学老师。第二年又考大学，考的是北京师范大学。这是1948年的事情。我是江苏江阴人，江阴现在是全国百强县第一名，很发达。但是我小时候家里很苦、很穷，我小时候没见过汽车，电灯也没有。我们上学时，一开始用煤油灯，太平洋战争以后，连煤油也没有了，就用豆油灯，拿一个小盘子，拿几根灯草或棉线点灯。我们是这么学习的。现在江阴是全国百强县之首了，生产总值达到一千多亿元，非常了不得。但我们小时候它是一个很穷的地方。

我上了北师大以后，也非常巧，上了两年就到苏联去留学了。我们是新中国成立后第一批出国留学的，一直到1956年回国。回来以后就到北师大工作。我跟华东师大擦肩而过好几次。第一次是1949年，既考北师大，又考复旦大学的教育系，结果复旦大学发的通知晚了，我已经到了北京了，就擦肩而过。如果留在复旦大学，后来肯定就会来到华东师大。从苏联回来以后，我们学教育的有三个人，（要被分配到）北师大一个，华东师大一个，东北师大一个，我刚好又被分到华东师大。但是因为我爱人被分到北师大，她也是学教育学的，我们回来以后就结婚了，我就留在北京，就到了北师大，这是第二次擦肩而过。1988年，教育部曾经一度想让我到华东师大来工作，那时候我已经60岁，我说不行，我年纪太大了，要是小10岁我就来了，又一次擦肩而过，三次擦肩而过。从苏联回来至今，我就一直在北师大工作。1957年北师大教育系到师范学校建立了实习基地（教育系的学生要实习），我又到师范学校兼任教育学教研室主任。1958年"教育大革命"，我校教育学教研室主任王焕勋教授到北师大附中当校长，当时他点名要我去帮助他工作。本来是帮他搞一段时间（一个暑假），结果一段时间以后他就把我留下了。这一留就是四年，在北师大附中当了四年的教导处副主任。

1962年我回到北师大，在教育系一直工作到1964年。1964年周恩来总理提出要研究外国，要知己知彼。过去我们很封闭，一面倒，学习苏联，除了介绍苏联的教育经验，对其他国家采取一概排斥的态度。后来国务院外事办公室批准在重点大学成立约40个研究外国的机构。其中北师大成立了四个研究机构，分别是外国教育研究室、美国经济研究室、苏联文学研究室、苏联哲学研究室。华东师大也成立了一个外国教育研究室。当时就把懂外文的人，包括一些从美国、英国回来的老先生，调到研究室。我作为党培养出来的一批年轻人之一，也被调到研究室。所以从1964年我就开始接触外国教育。其实我本来是搞教育基本理论的，没搞比较教育。到了外国教育研究室以后也没搞什么，就是搞一些资料。特别是一些老先生外文很好，他们很有学问。像陈友松教授是老一辈的先生，我回到北师大以后他是教育系的副系主任，我当过他的助教。但是1957年，他被划成"右派"，后来不被重用就派他去搞资料。我们说他是一个"活图书馆"，你有什么问题问他，他都知道。陈友松老先生现在已经去世了，如果在世的话今年已经100多岁了。"电化教育"的名字就是他起的，1932年在苏州教育学院，就是他提的"电化教育"。这位老先生很有名气。在我们那里有好几位这样的老先生，但都是搞搞资料。

1964年年底，国家搞"四清"。你们知道不知道什么叫"四清"？"四清"就是清思想、清经济等，就是在农村里面清理一些干部，是一种群众运动。大学也搞这个运动，北师大、北大是试点，那时我们用公家的信封都要检查，我们那个时候分得很清楚。（笑声）学校师生纷纷下乡搞"四清"，本来我要去的，后来检查身体发现我有肺炎，就不能去了，留在家里休息。刚好中宣部要编一份杂志《外国教育动态》（现在已改名为《比较教育研究》），党委书记、教育系系主任就把我留下来筹备编辑这个杂志。当时这个杂志很神秘，是内部刊物，每期稿件都要送给中宣部审查，只给地市一级的领导看，下面的同志是看不到的。它主要介绍国外的一些教育改革动向，每一篇文章我都要写一个按语，表明我们的立场。从那个时候筹备《外国教育动态》开始，我就跟外国教育结缘了。杂志先出了两期试刊，1965年正式出刊，出了三期，到了

1966年我就被打倒了。虽然每期都有按语，每期都要送给中宣部审查，但是他们还是说我宣扬资产阶级教育思想，宣扬修正主义教育，杂志被迫停刊。停刊了以后，我也就被打倒了。我还算是比较幸运的，受的苦不算大。

1965年"四清"以后，一方面我在外国教育研究室工作，另一方面学校还任命我为教育系副系主任。当时没有系主任，只有副系主任。1965年我校四个外国研究机构合并为外国问题研究所，我当副所长，是副系主任兼副所长。所以"文化大革命"时我是首当其冲，两边都批我。但不管怎样，我当干部的时间很短，得罪的人不多，造反派对我也很照顾，（笑声）让我去拔草，没有受太多皮肉之苦。他们把老的系主任揪出来，去斗老的系主任，就把我放在一边了。我和一批从国外回来的老先生进劳改队，劳动的时间也不长。为什么不长呢？我讲的这些故事你们都没听说过。系里有一位老师，跟我是同学，1955年时她也去苏联留学了。我在苏联是读本科（在座的可能我的学历最低，我连学位都没有）。我那个同学，她学的是心理学，她是去读研究生。她是大学毕业以后才去的，去得比较晚。我是三年级去的。回来以后我们一起工作，同在一个党组织，她是系党支部统战委员，我是代理副书记。那时书记带着一年级学生到北师大山西分校去了。"文化大革命"以后批斗，她被批得很厉害。其实也没什么，她也没进劳改队，但是她自己心里觉得很郁闷。我劝过她好几次，她要写检查，我就把我写的检查给她看，（笑声）我说："真要打倒的话我是第一个被打倒，你还在后面。"她还是想不开，后来批判统战工作，她就很紧张，因为她是统战委员。我看她情绪不对，就去找红卫兵的头头。我说："你们注意一下，××情绪不太好，别出什么事。"红卫兵听我这么一说，拍一下桌子，说："你可不要向她学习！"（笑声）我摸不着头脑说："我向她学什么呀？"晚上一回家，我爱人对我说："你可不要紧张，××今天中午跳楼死了。"哎呀！当时我心里真是特别难过，我应该早点去找他们的。第二天他们就把我放出来了，他们怕我向她学习。后来我们就被下放到工厂、农村去劳动。

"文化大革命"以后才算真正搞一些学术，所以我说我没什么学术生涯，以前的时间就这么浪费掉了，也没有很好地学习。特别是我长期在苏联留学，中国文化的底子太薄。1958年"大跃进"，那时不到晚上十二点不可以也没人敢睡觉（大炼钢铁什么的）。1960年困难时期，没得吃了，每个人有粮食定量，也没有肉吃。那时就提倡"劳逸结合"，所谓"劳逸结合"就是晚上不要开会了。这个时候我就开始重新读了一些传统文化的书籍，那三四年读了一些书。

"文化大革命"前基本上没搞什么科研，搞科研主要是"文化大革命"后这30年。今年刚好是改革开放30年，我今年虚龄80岁，前50年基本上就这么过来了，后30年才做了一些事。其实我们改革开放30年成就很大，我个人也深有感触。"文化大革命"中间也不是一点事情都没做，"文化大革命"中下放劳动，我从1970年到山西临汾农村劳动，去开了两年荒。1972年回来，分配我到北师大二附中去当校长，那时候不叫校长而叫革委会主任，就在北师大二附中当了三年革委会主任。本来1972年周恩来总理说要恢复学校的正常秩序，但是后来又出现了"一个小学生的日记"，批判"师道尊严"，闹得乱七八糟。每个学校都要检查批判"师道尊严"。我给北师大工宣队领导打报告，我说我们北师大二附中没有"师道尊严"，师生关系很好。但被打回来了，工宣队要求发动群众，贴大字报。中学生不大懂事，于是一哄而起，本来没有的事，他们却造出好多谣言，说老师怎么打他们，其实根本就没这回事。他们把学校弄得乌烟瘴气，门窗桌椅都被砸了，课也不上了。当时全北京都是这样，全国都是这样的。后来没办法，我们就把学生带到解放军部队去学军，才把情况扭转过来了。

在北师大二附中三年以后，刚好联合国教科文组织恢复我国的席位。1971年联合国恢复我们中华人民共和国的合法席位，联合国教科文组织也随后恢复我们中华人民共和国的合法席位。联合国教科文组织每两年开一次大会，1972年开的是第十七届大会。我们以前没参加过，这次清华大学副校长张维院士作为代表去参加了第十七届大会。1974年10月第十八届大会时我国就正式派了一个代表团，按照要求代表团由五个正代表、五个副代表、三个顾问组成。我就是三个顾问之一，不是正式的代表，正式的代表一般都是领导，我们是一般的干部。开会回来以后我就回到了北师大，没有回到二附中，回到北师大以后，就在文科处当处长，1979年开始当教育系系主任、外国教育研究所所长，重新回到我原来的岗位。以上讲点我个人的一些经验，为什么讲这些经验呢？这跟后面我的经历有关系。

"文化大革命"中学校没有教务处，叫"教育革命组"，"文化大革命"以后才恢复教务处（文科处和理科处），我当文科处处长。虽然人在文科处，但是我心里还是想着外国教育研究所，我老是想那个地方。1978年我觉得首先要恢复《外国教育动态》，我就给当时主管全国教育工作的副总理方毅写了一封信。那时胆子比较大，我给方毅同志写信，说《外国教育动态》很重要，是我们了解国外的一个重要刊物，希望能够复刊，并且公开发行，不要搞内部发行。没想到不到一个月，方毅同志就批下来了，同意复刊。我们经过筹备，1980年正式出刊，在这之前我们内部搞了22期，到1980年《外国教育动态》就开始公开发行。1991年，比较教育研究会很多常务理事认为《外国教育动态》不太像个学术刊物，要改革，作为比较教育研究会的会刊，于是就改成《比较教育研究》。现在还是保持着学术性比较强的特点。

"文化大革命"结束以后，我就想一个问题。我们过去讲"教育是为阶级斗争服务的""教育是无产阶级专政的工具"。"文化大革命"结束以后，特别是在改革开放以后，我们国家的路线都变了。过去"以阶级斗争为纲"，现在改成"以经济建设为中心"。大家都还记得十一届三中全会明确提出我们要建设"四个现代化"，要"以经济建设为中心""一个中心、两个基本点"。那么教育的功能到底应该是什么？过去关注政治，可是现在我们的政治路线变了，教育应该为经济建设服务。所以我在思考这个问题。刚好1979年中国教育学会成立，也是"文化大革命"结束以后第一次召开教育科学规划会。那是"五五"规划，在这个会上我就准备了一篇文章。这篇文章其实也不是我一个人写成的，我们研究所的其他成员帮着收集资料，最后由我执笔，题目是《工业化国家经济发展与教育》，就是讲发达国家的教育与它们的经济发展的关系。

中国教育学会成立以后，1980年北京市高教局就向教育学会提出，联合办一个高等学校领导干部暑期讲习班，讲教育规律，讲教育该怎么办。因为"文化大革命"结束以前我们不按教育规律办事，"文化大革命"结束以后教育该怎么办？什么叫按教育规律办事？什么叫教育规律？大家都不太清楚。所以北京市高教局就给高校领导干部办了一个班。办这个班请谁来讲呢？请北师大的老师来讲。这样，教育系就义不容辞了。但是我说我们讲不了，我们没有研究过高等教育，过去教育系只研究中小学教育，我们教育系培养的毕业生都是到师范学校去当教师，所以我们的研究对象都是中小学教育，我们讲不了高等教育。可是当时任副校长的肖敬若就说，你是系主任，你得带头讲。最后我没办法，只好准备讲。我和教育学教研室主任陈孝彬商量，设计了这次讲座。后来请黄济讲教育本质，请沈适菡讲教学论。当时我正在考虑"教育与经济的关系"问题，陈孝彬就给我出了个题目《现代生产与现代教育》。什么叫现代生产？什么叫现代教育？我自己也不懂。刚好1979年我们招收了第一批研究生。那个时候还没有学位，学位条例还没有出台。上课的时候我就给他们布置作业，就"现代生产与现代教育"帮我写一个提纲，两个礼拜交卷。可是两个礼拜过去了，却没有一个人交卷，都说不知道怎么写。后来只好我自己动手。（笑声）查查资料，应该说还是得益于我在苏联的时候学的一些原著，特别是马克思的原著。我们现在一讲马克思学生就要发笑，其实马克思有很多很精髓的东西。另外我查了外国的文献资料，首先弄明白了什么叫"现代生产"，它到底有什么特征，然后再研究"现代教育"。我既查了老祖宗的，又查了一些国外的资料，然后我就写了一个提纲。我先拿给教育系副系主任尹德新同志看，他是研究教育史的，他一看就给我提意见，他说你看你讲的是"现代生产""现代教育"，可马克思的话是"近代生产""近代工业"，我们讲历史的，近代和现代是不一样的。这下把我难住了，后来我就查《资本论》的原文，查英文版和德文版，"文化大革命"以前我学过两年德文。一查都是"modern"这个词，过去都把它翻译成"近代"，现在翻译的都是"现代"。老的《资本论》就译成"近代"，后来新译本都改译为"现代"了，这下问题解决了。然后讲现代生产有什么特征，我写了几个特征，比如：现代生产的变革性，现代生产是不断变革的；现代生产的集约性，是知识密集型的；现代生产的工人是知识型的；等等。写完了以后我还不放心，又找了我过去的老同学、小时候的老同学、人民大学工业经济系的教授，我问他们这几个特征能不能成立，得到他们的肯定以后我才敢去讲。

暑期班在北京政协礼堂举办，有上千人。《现代生产与现代教育》就是我"文化大革命"结束以后的第一篇文章，前面讲的那一篇文章因为不是我一个人写的，所以我没收在我的论文集里，这一篇是我的第一篇论文，在其中我提出了以下两个观点。

第一个观点是"现代教育是现代生产的产物"。为什么这么提呢？因为在准备这个稿子之前我就查了资料，从教育发展的历史来看。现代教育的发展历史不是我们所想的那样，先有小学，再有中学，再有大学，小学毕业上中学，中学毕业上大学，事实不是这样的。现代的教育体系是先有大学，再有中学，再有小学。从现代意义的学校来讲，最早出现的是大学，是中世纪的大学，最早的一所中世纪大学——博洛尼亚大学，到现在已经有900多年的历史了。前几年我曾去参观过。大学是一群师生共同讨论学术的地方。至于那时候的小学，是一些有钱的人在家里上的，是一种家庭教育。中世纪有宫廷学校、骑士学校，但都不是现代意义上的中学、大学，都是家庭教育。一直到资本主义逐渐兴起以后，才出现了行会学校。工业革命以后才提出了普及义务教育，普及义务教育是工业革命的产物，因为工人要有文化才行。所以教育制度的发展是先有大学，然后有中学，再逐渐有小学，是倒过来的。到19世纪末20世纪初，真正的现代教育系统建立起来了。"现代教育是现代生产的产物"，这是我的第一个观点。

第二个观点，按照马克思的观点来讲就是"教育与生产劳动相结合是现代生产的普遍规律"。我这个报告做完了以后，《红旗》《百科知识》都跟我约稿想发表我这个报告。《百科知识》的主编跟我说，你这个文章很好，但是有一点你最好改一改，"教育与生产劳动相结合是现代生产的普遍规律"，这个不要说，你讲出去是要受批判的。我说这是我很主要的观点，我不能改，"文化大革命"都过来了，还怕什么？（笑声）批就批吧。为什么呢？因为1958年的时候我们讲"教育与生产劳动相结合"是社会主义的教育方针，是社会主义的教育原则，甚至说"教育与生产劳动相结合是无产阶级教育与资产阶级教育的分水岭"。你想想，你说教育与生产劳动相结合是普遍规律，不就没有阶级性了，你得小心要受批判。我说我不怕，要么你别登，要登这句话就绝对不能改。登出来以后，当时倒是没有怎么受批判，但是因为这个问题一直有人批判我。一直到1991年，有一次在教育部教育研究发展中心专家咨询会上，我又讲了教育与生产劳动相结合是普遍规律，当场就有人跟我争论。1992年，有一份

杂志写了一篇文章，就批判我这个观点。我现在给大家念一下。（笑声）

1992年第1期，某某大学的教育研究杂志发表了一篇文章名为《略论教育与生产劳动相结合》，说西方一些资产阶级学者正是利用两种制度都注重"教育与生产劳动相结合"这一表面现象，又说21世纪将是教育的世纪、学习化的社会。甚至于有人鼓吹，随着生产力的重大发展，社会劳动机构和阶级机构的变化使得人们的差别主要表现在教育与文化的不同水平上，世界不同，社会制度将走向趋同。这不仅掩盖了马克思关于生产劳动和教育相结合的实质，而且成为资产阶级和平演变社会主义的阴谋，对此我们必须用阶级分析的态度来对待。

这是在1992年。它也承认"教育与生产劳动相结合"在西方也有，两种制度都重视与生产劳动相结合，但只是表面现象。又批判"21世纪是教育的世纪"，21世纪不是教育的世纪是什么？不错啊，21世纪是学习化社会。我们现在都在讲学习化社会，党的十六大提出要形成全民学习、终身学习的学习型社会。所以我说解放思想挺难呀。这是我的第一篇文章。

1979年的时候，教育界有一次大的讨论，就是"教育本质大讨论"。教育本质大讨论是怎么引起的呢？1978年，当时的中国社会科学院副院长于光远（他是经济学家，但是他很关心教育，前几年我们在一起开会的时候他说："我不承认我是经济学家，我是教育家。"他真的很关心教育。）在一次座谈会上说："教育不仅仅是上层建筑，它还有很多其他的属性。"这句话一下子引起了教育界的大讨论。因为教育界过去认为教育是上层建筑，是为政治服务的，教育是阶级斗争的工具，是无产阶级专政的工具。这句话是需要很大的勇气才能讲出来的，当时整个理论界都没人敢讲这句话，而他讲出来了。这就引起了教育理论界的一场大讨论，有的人赞成，有的人反对。

我们最近要编写《改革开放三十年中国教育纪实》，是中宣部为纪念改革开放三十周年而出的一本书，其中有一个题目就是《教育本质大讨论》。我请我们的一个老师来写，详详细细地把当时的各种观点都写出来。当时引起了大讨论，但是我没有参加，没有直接写文章。为什么没写？因为我自己没有把握，说它是上层建筑吧，应该也有，教育什么时候都脱离不开政治。但是它又不完全是上层建筑，马克思讲教育与生产劳动相结合，提倡培养全面发展的人，是为经济发展、大工业发展服务。马克思讲得很清楚，大工业生产造成了劳动的变换和工人的全面流动。我在20世纪80年代讲这句话的时候大家都不太懂。什么叫大工业生产引起的劳动的变换和工人的流动？什么是流动？大家都不太理解。当时我讲现代生产的根本特征就是它的革命性，不断地变革，但是我们当时不理解。什么是工人流动？怎么流动？当时我国没有什么流动，工人当一辈子工人。一直到20世纪90年代我们才理解。到90年代我国那么多工人下岗了，工人都在转岗，这下岗不就是流动吗？为什么要下岗？不就是流动到别的地方吗？所以马克思讲的大工业生产生死攸关的问题，就是能不能培养全面发展的人，要用全面发展的人代替局部发展的人。他提的全面发展就是不仅要用手来劳动，而且要用脑来劳动。当时马克思讲"生产劳动要与教育相结合"，我们今天是倒过来讲"教育要与生产劳动相结合"，因为我们教育已经普及了。那个时候教育不普及，工人没有文化，所以讲"生产劳动应该和教育相结合"，也就是说工人应该学文化，学了文化以后就能够用脑子来劳动，不光用手来劳动。这是大工业生产能不能生存的问题，就是能不能继续下去的问题。因为我们正在搞一个学习型社会的研究课题，最近我写了一篇《终身教育和全面发展》的文章来进行讨论。

可以说我们对教育本质的认识是有一个过程的：新中国成立至改革开放前，大家只看到教育的政治功能；改革开放后我们看到它要为经济建设服务，又提出了教育的经济功能；90年代大家一直在讨论教育和市场经济的关系，"教育产业化"等都提出来了，这说明大家重视了教育和经济的关系，但是还忽视了教育和文化的关系。

到90年代中期以后，我开始研究教育和文化的关系。为什么我要研究教育和文化的关系？因为我研究比较教育、研究各个国家的教育时发现了一个问题。在80年代初期和中期的比较教育，主要是客观地介绍外国的教育经验、外国的教育制度，也包括引进外国的一些教育理论、一些教育思想流派。到80年代后期，在进行深入比较的时候，我就疑惑，为什么同样是发达国家，教育制度就不同？比如，美国、法国同样都是发达国家，都是资本主义国家，为什么美国的教育和法国的教育不同？法国的教育为什么和英国也不同？相反，经济发展水平不相同的日本、中国和韩国这些东方国家的教育却有许多相同的地方。日本是发达国家，中国是发展中国家，日本是资本主义国家，中国是社会主义国家，政治制度不同，经济发展水平不同，为什么两国有很多相同的地方呢？日本讲考试地狱，我们讲片面追求升学率，日本也是要追求升学率，不断考试。日本现在是私塾成风，大部分学生礼拜六、礼拜天都要上私塾补课，我们有各种各样的培训班（奥数班等）。为什么东方国家如此相同呢？因为我们的文化相同，所以研究教育不研究文化不行。到90年代中期以后我就开始研究"教育和文化的关系"。"八五"规划的时候，我研究的课题是"民族文化传统与教育现代化"。我想研究一下这些发达国家是怎么走向现代化的，传统文化对教育现代化有什么影响。我们本来选了六个国家，后来法国没人做，就剩了五个国家。

大家都看过一部电视片叫《大国崛起》，还出了一套书，我还没有看完。我觉得它是欧洲史，但又不只是历史，讲它们是怎么崛起的，各个国家崛起都不一样，而且有它的文化背景、它的传统。我觉得很好，学比较教育的应该看看。我的课题是研究"民族文化传统与教育现代化"。中国未来走向现代化，教育理论该怎么对待我们的传统？我们的传统对我们中国的教育走向现代化到底有什么影响？从1996年开始我就收集资料。我的中国文化的底子太差，过去在学习的时候没有很好地学，就重新用了十年的时间看了不少书。后来香港大学程介明教授邀请我到香港大学去访学，在香港我收集到一些台湾学者的论著，像钱穆的《文化论》等。这样我在2004年出了一本书《中国教育的文化基础》，对中国传统文化有哪些优点、哪些缺点，我都做了自己的判断。书写得很不深刻，因为我刚刚讲过，我基础很差，很肤浅，但有我自己的看法。书不厚，话说完为止。有人说作为专著应该展开来写，厚一点，几十万字。我说，话已经讲完了，讲完为止，就不再把它铺开来论述了。这本书前年还得奖了，就是一个普通读物，谈不上什么学术价值。但是我认为需要研究文化，我们研究教育不研究文化，对教育的理解是不可能透彻的。这是我想讲的第一个问题。

第二个问题我就讲讲终身教育（我讲的都是故事）。终身教育我接触得比较早。1974年联合国教科文组织恢复我国的席位以后，召开第十八届大会，我国组织了代表团，我是代表团顾问之一。因为它是教育科学文化——教科文组织嘛，教育就我一个人。这次联合国教科文组织大会在巴黎召开，1974年还是"文化大革命"后期。教育方面有100多个提案，是由各个国家提出来的提案。这100多个提案可以分两类，一类就是不发达国家、发展中国家提出来的，希望联合国教科文组织立项目。立什么项目？扫盲、普及初等教育。像非洲国家，它们那里很穷，文盲很多，希望得到联合国教科文组织的援助，立扫盲、发展初等教育的项目。另一类提案是发达国家提出来的，呼吁发展成人教育、终身教育。1973年经济危机、石油危机以后发达国家失业的人很多，怎么对待这些失业的人呢？就是要发展成人教育、继续教育，提倡终身教育。我一开始不知道什么叫终身教育，对成人教育还理解，因为我们国家也有成人教育。但是我们国家的成人教育和人家的不一样，我们的成人教育主要是学历补偿教育，小学没毕业就上成人小学，中学没毕业就上成人中学，当然也有大学，当时我们还有广播电视大学，都是为了补偿学历。但是国外的成人教育主要是岗位培训，这和我们不大一样。但至少成人教育我们是理解的，是懂得的。

什么叫终身教育？问问周围的人，大家都不知道什么叫终身教育。当时是"文化大革命"后期，"文化大革命"的思维，就是"反帝反修"。我们现在热衷申请世界遗产等，但过去我们认为联合国是美国的表决机器，是帝国主义的工具，教科文组织当然也不例外，我们怎么能向它们要钱？当时的思想就是"反帝反修"。联合国教科文组织那个时候开会都是马拉松会议，一开50天，我们就在巴黎待了50天。现在少了，十来天。50天的会议分三个阶段。第一个阶段是大会辩论（现在是190多个国家，那个时候才110多个国家），每个国家的代表团团长都要发言四五分钟（现在我不知道190多个国家怎么发言），这一发言就是20天，表明自己的观点。我们的团长就讲"反帝反修"，（笑声）反对"两霸"。一个是反对欧安会（欧洲安全委员会），一个是反对跨国公司对第三世界的剥削。现在我们自己也在搞跨国公司，现在是经济全球化，都是跨国公司，跨国公司到我们中国来，我们也到外国去。20天是大辩论，20天以后就是分委员会开会，分五个委员会，也是每个国家都发言，科学的、文化的、教育的、经济的等。我们开会期间，巴黎街上在游行，巴勒斯坦的侨民在游行，争论耶路撒冷到底是以色列的还是巴勒斯坦的：以色列侨民说是他们的首都，他们的圣地，巴勒斯坦侨民说是他们的圣地，就吵起来了。中东问题、耶路撒冷问题是大问题。教育委员会也是各国代表先发言，大家发表自己的意见。然后表决中期规划的立项。那个时候第三世界国家提出要扫盲，普及初等教育，我就举手赞成，支持第三世界；一到终身教育的表决我就不敢举手，但也不敢反对，因为我不了解、不知道什么叫终身教育，所以我就弃权。当时阿尔巴尼亚的代

表坐在我的前方，他老回头看我（因为那时候我们两国还是盟友），他看见我举手他也举手，看见我不举他也不举。（笑声）

会议期间法国教育部部长宴请各国代表团，就在凡尔赛宫的金色大厅。当然这个宴请非常简单，就是一小片三明治、一小块糖，（笑声）要吃饱了饭去才行，不然要挨饿。（笑声）外国人参加宴会都穿得很讲究，很隆重。交谈当中有个澳大利亚的代表问我，说你们中国怎么解决青年的失业问题。因为1973年的经济危机让很多国家青年人失业。我一句话就给他顶过去了，我说，我们中国没有失业，（笑声）我们中学毕业生全部上山下乡，农村有广阔的天地。（笑声）现在大家听了非常可笑，但那时我认为自己的立场很坚定。

"文化大革命"结束以后我才看到一本书，是联合国教科文组织的一份教育报告《学会生存——教育世界的今天和明天》，很多同学都看过。《学会生存——教育世界的今天和明天》是华东师大（那时华东师大的名字还叫上海师大）邵瑞珍先生翻译的，是内部印发的。当时这本书没有一个出版社敢出版。一直到1979年，上海译文出版社才出版。联合国教科文组织的第二份报告是1996年的，这个大家都看到了，就是《教育——财富蕴藏其中》。这两份报告都是联合国教科文组织专门组织专家做的报告。1972年的报告组织了一批专家，有十几个国家的专家参加，主席是曾任法国总理的富尔。这个报告提出，科学技术的发展引起社会的变革，社会已经进入到学习化社会，所以提倡终身教育，并且对终身教育做了非常明确的界定。

但是1972年的报告我们没看到，1974年我们参加大会时也没看到。其实1965年联合国教科文组织召开成人教育大会的时候，在大会上法国人朗格朗（此人后来是联合国教科文组织成人教育局局长）做的报告就是有关终身教育的。这份报告就是《终身教育引论》这本小册子，可能很多同学都看到过。《学会生存——教育世界的今天和明天》这本书，我认为是20世纪非常重要的一本书，它影响到世界各国的教育。1965年提出终身教育以后，这个概念被很多国家接受了，而且很多国家都立法，如法国。但是我国对此不了解，我国晚了几乎30年，在我国中央的文件里出现终身教育这个概念已是1993年。1993年在《中国教育改革和发展纲要》里才提到终身教育，到了1996年《中华人民共和国教育法》才提出要建立终身教育体系，晚了约30年。

后来我个人就反思，为什么我们对终身教育不理解呢？为什么把终身教育当成资产阶级教育思想呢？其实我们在马克思的著作中就能找到。马克思的《资本论》中有三句话与此有关系。第一句话是"现代工业的技术基础是革命的，而所有以往的生产方式的技术基础本质上都是保守的"。这是什么意思呢？我在1980年讲课的时候费了一番功夫，举了很多例子。比如说收音机，过去是真空管的，现在都是半导体的了，而且越来越发展，不断地变革。科学技术和生产的结合使生产飞快地发展起来，科学技术和生产结合，以前生产是保守的，我们农村以前一头牛一张犁，几千年都没有什么变化，当然犁有了变化，由木犁变成了铁犁，但是其他就没有什么变化。但一到大机器生产，变化就大了。农村的现代化都不是用牛拉犁来种田了，现在可以无土栽培，各种各样新的技术不断地变革。第二句话就是"大工业的本性决定了劳动的变换、职能的更动和工人的全面流动性"。第三句话简单地说就是要用全面发展的人来代替局部发展的人。那么全面流动以后怎么办？马克思讲工人要学习，就是要继续学习，以便成为全面发展的人来适应大工业生产的不断变革。这不就是终身学习吗？！我就反思，为什么我们80年代的人不能理解马克思的意思呢？因为我们处在一个小生产社会，没有看到大工业生产的变革、工人的流动。恩格斯还讲，在未来社会，一个人可以根据他的兴趣爱好和社会的需要，从一个岗位转到另一个岗位。过去我们哪能想象换一个岗位啊？一辈子待在一个地方。现在就不同了吧，现在的年轻人恐怕都有换岗的经历，从一个岗位换到另一个岗位。所以我们生活在小工业生产社会里就不能理解大工业社会。新中国成立初期我就看了《资本论》，在苏联的时候也学习了，回来讲教育学，讲到马克思关于人的全面发展的理论总要讲到《资本论》第十三章，但就是不理解。为什么不能理解？因为我们所处的社会不同，所处的环境不同，我们的环境还是一个小生产的环境。这是我讲的一个故事，对终身教育理解的故事。最近我写了一篇《终身学习与人的全面发展》的文章，我觉得对马克思关于人的全面发展的理解要有所创新，有所修正。发表了以后，我说这篇文章你们可以批判，（这篇文章）会不会变成"修正主义"？我跟马克思讲的不大一样，他是处在工业社会发展的初期，我们今天到了信息社会。现在形势不同了，过去讲适应大工业生产，现在是要促进大工业生产；过去讲"教育与生产劳动相结合"是指劳动者，现在讲"终身教育"是指所有人，有很多不同的情况。这是第二个故事。

现在咱们休息一下，好吧！（掌声）

（休息十分钟）

学生主持人（孔令帅）：好，那我们继续开始下半场的比赛，（笑声）不是比赛是讲座。（笑声／掌声）顾老师讲到11∶30结束，有问题的话下午再提问，好不好？（掌声）

顾明远：咱们现在就继续吧。"文化大革命"以后，教育就逐渐恢复了正常，这时第一个重要的问题就是教科书的问题。教育恢复以后就要编写教科书。首先出版的《教育学》是由五个院校编写的一本教科书。这五个院校有华中师范大学、河南大学等。北师大和华东师大当时都没有参与编写。但重新出版了由华东师大刘佛年教授等在"文化大革命"以前编写的书。"文化大革命"前在北京组织了一个班子，批判凯洛夫的《教育学》，并提出要编写中国的《教育学》，由刘佛年教授任主编，但没有来得及出版。"文化大革命"结束以后把他主编的本子重新做了些修改后出版。恢复中等师范学校以后，要编写中师用的《教育学》和《心理学》，教育部就把这个任务交给了北师大。当时我是教育系系主任，《心理学》就请我们心理学系的彭飞同志主编。《教育学》本来想请教育学教研室的老师来编（因为我已经在搞比较教育了），但是很多老师不大愿意编，觉得中师的《教育学》没什么好搞的，是小儿科。校长说，你是系主任，得带头。我就只好带头编写中师《教育学》。

我组织了一个班子，走访了很多学校，首先到了成都，又到了重庆、武汉、长沙、杭州，最后到上海，转了一圈，与当时的中师老师座谈，与小学老师座谈，听取他们的意见。我们觉得新编中师《教育学》总应该有点特色，不要总是老一套。什么特色呢？过去我们讲教育学、教育的发展都是讲五种社会形态的教育（原始社会的教育、奴隶社会的教育、封建社会的教育、资本主义社会的教育、社会主义社会的教育），按照社会形态分为五种教育。前面我讲过研究"现代教育和现代生产"的问题，现代教育有它的基本特征，不管是资本主义还是社会主义，教育与生产劳动相结合是普遍规律，现代教育是一个基本范畴；古代教育中的封建教育和奴隶教育没有多大分别。过去我们从社会意识形态来分，很少考虑到生产力的发展。生产力的发展是不是也是教育发展的一个很重要的因素呢？所以我就把教育的分期改了改，分成了原始形态的教育、古代的学校教育（包括奴隶社会和封建社会的教育）、现代教育（包括资本主义社会教育和社会主义社会教育）。

从生产力来讲，比如说一开始文字的出现对教育影响很大（过去是口头语言，口头语言不可能流传下来），文字使得文化流传下来，对教育发展起了很重要的作用。文字产生以后，人们把文字刻在龟甲上、竹简上，还是很有限的。后来发明了纸，纸的发明是不是对教育的发展有很大的推动？有了纸，书写就方便了，但是书写还要靠手写（叫作手写稿、手抄本）。印刷术的发明是不是对教育发展起了很重要的作用？过去手抄本只能写一两本，印刷术发明后就可以印刷几十本甚至几百本。所以说生产力的提高极大促进了教育的发展，研究教育的发展不能光从意识形态出发，应该把生产力的发展作为教育发展很重要的因素。这是我想到的第一个问题。

1991年教育部又要重新编写《教育学》（包括中等师范《教育学》和高等师范《教育学》），请了我、瞿葆奎先生、黄济先生，要我们几个人来编。后来瞿葆奎先生编了一个大纲。在一次讨论会上，我就讲，现在编一本《教育学》很难，没法编，现代教育学已经不是一本《教育学》了，出现了很多教育的分支学科。90年代教育经济学有了，教育社会学有了，教育哲学也有了，不像过去是一本《教育学》，所以我说这个很难编。另外，我说教育发展的分期应该重新来看，加上生产力的因素（把教育分为原始形态教育、古代教育和现代教育）。中间我还加了一句，现代教育里还有资本主义教育和社会主义教育的区别。结果我这个发言被中央教科所的《教育文摘》摘了一段，摘了前面一段，没摘后面一段，被领导看到了。领导批示说："以生产力划分教育的分期如何体现阶级性？马列主义不是口头禅，要和实际相联系。"这个批示就在中央教科所的领导内部传阅，虽然说传阅是保密的，但关于批示的传言最终还是传到我耳朵里。（笑声）我想这该怎么办呀？我心里很不平衡，虽然没有点名批判我，但这话说得很严重。头一句话我不在意，"以生产力划分教育的分期如何体现阶级性"是学术问题，大家可以讨论。第二句话就有人身攻击了，"马列主义不是口头禅，要和实际相联系"，说我是口头的马列主义，不和实践联系。现在年轻人讲"郁闷"，我当时就是这种心情，郁闷了大半年。（笑声）

我倒不是怕批判，我不当官，也没有乌纱帽，但总觉得要有辩论的余地，可它是内部传阅，不是当面批评，我怎么跟人家反驳？（笑声）正面说出来，人家肯定会说，这是内部传阅，你怎么知道的？这事我想了半年。后来想出一个办法，我就给中央教科所所长写了一封信。我说："你们的报纸对我的发言断章取义，我讲了生产力的发展，我后面还讲了社会主义和资本主义教育的区别啊，你们这样造成了很坏影响，（笑声）希望你们想办法纠正。"这是一段话。另外一段话，我说："我从事教育工作40多年了，也讲过很多话，写过很多文章，可能有很多错误，但是希望领导当面批评。"第三个意思，我说："改革开放以后，我们党提倡'双百方针'（百花齐放、百家争鸣），我想党的这一方针一定能够得到贯彻。"我就把这封信给了所长，所长拿去给领导看，第二天就给我回话，说要重新把全文再登一遍，并表示歉意。

我讲这个故事，不是说我对什么事到现在还耿耿于怀，是想说明我们解放思想很不容易。今年是改革开放30周年。我们改革开放以后发生了很多事情，教育有了很大发展。最近要我写文章，我想改革开放30年写些什么呀？怎么写呢？成绩很巨大，这么巨大的成绩在一篇文章里怎么写？后来我想了想，觉得30年的成绩可以用以下四句话来概括（后来写成一篇文章《解放思想是深化教育改革的金钥匙》，发表在北师大的《教育学报》上）。

第一个成绩是"教育观念的转变"。这可以用一句话来解释：教育从以阶级斗争为纲、无产阶级专政的工具转变为科教兴国的发展战略。这是很大的转变，现在教育是科教兴国的发展战略，是我们国家的国策，而且"教育要先行"。我们对教育的认识越来越深刻，关于教育本质的讨论持续了10年（从1979年到1989年），发表的文章有300多篇，到现在还没有统一。但有一条共识——教育是培养人的活动。我再加一点——教育是传承文化、创造知识、促进人的发展的活动。这种认识越来越深刻，大家看看去年（2007年）党的十七大报告，党对教育的认识也有变化。过去我们讲教育要为社会主义现代化服务，为经济建设服务（当然现在仍然强调这些）。但在十七大报告里，把教育放在改善民生、促进社会发展里面。我觉得这有很重大的意义。教育不仅仅是要促进经济发展，还要改善民生，教育是人的权利。为什么讲教育公平？因为教育是人权。改革开放初期，邓小平同志提出要办"重点中学"，早出人才，快出人才，为发展经济服务。到了今天。我们要取消"重点中学"，我们要强调公平，不能只强调效率了。

第二个成绩是"教育事业的发展"。这可以用一句话概括：从人口大国转变为人力资源大国。我们是人口大国，13亿人口，全世界第一，但是30年以前文盲还很多，没有普及教育（1980年全国人均受教育年限是5.33年，2000年提高到8.5年）。到2005年全国全面普及九年义务教育，高等教育进入了大众化时代。1980年高等教育毛入学率是2%，到2007年是23%，我们现在有两亿五千万人在各级各类学校学习，从幼儿园到小学、中学、大学、研究生。现在我们可以称得上是人力资源大国，但还不是人力资源强国，所以十七大讲"优先发展教育，建设人力资源强国"。为什么这么说呢？因为我们国民受教育年限只有8.5年，而发达国家已经到12年、13年、14年，大学都进入普及化了（美国毛入学率为81%，韩国为80%）。另外我们还缺乏杰出的拔尖人才，在国际组织中很少有我们的高官，我们没有多少发言权。国际组织中，有一个世界卫生组织的总干事是香港人；还有一个是世界银行的副行长，北大的林毅夫，他是从台湾游过来的，（笑声）现在是我们的头号经济学家；联合国有我们的副秘书长（因为我们是五个常任理事国之一）。反正你数不出几个来，其他如联合国粮食及农业组织等都没有我们的高官。因此，我觉得如果要建设人力资源强国，就要从两个方面来努力：一方面要大力提高国民受教育年限，有条件的地方要普及高中阶段的教育，提高国民素质；另一方面要培养拔尖人才、创新人才。

第三个成绩是"教育制度的创新"。也可以用一句话来讲，就是"从教育集权到教育分权"。过去都是中央集权，我们的教育制度从小学开始就是一种制度、一个教育计划、一套教学大纲、一套教科书，都是全国统一的。现在实行统一领导，分级管理。例如课程，国家只制定课程标准，各个地方可以开发课程，有国家课程、地方课程、校本课程。

第四个成绩是"教育科研的繁荣"。用一句话来讲，就是"从一枝独秀到百花齐放"。"一枝独秀"，过去只有一本《教育学》，当然《教育学》的版本有200多种，但这200多种都是一个体系，没有超出原来的体系、框框（包括我编的中师《教育学》，虽然有一点点创新，但也没完全打破条框）。现在是"百花齐放"了，不光是有教育学，教育哲学恢复了，教育经济学建立起来了，还有教育社会学、教育生态学、教育人类学等，很多很多，教育学变成一个群体。

以上这些都是在解放思想的前提下才有的成果。所以我才说"解放思想是深化教育改革的金钥匙"。

第二个引起争论的问题（我的文章常常引起争论），就是我提出"学生既是教育的客体，又是教育的主体"。在《教育学》这本书中，本来我是要把它写成一章，后来不好安排，就写了一节，但我把这个思想贯穿到整本书中。这本书还没出来，《江苏教育》的一位主编看到我的稿子以后，他说这一节很好，要先发表。于是就发表在《江苏教育》1981年第10期上。这个问题提出以后立即引起了教育界的争论，赞成者有之，反对者更多。学生怎么能成为主体呢？反对者的论点大致有以下几种。

第一种意见认为在教育过程中教师应该是主体，学生只能是教育的对象、教育的客体。

第二种意见认为教师要起主导作用，从教育过程看，教师是教育的主体，学生只能是学习的主体，不能是教学的主体。

第三种意见从哲学方面来论述，毛主席讲同一个事物中只能有一个主要矛盾，一个矛盾中只能有一个主要方面，教育过程中的师生关系这个矛盾中，教师是矛盾的主要方面，教学过程中不能有两个主体。

一时间吵得沸沸扬扬，很多人不同意我的观点，从20世纪80年代开始一直争论到90年代。后来我应华东师大瞿葆奎老师之邀在《华东师范大学学报（教育科学版）》上写了一篇文章《再论教师的主导作用与学生的主体作用的辩证关系》。在这篇文章里我退让了一步，没有再强调学生的主体、客体的问题，我就讲学生的主体作用、教师的主导作用，这两个不矛盾，是辩证的统一。老师对学生来讲，是学生认识的客体，学生要认识老师，掌握老师传授的知识，从这个意义上讲，老师应该是学生的客体。学生对于老师来讲，是老师的客体，他要教育学生，认识学生。这两个也是互为主体、互为客体，所以不要再去争论谁是主体了。教师要起主导作用，教师的主导作用表现在哪里？就是表现在能够调动学生的主体性上，学生只有发挥了主体作用才能学得好。

我在给中小学教师讲课时，经常讲这个问题。我说我的教育信条（我当过七八年的中学教师）有两句话：没有爱就没有教育，没有兴趣就没有学习。大家都在讲教育要爱学生，但是很多老师并不能理解什么叫爱学生。我们家长往往也把爱看得很简单，认为"为你好就是爱"。什么叫"为你好"？我给你布置作业是为你好，我让你上奥数班就是为了你将来不吃苦——将来不吃苦，现在吃苦啊。（笑声）这种"爱"，孩子不理解，你是"为我好"还是为你自己的面子好？所以什么叫爱孩子？爱孩子首先要理解孩子，理解他的需要，合理的需要要满足，不合理的需要要疏导。理解他，信任他，不要老是把他当作小孩子，喊他小孩，孩子最不喜欢听这句话。我们往往不理解孩子，我给大家举个例子。我的孩子小的时候，礼拜天吵着要去动物园玩。我说："好，但是有一个条件，不能让我抱你，我抱不动你，你现在都很重了，你得自己走。"他答应了，可是一出门他就让你抱。（笑声）我就不理解，他是想走走不动吗？后来想明白了：如果不抱他，他能看见什么？看见的是大人的腿，他看不见别的东西。他让你抱，并不是走不动，他是不想老看大人的腿。（笑声）抱起来以后他的视野就开阔了，可以看到很多东西。你要理解他，不然他非要你抱，你不抱，揍两下。（笑声）孩子小的时候这种需要说不出来，但孩子的一些表现终归有他的理由，有他的一些想法，我们要理解他。现在我们为什么讲父母跟孩子沟通不够呢？我们为什么老是讲隔代呢？我跟你们就隔代了，但是我觉得我们也要理解你们，你们的生活环境跟我们当时不一样。当老师的、当家长的，都要爱孩子，要理解孩子。

关于爱孩子我还可以讲个故事。1958年我在北师大附中当教导主任的时候，那时"教育大革命"，大炼钢铁。早晨起来，我发现会议室里睡着一个初中女学生。一开始我没在意，我想大炼钢铁，可能是炼到晚上12点了回不了家，就睡在了会议室。后来她一连好几天都不回去，我就奇怪了，怎么老不回去？我问她："你家是哪儿的？怎么不回家？"她说："我就不回去。"她是我们一个领导干部的孩子，打仗的时候领导干部把孩子寄养在农民家里，新中国成立以后就把她领回来了。领回来以后她与家里人就有些隔阂，家长认为她在农村养成了一些不好的习惯，对她不理解。加上她功课不好，老是批评她，再加上她姥姥有一点封建思想，喜欢她哥哥，不喜欢她，她就不愿意回家。我说："那怎么办？你不能老睡在会议室吧。"我们那时还有一小部分学生可以住校，后来我就把她安排到宿舍里面。她半年没有回家，我就给她的妈妈写信，我说过去有人讲过"没有爱就没有教育"，首先家里得给她温暖，你才能教育她，别老是责怪她。家长不同意，说你的话有一定道理，但我们不是怪她，是你们学校管得不严，是你们学校没有好好管。领导还通过市里调查，结果北师大附中是很有名的学校，一切要求都很好。从此我就感觉到"没有爱就没有教育"。20世纪60年代初批评"母爱教育"，《人民日报》发表了一篇文章报道南京师大附小的斯霞老师，题目是《老师要像母亲一样爱孩子》。结果遭到批判，把她批得很厉害。因为我那时还是年轻教师，我也没写文章，所以没有人批判我，但是家长给我写信与我争论了好几次。

第二个就是"没有兴趣就没有学习"。我在学校里头看到，为什么有些孩子喜欢语文，有些孩子喜欢数学？往往是因为老师讲得好，引起了兴趣。有些是师生关系很好，学生喜欢上这位老师的课。师生关系搞不好，你课讲得再好，他也会失去兴趣。这种事例多得很，因为时间关系我就不讲了。

我们教育现在最大的弊端就是不培养学生兴趣。我搞了60年的教育，对此我心里有一种说不出来的感觉，是痛苦也好，是悲哀也好。我们的教育搞到现在怎么搞成这个状况？学生的负担这么重，什么兴趣都没有，怎么培养诺贝尔奖获得者？首先他要有兴趣，从小有专业兴趣（所谓专业兴趣就是某一方面专门的兴趣），这样才能培养出拔尖人才，培养出诺贝尔奖获得者。每年高考期间都会有老同学、老朋友打电话给我问自己的孙子或孩子考什么专业比较好，考什么大学比较好。我说："你的孩子喜欢什么？喜欢什么专业？"他说："不知道喜欢什么。"我们现在大学考试填志愿填的是谁的志愿？是爸爸妈妈的志愿，爷爷奶奶的志愿，没有学生自己的志愿。

所以我就说"没有兴趣就没有学习"，要有兴趣就得发挥学生的主体性。老师的主导作用恰恰就在于发挥学生的主体性，这是我写的一篇文章。后来好像争论慢慢平息下来了。现在我校的裴娣娜教授还在搞"主体性教育"实验，全国300多所学校参加了她的实验。在20世纪80年代的时候我就起了个头，但后来也没搞什么实验。所以我就经常讲我不是个专家，我是个杂家，什么东西我都讲到了一点，但是我没有真正沉下心去搞实验。我是遇到什么问题就讲什么问题，发表什么意见，往往发表的意见都受到批判，引起争论。所以，要我讲学术生涯还不如让我讲教育生涯，没有什么学术味道。上午我们就讲到这里，下午再讲，好不好？（掌声）

（中午休息，下午继续）

学生主持人（孔令帅）：各位学友，大家下午好！传说在北京师范大学老一辈教育学者中，有"五虎上将"的称呼，是哪"五虎"呢？有顾明远先生、黄济先生、王策三先生、孙喜亭先生，还有成有信先生，五位先生。（掌声）今天上午我们已经很荣幸地聆听了其中一员"上将"的讲演。顾老师用朴实无华的语言给我们讲述了一个个生动的教育小故事，从这些小故事中我们体会到一位教育学者治学的严谨，对中国教育的真诚和热情，还有一种责任和担当。我相信顾老师下午的报告将会给我们更多的启迪。现在让我们以热烈的掌声欢迎顾老师继续讲故事！（掌声）

顾明远：下午的时间很短，我就再讲两个小故事吧。讲完了以后大家有什么问题可以讨论一下，因为我讲得不一定都清楚，可能大家还有一些疑问，我就多留一点时间提问和回答。

第一个故事是关于老师的，教师教育。可以说我一辈子都从事师范教育，我上学是在师范大学，毕业以后也是在师范大学工作，还到中等师范学校当了一年班主任（1957年）。我所在的班的学生都被分配到北京各个区县，有的当老师，有的当领导，现在大部分都已经退休了。所以我对师范教育是很有感情的，可能我的文章里写得比较多的也是师范教育改革的问题。我有这么一个观点，应该说过去领导是重视师范教育的，不能说不重视师范教育。但是师范教育长期以来水平比较低。另外教师的地位也不是很高，虽然我们一直在讲尊师重教，但是教师在社会上真正的地位不是很高。20世纪80年代，师范学校招生很困难。我记得

80年代师范院校招生，很少有人报第一志愿，基本上都是第二志愿，也就是华东师大、北师大能够招到80%的第一志愿的学生，其他地方师范院校招第一志愿的很少（我记得首都师范大学有一年第一志愿才招了十几个人）。所以我们就呼吁全社会要尊重教师。这里面有个悖论。家长都希望把自己的孩子送到好的学校，送到好的学校主要还是冲着好的老师。哪一个家长不希望自己的孩子得到一个好老师的指导呢？但是就是没有人愿意把自己的孩子送去当教师。你说这是不是个悖论？

20世纪80年代呼吁要尊重教师，但是怎么尊重教师？我觉得除了呼吁教师的职业很崇高之外，最根本的还是提高教师待遇。教师有了经济地位才有社会地位，没有经济地位不可能有社会地位，这是一方面。另外一方面，怎么才能提高教师的经济地位？从教师本身来讲，应该走向专业化。为什么家长都愿意送孩子到好的老师那里呢？好的老师一般都会受到尊敬，但是一般的老师、不是太好的老师，家长会有很大的意见。因此，提高老师的地位，首先要提高老师的专业水平。1985年我曾经和当时的中国教育工会主席联名写信给《光明日报》，倡议在春节的时候各级领导给教师拜年。但这些还不够，我觉得从我们教师本身来讲，要提高专业化水平。1989年我曾经给《瞭望周刊》写了一篇小文章，强调"必须使教师职业具有不可替代性"。

我为什么想到写这篇文章呢？除了刚才讲的理由以外，我还有一个故事。上午我讲过，我为写中师《教育学》到成都、重庆转了一圈，我们转到武汉时住在武汉的省委招待所（那时不像现在有宾馆，都是招待所）。一个屋子有好几个人，住在我们屋的有一个劳动人事部的干部，大家吃完晚饭没事就闲聊天。我们就讲到现在知识分子待遇太低，特别是小学老师待遇太低，农村的小学老师待遇更低。你们知道人事部这个同志怎么讲？他说，小学老师算什么知识分子？我说，小学老师怎么不算知识分子？过去在农村老师都是最有学问的人，农村小学老师怎么不是知识分子？他说，你看看，农村的小学老师都是半文盲，能算什么知识分子啊。这句话对我刺激非常大，那时候我就意识到教师真要提高地位还得自己要有学问，半文盲当然不受人家尊重了。

我们与其空谈要尊重教师，还不如想尽办法来提高教师的水平。提高了教师的水平，教师才能真正受到社会的尊重。所以我后来写了好几篇文章来讲这个问题，我说任何一个社会职业，如果是人人都能干的，那么这个职业就没有社会地位。一个社会职业的专业性强，才能够拥有社会地位。当时教师的地位很低，得不到尊重；但是一些同样的知识分子，像医生，就比较受尊重，因为医生比较专业化，你不能随便找个人当医生看病，教师却随便哪一个都可以当。80年代的时候连司机都很吃香的，他把握了方向盘，我们都不会开车呀，不像现在年轻人都会开车，那时候可不行。有一次我校党委书记被司机撂在一边了，司机生气不开，你拿他没办法，因为方向盘掌握在他手里。现在都不是问题了，你看我们的丁钢院长开着车送我过来。现在我们学校的书记、校长也都会开车。教师要有不可替代性，如果任何人都能当教师，那么教师就没有社会地位，我们的教育大厦就会倒塌。我写这篇文章就是呼吁提高教师的地位。

怎样促进教师专业化？其中一项就是设立教育硕士专业学位。这件事是我们在学位委员会上争取到的。当时在学科评议组中我是最年轻的，第一届学科评议组的成员都是老一辈教育家，组长是浙江大学的陈立老师（他活到了102岁）。当时的副组长是华东师大刘佛年校长，还有老一辈的王焕勋、张敷荣等。我没有参加第一次会议，到第二次会议才把我补上去，我是最年轻的学科评议组成员，我当了四届。到第三届，老一辈都退出了，我就当召集人。我当了召集人以后就考虑教育专业硕士的问题，开始考虑这个问题时我是想为一批大学基础课教师设立学位。因为"文化大革命"以后大学基础课的教师，像教物理、化学课等的教师都没有学位，都是综合大学或者两所师范大学（华东师大和北师大）的本科毕业生到地方师范院校当教师。那个时候没有学位，研究生制度是80年代开始的，这批教师需要提高业务水平，后来就成立了教师培训中心。从1985年开始全国成立了两个教师培训中心，一个在北师大，一个在武汉大学。武汉大学负责普通大学的教师，北师大负责师范院校的教师，青年教师到助教进修班进修，来提高专业水平。建立学位制度以后，（教师培训中心）招生很少，只培养学术性人才，能考上的教师很少。当时我就想为这些教师设立一个专业学位，这不是学术性的。国外（像美国）都有两种学位：一种是专业性的，一种是学术性的。学术性的叫PHD，大家都知道叫哲学博士；还有一种是专业博士，像医学博士、教育博士、法律博士等。我们国家都是学术性的，没有专业性的。后来也建立了专业硕士，最早的专业硕士好像是工程设计。为什么是工程设计呢？因为我们到国外去承包设计，没有工程师协会的证书，人家不承认你，你没法签字，需要国际协会承认才行。即使我们有工程博士也不行，必须有专业工程师协会的承认。后来我们就和英国联合起来培养工程硕士，这样他们就可以去国外承包建筑、设计。再后来是工商管理，工商管理过去也是学术性的，没有专业性的。80年代初已经有一些专业硕士学位，我们本来想对大学的基础课教师也搞这样的学位，但是国家教委不太同意，说大学教师还是要走学术性道路，不能走专业硕士、专业博士的道路。

后来我就转向了中小学教师，为中小学教师设立专业学位，来促进中小学教师的专业化。因为20世纪90年代以后中小学教师的学历合格率已经很高，但我们的学历要求很低。小学教师只要求中师毕业或者普通中学毕业，初中教师要求师专毕业，高中教师要求师院、师大毕业。这个要求，教师基本上都已达到了。但是我觉得教师要专业化还是得提高学历，教师专业化以后，才能在社会上受到尊重。为什么青年不愿意当教师呢？一方面社会地位不高，另一方面就是没有进修的机会。为什么大学教师都愿意留在大学？因为大学里有进修机会，将来可以读硕士、博士，可以出国（现在出国的机会很多，但20世纪90年代出国留学的机会很少），当了中学教师以后再也没有进修的机会了。为了鼓励青年当教师，要给一个出路，有获得进修的机会，教育硕士专业学位是很有必要的。

当时我在学科组的时候就极力主张搞专业学位。我们从1993年开始做方案，一直到1996年国务院学术委员会第十四次会议才批准。批准以后，我们在1997年就开始招生，19所师范大学只招了177个人。有的师范院校只招了三四个人，北师大招了十来个人。因为是计划内招生，名额是控制的。我那时当北师大研究生院院长，每年招400名研究生，要招1名专业硕士，就要从这400名学术性硕士里面扣出来。我们好不容易扣了十几个人。我们觉得这不是办法。第二年学位办经过研究决定走工商管理招生的道路。就是走在职申请的道路，不再走计划，按计划的话名额非常有限。在职申请不用参加统考，但是要参加大学联考（我们19所学校联合起来），只有学位没有学历，不管怎么样我们为中小学教师开辟了一条提高专业水平的道路。

1998年招生就招了1 400多人，第三年招了4 000多人，现在每年的招生可能在1万人以上吧。一开始我担任了教育硕士专家指导委员会主任，后来是教学指导委员会主任，但是两年前我就卸任了，现在主任委员是北师大的校长。前几年我和叶澜老师都认为将来还要设立专业博士学位，叶澜老师、裴娣娜老师都到国外考察，考察了几次就有了一个方案，将来还要设教育博士专业学位。现在有医学博士，医学博士会开刀、会看病就行了，用不着搞那么深的学术。我们教育博士就要解决实际问题，比如说你是老师的话就要把课教好。

现在已获得教育硕士学位的人可能有两万多了，但对我国来讲还是少数。我们有1 200万名中小学老师，如果10%都获得研究生水平学位的话就是120万人，一年1万人，要120年才行。120年后第一届、第二届的早就死光了。（笑声）所以我认为这个人数太少，要大力发展，我希望每年招5万人到10万人。但是现在也有困难。师资有困难，现在很多师范大学都向综合性大学靠齐，都搞综合性大学，很多教师都去搞综合性学科，师范资源的流失很大。没有教师，招的学生谁来培养？对于教育硕士专业学位的建立，我写了一篇文章，就是《中国教育发展史上的里程碑——谈教育硕士专业学位》。这是我讲的第一个故事。

第二个故事讲讲基础教育。我是学师范出身的，我当过小学教师、中学教师，都和基础教育有关系。我的文章写得最多的就是师范教育和基础教育。我觉得基础教育当前主要有两个大问题，一个是教育公平，另一个是素质教育。与这两个问题相关，我今天着重讲两件事情，一件事情是评选"三好学生"，另一件事情是举办奥数班。

十年以前，我就呼吁不要再评"三好学生"。为什么我呼吁不要再评"三好学生"？这是有原因的，是有故事的（所以我写的文章都不是讲理论，没有什么体系，我不讲体系，我不是专家，我是杂家，想到什么我就写什么，写写我的看法和主张）。有一次在厦门机场，有个老师跟我讲："我的孙女刚上学不久，两个礼拜，回来跟我讲：'我是班里第二号种子，老师排队，谁第一聪明，谁第二、第三、第四、第五，我是第二聪明。'过半个学期我的孙女又回来，说：'爷爷，我们班里有八个笨蛋。'我问她：'你们班里怎么会有八个笨蛋？'她说今天下午开班会，班主任说谁是笨蛋站起来，八个孩子站起来了。"他慨叹说，怎么还有这样的老师？我的感触很大，就写了一篇短文，叫作《不要把学生分成三六九等》，发表在上海的《教育参考》上，后来收在我的《杂草集》里。我们的教育把学生分成三六九等，这是一个很大的问题。老师就盯着几个能考上大学的、"聪明"的孩子，对其他人就不管了。现在很多孩子都是在陪读啊，陪少数人读，大多数成了失败者，考试的失败者，这样下去怎么了得？

因此，我就呼吁不要再评"三好学生"了。记得多年以前，有一次中央广播电台邀我去谈"三好学生"的问题。参加讨论的有一个班主任老师、一个"三好学生"。我问那个"三好学生"："你评上'三好'以后有什么感觉？对自己有什么要求啊？"她说："我被评上'三好学生'以后，我就需要约束自己的行为。"我就说："不该做的事你本来就不该做，好事也用不着约束。"这说明"三好学生"就是一个紧箍咒嘛，就是听话嘛，戴上它以后就再也不能做不听话的事了。2003年我到上海来参加一次教育论坛，这是一次国际会议。发言的时候我又呼吁废除评"三好"，这下媒体把它捅出去了。赞成的有，反对的也有，应该说绝大多数都赞成，但还有反对的。闹得沸沸扬扬，但我不是炒作，我是真心实意地为孩子着想。除了刚才讲的把学生分成三六九等，还有好几件事引起我的反思。

　　有一次我到广东省中山市的一所小学去参观，发现墙上贴着"十佳少年"的照片，九个是女孩，只有一个是男孩。我就问校长："你们学校男孩都'不行'啊？'十佳少年'的标准是什么？"还有，上海科学出版社出了一本书，就是对十多年以前全国评的"十佳少年"的跟踪，十年以后这些"十佳少年"怎么样了。他们把这十个少年都找到了，有的成了硕士生，有的当了教师，还有一个真的很感人，身体残疾，做了很多优秀的事情，后来江西一所民办学校的老总专门资助她上大学，她留下来当英语老师了。他们把书给我看，想让我写序，但是我看到其中还有一个，山东济南的一个少年。他为什么评上"十佳少年"？就是他孝顺他母亲。他在上中学的时候经常迟到，老师奇怪，怎么老迟到，功课又不好。后来才发现他孝顺母亲。因为母亲瘫痪在床上，他为母亲做了早饭以后收拾好家务再上学，所以每次都要迟到，功课就不太好。他孝顺的事迹很感人，被评上"十佳少年"。十年后这个上海出版社就采访他，但他拒绝采访。他说："我不愿意大家再来干扰我的生活。"原来他被评上"十佳少年"以后，很多好心人都捐钱给他，但是不少同学歧视他，使他变成了另外一种人。初中毕业以后他也没考上高中，现在做小生意，开了一家店，生活得很好，很幸福。所以他说："你们不要再来干扰我了。"我看了这个材料以后就写了一篇序，头一句话就是"我根本就不赞成评'十佳少年'"。（笑声）这是一个紧箍咒，你不听话，别人就可以念咒，让你听话。当然这篇序也不能用了，后来《教育参考》发表了。

不同意评"三好"，总要说出道理来。我的道理有三点。第一，它不符合学生的发展规律。学生的发展是曲线的，不是线性的，是有曲折的，应该允许学生犯错误。好学生不可能永远都是好的，不好的学生也不永远是不好的。评"三好"，把这个人从小就固定下来，你是"三好学生"，他不是"三好学生"，这不符合教育规律，而且会伤害到大部分学生。评"三好"是5%（我不知道比例是多少，可能是10%），一个班上50个学生，可能最多就5个"三好学生"，那45个都不是"三好"？他们会受到极大的伤害。有的人讲，总要树立榜样啊，可以争取啊。但有几个人可以争取到？第六名、第七名、第八名可能争取到了，如果我是第三十名，我怎么去争取？我排名是第三十名（现在老师不是老排名吗？），第五离我太远了，不会受到什么激励。所以这不符合儿童发展的规律。这是第一。

第二，不符合教育方针。我国的教育方针就是使每个学生都"三好"，为什么只有5%是"三好"，95%都不是啊？教育方针你贯彻了吗？这只能说明你的教育是失败的，你教育了半天只有10%是"三好"，90%都不是，你能说教育成功了？所以这个不符合教育方针。

第三，现在评"三好"已经走了样，成了评"一好"。这就是学习好，还不是智力好，是考试成绩好，思想品德方面很难衡量他是不是，身体好已经不算数了。我刚才讲了小学里"十佳少年"九个是女孩子，一个是男孩子，是什么标准？不就是因为女孩子听话吗？我这绝对不是歧视妇女啊，妇女半边天，半边天你也是一半嘛。（笑声）记得20年前，有一次我到黑龙江参加比较教育研讨会，黑龙江大学的一个教授在会上就说："现在的教育埋没男孩。小学里男孩子都调皮，不爱用功，不听话，所以考不上重点中学。等到上了初中，想读书了，但已错过了好的学校。"评"三好"，评"十佳"，都是拿成人的办法来对待小孩。成人可以评先进、评模范，因为他们对社会做出了贡献。比如，四川汶川地震中有很多英雄，当然要评英雄，因为他们对社会做了贡献。地震里也有"十佳少年"，但这是在特定的环境下评"十佳少年"，因为他们救同学很勇敢，这是评大家的英雄行为，这倒是可以评的。我们把成人的一些东西拿到学生里头去，就不符合青少年的发展规律。

"文化大革命"以前就评"三好"了，但没有正式的文件。正式的通知是1982年，教育部和团中央联合发通知要全国评"三好"。因为有文件，谁也不敢轻易取消。但现在很多地方已经不把"三好"作为升学的条件了。另外，在有些学校"三好"成了腐败的一个手段，为了评"三好"，学生向老师送礼，有些领导干部给学校老师施加压力，学生之间也有拉关系、拉选票的。把成人这种坏的习气带给儿童，对我们的儿童有多大的伤害？这弊端有多大？所以我坚决反对，到处呼吁要废除评"三好"。

当然我们也不能操之过急，还是需要树立榜样。其实可以什么好就奖励什么，学习进步就得"进步奖"，做了好事就得"学雷锋奖"，不要固定一个什么帽子。现在有些地方已经取消把"三好"作为入学条件，逐渐地转变观念。这就是为什么我说总结30年经验，还要进一步解放思想，思想解放了很多问题是很好解决的。

还有一个小故事，去年成都市青羊区教育局以局长的名义发布了四个局长令：第一个令是学生书包的重量不能超过学生体重的10%，（笑声）这是为了减轻学生的负担，因为学生的书包现在越来越重了；第二个令，礼拜六、礼拜天不布置作业；第三个、第四个令是什么我不记得了。局长令出来以后就引起争论，媒体也在讨论，有的说这是做表面文章，不是实质性的。但是我赞成，从可操作的做起嘛。别唱高调，减轻负担，把书包重量减下来也是好事，否则十几斤的书包背在身上，影响小孩子的身体健康，我认为这是个好事。

后来这个区就开了个座谈会，参加座谈会的有教师、学生和家长代表，还有西南交通大学的一个教授和几位嘉宾，也让我去参加。教师、家长都发表了意见。有一个学生说："我希望国家规定一天'无作业日'（就跟'戒烟日'一样）。"你想他的要求多么低呀！天天有作业，实在受不了。有一个学生讲："作业还是要的，我就讨厌重复的、没有意义的作业。"最后几位嘉宾发表意见。我说，推行素质教育，减轻负担，首先老师要把课教好，课讲好了学生都懂了，课堂上解决，学生的负担自然就减下来了。作业要布置，可以少量布置。家长应该配合，不能学校减轻了负担，家长又去增加负担，买好多参考书，又去上什么补习班。我说我最讨厌奥数班，奥数班摧残人才。说完以后，有个孩子站起来说："顾爷爷，您说取消奥数班，如果不上奥数班，我就上不了好的初中，上不了好的初中就考不上好的高中，考不上好的高中就考不上好的大学，考不上好的大学，毕业出来就找不到好的工作，我怎么养家糊口啊？"（笑声／掌声）这孩子我看最多就是五年级或六年级，听完之后我感到既好笑又可悲，完全是大人的话，完全是他父母的话，所以我觉得奥数班实在是太可恶了。

但是我自己也是奥数班的"始作俑者"。为什么这么说呢？奥数班是1986年开始的，1986年我在北师大当副校长。当时国家教委决定我们参加国际奥林匹克竞赛。过去我们没参加，现在要参加了，所以要选拔一批人参加竞赛。办了三个班：一个是数学班，一个是物理班，一个是化学班。我当副校长就接下了这个任务，在北师大附属实验中学办了个奥数班，北大附中办的是化学班，清华附中办了物理班。从全国高一年级中选拔一些确实有天赋的孩子，就像运动员似的参加集训，集训以后再经过筛选，派了一个队去参加国际奥林匹克竞赛。头一届我们就拿了金牌，为国争了光。回来以后，这些拿金牌的人马上被清华、北大免考录取。一免考录取不要紧，许多重点学校都办起了奥数班。各个地方开始搞竞赛，竞赛完了就可以保送。这是第二步。第三步，有一些商人看到商机，从此就开始办起奥数班来。不仅高中办，初中办，小学也办，现在小学一年级也上奥数。我的研究生就问我："其他的孩子都上奥数班，我的孩子到底要不要上？"我说："你别让他上。"现在升初中不考试，但是还是变相地考试，奥数成绩好可以上初中的重点校，虽然说现在取消重点，但在家长的心中它还是重点。因此现在还是在办，特别是一些商家，你看现在的广告，各种各样的暑期班。上一个班几千块钱，一个暑假下来要花几万块钱，家长花钱很多，孩子也得不到休息。

在基础教育部分我就讲这两个故事。我觉得不解决好这两个问题，什么事情也白搭。这都跟高考有关系，但高考也正在改革。国家现正在搞中长期教育规划，到2020年，这次制定规划是国家行为，领导要求发动群众来讨论教育问题，看看能不能通过这次讨论解决一些问题。许多问题与教育公平有关，正是因为教育不公平，才出现这种激烈的竞争。要克服思想上的障碍、制度上的障碍。国外就没有什么评先进、评"十佳"。有一次我在报上看到一则消息：在美国盐湖城开冬奥会，我国代表团去参观一所学校，带了两个熊猫玩具。团长就跟他们校长说："一个送给你们最优秀的男生，一个送给你们最优秀的女生。"这下难为了这位校长，校长说："我们的学生全都是优秀的，没有哪个最优秀，哪个不优秀。我们学校的孩子有的是学习优秀，有的是体育优秀，有的是做义工优秀，都非常优秀。"没办法，校长就把两个熊猫玩具搁在橱窗里，写上"一个送给我们最优秀的男生们，一个送给我们最优秀的女生们"。（笑声）这是报上报道的。人家的观念跟我们不一样，我们为什么非要评"三好"，非要评优秀？作为一个老师，我们要相信人人都是优秀的，就像那位校长所说的。这就是观念不一样。我们中国人的教育观念和外国人的教育观念是不一样的，这个问题讲起来很长，我就打住了。

故事就讲到这儿。留一点时间咱们互动一下，你们觉得有哪些问题，或者觉得我讲得不对的地方，可以提出来。还有十分钟的时间，大家批评也行，不同意我的观点也行。（掌声）

学生A：顾老师，我不知道这样称呼您是否合适。我已经是第三次听您的讲座了，上一次是在西南大学。您说自己当过院长、副校长和会长，有很多称呼，但是最喜欢的还是老师这个称呼，所以我就称您顾老师吧（顾明远：叫我老师最好）。我在四五年以前看过您写的一篇杂文，谈的是高等教育。您在里面有两个比喻，说我们的大学一个是"衙门"，一个是"社会"。这么多年已经过去了，中国的高等教育依然还是这样，那么我想听听您关于高等教育还有什么故事告诉我们。

顾明远：高等教育今天我没讲。我在高等学校工作这么多年，所以高等教育也是我关心的一个领域。我们现在的高等教育最大的问题是什么呢？我觉得最大的问题就是高等教育趋同化。现在高等教育已进入大众化阶段，毛入学率超过15%就算进入大众化阶段。但这是数量上的，所谓大众教育不只是一个数量的变化，更重要的是结构的变化。过去精英教育的时候是培养国家的精英，现在高等教育大众化了，23%的人（到2020年我们要达到40%，以后还要更多）上大学，大多数人都要上大学，大学就不再是精英教育。当然还有一部分是精英，像清华、北大就是培养精英。我刚才讲了要使我们人力资源大国变为人力资源强国，其中有一条就是要有精英。但是不能人人都当精英，大众化的教育，就应该有大众化的教育结构，应该有分层的结构。现在我们的学校都趋同。我不知道现在办大学的校长怎么想的，我觉得也是跟我们的传统文化有关系，我们经常讲要弘扬中国传统文化。弘扬什么？弘扬我们的民族精神，这是应该弘扬的。但是我们的民族文化中还有很多不优秀的东西、落后的东西，好大喜功就是其中之一。现在很多大学都是好大喜功，都想办成清华、北大。办了专科要办学院，办了学院要办大学，办了大学要办重点，趋同化，不安本分。我在师专讲课的时候就讲，任何一个层次的学校都能办出特色来，都能办成一流。不能说光清华、北大是一流的，专科学校一样能办成一流的。过去的上海立信会计学校，不也是一个专科学校吗？这个会计学校培养了多少好会计啊！新中国成立后全国很多会计师都是这所学校毕业的，它多有名啊！美国有个专门培养幼儿教师的学院，叫银行街学院，就是一座大楼，但世界闻名，你提幼儿教育如果不谈到这个学院，你就外行了。可是我们呢？都是趋同，都想办成清华、北大，哪有这么多的人力、物力？我觉得最大的问题就是趋同化。

另外，就是刚才你讲的"衙门"、官僚化。我都不知道为什么学校要分副部级、局级等，分得那么清楚，而且越来越行政化。我们当校长的时候门都开着，我吃饭的时候人家就随便进来了。现在我们要找校长还要先通过秘书，约个时间，文件多得不得了。我觉得现在"衙门"化越来越严重。还有就是市场化，学校搞产业是可以的，搞创收也是应该的，特别是科研跟企业的结合，太应该了。教育跟生产劳动结合，就应该跟企业结合嘛，是非常需要的。但是急功近利，市场化，功利化，大学的问题还是蛮多的。现在感觉还有一段路要走，也还是要解放思想。好，就讲这些。（掌声）

学生B：顾老师，您好！我是学化学学科教育的，我想问一下，在您看来我们学科教育最应该解决的问题是什么？或者说我们学科教育和普通教育之间的关系是什么？

顾明远：学科教育对于基础教育来说应该是相当重要的。过去的学科教育在师范大学里叫教材教法。当时教材教法课在大学里没地位。所以1983年我在学科评议组第二次会议上，就提出来要把教材教法改成学科教学论，以后目录里就把教材教法改为学科教学论。因为学科教学论可以提高它的理论水平，应该说它对于普通教育来讲是非常重要的。教师不仅要有高深的学问，还要能够把这些学问教给孩子，所以我觉得师范教育和普通教育的不同就在这个地方。这个问题也是我们一直争论的，师范教育的师范性和学术性问题争论几十年了，我认为师范性本身就有学术性。难道师范教育就不是科学？研究学生就不是学问，只有研究化学才是学问？有些自然科学的教师就看不起学科教学。

给大家讲个故事。教育硕士专业学位成立以后，就有一批专业的老师（就是一些科学家们）提意见，说教育专业学位降低了老师的水平，他们学教育学、心理学没什么用，物理老师把物理学好就行了，物理学好了就可以当教师。我说不对，所以我写了一篇文章，叫作《一个教育家和科学家的对话》。教育本身也是科学，研究怎么能让学生学会物理。但是现在还没有完全扭转过来（人们的偏见）。我们的教育科学也是很可怜的，研究自然科学的人看不起研究社会科学的人，研究社会科学的人看不起我们研究教育科学的人。问题是教育确实很难，教育的规律到现在我们还是没有很好地掌握。这个比医学还要难，医学上你还可以开颅，脑子坏了你可以拍片子出来看看，教育坏了你能拍出来看看吗？他的思维你能拍片子出来看看吗？教育的东西太复杂了，这门科学比较复杂，我们对它的规律认识还不够。正因为这样，人人都可以对教育说三道四，因为人人都受过教育。因此我觉得问题就在这个地方，我们做教育理论工作的确实要有一点耐心。耐得住人家看不起我们，我们要踏踏实实做一些工作，真正能够提高学生的教育质量。你是教化学的老师，当然你得掌握化学知识，化学的专业方向很多（我不大懂，你是内行），有机化学、无机化学、高分子化学，等等。作为化学教师，不需要你专攻某一个方向，但是你要掌握它的前沿，掌握它的发展趋势，能引导学生。我们过去说，教育是使学生从不知到知，从知之甚少到知之甚多。我说这不够，我们做老师的还要引导学生从已知到不知，这样才能启发学生的思维。你教给他的完全是现成的知识、以前已经知道的知识，这是不够的，你要让他发现还有哪些问题没有解决。像陈景润，大家都知道的大数学家，正是因为老师告诉他数学里还有一个哥德巴赫猜想没有解决，所以他就成了数学家，如果我的数学老师跟我讲，可能我也成了数学家了。（笑声）但是我的老师没有跟我讲，所以我不知道，我就知道老师教给我的。当然我中学的数学老师也是很好的。我是说不仅要引导学生到已知的领域里面，还要引导他们到未知的领域里去。所以对化学你要掌握发展的前沿，另外你要懂得教育规律。我觉得学科教学论在整个教育里是最实用的，是很重要的一门学科。

学生C：顾老师，您好！今天听了您的讲座启发很大。我有一个问题，您上午讲到我们要由人力资源大国变成人力资源强国，有一点是要培养拔尖人才，您刚才提到不能通过办奥赛班来达到这个目的，那您能不能就基础教育应该怎么培养拔尖人才谈谈您的看法？

顾明远：基础教育怎么做？最主要的就是培养学生的兴趣，没有兴趣就没有学习。首先要从小培养学生的兴趣爱好，要因材施教，不要一刀切。我们现在都是一刀切，教育公平不等于教育平均主义。因为人是有差距的，有的人智商是120，有的人只有80；有的是形象思维比较好，有的是逻辑思维比较好。所以我们当教师的应该研究学生，我们不仅仅要研究教材，更重要的是研究学生，看学生有哪些优点，扬长避短，不要老看到学生的缺点。

我再讲一个故事。我们在黑龙江省哈尔滨市呼兰县（现呼兰区——编者注）开了一次农村教育现场会，是中国教育学会和陶行知研究会一起召开的，讨论教育如何适应农村的需要。当时农村大多数学生不能上高中，初中毕业以后就要务农，所以他们就搞一些种植业、养殖业的课程。这个现场会组织得很好。有一天下午，找了30个人，10名老师、10名校长、10名毕业生，每人讲5分钟，每人都讲讲怎么贯彻教育方针，怎么进行素质教育，等等。老师也讲，学生也讲。其中我对一个学生印象很深，他是清华大学艺术系二年级的学生。他说："我在初中二年级的时候功课很不好，我爸爸就让我辍学，说让我回去种地吧，种种地还可以挣钱，或者去打工，也可以挣钱。当时有一个老师就给我爸爸做工作，说：'你别让孩子辍学了，你这孩子功课不好，但是画的画还是很不错的，你还得让他学啊。'后来我爸爸就同意我上学了。初中毕业以后，我考上了艺术职业高中，从职业高中毕业就在一家广告公司里就业。第二年考上了哈尔滨师范大学的艺术系，但是我没有去，当时是因为经济问题没去。我又工作了两年，最后考上了清华大学的艺术系。"就这么一个孩子，本来要辍学，功课又不太好。但是他的老师看重他，他能够画画，结果成了清华大学艺术系的大学生。怎么培养拔尖人才？就是要注意研究学生，因材施教，首先要培养学生的兴趣爱好。苏联教育家苏霍姆林斯基讲，一个孩子如果到十二三岁还没有兴趣爱好的话，老师就应该为他担忧。老师要担忧什么？担忧他将来成为一个平庸的人。那么我们现在的老师关心的是什么？我们现在的老师关心的是考试成绩，关心的是分数，而不是关心学生的兴趣。我今天上午就讲，我们现在的学生毕业以后都不知道报什么专业，都是爸爸妈妈在填志愿，这样能培养出拔尖人才吗？（掌声）

学生D：尊敬的顾老师，2007年的时候我们国家实施免费师范生的培养政策，这也是我们教育界一个比较热的话题。到目前已经运行一年了，那么在免费师范生培养过程中存在什么问题？下一步免费师范生培养是否有必要往省属师范院校下移（因为现在是在教育部直属的几所师范大学中培养）？想听一下顾老师的高见。

顾明远： 这个问题今天没讲，因为讲故事就忘了讲这个问题了。过去有个传说，说免费师范生是我建议的，其实不是这样的，不完全是这样的。2006年温家宝总理召开座谈会，找了21位专家和老师，分别召开了基础教育、高等教育和职业教育的座谈会。基础教育的座谈会我参加了，叶澜老师也参加了，还有北京市的原教委主任、一名中学校长和成都一所小学的校长。座谈的时候他们都讲了教师的问题，都讲到教师的重要性。我是最后讲的，因为我是搞比较教育的，我就讲讲国外的教育。不要以为美国的教育是自由教育，实际上他们的教育很有计划，搞得很好。有一些好的学校可能我们都比不上。另外我送给温家宝同志两本书，是一个华裔小孩写的，他两岁到美国去，今年已经是哈佛大学二年级的学生了。前几年他还是中学生，他把他写的书《我在美国读初中》《我在美国读高中》送给我，让我给他写序。本来一开始我不大愿意写序，我觉得这些东西炒作得太多了，有些什么《哈佛女孩》啊，炒作得厉害。但是我看了他这本书，确实很好，他写是怎么上初中的，初中老师是怎么上课的，初中毕业以后上的高中是怎么选课的。而且他们可以在大学选课，水平相当高。我看了以后很有感触，我就给他写了序，出版了以后他就送给我，我就送给温家宝同志了。我举了书里的几个例子，我说，不要说人家不如我们，我们总觉得我们基础教育比人家强，实际不完全是这样的，他们也有好的学校。另外也说明他们虽然自由，但是自由里面也有计划。我们常常说，我国学生的学业水平比他们高，留学生带着孩子出国，三年级的孩子能去读五年级，我们比他们的课程深。但是你要知道，他们有高峰，如果我们的平均水平是80分，人家平均水平只有60分的话，那么他们有90分、95分的人，我们没有。

另外一个就是教师的水平。现在社会上对教师有很多看法，我觉得不好，比如把教师比喻成"眼镜蛇"等一些说法。我就觉得这是自毁长城，应该尊重教师，把尊重教师放在最重要的位置上。另外，要吸收优秀的青年上师范，最好是免费或者是贷款，国家来还。这时温家宝同志说，不，就是要免费，先在六所师范大学实行。所以这个不是我提议的，温家宝同志早就有这个想法了，我一说刚好对上口，误传就说是我提的。在政府工作报告里他就公开讲了。他说，免费师范生是向社会表示国家尊师重教、重视教育，这是第一；第二是表示要由"教育家来办教育"，这个他讲了好多次，要由懂得教育的人来搞教育，所以要加强师范生培养，另外要吸收优秀的青年长期从事教育工作。

他提出来以后大家就实行了，开始有一个实施细则，提出要服务十年。我觉得长了一些。后来想想也有道理，因为培养一个教师真正成为一个教育家得要十来年时间，三年五年是培养不成教育家的。温家宝同志的意思是培养教育家来搞教育。后来他视察了小学，2007年又视察了中学，到东北师大调研，去了好多地方。他讲尊师重教首先要尊师，免费师范生就是在这么一个背景下提出的。他是向全社会示范，他的意思就是先在中央开始，地方上应该鼓励。但是地方上响应的不多，因为要拿钱出来，有些地方财政拿不出钱来。我走了好几个省，好几个省都跟我讲没这么多钱。一个学生四年要五万块钱，包吃包住，免学费。有些省像四川就已经做了，四川师大就免学费了。首都师大一直是免学费的，不包住宿费。温家宝同志讲的免费是全部都包，现在免学费的学校还是比较多的，逐渐在做。我想我们的经济水平达到了，地方收入提高了，地方上也会逐步实现免费师范生的。

另外，现在特别强调教育家办教育，我想将来只要我们经济发展了，免费还是有希望的。当然免费教育也有很多问题，特别是我们两所师范大学——我们北京师范大学和华东师范大学都在向高水平进军。像北京师范大学用"4+2"模式培养教师，培养研究生一级的教师，现在要招四年本科的免费生，就打乱了我们的计划。但现在规定免费的是本科生，有点不大适应。另外我听说有些免费师范生一听说要服务十年，学习的动力不是很大、不是很强。我觉得这也情有可原，这就要靠我们做工作，让这些学生真正热爱教育，不是因为经济问题上不起学才上师范，要吸引一批真正有志于做教育的人做免费师范生。要做到这一点，我们还有很多工作要做。我也是这样，我高中毕业第一年没考上大学，第一年考的是清华大学的建筑系，我没想到要考教育，就因为当了一年小学教师觉得挺不错的，第二年我就考了复旦大学的教育系、北师大的教育系。兴趣也是可以培养的，兴趣不都是生来就有的，也可以培养。对师范生，慢慢地培养他们对教育的热爱和兴趣，是可以培养出一批教育家的。（掌声）

学生E：尊敬的顾老师，我想问一个问题，我们都知道在民国时期出现了一些著名的教育家，但是新中国成立以后屈指可数的教育家几乎都没得到公认，希望听听顾老的看法。谢谢您！

顾明远：这个问题我觉得要具体分析一下。民国时期毕竟是少数人能够上大学，能够留洋，像陶行知啊（当然他是很有名的教育家，他有理论，有实践），等等，但在那个环境中毕竟是少数人。现在我们教育普及了，我们现在有多少人出国留学？现在教育的标准也不同了，过去是少数人，他一呼百应就很有名，当然我不否认他们做出的成绩。我觉得新中国成立以后的教育家应该比民国时期的多得多，比较普及。当时是一枝独秀（当然不是一枝，是好几枝），我们现在是百花齐放啊。你到园子里去看只有几枝花（当然这几枝花有名），但是现在到一个牡丹园去看，都是牡丹，都是好的花，就凸显不出几个教育家来了。这是一个方面。另一方面，什么叫教育家？教育家的标准是什么？现在说法都不一样。比如，从小学来讲，江苏南通的李吉林能不能算教育家？恐怕可以算教育家。她在实践中搞情境教育，有一套理论。我觉得一个教师在一线勤奋地工作，而且有一定的理论，这就是教育家。像苏霍姆林斯基，他在农村里做了几十年的中学校长，教课，又有和谐教育学理论，我们承认他是教育家。还有，中国人讲平衡，似乎在世的人都不能称为教育家，你给这个戴了不给那个戴，这怎么行。以前我们编《教育大辞典》，教育人物中都是去世了的，活着的人一个都没有。死了的人盖棺定论，活着的不好办。所以这个问题要很好地分析一下，我觉得我们现在是百花齐放，有很多的教育家。（掌声）

学生主持人（孔令帅）：我再占用大家几分钟，对顾老师的讲座做一个总结，我的总结分三点。第一点，我觉得顾老师的讲座深入浅出、通俗易懂，用他朴实的语言阐述了他对教育与文化，教育与生产，还有教师的专业化，终身教育等问题在特定环境下的理解和思考。我觉得这是很难能可贵的。第二点，我觉得顾老师很擅长讲小故事，但是他讲的小故事当中蕴含着深刻的道理。比如说"三好学生"的评比，素质教育的一些问题。第三点，我觉得顾老师身上蕴藏着中国教育家特有的责任感，比如说他大力呼吁停止"三好学生"的评比，等等。从这些都可以看出他对中国教育是有强烈责任心的。最后，我也给大家讲个小故事。据说哈佛大学教授罗尔斯（《正义论》的作者）在讲完课以后，学生都会起立鼓掌，一直鼓到罗尔斯走到听不到掌声的地方，这是个事实。（笑声／掌声）顾老师不仅是北京师范大学的旗帜，也是我们中国教育学界的领军人物，可以说是德高望重的前辈学者。因此我建议大家起立鼓掌，用最热烈的掌声感谢顾老师，同时也祝顾老师身体健康，工作顺利！谢谢大家！（掌声）

（录音整理：宋静磊）

班主任应积极、正面地对学生进行教育
——在北京市教师进修学院的演讲
（1962 年 12 月 10 日）

党和国家把培养年轻一代的工作交给学校和教师，这是对教师的无限信任。年轻一代是社会主义和共产主义事业的接班人，把他们培养成为社会主义和共产主义建设所需要的人才——有社会主义觉悟的有文化的劳动者，这一工作是十分光荣的，也是十分艰巨的。教师在培养年轻一代的工作中起着主导作用，这就对教师提出了很高的要求。教育者必须受教育。因此，一个人民教师首先要不断地提高自己的思想政治水平；其次，人民教师必须具有丰富的科学文化知识，要钻研自己的专业，学习科学发展的新成就；再次，人民教师必须要有全心全意为社会主义教育事业服务的专业思想，热爱学生；最后，人民教师还必须不断学习教育学生的业务知识和教育的技能、技巧。

一、热爱学生，尊重学生，才能教育学生

马卡连柯有一个很重要的基本教育原则：永远是尽量多地要求一个人，也要尽可能地尊重一个人。他认为这两者是辩证的统一。"对我们

所不尊重的人，不可能提出更多的要求，当我们对一个人提出很多要求的时候，在这种要求里也就包含着我们对这个人的尊重，正因为我们向他提出了要求，正因为他完成了我们的要求，所以我们才尊重他。"从教育实践中也可以看到马卡连柯这个原则是十分正确的。大家一定看过《马越成长中的风波》一文（原文刊载于《中国青年》1957年第3期）。这篇文章很好地说明了只有教师耐心地说服教育，尊重学生，不断地提高要求，才能使他改变过来，而简单粗暴只能使他越变越坏。

第一，热爱学生，尊重学生，这体现在教师对学生的信任上。我们要相信学生，相信他能改正错误。前几年我们参观了北京工读学校，那里的学生都是北京市各校开除出来的学生。起初，这个学校简直不像一个学校，上课时教师来了，学生不来，或者学生在教室内任意打闹。但是经过教师的耐心教育，特别是钻研了马卡连柯的教育理论，结合我们的实际，采取了一整套办法，学校很快就改变了面貌。当我们参观的时候，它已和普通学校没有多大差别了。我们参观时，那里的教师告诉我们，有一个学生进这个学校的经过是这样的：他的亲生母亲已去世，继母对他不好，他的父亲常常打他，他对父母亲都怀恨在心；有一次，他父亲把他打得昏了过去，他醒过来以后就一拳把父亲的门牙打掉了，结果被扭到派出所，进了工读学校。他在工读学校表现很不好，看不起任何人，不信任任何人，也不信任自己。教师和他谈话，批评、要求都没有用。这时，教师认真考虑了他的问题，认为他的表现之所以这样坏，主要是因为他不信任别人，觉得没有人会信任他，因此也没有自尊心。所以首先必须培养他的自尊心。不久，"五一"节来到了，学校里教师和同学都要进城去参加游行。学校决定把在校值班的一部分任务交给他。这件事使他感到学校对自己莫大的信任，因而他逐渐改变了对学校和教师的看法，认真听取教师的意见，认真考虑自己的问题，自尊心也逐渐地培养起来了，结果完全改变了过去的习惯。

第二，教师要耐心教育学生。几年前我们学校里发生过这样一件事。初二有个女生，经常在班上捣乱，和班上的干部闹对立，常写匿名信骂干部，在周记上也是乱骂人，由于对班主任的评语有意见，竟然要砍班主任。班上曾经在5月23日开了一个会批评她，她就把23日这一天当作"纪念日"，每逢23日就对人说，今天又该倒霉了。有一次，因为她实在闹得不像话，我把她叫来和她谈话。本来每次班主任或其他教师找她之后，她回去总要大喊倒霉或发脾气。但是这一次没有这样，而且自从那次谈话之后，直到她初中毕业没有再发生大吵大闹的事，"纪念日"她也不再提了，还一度在周记上反映了对班集体的热爱。当然这个学生的问题还是很多的，而且她的这些转变也不只是由于那一次谈话，班主任和同学都做了不少工作。但是那次谈话多少起了一些作用，至少没有像以前那样起了坏作用。她在谈话以后心情是较为愉快的，她回去以后只是对同学说："我本来走到主任室门前腿都哆嗦了。"从她这句话可以看出，她那次和我谈话是准备挨训的，因此心情比较紧张，可是事实与她想到的相反，我非但没有训她，而且态度是比较温和的，先听取了她的意见，耐心地给她做了分析，给她指出了方向，加强了她改正错误的信心。这说明只有尊重学生，耐心教育，才能教育好学生。

在我的工作中也有过不少失败的教训。有一次，初二有一个班闹得不像话，我心里一着急，让班主任找了几个班上最闹的学生到办公室，开始对着他们训起来，可是当时我就发现有些学生表现出不以为然的态度，他们根本不在乎，不听我讲话，我尤其注意到有一个学生表现出很气愤的样子。这时我发现我的谈话不仅没有效果，而且方法也不对头。当时就耐下心来改变了方式，让他们自己谈谈有什么意见，起初一个人也不发言，有两个学生甚至委屈得哭起来了。经过鼓励和动员，他们提出了很多意见。其中最主要的意见就是"班主任和学校老把我们当作班上最差的学生，一出事就找到我们头上"。有一个学生说出了真心话：

"我们都灰心了。"这说明，一方面，他们觉得学校和班主任把他们当作坏学生，他们不甘心，因此不满意，认为学校和班主任不信任他们，因此和学校、班主任对立起来，不听学校和班主任对他们的要求；另一方面，他们对自己的进步已经失去了信心，这样每次被教育以后依然如故，屡犯错误。这种事情充分说明我们过去工作中尊重学生少了一些，以致造成这样的后果。

学生对于教师对待他们的态度是十分注意的，只要我们在言语之间流露出一丝看不起或讽刺，学生就会觉察到，因而他就不会再听你的话。初中某班一个教师，课教得非常好，但有时说话尖刻些，学生就有意见，说这个教师爱"损人"。这样，他的教育效果也就不可能很好。

这样的例子是很多的，从这些例子中可以看到，我们只有尊重学生，才能对他们提出要求。采用粗暴压服的办法，也许表面看来可能有效，但是实际上只能造成师生更大的对立，更不利于教育，而且还会伤害学生的自尊心，使学生没有信心改正自己的错误。

第三，班主任要善于发现学生的优点，发扬他们的优点来克服他们的缺点。这也就是毛主席教导我们的要调动积极因素，以积极因素克服消极因素。有些班主任在工作中往往只看到学生的缺点，看不到学生的优点。特别是对个别学生，一谈起个别学生来就头痛，就想到他这也不好，那也不好，看不到他有丝毫优点。由于对学生的看法如此不全面，采取的方法当然也就不合适。其实，我们只要想一想，一个学生难道丝毫优点都没有吗？这是不可能的。孩子淘气顽皮，不听话，不遵守纪律，是他的缺点；但是活泼、有创造性往往是他的优点。我们虽然也知道要培养学生生气勃勃，但实际上有时是把学生培养成"小老头儿"。我看了《辅导员》杂志1955年第11期上的一篇文章，受到很大启发。它是写上海华东师大附中一个中队的活动。这个学校里有一个乱班，学生在课堂上不好好听课，在下面画小人。有几个最淘气的学生画得最好，但画的都是侠客之类的画像。班上为此开过好多次会，都没能解决问题，而且大家对开会也产生了反感。班主任和辅导员研究了这个情况，认为再开中队会已没有多大效果。同时认为在课堂上画小人是不好的事情，但是能够画画是好事，因而就想到利用这个优点来克服前面所说的缺点。有一次，班主任把几个最顽皮的学生找了去。这些学生以为这次要严厉处分他们了，很害怕，把心爱的画片都撕毁了，并且互相约定，谁也不发言。但是，教师出人意料地并没怎么责备他们，却和他们商量一件重要的工作，就是大队委员会决定把画黄继光画册这个光荣任务交给他们中队。班主任征求他们的意见，如何来完成这项工作。同时也和他们说明了画那些侠客是没有意义的，应该画真正的英雄，也指出在课堂上不听讲而画小人是不对的。这些学生听了教师的话，放下心来，高兴地接受了这个任务，并且提出了很多宝贵的意见。活动从而开展起来，这些学生都分担了重要的工作，最后胜利地完成了大队交给的任务，受到大队委员会的表扬。通过这次活动，不仅班上的纪律搞好了，而且还进行了一次深刻的爱国主义教育。这就是发扬学生优点来克服他们缺点的一个很典型的例子。

我们在实际工作中常常遇到一些顽皮的学生，往往他们的工作能力很强，在同学中有威信。对待这样的学生就需要特别谨慎。往往有些班主任在同学面前揭露他的缺点，打掉他的威信，使他在同学中被孤立，这种办法对这个学生本人来说，往往会带来反作用。实际上，他在同学中的威信、他的组织能力是他的优点。应该利用这些优点，引导他起好的作用，如果能把他改变过来，他还会带动其他同学，把坏事变为好事。

第四，学生犯了错误，要相信他能够改正错误，同时也要容许他在改正错误的过程中再犯错误。对待好学生也是这样，要容许好学生犯错误。所谓容许，并不是纵容，或者他们犯了错误也不教育，而是说遇到这样的现象时要全面地看问题，不能对他们失去信心。在实际工作中我们有些同志往往不是这样，往往在犯了错误的学生改正错误后很高兴、很欣赏，但一旦发现他又犯错误时就完全否定他的进步，对他失去信心；对好学生平时很宠爱，但一旦他犯了一些错误就否定一切，立刻对他冷淡下来。这种态度是不对的，这样只能使学生失去进步的信心，错误得不到改正。前两年我校有一个班长平时表现很好，但有一次在饭厅分饭时贪了些小便宜，给自己多分了一些。班主任就为此找他谈了好几次话，团内也批评他，最不好的是班主任还撤销了他班长的职务。这样一来，这个学生从此抬不起头来，不仅不能改正错误，而且消极了下去，直到后来我们做了很多工作，特别是对他加以信任后才渐渐地积极起来。

对犯了错误的学生，只要他有一些改进，我们就要及时肯定他的进步，巩固他进步的信心。同时给他指出方向，使他逐步地改正缺点。

二、必须严格要求学生

前面说过，要尊重学生才能教育学生，但是尊重并不是对学生放松要求。相反，之所以尊重他就是为了更好地教育他、要求他。同时我们对他提出要求，也就表示我们对他尊重，因为我们对不尊重的人是不可能提什么要求的，因此尊重和要求是辩证的统一。

我们社会主义（的教育）与旧时学校的教育是有根本区别的，我们的教育是以自觉性为基础的。因此我们的纪律就是自觉的纪律。但是自觉纪律绝不是学生的自发纪律。纪律是一个集体对集体每个成员的要求。对学生来说，纪律就是学校对学生提出的要求。所谓自觉纪律是指我们社会主义社会的纪律是以自觉性为基础的。马卡连柯说过："我们的纪律和旧社会的纪律不同，它应当是同自觉相结合的，也就是同充分理解纪律是什么，并为什么需要纪律相结合的。"因此这种自觉纪律不是一下子就能形成的，它的培养和发展是有阶段的。马卡连柯把自觉纪律的培养分为三个阶段。第一个阶段是在学生集体尚未形成的时候，这时候需要以肯定的口气提出要求。第二个阶段是当集体形成了积极分子核心的时候，这时候积极分子已经自觉地维护纪律，支持教师的要求。第三个阶段则是学生集体已经巩固起来，学生集体已经自己能提出纪律的要求了，这时候自觉纪律已经形成。根据马卡连柯的经验，培养自觉纪律是一个长期的、艰巨的教育过程。在这个教育过程中严格地对学生提出要求是极为关键的。因此必须对学生严格要求，如果没有要求的话，也就不可能有教育。马卡连柯又说："如果没有热情而真诚的坚决要求，就不可能着手进行集体教育。"

目前有些教师不了解严格要求的意义，他们等待着学生的自觉。但是自觉是等不来的，自觉性需要教师来培养，而培养的方法除了说服教育外，就是要在各种活动中提出要求，而且只有通过要求才能进行说服教育，使学生在执行过程中不仅明白道理，而且养成遵守纪律的习惯。也有些教师有顾虑，怕严格要求了，会使学生产生对立情绪。这种顾虑是不必要的，只要我们的要求合情合理，学生是不会有意见的。相反，学生对要求不严的教师是有意见的。在严格要求过程中师生关系形成对立，往往有三个原因。一是教师的要求不合理。例如，上一节课教师拖了堂，下一节课同学因为课间时间短，上厕所回来迟到了，教师不了解情况而训斥一顿，这样学生就很反感。二是教师的要求不一视同仁，特别是在男女学生方面，如果要求不一样，他们就会对教师有意见。三是教师不能以身作则，不能严格要求自己，对学生不虚心。如果我们把上述三方面引以为戒，那么尽管放心大胆地要求学生。

对学生提出要求的时候，需要注意什么问题呢？

第一，要有明确的目的性。不仅教师本人要清楚地了解每一个要求要达到什么目的，而且要让学生了解要求的目的和意义。只有这样才能启发学生的自觉性，才能形成正确的公众舆论。

第二，要有明确的规章制度。严格要求不是一句空话，必须要有具体的措施，这就是学校的规章制度。学校不可一日无制度，没有制度就不可能有学校的正常秩序。孟子说过："大匠诲人，必以规矩，学者亦必以规矩。"

第三，提出的要求要适当。也就是说要考虑到这些要求确实是学生能够做到的，是合情合理的，符合学生的年龄特点。

第四，严格要求要有坚持性和一贯性。上面讲过，严格要求不可能没有具体的规章制度，而有了规章制度并不等于已经做到严格要求了。要使规章制度成为严格要求，就要有贯彻执行规章制度的决心和恒心。只有十分齐全的规章制度而不去认真执行，或是执行得不坚决，这就不能收到好的效果。

第五，严格要求要有统一性，即全体教师的统一行动。如果有些教师这样要求，另一些教师又是那样要求，或者有些教师要求严格，另一些教师要求不严格，都不能达到要求的目的。

个别学生如果坚决不执行教师的要求，严重违反纪律，教师竭尽全力也不见效，那么适当的处分也是需要的。处分是教育的一种手段，它的目的是为了使被处分的学生意识到自己的行为是错误的，从而开始自觉地遵守纪律。我们都知道，只有有了正确的公众舆论，同时当被处分的学生认识到自己错误的时候，处分才会有效。但这也并不是说当大多数学生和受处分的学生本人还没有认识的时候就不能采取处分，因为通过处分可以给大家指出是非，强调错误的严重性。同时公众舆论也不是不变的，通过说服教育以及处分的过程，可以教育群众树立正确的公众舆论。这种处分和惩办主义是不同的。惩办主义的错误就在于它不明确自觉纪律的教育目的，不讲究教育效果，企图用恫吓来压服学生。惩办主义只能培养"奴隶"，不能培养自觉的人。

处分并不是体罚。所谓体罚，顾名思义就是有伤肉体的惩罚。这种体罚是我们应该坚决反对的。体罚不仅伤害少年儿童的身体健康，而且伤害他们的心灵，它是以恫吓压服为基础的，它不相信少年儿童有自觉性。体罚是使教育者和被教育者站在敌对的基础上，使被体罚的儿童失去自尊心，失去对别人的信任，甚至会让他认为，人们之间的关系是残酷的、对立的。因此，体罚不是我们社会主义教育的方法。

在我们教育工作中还常常听到"变相体罚"一说。什么是变相体罚？什么是真正的处分？这往往不容易搞清楚。但是我想如果根据上述体罚的特征来看，一切符合那些特征的就是体罚或变相体罚，如果是以启发自觉为目的，而且不伤害学生身体的就是正当的处分。

虽然处分是教育的手段，必要时可以采取，但是我们不主张轻易就采取处分的办法，更不能滥用处分。因为它只是一种辅助的手段，主要还是要向学生进行积极正面的教育。总之，一切要从教育效果出发。

三、教育工作要适合学生的特点

教育工作要适合学生的特点，工作方式方法要多样化。有些教师往往把教育工作简单化了，使得师生关系很紧张，在这种情况下怎么能进行教育呢？

也有些同志说，班主任工作就是两条：一是说，二是盯。这就把教育工作简单化了。从教育的观点来看，"说"和"盯"用得不当可能产生很不良的效果。封建主义教育确实用过这两种办法，但是这种封建主义的教育方法永远培养不出有社会主义觉悟的人来。我们共产主义教育很重要的一种方法是说服。但说服并不等于说教。说服是一种教育方法，它包括多种多样的方式。只要是通过各种活动使学生信服的方法都是说服。但是有些同志把说服理解为空洞的说教，就是对学生训一顿、说一通。而学生听了以后也许暂时有效，实际上没有解决多大问题。马卡连柯曾经指出过："没有经验的教导员认为谈话是高级的教育技术。事实上这是最手工业的教育方法。教导员应当很清楚地知道下面这一点，甚至所有学生都很明白，他们是在机关中学习和受教育，但他们非常不喜欢那些专门的教育手段，尤其不喜欢人家对他们尽谈些教育的好处，把每一种批评都变为道德的说教。"接着他说："教导员的教育立场的实质应当不让学生感觉到，并且不把它放在第一位。教导员无止境地用明显的谈话烦扰学生，会使学生感到讨厌，并且经常会引起某些反作用。"

当然我在这里并没有否定谈话这种方式的意思，适当的谈话是很必要的，但不能把它当作唯一的方式，更不能把谈话变成说教。

"盯"就更不是好办法了。我们共产主义教育是要培养学生自觉的纪律，难道"盯"能培养出自觉纪律吗？从暂时来看，"盯"可能有一定的效果，所以有些班主任就把它当作有效的教育手段了。但是这种效果只是暂时的，等到班主任不盯的时候，纪律仍是不好。当然，班主任对学生要严格要求，加强督促，时常去看看学生，参加学生的活动，但这只是为了更好地了解学生执行要求的情况，以便进一步开展工作，同时也有督促检查的意思。但这完全不是"盯"的意思。

因此，班主任工作这两条应该换一换。正确的两条：一是抓思想工作，二是抓组织工作。培养班集体也好，搞纪律也好，搞学习也好，首先必须解决学生的思想问题，从抓思想入手，其次是抓组织工作。例如，要搞好班上的纪律，首先通过各种活动让学生了解纪律的意义、纪律与自由的关系、个人与集体的关系，然后把学生组织起来，制定出一定的制度，等等。要搞好学习，首先要通过各种活动解决学习目的和学习态度问题，然后把学生组织起来，交流学习经验，安排复习辅导，等等。只抓组织工作而不抓思想工作，就达不到教育的目的，也就不能彻底解决问题。因为思想是灵魂，政治是统帅。但只抓思想而不抓组织工作，也不能达到目的，教育要落空。

班主任的思想工作和组织工作都必须结合学生的特点来进行，学生的特点包括年龄特点和个别特点。对待不同年龄的学生，教育内容和方法都要有所不同。中学阶段是学生身心发展最快的时期，因而各年级学生年龄的差别是很大的，不考虑到这些差别我们就无法进行工作。这里我们不可能一一介绍各年级学生的年龄特点，我想只谈谈对初一、初二学生进行教育时所要注意的问题。大家知道，初一、初二学生处在少年时期，这是从童年时期向青年时期的过渡阶段，他们的主要特点就如克鲁普斯卡雅所指出的是"过渡时期的心理特征，是在于那半儿童半成人的心理"。这句话十分重要。它要求我们在进行工作时不能像对待一般小孩子那样对待他们，我们必须尊重他们，听取他们的意见，发挥他们的主动性。但另一方面，我们也不能像对待成年人那样来对待他们，他们毕竟处在少年时期，生理、心理方面都保留着许多儿童的特征。例如，他们爱活动，易兴奋，自制能力还不够，等等。根据少年期的这种特点，班主任就需要通过各种各样丰富多彩的活动来对他们进行教育。活动的方式是很多的，例如，可以举行班会、报告会、故事会、科学晚会、朗诵会、文艺晚会，可以组织他们与英雄模范会面，可以组织参观、访问、游园，也可以搞些墙报、画报，举办展览会，等等。

在组织活动时要注意些什么呢？

第一，活动要有目的。要结合学生的实际情况，为了达到一定的目的而组织活动，不是为了活动而活动，即使如游园或文艺晚会，也应有一定的教育目的和一个鲜明的主题思想。只有事先有了目的，才能使学生在活动中受到更大的教育。

第二，必须是学生自己喜爱、乐于参加的活动，而不是班主任强加于他们的活动。因为只有是学生自己喜爱的活动，他们才会积极参加，并在活动中受到教育。因此，班主任要和学生一起分析情况，确定主题，商量搞什么活动。如果班主任事先有所考虑，也要在和学生一起研究的过程中提出来，并在广大学生中酝酿，为他们所接受，变为他们自愿搞的活动。

第三，要加以周密的计划和组织，要把准备过程变成教育过程，而活动本身往往只是教育过程的最高峰，是它的总结。

第四，要注意吸引更多的学生参加准备和活动。参加的人越多，受到教育的人就越多。要注意让学生亲自动手，不要为少数学生干部所包办，更不要班主任包办。

第五，在组织活动时要注意学生的安全。对学生提出的一些带有危险性的活动我们要劝阻。在活动过程中也要考虑到安全，特别是在校外活动的时候尤其要注意。

班主任在进行工作时还要注意照顾到学生的个别特点。有些学生很聪明，学习很好，但纪律很差；有些学生遵守纪律，但思想较迟钝。对这些不同的学生要不同对待，因材施教。特别是对待个别学生，需要我们深入了解他们，找出主要问题及其根本的原因，从而找到解决问题的关键。往往有这种情况，和一个学生谈话几十次解决不了他的问题，但是，有时一句话就可以把他改变过来。

过去我遇到过一个初一的学生，经常旷课，不爱学习，在家和母亲大吵大闹，威胁母亲，骗母亲的钱，有时甚至要死要活。母亲吓得日夜担心，到学校里来哭哭啼啼。经过我们细致了解，原来家里父亲太严厉，对孩子要求严，尊重少，同时偏爱他的妹妹；而母亲呢，正相反，对他非常溺爱。由于父母对孩子要求不得当，孩子形成一种不正常的心理状态。我们了解到这些情况后，和家长进行了多次联系，对家长提出要求，要他们改变对待孩子的态度。家长起初没有重视学校的意见，结果孩子的脾气越来越不对头，家长没有办法，把他送进了精神病院。经过几个月的检查，医生断定他没有病，而是由于家庭教育不良所造成的性格问题。直到这个时候家长才醒悟过来，认识到自己教育方法的错误，和学校密切配合，后来这个孩子就逐渐转变过来。

这里可以看出一个"个别"儿童所形成的原因是错综复杂的。初看起来上述那个学生的主要问题是不愿学习、旷课，仔细了解以后，发现这里关系到家庭教育问题，而且这是产生问题的根本原因。只有找到这个根本原因，才能解决他的主要问题——学习。而在解决问题时往往不仅是对学生进行工作，而且要做家长等其他方面的工作。

＊　＊　＊

班主任工作是一项十分细致、复杂的工作，要做好这项工作，光凭苦干是不行的，要善于依靠群众，调动一切积极力量，这里包括任课教师、学生、家长以及校外教育机关等。其中任课教师和学生集体的力量尤需特别重视。班主任如果得不到任课教师和学生集体的支持，任何教育都不会生效。因此，班主任要经常和任课教师取得联系，沟通情况，和他们共同研究问题，统一认识，统一要求，形成坚强的教师集体，这就对学生形成了一股强有力的教育力量。同时班主任要把注意力集中在培养班集体上，不要因为注意个别学生的教育而忽视了对班集体的培养。我们要认识到对个别学生的教育只有在集体中进行才有效。

班主任工作的确是十分艰巨复杂的工作，今天我来不及对班主任工作的整个内容和方法一一加以探讨。以上只是谈了一些班主任工作中几个认识问题，望大家指正。

现代生产与现代教育
——在北京市高等教育讲习班上的演讲
（1980 年 6 月 28 日）

今天，我讲的题目是现代生产和现代教育。我讲三个问题。

一、什么是现代生产？现代生产有哪些特点？

现代生产和现代文明是联系在一起的。在15—16世纪文艺复兴的推动下，中欧以意大利为中心出现了一大批科学家，在科学上有许多重大发明创造，但还谈不上现代生产。那时还没有把科学和生产结合起来，特别是没有把科学的发明创造运用到生产上，只有到了18世纪，科学技术才逐渐和生产结合起来。首先在英国爆发了产业革命，从此开始有了现代的生产。因此，是不是可以说，从18世纪后期产业革命开始就有了现代生产？恩格斯在《反杜林论》中指出："蒸汽机和新的工具把工场手工业变成了现代的大工业，从而把资产阶级社会的整个基础革命化了。工场手工业时代的迟缓的发展进程变成了生产中的真正的狂飙时期。"当然，当时的现代生产和我们现在所讲的现代化生产还有很大的距离。现在已经不是蒸汽机时代了，现代生产发展到今天已经历了三个阶段：第一个阶段是蒸汽机的发明和应用；第二个阶段是电动机的发明和应用；第三个阶段是电子、核子技术的发明和应用，以电子计算机为代表。现代生产的含义和蒸汽机时代的相比有了很大的不同，但是它们的基本特征是相同的，这就是现代生产是革命的，传统生产是保守的。现代生产用机器代替了人力，改变了传统的手工业状况。现代生产的特征和传统生产的特征截然不同。马克思在《资本论》中说："近代工业从来不把生产过程的现有形态看成是最后的。所以，以前各种生产方式的技术基础在本质上是保守的，近代工业的技术基础却是革命的。因机器、化学作用及其他方法之助，大工业在生产的技术基础上，经常引起变革，同时，也就在工人的职能上以及在劳动过程的社会结合上经常引起变革。"马克思在这里说的"近代工业"应译为"现代生产"（modern industry）。[1]他把现代生产与以前的传统生产严格区分开，说现代生产是革命的。没有机器的手工业，几千年几乎没有变化，机器出现后，生产过程发生了根本的变革，不是几千年不变，而是瞬息万变。特别是近几十年电子化时代更是这样。

现代生产为什么是革命的呢？现代生产是建立在现代科学技术基础上的。生产的需要促进了科学技术的发展，同时，科学技术的发展推动了生产。科学技术与生产结合，科学技术一有突破，生产就会几十倍，甚至成百倍地提高。例如，1900—1910年，工业劳动生产率的提高有5%—20%是靠科学技术的采用。而在20世纪70年代，有60%—80%的生产率的提高要靠科学技术，有的行业则百分之百地靠新的科技的采用。

现代生产的革命性表现在哪些方面呢？

---

[1]《资本论》1953年的中译本把modern industry译成"近代工业"，后来就改为"现代工业"了。

第一，科技的成果迅速地被应用到生产中。传统生产之所以是保守的，因为它和科学没有直接的关系。科学转变成技术，需要经过一个漫长的过程，而科技成果运用到生产中，又需要有一个漫长的过程。一家一户的生产不需要科学技术，只有大机器生产才需要科学技术。随着现代生产的发展，科学技术从发明到应用的周期越来越短。蒸汽机从发明到应用经过了80年；电动机从发明到应用经过了65年；电话从发明到应用经过了50年；真空管从发明到应用经过了33年；飞机从发明到应用的周期是20年；第二次世界大战中，从发现核裂变到第一颗原子弹的生产用了6年；60年代的晶体管从发明到生产只经过了3年；70年代的激光器，从发明到生产仅仅用了1年。从这几例可以看出，科技成果从发明到应用于生产的周期越来越短，科技成果迅速应用于生产，使生产不断发生变革。

第二，新技术、新产品的过时速度越来越快。据统计，最近十几年来发展起来的工业新技术有30%已经过时。电子技术领域中的新技术有50%已过时。60年代初，电子技术领域开始应用晶体管。1966年，美国70%的晶体管应用于导弹、计算机和通信设备上。经过3年，导弹系统的计算机已经不用晶体管，而采用集成电路，而且集成度也是每年翻一番。0.1平方英寸（1平方英寸=6.4516平方厘米）的硅片上，在50年代只能做1个电子元件，现在可以做3万个电子元件。1946年美国第一台电子计算机重30吨，18 000多个电子管，现在的计算机是超集成电路，体积缩小到不知多少分之一，效能却不知增加了多少倍。

第三，生产工艺不断变革而造成行业不断变换。生产新工艺的应用造成新行业产生，旧行业消失。美国从1949年到1965年，大约有8 000种职业从劳动力市场消失，同时有6 000种新的行业出现。当前最大趋势是农业人口逐渐减少，工业人口保持现状，服务行业人口大大增加。

现代生产发展到当代，又有什么新特点？

第一，生产手段超过机械化时代，进入了"人化机械"时代。机械人化，机械具有人工智能，突出的表现是机器人的出现。

第二，工业的集约化。由过去生产的粗放化转到集约化，劳动生产效率大大提高。这表现在：采用进步的新装备的过程加速和扩大；采用新的材料、原料、燃料；进行高效能的综合机械化生产和综合自动化生产，提高产品质量水平；进一步专业化和在协作的基础上改变生产的组织。总之，加速了生产过程，生产中装备、原料、管理组织都有很大变化。据统计，由于工业集约化，机器设备更新加快，过去10年1次，现在5年1次。我国设备更新的周期大约需25年，也就是说现在使用的机器很多是25年以前的，甚至有的还要更老。

第三，农业生产的工业化。农业机械化程度越来越高。农业实现了电气化，现代化机械设备的应用和科学成果在农业中的应用越来越广泛。农业像工业一样，越来越专业化、协作化。一般大的农场都企业化了，农业劳动生产率大大提高，农业人口大大减少。美国20世纪30—40年代，1个农民养活11个人，现在1个农民可以养活52个人。欧洲有些国家农业劳动生产率更高。

第四，经营管理现代化。日本称科学、技术、经营管理是现代文明的鼎足，现代化经营管理各国都很重视。

第五，产生了新型的工人。人在生产中的地位发生了质的变化。人由直接生产转到主要是控制生产，把人在完成生产中的一些逻辑思维职能交给了技术手段（电子计算机等），人就从直接生产过程（不是一般生产）中解放出来，体力劳动的比重减少，脑力劳动的比重增加，使生产劳动逐步变成科学生产，社会劳动智力化，从而产生了新型工人，即不但用手，而且用脑劳动的人。

总之，现代生产发展到现在，改变了人的政治生活、经济生活、文化生活等一切社会生活。

二、现代生产对教育提出了什么要求?

现代生产改变了人们的一切社会生活,当然对教育也提出了不同于过去的要求。大工业生产以前,学校主要是培养少数统治阶级的子弟,劳动人民没有机会接受教育,教育和生产劳动没有直接关系。劳动人民受到的不是学校教育,而是靠师傅带徒弟的方法学习劳动技能。当时的手工业生产可以靠这种方法培养劳动力,而大工业生产就不能满足于这种方法了。马克思在《资本论》中提出:大工业的本性决定了劳动的变换、职能的更动和工人的全面流动性。马克思说,劳动的变换是不可克服的自然规律。这给大工业生产提出了生死攸关的问题,即承认工人应尽可能多方面地发展,这是现代生产的自然规律。马克思指出,需要用全面发展的人来代替片面发展的人。怎样才能使人全面发展呢?就需要把教育和生产劳动结合起来。人的全面发展是从大生产的角度,是从大生产的需要提出来的。

由此可见,现代生产本身要求人的全面发展,就需要把教育和生产劳动结合起来。这是现代生产的自然规律,也是现代教育的普遍规律。过去我们把教育和生产劳动相结合看成是无产阶级的教育原则,这是不确切的。资产阶级教育要符合生产的需要,也要这么办。资本主义社会也不可能不把教育和生产结合起来。实际上,西方教育和劳动结合得很紧密。它们的经济发展促进了教育发展,要求教育为科技培养人才和熟练工人。当然,在资本主义制度下,教育和生产结合是客观需要,和我们无产阶级从自身利益出发,自觉掌握这条规律是不同的。由于资本主义社会的固有矛盾,资产阶级为了获得廉价劳动力,牟取高额利润,总是要保持一批劳动后备军。因此,一方面现代生产客观上需要人的全面发展,而另一方面又有一大批工人失业,得不到劳动的权利。因此教育和劳动相结合,是不可能在资本主义制度下得到彻底实现的。

我们要自觉贯彻这一条规律。在我国如何贯彻呢?对这一点,我们过去有片面的理解，认为把学生带到工厂去劳动，就是教育和生产劳动结合了。应该像邓小平同志讲的那样，使教育和整个国民经济、生产建设相结合、相适应，使学生掌握先进的科学技术，全面发展，适应生产的不断变更的需要。这不是个别学校的问题，而是要建立一个适合我国国民经济需要的教育体制。要使教育与劳动生产相结合，必须做好以下几个方面的工作。

第一，从教育和经济的关系上看，发展教育的规模要同整个国民经济相适应，成为国民经济中的一个重要的组成部分，把培养各种人才纳入经济计划中。而且教育周期长，要提前考虑。首先要解决思想认识问题，即把教育看成国民经济中的一个重要因素。过去把教育看成消费性投资，而不是生产性投资。对这个问题，近年来有所改变，但认识恐怕还不一致。教育是不是生产力，现在有争论，姑且不去争这个问题，但必须看到教育在生产中的作用。比如，我国的教育经费在国民经济中的比重是否合理？有没有比例失调的地方？举例来说，一般国家的物质生产投资增长率不如教育投资的增长率，后者应更快些。日本从1960年到1974年，教育经费由7 522亿日元增至84 624亿日元，增长了10倍多，而国民经济总产值只增加了2.5倍。从教育经费占国民经济总产值的比例来看：美国（1976年）教育经费占国民经济总产值的5.8%，占财政支出的15.8%（有的统计为17.7%）；英国教育经费占国民经济总产值的7%，占财政支出的16.6%；法国教育经费占国民经济总产值的4%，占财政支出的17.3%；联邦德国教育经费占国民经济总产值的5%，占财政支出的14.5%；苏联教育经费占财政支出的14.9%；日本教育经费占国民经济总产值的5.3%，占财政支出的21.7%；印度（1975年）教育经费占国民经济总产值的3.3%，占财政支出的20.7%。我国1979年的教育经费占财政支出的6.2%（不包括厂矿企业办学的经费）。当然各国在计算国民经济总产值时方法不同，计算教育经费的方法也不同，这些数字只能作为参考。我国1978年和1952年相比，工业固定资产增加了20倍，可是工程技术人员（大学和中专生）只增加了8倍，教育经费只增加6.3倍。可见我国教育经费比工业资产的增长慢得多。从按人口平均的教育经费来讲，1975年的数字是：美国471.42美元，日本247.74美元，埃及18美元，泰国12.43美元，斯里兰卡6.76美元，印度3.94美元，我国还要更少。当然，教育和经济比例不相适应的情况要逐步改变，要看我国的财政情况，教育经费不可能一下子增加许多，从而影响国民经济建设。但应该明确合理的比例，也就是说，要看到不把教育搞好，现代化也不能实现。有了这个认识，才能逐年增加教育经费和教育投资。

第二，要使教育与劳动相结合，还有一个教育内部结构上的问题，要建立一个适应我们生产发展需要的教育体制，培养各生产部门需要的人才。这个问题讨论得已经很多了。但这个问题的解决要同干部结构改革结合起来，要和劳动计划部门共同规划。现在反映文科生太少，但是文科的人才多了以后，就要有部门使用他们，否则就会浪费。比如，60年代教育系的毕业生大部分改行、转业，因为教育行政领导干部不学教育也能当。中等教育结构也是这样，办中专和职业学校要和劳动部门结合起来。这些不是教育部门能单独解决的问题。

第三，教育内容上要适应当代生产的需要，反映当代科技的发展。教育要培养不仅用手，而且用脑的新型工人，他们不仅会生产，而且要会管理生产。因此，工艺教育（综合技术教育）要在中学课程中加强，使学生熟悉总的生产过程。

第四，培养方法上要注意培养学生的能力，不是学死的知识，这样才能适应当代科学技术发展的需要。例如，1665年世界上出版了第一本科技杂志，1865年就有了1 000种，1965年则突破了10万种。每年全世界有500万篇科学论文发表，说明科学技术知识爆炸性地发展。要让学生在十几年的学龄期内掌握所有的知识是不可能的，这就需要注意发展学生的能力，加强基础知识，使学生将来能适应千变万化的科技发展。

第五，培养学生的劳动态度。各国都很重视这个问题。

教育和生产劳动相结合，是现代教育的普遍规律，是一个根本性的问题，需要我们很好地研究。

三、现代教育的发展动向

近几十年来教育受到社会普遍的重视。有的教育家说，教育从来没有像现在这样受到普遍的重视，也从来没有进行过这么大的改革。资产阶级教育家用资产阶级的观点对这种情况加以各种各样的解释。我们则认为，教育受到重视的最主要的原因是生产力的发展。生产力是最革命的、起决定作用的因素。生产的发展对教育提出更高的要求。产业革命以后，要求工人有一定的知识，于是从19世纪开始有了普及义务教育。随着生产的不断发展，普及教育的年限也不断地延长。例如，日本从1886年开始实行义务教育，年限4年，1907年延长到6年，1947年又延长到9年，现在实际上已普及高中。1978年日本的高中入学率达96%。教育随现代生产的发展而不断发展，也就促进了它的改革。那么，第二次世界大战后教育有哪些值得我们注意的动向呢？

（一）教育普及化

教育的发展首先表现在数量上。现代生产需要受过教育的工人和技术人才，同时，第二次世界大战后广大群众展开了要求民主化、要求受教育机会均等的斗争，所以教育才有了很大发展。

学前教育得到重视，并扩大和发展起来。学前儿童的良好教育对他的一生有重要的意义。

中等教育逐渐普及。70年代初，有一大半青年在高中学习。美国高中入学率最高，1974年就达到96.4%，日本到1978年也达到了96%。中小学年限，大部分国家定为12—13年。例如，美国12年，英国13年（包括1年幼儿教育），法国12年，联邦德国13年，日本12年，苏联10年，加拿大12年，瑞典13年，瑞士13年，朝鲜11年，罗马尼亚12年，南斯拉夫12年，奥地利12年，泰国12年，缅甸12年。可见，基本上是12—13年，只有少数国家实行10年制，主要是小学年限短，中学一般是6年。

由于现代生产要求更多的高等技术人才，所以第二次世界大战后，发展最快的是高等教育，尤其在70年代初期，70年代后期有下降的趋势。以世界几个发达的工业国家为例，每1万人中的大学生人数：美国1958年为185人，1973年为456人，增长率为146%，1974年高中毕业生中升入大学的占44.5%；日本1958年为69人，1973年为185.3人，增长率是168.5%，1976年高中毕业生中升大学的占39.2%；法国1958年为50人，1973年为141人，增长率为182%，1975年高中毕业生中升大学的占24.8%；英国1958年为42人，1973年为112人，增长率为166.7%，高中毕业生中升大学的占20%；联邦德国1958年为33人，1973年为117.7人，增长率为256.7%，升入大学的高中生占当年高中毕业生的19.3%。

（二）教育结构的多样化

这主要是指高中和大学的结构多样化。

世界各国的高中结构不同，这和各个国家的文化、社会传统相关联，但有一点是相同的，即高中结构不是单一化。下面介绍一些国家的情况。

日本有高中和各种各类的职业学校。高中又分职业高中和普通高中。职业高中有工、农、商、水产等科。

南斯拉夫以前的学制是小学和初中八年一贯制，称基础学校，以后四年分普通高中和职业性学校。1974年南共十大通过了一项决议，1976年开始在有些州试行把高中统一起来分成两个阶段：九、十年级为准备阶段，十一、十二年级为结业阶段。学生在准备阶段必须同某个工厂、企业签订合同，参加劳动360小时，才可进入十一年级；十二年级毕业后可以到合同企业就业，也可升大学。这个方案目前只是试行。

法国在高中头一年分成三组：A组（文科）、C组（理科）、T组（技术组）。第二年和第三年（结业班）分成五个组：A组（文字和哲学）、B组（经济和社会科学）、C组（数学和物理）、D组（工业技术）、E组（经济技术）。其实，结业班已失去了普通教育性质，变成相应专业的准备班了。

总的来说，有这样的几种情况：一是高中分科，二是高中分组，再一个是设选修课。苏联过去教学计划最死板，现在也不同了，设有选修课，光教育部颁布的就有63种选修科目。

大学阶段也是多样化，第二次世界大战后出现了一些新型大学。

最典型的是短期大学。美国在第二次世界大战前就有短期大学，但短期大学真正得到发展是五六十年代。美国两年制大学生占整个大学生的比例在1968—1969年是18.6%，1978—1979年是21.5%。法国1966年开始创办第一所短期大学，1976年就有了66所。日本第二次世界大战后抄袭美国的教育制度，也发展了短期大学。

此外，还有开放大学、业余大学、函授大学、广播电视大学等，名目繁多。美国还有暑期大学。这些大学主要为失去受正规高等教育机会的人提供一些学习机会，也可以说是为成年人提供受高等教育的机会。

苏联很重视业余大学。业余大学的教学计划和正规大学一样。业余教育的比重很大。函授生占大学生的32%，夜大学生占13%，两者共占大学生人数的45%。在苏联，有些专业报考的人较少，于是他们就采取从青年工人中招收学生的办法。为了弥补这些学生的文化程度低的缺陷，办了大学预科。波兰高校的招生中规定，各中学可以保送2—3名成绩优秀的毕业生直接升大学，但其中1人必须是被送到国民经济需要而报考人数少的专业去。

（三）教育内容的现代化

首先是中小学教学内容的改革，突出的是加强了科学教育。新数学就是在这个浪潮中提出的。

美国的中小学教学内容改革是从50年代末期开始的。苏联发射了第一颗人造地球卫星以后，美国大受震动，政府组织了调查，发现美国的中小学教育质量不如苏联，于是制定并通过了《国防教育法》，作为一项紧急措施。改革教育内容，加强了数学、自然科学、外语这所谓"新三艺"的教学，加强理科实验室，培养天才学生等。还组织了大批科学家来编写数学、物理、化学、生物等科的教材，把新的科技内容编进教材。

苏联也在不断地改革教育内容。苏联组织了500多人的委员会，对数学、物理、化学、生物、天文等课程进行改革，以便使教育内容和水平符合现代文化水平的要求。经过10年的试验，苏联编写了103种教科书，并且把小学由4年改为3年。

到70年代教育的现代化遭到不少人的非难，不少人认为新编教材太深、太难，只适合于天才学生，脱离了大多数学生的水平。因而又出现了所谓的恢复基础教育运动。当然对这种运动也不乏批评。苏联也发布法令以纠正课程过难现象。教学内容的改革尽管有缺点，但在六七十年代还是培养了一批人才。教学内容的改革是大势所趋，问题是怎样更完善，想恢复原来的样子是不可能的。

其次是教育手段的现代化。教学技术不断提高发展，普遍采用的是幻灯、投影、电影、语言实验室等电化教育手段。

（四）重视学生能力的培养

在现代"知识爆炸"的时代，知识的废旧率很高。有人估计，学化学专业的人，30年代的毕业生，到50年代有用的知识只剩16%，而到60年代，有用的知识只剩6%了，所以特别提出要发展学生的能力。许多教育学家、心理学家都提出这个问题。例如，大家都熟悉的苏联教育学家赞科夫，他提出要发展学生的"一般能力"，他认为传统的教育不能发展学生的能力。他提出了"高速度""高难度""重视理论知识"等教学原则。

过去只讲让学生掌握知识，现在强调培养能力。二者并不是矛盾的，但也不是一回事，培养能力需要以掌握牢固的知识为基础，但有了知识，不一定能力就发展了，所以在教学中需要特别注意培养学生的能力。我们提倡启发式，就是要培养学生的能力。

（五）重视职业技术教育和终身教育

由于科学技术在生产上的应用和中等教育的日益普及，教育如何为青年就业做准备这个问题就凸显出来了，职业教育受到普遍重视。美国在五六十年代的20年用于职业教育的经费增加了6倍，学生人数增加了1倍多。到70年代美国政府又提出将所谓"职业前途教育"作为中等教育的目的，要贯彻到所有的学校中去。日本垄断集团直接干预教育，提出教育建议书，要求教育密切配合经济的发展，提出产学合作的口号。企业为学生提供奖学金，学校和企业联合起来搞研究，企业提供设备，为自己培养人才。在联邦德国，义务教育（9年）完结后，不准备升学的人还必须有1年时间的职业准备，叫职业准备年。

与职业教育相联系，终身教育的主张被提出了，即给职工再教育的机会，以适应科学技术日新月异的发展和劳动的变换。即便是大学毕业，也还有受再教育的机会。有些国家已经（将其）作为法令规定下来，如法国，规定企业以工资总额的2%来对职工进行终身教育。

近年来西方又流行所谓"回归教育"。它和终身教育有相同的地方。西方有些人认为，现在知识日新月异，读完大学要4年的时间，毕业时有些知识又过时了，倒不如在学校里学习一段时间就去工作一段时间，然后再来学习。在日本有人说，不应把人的一生截然地分成学习阶段和工作阶段。回归教育在美国和瑞典最流行。英国有所谓的"三明治课程"，也是这个意思。

（六）高等教育的改革

前面讲了，第二次世界大战后发展最快的是高等教育。高等教育在数量、培养方向、方法上都发生了很大的变化。

在高等教育的任务上，15—16世纪西方的高等教育主要培养统治人才、学术人才，所以注意博学；产业革命之后，提出了培养科技人才的任务，因此出现了多科性技术学院，倾向于专科。第二次世界大战以后，随着科学技术的发展，高等教育的任务又发生了新的变化。现在高等教育又在向博学方面发展。学校过去是传授知识的地方，现在要创造知识。因此学校既是教育单位，又是科研单位。强调学校要搞科研，是因为：第一，要提高大学的水平，不搞科研是不可能的；第二，学校培养的专家不仅要有现成的知识，而且要有科研能力；第三，现在不少科研项目是跨学科的，高等学校有各种学科，所以最有条件搞跨学科的研究。

随着任务的变化，高等教育的内容和方法也在改革。第一，加强基础课教学。美国的高等学校专业课时间显著减少，一些重要大学都在研究如何改革公共基础课程。苏联也重视基础课，例如列宁格勒工学院，社会政治课占全部课程的7.9%，基础理论课占31%，专业基础课占50%，专业课仅占11.1%。莫斯科国立鲍曼工学院公共课占13.8%，基础理论课（包括专业基础）占56.2%，专业课占30%。第二，文、理科渗透。例如，美国麻省理工学院设了人文科学院、管理学院、建筑和规划学院。学生基础必修课的180个学分中，文科占了72个学分，将近一半。

近20年来，工业化国家的教育改革很值得我们研究，我们可以从中吸取有益的经验教训。资本主义国家的教育面临着很大的危机，表现在大学毕业生失业，大学招生不足，许多大学因经费不足开学困难。据美国劳动统计局估计，到1985年大学生过剩80万人，特别是有博士学位的人。这种教育危机正是资本主义经济危机的反映。五六十年代是几个发达的资本主义国家经济发展的黄金时代。那时，新的科学技术在生产上的应用需要大量的科技人才，教育也就迅速发展起来。当时人们产生一种错觉，认为经济会无限地增长下去，教育可以提高劳动生产率，从而提高个人的收入，可以消除社会的贫困和不平等。但到了70年代初，爆发了不可避免的资本主义经济危机，打破了人们的美梦。经济的衰退带来了教育危机。人们开始看到，教育并不能总是给所有人带来财富，教育投资不能自然而然地增长福利。社会的贫困和不平等更不能靠教育来解决。教育是从属于社会的政治、经济的。它对社会政治、经济的发展起着重要作用，但最终决定教育命运的还是这个社会的政治、经济制度。

高等教育改革的国际动向
——在华中理工大学的演讲
（1999 年 4 月 22 日）

一、高等教育面临着挑战

现代意义的高等教育，如果从意大利的博洛尼亚大学创立算起，发展到今天（1999年）已有900多年的历史了。我国现代高等教育是以1895年北洋学堂（今天津大学）的创办为肇始，至今已有104年的历史。几百年来高等教育的职能、结构、内容发生了许多变化，每次变化都与社会的政治、经济变化有关。但是，高等教育从来没有像今天这样受到各方面的挑战。当前面临的挑战主要来自以下三个方面。

（一）科学技术加速发展的挑战

20世纪，特别是第二次世界大战后的半个世纪，科学技术的进步是惊人的，而且科学技术转化为生产力的速度也是惊人的。卢嘉锡院士认为，第二次世界大战后科学技术发展已经历了五次大的革命，基本上是每10年一次。这种惊人的发展速度要求高等教育不仅内容要更新，而且要求培养目标、培养方式都要有根本的改变，才能培养出符合时代要求的、跟上科技发展步伐的专门人才。但是高等教育的改革是十分迟缓的。许多老专家反映，今天高等学校的教学与他们在50年以前上学时的状况差不多，没有多少改变。科学技术发展的迅速与高等教育改革的迟缓形成了尖锐的矛盾。这个矛盾不解决，势必影响人才的培养。

（二）高等教育面临着社会变革的挑战

首先是世界政治格局的变化。冷战已经结束，但竞争越来越激烈。科学技术在社会各领域的应用也引起了社会的变革。人们的价值观发生了变化。社会的物质财富丰富了，但人们的道德水准有下降的趋势。吸毒者的增加、犯罪率的升高以及其他伦理问题日益困扰着教育工作者。同时，科学技术的发展，一方面促进了社会生产力的提高，另一方面却带来了资源的浪费、环境的污染、生态的破坏等一系列社会问题。

在我国，社会正面临着经济体制向社会主义市场经济转轨、增长方式由粗放型向集约型转轨的重大变革，这种变革同时带来许多社会问题。

以上这些变革都要求高等教育做出相应的回答，做出必要的改革。

（三）文化冲突的挑战

对于我国来讲，当前还面临着两种文化冲突的挑战。一种文化冲突是我国传统文化与现代化的冲突。我国有悠久的历史，有优秀的文化传统。但是传统文化毕竟是旧时代的产物，其中有精华，也有糟粕。精华的部分能够激发人们奋发图强，促进现代化的建设，但糟粕的部分则可能阻碍现代化的进程。例如，我国文化传统中的宗法观念、等级观念、官本位观念、学历主义等，都严重地影响着我国社会主义现代化的进展。

另一种文化冲突是中西文化的冲突。我国在引进西方科学技术的同时也引进了一些西方的文化。西方文化有些是先进的，如开放的思想、务实的精神、民主的传统，我们应该结合我国的实际加以吸收和融合。但是也有一些腐朽的，或者有些在西方是可行的，但不符合我国国情，我们则要加以分析和摒弃。如何对待西方的文明，这是我国高等学校应该回答的问题。

教育是文化的组成部分，但又具有相对的独立性。教育对于文化——不论本民族的文化传统，还是外来文化的传统，都有一个选择、改造的功能。教育不是被动地传播文化，而是要选择其中优秀的部分，并且结合国情和时代的要求，加以改造，创造出符合本民族要求的和符合时代要求的新文化。高等学校对于传统文化和外来文化的选择和改造，需要在办学目标、课程设置和校园文化的建设等多方面加以考虑。

二、面临挑战的对策

面临着如此众多的挑战，各国都在研究对策。20世纪80年代以来，各国高等教育的改革方案层出不穷，有如雨后春笋般涌现出来。例如，1983年美国高质量研究委员会发表了《国家处在危险之中：教育改革势在必行》告全国人民书；1984年美国高质量研究委员会提出《投身学习，发挥美国高等教育潜力》报告；1988年美国教育部部长贝纳特发表了《关于美国教育改革的报告》；1991年美国总统布什公布了《美国2000年教育战略》；等等。

英国政府于1985年3月向议会提出《把学校办得更好》白皮书，同年5月又向议会提出了《20世纪90年代英国高等学校的发展》绿皮书；1987年英国提出《迎接挑战的高等教育》白皮书；1988年英国通过了《教育改革法》，对高等教育做了较大的改革；1991年5月英国又提出《高等教育的框架》白皮书。

日本自1984年开始，成立首相府临时教育审议会，研究日本第三次教育改革。三年中先后提出四次咨询报告，阐述教育改革的主要思路和原则。

其他国家也纷纷提出了高等教育改革的方案。

关于如何改革高等教育,《欧洲大学宪章》可以代表一大批大学校长的心声。1988年9月中旬,在意大利博洛尼亚大学创建900周年的庆典上,欧洲22个国家的300多所高等学校的校长、著名教授和学者聚集一堂,发表了一份《欧洲大学宪章》宣言。其中提出:"欧洲大学在继承其科研、职业教育、德育和智育这些传统任务的同时,必须进行改革,以适应迅速变化的社会情况,迎接21世纪的挑战。"与会者提出,持续不断、飞速发展的科技革命是当今世界发生的与大学密切相关的最重要的变化。科技发展的速度如此之快,使人们在学习和工作中获得的经验很快就不适用了,所学的专业知识往往尚未完全付诸实践便老化了。与会者普遍认为,大学既要适应社会劳动市场的需要,又不能完全跟着劳动市场转。大学首先要处理好教学与科研、职业教育与基础研究的关系。教学必须与科研相结合,使学生具有解决新问题、适应新形势、终生不断接受教育的能力。强调要加强理论研究,这种基础研究过去和将来都是科学进步的根本。在职业教育方面,强调要培养具有尽可能全面的知识的人才。大学生应打破学科界限,实行跨学科和多学科的教育。教学改革应当使人文科学与自然科学相互结合,认为人文科学对工业社会无用的观点是片面的,要提倡大学与企业之间的合作。

三、国际高等学校教学改革的主要动向

高等教育的改革虽然因各国的政治经济发展情况不同和各自大学教育传统不同而有很大的差异,但由于处于同一个时代,面临着同样的挑战,因而有许多共同的特点。主要有以下几个方面。

（一）使高等教育更加适应现代经济发展和社会生活的需要

英国政府在1987年的《迎接高等教育的挑战》白皮书中明确指出:

"高等教育必须有效地为经济服务，必须与工商界保持更紧密的联系，以促进企业发展。"

法国1989年的《高等教育法》强调大学既是发明创造的基地，又是工业和经济发展的动力，要重视把科研转变为生产力。政府鼓励大学面向社会，通过提供科技咨询、签订科研合同、承担在职技术培训等方式，灵活而及时地满足工业界的需要。

美国高等学校一向有为社会服务的传统，第二次世界大战后受到苏联率先成功发射人造地球卫星的冲击，政府加强了对大学科研的投入，但工业界与大学的联系反而少了。美国在80年代发现，工业界许多技术被日本和德国超过了。政府、工业界和大学经过反思，取得共识：应该加强校企合作。1986年春，美国白宫科学委员会提出一份报告，要"重建伙伴关系"，提出美国社会的兴旺与大学的兴旺紧密相关，要思考重建大学与工业界的相互关系。必须采取广泛的跨学科的方法来解决问题，把重点放在建立以大学为基础的交叉学科研究中心上，并以此促进高校与工业界的合作。在这个思想的推动下，国家基金会在大学建立了一批工程研究中心（Engineering Research Center，ERC）。

英国于80年代建立了有大学参加的七个地区的技术中心，以加速技术成果向工业企业转移。

德国自80年代以来也大量建设"工学交流中心"，加速促进高校与企业在人员、设备、经费、技术等方面的广泛交流，促进知识向工业企业转移，政府还大力鼓励高等学校接受企业界委托的科研任务。

（二）调整高等教育的培养目标

高等教育培养什么样的人才，一直是专家最关注的问题。许多专家认为，高等学校不仅要培养专门人才，而且要培养具有较高文化素养的全面发展的人才。

1988年经济合作与发展组织的教育研究与革新中心曾经提出，大学毕业生走向社会必须有三张"教育通行证"，一张是学术性的，一张是职业性的，一张是证明个人的事业心和开拓能力的。1989年12月联合国教科文组织在北京召开"面向21世纪教育国际研讨会"，与会的专家一致认为，21世纪不仅要求年轻一代有广阔的胸怀，知天下事，有较高的道德水准，而且在智、体、美和劳动技术方面都要有较高的素质。正如专题讨论会的报告指出的："21世纪最成功的劳动者将是全面发展的人，将是对新思想和新的机遇最开放的人。"

美国卡内基教学促进基金会主席博耶在他的专著《学院——美国本科生教育的经验》中强调要培养学生的社会责任感。他指出："在美国高等教育中，强调个性、个人利益和教育的实用性有着丰富的传统。""但是，在多样化之中，对共性的主张必须予以充分的肯定。所谓共性，我们是指这样一种本科生教育经历，即帮助学生超越自己个人的利益，了解自己周围的世界，发展一种公民和社会责任意识，发现作为一个人，他如何能够为他自己也是其中一部分的大社会做出贡献。"许多专家认为，在大学本科生教育中，在传统的强调知识和能力的基础上，还要注意训练态度，使学生能够与人合作共处，懂得科学意义，具有社会责任感。该书还提醒美国高等学校不要忘记"本科生教育的最高目的是促进学生从具有能力到承担责任""今天大学教育最成功之处是培养能力"。

美国许多大学在该书的启发下纷纷制定能力培养目标。阿尔弗诺学院（Alverno College）最早制定了学校的能力培养目标，具体如下。

（1）培养有效的交流能力。

（2）完善分析能力。

（3）提高解决问题的能力。

（4）培养做出正确判断的能力。

（5）完善社会交往的能力。

（6）养成理解个人与环境之间关系的能力。

（7）培养理解当代世界的能力。

（8）培养理解和感受艺术和人文学科知识的能力。

哈佛大学前校长博克（D.Bok）认为，大学共同的教育目标是：获得广博的知识，在深度上擅长一个专门领域，在广度上了解几个不同学科；掌握准确交流的能力和方法，至少精通一门外语；具有清晰思维和批判思维能力，熟悉主要的调查方式和思考方式，运用这些方式掌握获得知识的能力和理解大自然、社会和本人的能力；具有理解不同价值观念、不同制度下其他文化的能力；确立永久的智力兴趣和文化趋向；具有自知之明的能力；选择未来生活和职业生涯；具有与各种人相处的能力。

美国联邦教育部门有关方面认为，当前美国高等教育的主要问题之一是过分强调教育的经济目的和经济作用，学生只是为了今后的职业的需要而上大学，课程过分专业化了，低估了人文社会科学教育对培养人的道德、创造力及处理人际关系能力的作用，不利于培养头脑灵活、能不断适应社会迅速变化的人才。这些主张与华中理工大学朱九思同志指出的当前我国高等教育的问题是"过弱的文化基础、过窄的专业训练、过强的功利主义"不谋而合。

1996年国际21世纪教育委员会在向联合国教科文组织提交的报告《教育——财富蕴藏其中》中提出，面对未来社会的发展，教育应围绕四种基本学习加以安排：学会认知（learning to know），学会做事（learning to do），学会共同生活（learning to live together），学会生存（learning to be），"可以说，这四种学习将是每个人一生中的知识支柱"。

（三）拓宽专业面，改革培养模式

为了适应未来社会的发展和高等教育培养目标的新的要求，专业设置和培养模式就要做相应的变化。变化的趋势就是拓宽专业面，使学生有宽厚的知识、广阔的视野。1994年至1995年美国国家研究委员会（NRC）、美国工程教育协会（ASES）和美国国家科学基金会（NSF）等组织相继发表研究报告，提出要建立一个与旧的模式不同的新的工程教育模式。报告提出：1950年以前美国工程教育以应用手册和公式为主，强调工程实践（苏联曾经称50年代培养的工程师是"开处方式的专家"）；50年代以后的40年，工程教育强调工程科学，强调对现象的基本理解，忽视工程实践和工程设计。近年来，美国对工程教育的未来发展有了新的认识，认为未来工程教育既不是"狭隘于技术"和"技术上狭窄"，也不是"唯科学独尊"的工程教育，它将在提供宽广通识教育的基础上，着重强调小组工作、交流、设计及终身学习。美国国家科学基金会和美国国家研究委员会的报告把未来的工程教育描绘成：（1）提供宽广的通识教育，以适应工程所必需的多样化和广泛性；（2）为进入工程市场和非工程市场的职业及未来的深入学习做准备；（3）发展终身学习的动力、能力知识和基础；（4）提供一种鼓励教师争取教学和研究双优的学术环境；（5）教会公众鉴赏工程的价值和工程教育的价值。

工程教育如此，其他专业也同样存在上述问题。

（四）改革课程结构

近些年来，各国都在进行课程改革，以适应培养目标的变化和科学技术的进步。还是以美国为例，我们来看看在课程方面有些什么共同趋势。

第一，专业面的拓宽相应要求课程的广泛性和基础性需加强。美国1984年的研究报告突出通识教育的重要性，认为"谁也不能确切地知道新技术将会怎样影响我们未来劳动所要求的技能和知识"。因此，我们的结论是：为未来的最好准备，不是为某一具体职业而进行面窄的训练，而是使学生能够适应不断变化的世界的一种教育。

美国哈佛大学1945年提出了有关普通教育的报告书，1978年又发表了"通识教育核心课程计划"。哈佛的报告书所建议的课程包括：全体学生必修的文学名著、西方思想和制度，物理科学或生命科学导论课，以及属于人文科学、社会科学、自然科学的其他课程各一门。1978年的课程计划建议要求学生修习说明文写作、数学推理及其应用、非西方文明与文化、政治与道德哲学、现代社会五方面的课程，并学习一年物理科学、生物科学（或两者结合）和一年西方艺术、文学、思想方面的课程。同时哈佛全校开设300多门课，学生可以跨系科选修。

所谓通识教育，博耶把它的内容分为七个主题，即语言（最基本的联系工具）、艺术（美学素养）、渊源（生活的历史）、制度（社会结构）、自然（行星状态）、工作（职业价值和认同）、发展（自身价值及其意义）。

第二，在加强通识课程的同时，加强人文社会科学的教育。美国教育部前部长贝纳特在担任美国全国人文科学基金会主席的时候，曾于1984年3月邀请美国高等学校协会主席、芝加哥大学校长等31位学者和实际工作者组成美国高等学校人文学科学习状况调查小组，进行了几个月的调查后，写成《必须恢复文化遗产应有地位——关于高等学校人文学科的报告》，于1984年11月发表。报告列举当时美国大学生人文科学知识贫乏的状况，提出："高等学校必须对一个受过高等教育的人，不论其专业是什么，所应具备的学识有一个清晰的看法，再以历史、哲学、语言和文学学习为基础，重新布局大学生必修课程。"为什么要学习人文学科呢？报告说："人文学科告诉我们国家的及其他文明的男男女女是如何设法对付生活中永恒不变的基本问题的。那就是正义是什么，应该爱什么，应该保卫什么，什么是勇气，什么是高尚的，什么是卑鄙的，某些文化为什么会繁荣，为什么衰落。""人文学科能够有助于产生一种社会的精通感。""人文学科是一套知识体系，一种探索的途径，把严肃的真理、合理的判断和有意义的思想传达出来。如教学得法，人文学科会通过历史、文学、哲学和美术的巨著提出人类生活中长期存在的问题。"

人文学科对于工科学生来说，其基本价值是教给学生一种方法，去探讨与工程学科不同的疑问、看法、问题，确切地说，这些课程促使学生思考，由此促进学生心智的成长与发展。

美国卡内基教学促进基金会在1976年至1984年对全国大学生的调查表明，四分之三的学生认为通识教育课程"使我所学过的其他课程更加丰富充实""有助于我为终身学习做好准备"；三分之二的学生赞同通识教育对做好就业准备有帮助。

美国其他大学也都对通识教育有规定。如斯坦福大学规定，一年级的学生必须读柏拉图、荷马、但丁、伽利略、达尔文、马克思、弗洛伊德的著作。麻省理工学院的通识教育需修72个学分，占学分总数的四分之一。

第三，对课程进行整合。科学技术越来越分化，但也越来越综合，科学知识总是逐年成倍增长。面对教育要求和教学内容不断增加的趋势，高等学校如何在有限的时间内合理地组织课程、有效地进行教学，是极为重要的、复杂的问题。许多专家认为，在课程改革上不应简单地增加课程的门数，因为用分散的课程去解决这些本来有着相互联系的内容，只会进一步加剧课时与学时之间的矛盾，并且将进一步肢解学生的知识结构。而当前在知识分化和综合的时代，更有必要帮助学生综合他们所学到的知识，而不是肢解它。所以正确的做法应当是通过课程改革，将新的内容和要求与原有的课程相结合。有些内容则可通过现代教育技术（计算机辅助教学或多媒体信息网络）来补充。美国工程教育协会前主席佩奇（R. H. Page）等许多专家提出，工程教育课程结构应有一个根本性的变革，从积木式的线性结构转向整合式的网络结构，突出真实问题求解的教育功能。打破学科界限，强调和发展学生的问题求解、设计和综合能力。这种整合的教育改革动向，可以促进教师之间的合作，减少学科界限所造成的障碍，完成课程的纵向和横向的一体化，在工程与其他技术和非技术领域之间形成一体化。

（五）改革教学方法

教学方法在高等学校是一直不被重视的。通常认为，学术水平高就能教好书。在当代科学技术迅猛发展的时代，这种观点显得陈旧了。现在的问题是，任何一个有学识的教师都不可能把全部知识教给学生，而且也没有这个必要。因此教学方法就十分重要。现有的教学方法必须革新，要借助新的信息技术让学生接触新的信息和课程，采取合作学习、小组设计和其他学生参与的学习方式。

美国的研究报告指出，高等教育提高教育质量有三个重要条件，它们是：（1）学生投身学习；（2）严格要求；（3）评价及反馈。所谓投身学习，是指大学生在学习过程中投入多少时间、精力和努力。报告说，大量研究证明，学生在学习过程中投入的时间、做出的努力越多，对他们自己的学习安排得越紧，他们的成长就越快，收获就越大，对他们的学习生活就越满意，他们的合格率就越高。有效学习的第二个条件是严格要求。特别重要的是，学校和教师应该将所有大学水平的课程、专业的学习要求和标准公布于众。当要求和标准都很明确，并由教师和学生共同积极主动予以实施时，学生的知识量就增加。提高教育质量的第三个条件是正规而定期的评价和反馈，利用评价信息来调整努力的方向。

多媒体技术和信息网络系统在教学系统中的运用必然会引起教学过程、教学方式的变革。它将改革以课堂为中心、课本为中心、教师为中心的教学模式，有利于教学计划的灵活性，有利于实行弹性学制，有利于个别化教学，有利于信息资源的共享，有利于客观评价教学效果，等等。这就要求教师对教学方法加以改革。

有的同志认为，由于个别教学的兴起，学校将消亡，教师的作用将消失。这种观点是站不住脚的。大学作为培养人才的专门机构，是人类的高等学府，是文化科学的殿堂，它的学术氛围、师生之间的学术交流是任何机构不能替代的。更何况各种多媒体的硬件软件的设计都离不开教师，也摆脱不了教育规律的制约。科学技术知识物化的程度越高，知识总量增长得越多，作为传授知识、培养能力和提高学生文化素养的学校就越重要，教师的作用也越重要。

（六）教育思想的革新

以上所有的变革都要求学校的校长和教师的教育思想的革新。只有教育思想转变了，教育目标才能由单纯地传授知识转变为在传授知识的基础上注重培养学生的能力，提高学生的素养；专业设置才能顺利调整，才不会遇到学科界限的障碍；课程才能改革，教学方法才能改进；等等。

高等学校的教师不仅是一名学者，还应该是一名教育者，他除了精通自己的专业学科外，还应具备教育理论素养，有正确的人才观、学生观、教学观、教育质量观，能够指导和培养学生成为社会主义现代化的建设者。

博耶曾批评高等学校只凭几篇论文就来评定教授的做法，他对教师提出了以下几方面的要求。

第一，所有教员都应成为一个够格的研究者，不管他的专业是什么，每个学者都应当表明他从事基础研究、探讨严肃的智力问题并把结果公布于世的努力。

第二，教师队伍的所有成员在其整个专业生涯中，都应与本专业的发展保持联系，在专业上保持活力。

第三，每一位教师都必须保持忠诚的最高标准：教师是否为课堂讲授进行了充分准备？在课外给予了学生多少辅助和咨询？

第四，教师的工作不论采取了何种形式，都应当对其认真地加以评估。

这些意见是值得我们认真参考的。要做到这一点，教师和高等学校的管理者们应该在教育思想上加以思考，对高等学校的办学思想、功能、目标、课程建设、教师队伍的建设等重新进行思考，从而使我们的思想符合时代的要求。

在中国教育学会教育学分会第五届会员代表大会开幕式上的讲话

（2002 年 12 月 11 日）

各位代表，同志们：

上午好！

当全国人民还沉浸于十六大胜利召开的喜悦中的时候，中国教育学会教育学分会第五届会员代表大会暨新世纪中国教育学学科改革与发展学术研讨会在北京顺利开幕了。本次大会是新世纪中国教育学会教育学分会召开的第一次大会，相信将对未来我国教育学学科发展与建设产生重要影响。我谨代表中国教育学会向大会的胜利召开致以热烈的祝贺！

教育学分会是中国教育学会中成立最早的一个分会，也是最重要的一个分会。也可以说，它是中国教育学会的一个理论基石，我们教育学会的理论队伍都集中在教育学分会里面，集中了我们教育理论界的很多专家、权威。从教育学分会召开第四届代表大会之后，大家做了大量工作，为我国教育学的理论发展做出了很多贡献。这十多年可以说是我国教育理论、教育学科建设的一个十分重要的时期，很多同志实现了许多重要建树，出了许多成果。

这次代表大会召开的时间恰好是在刚刚召开完十六大以后。十六大提出了在21世纪头20年全面建设小康社会的奋斗目标，建设小康社会的十大目标之一就是科教兴国，并对教育画出了一幅非常宏伟的蓝图；不仅提到全民族在思想品德素质、科学文化素质、健康素质方面都有一个明显的提高，而且要建立一个现代国民教育体系。同志们一开始看到这个报告的时候还是"国民教育体系"，后来文件发表的时候就已加上"现代"两个字。报告还讲到要建立一个学习型社会，也就是要建设一个终身教育体系。这就对我们教育工作者，特别是教育理论工作者，提出了一个很重要的任务。前几天，《求是》杂志给我打电话，问我什么叫"现代国民教育体系"，什么叫"学习型社会"，能不能搞点名词解释。我说我也说不清楚，但我可以提供一些材料。从整个国家来讲，我们的教育也正在改革当中。新一轮的基础教育课程改革已经起步，在今后几年里，新的基础教育课程改革要在全国推行，这个任务也是十分艰巨的。推行基础教育课程改革过程当中可能还会遇到很多问题，因为我们国家这么大，各地发展很不均衡。

另外，十六大也总结了20年来，特别是1989年以来13年的改革与发展的基本经验。从我们教育战线、教育领域来看，我们教育确实也在20年里取得了很大成绩，但存在的问题也不少，困难也很大。当前教育领域的主要矛盾是教育投入不足和教育需求之间的矛盾，其他的一切矛盾都是从这儿派生出来的。推进素质教育步履维艰，原因也是资源不足。资源不足表现在量上，也表现在质上。表现在量上，从基础教育来讲，很多地区发展很不平衡。很多山区、边远地区现在还非常困难，特别是"费改税"以后，农村教育现在困难还很大。这几年初中的辍学率居高不下，农村的教育经费问题现在还没真正解决。所以从全国来讲，教育发展非常不平衡。不要说从质上，就是从量上还不能满足群众的要求。高等教育扩招以后，仍然不能满足家长和青年的要求，扩招也带来了很多问题。从质上来讲，优质教育严重不足，不能满足家长对优质教育的需要，这里也出现了许多矛盾。所以，我国的教育成绩很大，但是要完成十六大提出的艰巨任务，困难还是很大的。教育的出路在哪里？教育的出路在于改革。改革的出路在哪里？改革的出路在于创新。江泽民同志在北师大百年校庆的会上全面阐述了教育创新的理论，把教育创新和理论创新、制度创新、科技创新放到了同样重要的位置，而且提到教育创新是其他各方面创新的基础，是知识和人才的基础。我们在思考这个问题的时候就想到，教育改革如果没有创新，没有一些新的思路，没有一些超常规的发展，那么教育很难完成十六大提出的任务。要创新，就要解放思想、实事求是，首先要在观念上创新，在制度上创新，特别是制度上要创新。江泽民同志在北师大百年校庆会的讲话中说："要扫除教育发展的体制性障碍。"我觉得这句话非常重要，我们要思考到底有哪些体制性的障碍需要扫除。这就需要我们好好研究一下。我也老在思考这个问题。比如说，我们现在的教育资源不足，那么，教育投入的体制要不要改革？要不要有所突破？现在我们从多种渠道集资，特别是民办教育投资，有些同志心里还是疑虑重重。这是不是体制方面的障碍？在管理方面是不是也有体制性的障碍束缚了我们办学的手脚？我觉得这些都值得我们探讨。当然，从教育理论上来说，也还有很多问题。我们教育科学确实正在探索怎么向更科学化发展的道路。最近有很多青年同志发表文章，提出我国教育科学要有一个新的发展，特别是在方法论上，要有一个新的创造、新的发展。我们的教育理论是指导我们实践的，实践当中提出了许许多多理论的问题需要我们来回答。教育学分会是中国教育学会的一个理论支柱，我们每一次开年会都要请一些专家来做报告，以此来提高我们年会的理论水平。我们的会员很多，除了教育学分会以外，还有其他各种各样的研究会，而且我们的基层、我们的学校、我们学校的校长、我们学校的老师对中国教育学会寄予很大的期望。今年的年会就收到了500多篇论文，群众的积极性非常高。我们搞的课题规划虽然没有钱给大家，但是大家的申报非常踊跃。我们"十五"规划也申报了好几百份，我们从中选了200多份，作为中国教育学会的课题。现在开展教育科学研究已经成为大家的共识。教育改革靠什么？靠研究。提高质量靠什么？靠研究。教师要成为研究型教师。如果说前几年教师不大愿意搞科研，对科研不重视的话，那么，这几年教师都愿意搞科研，但就是苦于没有课题的项目，苦于没有理论的指导。一方面，他们要求有项目；另一方面，他们要求有专家下去指导他们。所以，当前教育科研的形势非常好。我们教育学分会是中国教育学会的理论支柱，是一个理论的资源库，其他的分会和研究机构都希望得到我们专家的指导，所以，我们教育学分会特别重要。教育学分会自1992年以来已10年没有进行换届了，已经涌现了一批年轻的学者。他们朝气蓬勃，能够使我们教育学分会将来有一个更大的发展。这次会议的一个任务就是要换届，也是一次新老更替、继往开来的大会。我希望这次大会开得很好，换届能够胜利成功。同时，我们还有一个学术讨论会，我也祝这个讨论会能够取得圆满成功，对教育理论问题提出许多创新的见解。

谢谢大家！

教育创新与国际教育新理念

——在山东省青岛市市南区的演讲
（2004 年 4 月 27 日）

党的十六大提出了全面建设小康社会的目标，并且把"人民享有接受良好教育的机会，基本普及高中阶段教育，消除文盲，形成全民学习、终身学习的学习型社会，促进人的全面发展"作为全面建设小康社会的四大目标之一。为此，要把教育放在优先发展的战略地位，全面贯彻党的教育方针，坚持教育创新，深化教育改革，全面推进素质教育，加强教师队伍建设。

深化教育改革，教育创新是最大的动力。江泽民同志在北京师范大学百年校庆大会上的讲话，全面阐述了教育创新的理论，认为教育创新与理论创新、制度创新、科技创新同等重要。

一、教育创新的意义

（一）教育创新是时代的要求

当今时代，科技进步日新月异，国际竞争日益激烈。各国之间的竞争，说到底，是人才的竞争，是民族创新能力的竞争。1995 年，国家教委组织了一场"面向21世纪教学内容和课程体系改革报告会",中国科学院院长卢嘉锡院士做了题为《当代科技发展与高等教育的教学改革》的报告。他在报告中说,现代科学技术发展呈现加速发展和急剧变革的特点。他说,曾经有过估算,截至1980年,人类社会获得的科学知识中,90%是第二次世界大战后30余年获得的。到2000年,人类社会获得的知识还将翻一番。他说,第二次世界大战后现代科学技术经历了五次大的革命,每十年一次。我把他说的五次革命列表如下。

第二次世界大战后五次科技革命

次序	时间	内容指标
一	1945—1955	以核能的释放和利用为标志,人类开始了利用核能的新时代。
二	1955—1965	以人造地球卫星的成功发射为标志,人类开始摆脱地球引力,向外层空间进军。
三	1965—1975	以1973年重组DNA实验的成功为标志,人类进入了可以控制遗传和生命过程的新阶段。
四	1975—1985	以微处理机的大量生产和广泛使用为标志,揭开了扩大人脑能力的新篇章。
五	1985—1995	以软件开发和大规模产业化为标志,人类进入了信息革命的新纪元。

资料来源:卢嘉锡,《当代科技发展与高等教育的教学改革》,见《当代科学技术发展与教学改革》,北京,高等教育出版社,1995。

由此可见,现代科学技术突飞猛进。如果我们不创新,就永远跟不上科技发展的步伐,就会永远落后。

（二）教育创新是科教兴国的要求

党的十六大确立了科教兴国的战略。江泽民同志在北师大百年校庆大会上讲,教育创新与理论创新、制度创新、科技创新同样重要,而且教育是为各方面的创新提供知识和人才的基础。教育是培养人才的活动，理论创新、制度创新、科技创新都需要人才，因此，首先要教育创新，培养高质量的、有创新能力的人才。

十六大为教育创新提出了艰巨的任务：第一，全民族的思想道德素质、科学文化素质和健康素质明显提高；第二，形成比较完善的现代国民教育体系；第三，人民享有接受良好教育的机会；第四，基本普及高中阶段教育；第五，形成全民学习、终身学习的学习型社会；第六，促进人的全面发展。

要完成这些任务，关键是要教育创新。首先要更新教育思想，革新旧的教育观念；其次要深入教育改革，在教育制度体制上有所创新；最后要在教育内容、方法上有所创新，改善人才培养模式。

（三）教育创新是知识经济时代的要求

当前我国正面临着两种转变，一是由原来的计划经济体制向社会主义市场经济体制转变，二是由劳动密集型经济向知识密集型经济转变。这两种转变都需要有知识和人才的支撑。教育既要培养有创新精神和实践能力的新的劳动者、科技人员和经营管理人才，又需要为下岗工人提供再学习、再培训的机会。

从世界范围来说，当今正在发生着剧烈的变化，经济全球化引起了剧烈的国际竞争。一个国家已经不能闭关自守、自给自足，必须参与到全球经济体系之中。在这种竞争中，谁能在科学技术上创新，谁就能立于不败之地。这里，创新人才是关键。

（四）教育创新要求培养高素质人才

1999年召开的全国教育工作会议颁布了《中共中央、国务院关于深化教育改革，全面推进素质教育的决定》（以下简称《决定》）。《决定》给素质教育做出了明确的界定：实施素质教育，就是全面贯彻党的教育方针，以提高国民素质为根本宗旨，以培养学生的创新精神和实践能力为重点，造就有理想、有道德、有文化、有纪律、德智体美等全面发展的社会主义事业建设者和接班人。

人的素质有哪些内容呢？人的素质可以分为遗传素质和后天获得的素质。素质教育主要是指一个人在遗传素质的基础上，通过教育而后天获得较好的素质，一般包括思想道德素质、科学文化素质、身体心理素质。知识不等于素质，知识是会被遗忘的，素质是永远不会消失的。据说爱因斯坦说过："把学习的东西都忘记了，剩下的就是素质。"我没有考证是不是爱因斯坦真的说过，但这句话有一定的道理。

我认为，一个人能够做到四个正确对待，就是高素质的人。一是正确对待自然，能够遵循自然发展规律，知道与自然和谐相处——古人说的"天人合一"，注意节省能源，保护环境。二是正确对待社会，认识到自己是社会的一员，对社会负有责任，要维持公共道德。三是正确对待他人，尊重他人，尊重他人的价值观，能与他人和谐相处。四是正确对待自己，认识自己的优势和劣势，扬长避短，正确对待挫折，正确对待荣誉。正确对待自己恐怕是最不容易做到的，但也是最重要的。

二、20世纪国际教育重要思潮

20世纪下半叶有两大教育思潮，一是终身教育，二是全民教育。

（一）终身教育思潮

我最早知道终身教育是在1974年。1971年联合国恢复了中华人民共和国的合法席位，接着联合国教科文组织恢复了中华人民共和国的席位，于是中国要派代表团参加大会，我作为代表团的顾问参加了第十八届大会。当时负责教育的就我一个人。第十八届大会要讨论教科文组织的中长期规划，各国提交了许多提案，教育方面有100多条。这些可以分为两类：一类是发展中国家提出的，要求教科文组织立项普及初等教育，扫除文盲；另一类是发达国家提出的，要求立项成人教育、终身教育。讨论的时候，我当然支持发展中国家提出的普及初等教育和扫盲；对发达国家提出的成人教育还能理解，对终身教育就不知道是怎么回事。根据当时"反帝反修"的思维定式，认为终身教育是发达国家提出的，发达国家都是资本主义国家，终身教育一定是资产阶级教育思想。但项目表决时，我没有把握，所以也不敢反对，只好弃权。会议期间法国教育部部长举行招待会招待各国代表，招待会期间大家拿着酒杯随便交谈。有一位澳大利亚代表问我："中国怎么解决青年的失业问题？"我一句话就把人家顶回去了。我说："中国没有失业问题，中学毕业生全部上山下乡，农村有广阔的天地。"现在想起来觉得自己很愚蠢，但那时觉得立场很坚定。（笑声）

"文化大革命"以后，我们看到联合国教科文组织出版的1972年的报告《学会生存——教育世界的今天和明天》。这本书里就讲到终身教育，认为科学技术的迅猛发展引起生产的变革、社会的变动，教育已经不能一次受完，必须不断学习、终身学习，才能适应这种变革。它说："科学技术革命使得知识与训练有了全新的意义，使人类在思想上和行为上获得许多全新的内容和方法，并且是第一次真正具有普遍意义的革命。"该书指出，科学技术的迅猛发展把人类带入一个学习化社会，未来"教育已经不再是某些杰出人才的特权或某一特定年龄的规定活动，教育正在日益向着包括整个社会和个人终身的方向发展"。

其实终身教育的概念早在1965年就被提出来了。当年12月，联合国教科文组织国际成人教育促进委员会讨论了法国学者朗格朗提出的关于终身教育的主张。他认为，数百年来，一个人的生活被分为两半，前半生用于受教育，后半生用于劳动，这是毫无科学根据的；教育应是一个人从生到死一生中继续着的过程。教育要为他需要的时候提供学习的机会。他的报告出版成书，就是《终身教育引论》这本小册子。

联合国教科文组织1996年又发布了《教育——财富蕴藏其中》的报

告，提出了21世纪教育的四大支柱：学会认知、学会做事、学会与人共处、学会发展。并且再一次提出终身教育，建设学习型社会。

其实，终身教育思想是很先进的教育理念，早在100多年以前，马克思在《资本论》里就有这种思想。马克思有三句话。第一句是说："现代工业的技术基础是革命的，而所有以往的生产方式的技术基础本质上是保守的。"你们看，电子计算机发展到今天已经几代了？几个月就有新的品种出来。可是旧式的生产方式，如农村耕地，一头牛一张犁，老太太纳鞋，一根针一根线，几千年不变。第二句话是说："大工业的本性决定了劳动的变换、职能的更动和工人的全面流动性。"这就是说，生产的变革必然会使某些产业消失，新的产业产生，这时一批工人由于不适应新的生产而失业。第三句话是："大工业还使下面这一点成为生死攸关的问题——用全面发展的个人，来代替只是承担一种社会局部职能的局部个人。"也就是说大工业机器生产的持续发展，要靠全面发展的人，即既会用手又会用脑劳动的人。所以马克思说要把生产劳动和教育结合起来，并且说生产劳动和教育的结合不仅是培养人的全面发展的唯一途径，而且是改造社会的唯一途径。

（二）全民教育思潮

1990年3月5日至9日，联合国教科文组织、儿童基金会、开发计划署和世界银行联合在泰国宗滴恩召开世界全民教育大会，通过了《世界全民教育宣言》《满足基本学习需要的行动纲领》，其核心思想是教育的民主化与普及化。

这两份纲领性文件提出了积极消除性别、民族和地区差别，普及基础教育、成人扫盲的教育目标、措施和具体计划，满足所有人的学习需要，以"实现一个更安全、更健康、更繁荣而且生态更加良好的世界，同时促进社会、经济和文化的进步，倡导宽容精神和目标上的合作"。

基本学习需要包括人们为生存下去，为充分发展自己的能力，为有尊严地生活和工作，为充分参与发展，为改善自己的生活质量，为做出有见识的决策，以及为继续学习所需而掌握的基本学习手段（如识字、口头表达、演算和解题）和基本学习内容（如知识、技能、价值观念和态度）。

全民教育会议及两份纲领性文件极大地促进了发展中国家，特别是九个人口超亿的大国的教育的普及。

三、几种教育新理念

（一）苏联赞科夫的发展性教学理论

赞科夫是苏联教育家、心理学家，他用了20年的时间开展了发展教学的实验研究。他提出，教育不仅要传授知识，而且要促进儿童的发展，要以最好的教学效果促进学生的一般发展。他批评传统教育严重落后于社会和生活需要："在学校里，我们很少思考，而更多的是背书。"很少培养学生创造性、独立性和首创精神。

为了使教学能够促进学生的发展，他提出了五个教学原则。

（1）以高难度进行教学的原则。教学要有一定的难度，才能促进学生的发展。我们经常说"跳一跳，摘桃子"，也是这个意思。教学没有难度，学生不需努力，就不能促进学生的发展。

（2）以高速度进行教学的原则。教学要有一定的速度，才能促进学生的发展。我们的教学，有些内容学生早已掌握，教师还在细嚼慢咽地讲，引不起学生的兴趣，就不能促进学生的发展。

（3）理论知识起主导作用的原则。赞科夫认为，理论知识是掌握各种技能的基础。他观察到，一年级的小学生就能掌握许多抽象的概念，理解事物之间的某种联系。他认为，只有抽象思维才能更深刻，更接近事物的本质，只有从抽象过渡到具体，才能更完整地认识那个具体事物，认识它与周围事物之间的具体联系。

（4）使学生理解教学过程的原则。赞科夫要求教师必须使学生理解教学活动的内容和过程。教师不仅应该让学生知道学什么，还要让学生明白应该怎样学。

（5）使全班学生（包括差生）都得到发展的原则。他认为，对于所谓差生更加需要花大力气，在他们的发展上下功夫，不是只增加他们的操作性练习。我们对于学习差的学生往往让他们多做题、多练习，却忽视了在他们的发展上找差距。

（二）皮亚杰的认知学习理论

以皮亚杰为代表的认知学习理论，不同于行为心理学"刺激—反应"的理论，他要研究个体处理其环境刺激时的内部过程，而不是外显的刺激与反应。他认为学习是学习个体本身作用于环境，而不是环境引起人的行为。环境只不过提供刺激，至于这些刺激是否受到注意或者接受进一步的加工，则取决于学习者内部的心理结构。

（三）布鲁纳的结构主义学习理论

1957年苏联第一颗人造地球卫星上天，引起了美国的惊慌，美国认为其中等教育落后于苏联，于是美国国会于1958年通过了《国防教育法》，推进教育改革和发展。1959年美国全国科学院在伍兹霍尔召开会议，讨论如何改进中小学数理科教育。布鲁纳担任大会主席并做总结报告。《教育过程》就是他的总结报告。

他认为，教育的任务是要帮助每个学生获得最好的智力发展。不论我们选教什么学科，务必使学生理解该学科的基本结构。学习结构就是学习事物是怎样相互关联的。

他倡导发现法。发现法就是用自己的头脑亲自获得知识的一切形式，要像科学家那样去发现问题、研究问题。其基本程序是：选定一个或几个问题—创设发现问题的情境—建立解决问题的假说—对假说进行验证—做出符合科学的结论—转化为能力。由于发现法比较难以操作，所以没有得到推广。我们今天提倡的探究式教学其实继承了发现法的思想。

（四）建构主义学习理论

20世纪80年代，建构主义兴起。建构主义学习理论认为，学习活动不是由教师向学生传递知识，而是学生根据外在信息，通过自己的背景知识，建构自己知识的过程。

建构主义学习理论的基本观点有如下几点。

（1）学习是一个积极主动的建构过程，学习者不是被动地接受外在信息，而是根据先前的认知结构主动地和有选择地知觉外在信息，建构新的知识。

（2）知识的建构并不是任意的和随心所欲的，而是在建构过程中必须与他人磋商并达成一致，不断加以调整和修正的。

（3）学习者的建构是多元化的，每个学习者对事物意义的建构是不同的。

（五）加德纳的多元智力理论

美国心理学家加德纳认为，人的智力是由不同因素构成的，是多元的。每个人都具有八种智力，即语言智力、音乐智力、数理逻辑智力、空间智力、身体运动智力、自我认知智力、社交智力、自然观察者智力。每个人各种智力的强弱是不同的。例如，有的学生语言智力比较好，有的学生数理逻辑智力比较强。教育就要因材施教。

（六）后现代主义理论

后现代主义教育理论强调多元，崇尚差异，主张开放，重视平等，推崇创造，否定中心和等级，去掉本质和必然。因此，许多问题不能只是一种结论。教学中对某一种事物的认识是多元的，允许有不同的观点和认识。对学生的评价也应该是多元的，不能用一个标准评价所有的学生。

四、教学观念的转变

半个多世纪以来，在教育改革过程中涌现了许多新理论，在教育实践过程中，教育教学的观念也在不断变化。这种变化反映在课程标准上有如下一些。

（一）教学目标

从单纯地传授知识转变到知识、情感、价值观并重。要把培养学生的情感、价值观作为重要的教学目标。我国基础教育新课程标准就是按照这个目标来设计的。

（二）教学过程

从重视教学的结果转变到重视教学的过程。因此教学要改变"老师滔滔地讲，学生静静地听"的局面，要启发学生的主动性、积极性，引导他们参与到教学过程中。

要学思结合，留给学生思考的空间。孔子就说过"学而不思则罔"。学生不思考就不能理解事物的本质，就不可能掌握真正的知识。

要鼓励学生发现问题、提出问题。不会提问的学生不是好学生，不会提问，说明他没有思考，没有创造性思维、批判性思维。

（三）教学方法

要从灌输式转变为启发式、参与式（见下图），就要引导和鼓励学生参与教学过程。只有通过集体讨论，才能互相启发，互相学习。例如，我们参加座谈会，本来不想发言，但听了别人的发言，受到启发，有了新的想法，或者对别人的意见有不同的看法，想说说自己的意见。教学也是这样，在参与式的讨论中会对教学内容有深入的理解。

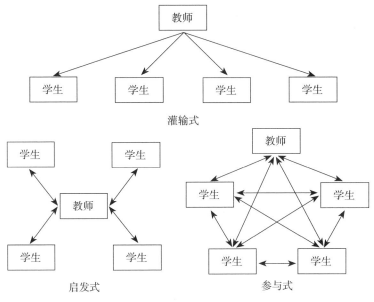

灌输式

启发式

参与式

三种教学方式图示

（四）教学主体

从以教师为主体转变为以学生为主体。

在当今时代，学生学习的渠道很多，可以通过各种媒体获得知识。教师已经不是知识的唯一的载体，教师的主导作用在于引导学生选择正确的学习路线和学习策略。教学要以学生为主体，启发学生的主体性、主动性，让学生主动地建构自己的知识。教师是学生学习的设计者、指导者、学习伙伴。

教育发展需要包括校长、教师在内的全体教育工作者的不断学习、解放思想和改革创新。所以今天我用三句话来结束我的报告。

教育发展在于改革。

教育改革在于创新。

教育创新在于学习。

高等教育的发展及职能的变化
——在国家教育行政学院的演讲
（2006 年 4 月 27 日）

各位校长：

上午好！

我今天讲的题目是《高等教育的发展及职能的变化》，分五个方面来讲。

一、高等教育发展简史

现代高等教育体系是现代工业化社会的产物，它有一个发展过程。为了研究我国高等教育的改革，有必要对高等教育的发展做简单的历史回顾。高等教育的发展经过了以下几个时期。

（一）中世纪大学——近代高等教育的创建时期

现代高等教育最早出现在中世纪的欧洲，文艺复兴的前夕。当时手工业已经从农业中分化出来，城市有了发展，国际贸易往来频繁，特别是地中海沿岸，城市经济和贸易很发达。经济的发展促进了教育的发展。最早建立的大学有意大利的博洛尼亚大学，创建于1088年（一说建于1067年），至今（2006年）已有900多年的历史。1988年该校庆祝建校900年时，我国北京大学副校长王义遒应邀参加了庆典。2002年我也曾访问过这所大学，很古老，但又很现代。欧洲高等教育一体化"博洛尼亚进程"就是在这里提出来的。这是一所由法律学校扩建而成的大学。由于博洛尼亚地处地中海交通要冲，国际贸易发达，商业纠纷时有发生，诉讼案件众多，客观上需要培养法律专门人才，高等学校就应运而生。稍后巴黎大学（1150年）、牛津大学（1167年）、剑桥大学（1218年）以及培养医学人才的意大利萨莱诺大学（1231年）相继成立。关于大学成立的年代，各种著作中都有不同记载。因为当时成立的时间与教皇或君主批准认可的时间有差异。至文艺复兴初期，欧洲大学已达80余所。

大学（University），原义是"组合"。中世纪的大学主要是由一批热心学术的学者和学生合力兴办起来的自治团体，它的主要任务是探讨学术知识。最早的大学设文、法、神、医四科，文科是基础学科，学完文科再学其他学科。教学内容以人文学科为主，课程分为七艺：文法、修辞、辩证法、算术、几何、天文、音乐。

中世纪大学有以下一些特点。

1. 学校享有极大的特权。大学是一批学者和学生自愿组织起来的自治团体，学校享有极大的自治权。校长由教授自由选举产生，校务也由教师或学生自主管理，在业务上学校有权授予学位，有权聘任教师。当时有两种形式：一种是由学生管理，因而称"学生大学"，如博洛尼亚大学；另一种由教师管理，称"先生大学"，如巴黎大学。学校是一个独立王国，并且享有种种特权。例如，大学可以免税免役，甚至设立自己的法庭。它不受政府的约束，遇到政府的干涉，往往师生集体迁移，另找地方。例如，英国剑桥大学就是因为牛津大学学生闹事，学校与市政当局发生冲突而得不到满意解决，部分师生迁移到剑桥而成立的。

2．大学受宗教的控制，神学在教学中占主要地位。中世纪许多大学的建立都需要得到教会的批准和认可。在四门学科中，神学是最重要的，也是最高级的学科。学完文科以后才能进入神学的学习和研究。

3．大学与社会生活严重脱离，与生产劳动相分离。当时的大学主要培养教会的圣职人员，同时培养社会发展所需要的法律、医学等专门人才。教学与社会生活严重脱节，大学成为自成一统的象牙之塔。

4．大学的教学内容主要是古典人文学科，教学方法是经院主义的。当时许多学科还没有从哲学、逻辑学中分化出来。特别是14世纪以前的中世纪，被称为"黑暗时代"，认为科学是对上帝的亵渎，许多科学家受到宗教裁判所的迫害。因此科学在大学教学中还没有成为学科。

（二）现代科学的发展和高等教育体系的建立

现代科学萌芽于14世纪下半叶开始的文艺复兴，然而，它真正独立地成为科学，则是进入16世纪以后。正如恩格斯在《自然辩证法》导言里所说的："自然科学借以宣布其独立并且好像是重演路德焚烧教谕的革命行为，便是哥白尼这本不朽著作（《天体运行论》）的出版，他用这本书……来向自然事物方面的教会权威挑战。从此自然科学便开始从神学中解放出来。"但是，直到18世纪，科学实验活动的规模依然很小，基本上是科学家个人从事的一种自由研究活动，科学实验的手段也很有限，大多数研究工作还只是建立在观测自然现象的基础上，科学实验与生产的联系很不密切。

到18世纪，科学技术逐渐应用到生产上。由于科学技术知识的积累和资本主义商品生产的发展，终于在英国爆发了产业革命，从此开始了现代生产的新纪元。恩格斯在《反杜林论》中指出："蒸汽机和新的工具把工场手工业变成了现代的大工业，从而把资产阶级社会的整个基础革命化了。工场手工业时代的迟缓的发展进程变成了生产中的真正的狂飙时期。"科学技术一旦与生产结合，生产就改变了原来的面貌，科学技术也就从生产中得到巨大的推动力，迅速向前发展，科学技术的发展又推动了教育的发展。

产业革命给高等教育带来新的生机，资产阶级要求培养为发展资本主义生产服务的科学技术人才，同时要求废除贵族受高等教育的特权，从而出现了一批专业化的技术学院。例如，英国的沃灵顿学院，著名化学家、氧气发现者普里斯特利（J.Priestley，1733—1804）曾在这里任教。到19世纪，英国出现了所谓"新大学"运动，出现了如伦敦大学、曼彻斯特大学、伯明翰大学等所谓的市民大学。从13世纪建立牛津大学起到18世纪末，英国共建立了7所大学。这些大学都比较保守，实行宗教限制，教学内容不重视近代科学。为了打破旧大学的那些限制，所以出现了"新大学"运动。到20世纪初，英国共有18所大学、4所大学学院。

对世界高等教育产生重大影响的是德国的柏林大学。德国教育大臣威廉·洪堡于1809年创办柏林大学，提出"学术自由"和"教学与科研相统一"的办学原则，赋予大学研究的职能，影响世界各国大学，特别是美国大学的发展。

1862年美国林肯总统为了发展美国的工农业，签署了著名的《赠地法》（又称《莫利尔法》），建立起了一批农工学院（又称赠地学院），培养农业和工业建设人才。这批学院是现在美国州立大学的前身。

这一时期高等教育有如下一些特点。

1. 高等教育的职能发生了变化，大学走出了象牙之塔，不仅开展各种科学研究，促进科学的发展，而且与现代生产发生了紧密的联系，为发展资本主义经济服务。教学、科研、服务成为大学的三大职能。

2. 现代高等教育的体系基本建立。随着工业的发展、初等教育的普及和中学教育的发展，形成了从初等教育到高等教育的完整体系，许多国家还建立了研究生制度。所以我曾经说过，现代教育是现代生产的产物，教育与生产劳动相结合是现代生产的普遍规律。

3．宗教的影响逐渐减弱，学校开始世俗化。中世纪时期的大学大多是教会人士办的，或受教会的授权。这个时期办学的主体有政府，有企业，不再受教会的限制。虽然在西方大学里有很强的宗教势力，但普遍强调学校与教会的分离，只有教会办的学校例外。

4．近代科学在大学中发展起来。大学的教学内容也由古典人文学科向自然科学转变，大学成为重要的科学发现、研究和发明的重要实验基地。

（三）高等教育大发展、大改革的时期

第二次世界大战以后，世界政治形势发生了巨大的变化。包括中华人民共和国在内的一批社会主义国家建立起来；许多过去的殖民地和半殖民地纷纷独立，建立起新的民族国家；资本主义国家内部民主运动高涨，人民要求政治民主化、教育民主化，要求各阶层人民都有受教育的均等机会。这一切都影响到高等教育的发展。

第二次世界大战结束，在战争中由军事需要而发展起来的以核子、电子为主的新科学技术推动了生产力的发展，促进了资本主义国家经济的空前繁荣。经济的发展又促进了高等教育的发展。1962年经济学家舒尔茨"人力资本理论"的提出更加推动了高等教育的大发展。

这一时期高等教育有如下一些特点。

1．高等教育由精英教育走向大众化、普及化。如果说第二次世界大战前高等教育还是一种精英教育，除美国外，各国高等教育的毛入学率都不足10%，那么第二次世界大战后的60年代，发达国家的高等教育毛入学率就迅速超过了15%，进入了大众化阶段。根据联合国教科文组织的统计资料，1995年一些国家高等教育毛入学率如下表所示。

美国	英国	法国	德国	日本	韩国
81.1%	48.3%	49.6%	42.7%	40.3%	42.9%

2．高等教育的多样化和多层次化。高等教育进入大众化以后，高等教育就不只是大学或学院的一种机构、一个层次，还出现了职业技术学院、社区学院、短期大学等多种教育机构和多种层次。例如，社区学院在美国是在20世纪初出现的，而发展是在第二次世界大战以后；日本的短期大学也是在第二次世界大战后建立起来的；法国的短期技术学院和德国的高等专科学校都是在70年代建立起来的。

3．高等教育的对象扩大了。20世纪60年代兴起的终身教育思潮，主张教育要伴随人的一生。高等教育成为终身教育的一环。高等教育的学生已经不限于18岁至24岁年龄段的高中毕业生，许多中老年人，或者已经有大学学历的人都可以接受高等教育。

4．高等学校与社会的联系愈来愈密切，逐渐从社会的边缘走向社会的中心。高等学校走出了象牙之塔，向社会开放，与企业相联系。一方面高等学校帮助企业研发产品，另一方面高等学校从企业得到资助，促进了自身的发展。

二、高等教育职能的变化

第一，中世纪大学以教学为主，传授文化知识，培养高级官吏和神职人员，也有少部分从事学术研究。因而早期的大学都是以培养人才为唯一职能。直到1828年耶鲁大学还发表了著名的《耶鲁报告书》，为旧大学的办学传统辩护，认为大学教育应是文化修养的教育而非专业教育，抵制大学革新。1830年一批人文科学和自然科学的学者在纽约集会，批判《耶鲁报告书》，并因此成立了纽约大学。

第二，产业革命以后，科学技术的发展及其与生产的结合，一方面促进了生产的发展，另一方面也要求高等教育创造新知识和新技术。科学研究成了高等教育的重要使命。以1809年柏林大学的建立为标志，强调"学术自由"和"教学与科研相统一"，开创了高等教育从事科学研究的职能。

1876年美国约翰·霍普金斯大学创立，成立研究生院，使美国教育进入了一个新的历史时期，美国逐渐建立起一批研究型大学，使大学变成既是教学中心，又是研究中心。

第二次世界大战期间，为了战争的需要，大学参与了武器的研制工作。制造第一颗原子弹的曼哈顿计划，美国许多大学都参与了。第二次世界大战以后，新的科技促进了高等学校的科学研究。经济的繁荣和发展也促进了高等学校与企业的合作，研发新的产品。

科学研究成为高等学校的重要职能。在当今科学技术发展突飞猛进的时代，只有开展科学研究，才能提高教学质量。

大学成为创新知识、创新思维的重要基地，特别是基础理论研究，大学有着优越的条件。因为大学学科齐全，可以组织跨学科研究，而当今科学技术的创新往往就在跨学科的结合点上。大学还拥有先进的设备和先进的科研团队，有利于科学研究。

第三，大学为社会服务。1862年美国颁布《莫利尔法》，按照每个参议员、众议员拨地3万英亩（1英亩=4 046.86平方米）土地建立学校，称为"赠地学院"，为发展农业和工业服务。1906年美国威斯康星大学提出大学应该为本州农业、教育、社会和经济的综合发展服务的办学思想。校长海斯提出了一个扩大校外教育的计划，认为"州的边界也就是校园的边界"，实行开放性的入学制度，为本地区公民提供继续教育。这就是威斯康星思想。这一时期社区学院得以迅速发展。

三、高等教育的理想

高等教育的理想，又称大学理想，即办学的思想，它是不断发展的。英国教育家阿什比有一句名言："任何类型的大学都是遗传与环境的产物。"也就是说，大学的理想与各国的社会环境和文化传统有关。我们把大学理想归纳为以下几种。

第一种是人文主义教育理想，以英国大学为代表。英国大学认为，大学的职责是实施博雅教育而非专业教育。大学生有绅士般的教养比有高深的学识更重要。大学不能跟着企业跑，大学发展有自己的规律。

第二种是功利主义教育理想，以美国高等教育为代表。美国是移民国家，为了生存，就要奋斗，因而重视功利。重学术还是重技术，这在美国有过激烈的争论。应该说，美国高等教育对这两方面都很重视，不能简单地说美国大学理想都是功利主义的。

第三种是重视科学研究的理想，以德国的高等教育为代表。德国高校重视科学研究，重视哲学思维，对于专业教育特别强调严格训练。

第四种是教育机会均等的理想。高等教育不应限制青年求学的要求，要给需要学习的人提供接受高等教育的机会。

四、高等教育改革与发展的新动向

（一）高等教育的大众化引起的新变化

20世纪70年代马丁·特罗提出高等教育大众化的概念。从数量上讲是指高等教育毛入学率为15%—50%。但高等教育大众化不只是一个数量概念，由此而来的还有高等教育的一系列变化，包括教育观念的变化、教育功能的扩大、教育模式的多样化、教育方式和方法的变化、入学条件的变化。

过去一定年龄的青年，中学毕业以后才能接受高等教育，现在这种限制被打破了，各种年龄阶段的人，不论有无职业都可以进入高等学校学习，学历也不再是进入高等教育的障碍，高等教育的对象扩大了。

高等教育也改变了统一的标准。高等教育内部存在着各种层次、各种水平。美国4 000多所高等学校中，只有极少数是高水平的。正如阿什比所说的，美国的"高等教育是敞着大门的，上大学犹如参加障碍赛跑，凡是想参加竞赛的人都可以参加。但是由于不同大学的水准不一，赛跑者可以选择升入有国际地位的大学而参加困难的赛跑，或进入要求比较稀松的学校参加比较容易的赛跑"。因此高等教育大众化并不排除精英教育。

高等教育大众化也带来不少问题。首先是大学毕业生过多，失业率增加。其次是教育质量下降，大批高中毕业生拥入大学，就使上大学这件事在中学生心理上施加某种社会压力，不愿意学习的也勉强学，他们对学习并无兴趣，往往中途辍学。据美国联邦政府统计中心统计，美国大学生能按期取得学位的人数不足50%。

（二）高等教育与社会联系的加强

高等教育加强与社会的联系，使高等教育更加适应经济和社会发展的需要。英国大学向来是比较保守的，但在科技创新和经济发展大潮中也不得不强调大学与社会的联系。英国政府在1987年《迎接挑战的高等教育》白皮书中明确指出："高等教育必须有效地为经济服务，必须与工商界保持更紧密的联系，以促进企业的发展。"

法国1989年的《高等教育法》强调大学既是发明创造的基地，又是工业和经济发展的动力，要重视把科研成果转化为生产力。政府鼓励大学面向社会，通过提供科技咨询、签订科研合同、承担职业技术培训等方式，灵活而及时地满足工业界的需要。

美国高等教育一向有为社会服务的传统，第二次世界大战后建立了一批如硅谷的工程研究中心（Engineering Research Center，ERC），在高新科技方面创造了奇迹。

因此，将高等教育纳入到国家科技创新体系，是世界高等教育发展的趋势。

（三）调整高等教育的培养目标

掌握知识还是培养能力，培养专才还是培养通才，培养共性还是培养个性，在高等教育界一直存在着争论。但大多数学者都认为，高等学校不仅要培养专门人才，而且要培养有高水平文化素养、全面发展的人才。

大学要培养学生的世界观、人生观、价值观，培养科学的思维能力。

美国卡内基教学促进基金会主席博耶在《学院——美国本科生教育的经验》一书中说："今天大学教育最成功之处是培养能力，本科生教育的最高目的是促进学生从具有能力到承担责任。"培养哪些能力？阿尔弗诺学院（Alverno College）制定了能力培养目标，具体如下。

（1）培养有效的交流能力。

（2）完善分析能力。

（3）提高解决问题的能力。

（4）培养做出正确判断的能力。

（5）完善社会交往的能力。

（6）养成理解个人与环境之间关系的能力。

（7）培养理解当代世界的能力。

（8）培养理解和感受艺术和人文学科知识的能力。

（四）拓宽专业面，改革培养模式

许多大学加强通识教育。所谓通识教育，又称普通教育，是指"学生在整个教育过程中，首先作为一个成员和一个公民所接受的那部分教育"，是为培养人的独特品格和个人生活能力做准备，使他作为一名公民或共同文化的继承者，能够与其他社会公民在共同的领域中和睦相处的那部分教育。

1. 重视基础知识和基本理论。1994年至1995年美国国家研究委员会（NRC）、美国工程教育协会（ASES）和美国国家科学基金会（NSF）相继发表研究报告，提出要建立一个与旧的模式不同的新的工程教育模式。工程教育不是"狭隘于技术"和"技术上的狭窄"，也不是"唯科学独尊"，而是在提供宽广通识教育的基础上，着重强调小组工作、交流、设计及终身学习。工程教育如此，其他专业也不例外。

2. 在加强通识教育的同时，强调自然科学与人文科学的结合。美国教育部前部长贝纳特呼吁"必须恢复文化遗产应有的地位"。

3. 在课程改革方面强调对课程进行整合。科学越来越分化，也越来越综合。面对知识不断增加的趋势，高等学校在有限的时间内怎么处理？许多专家认为，不应简单地增加课程，而是要加以整合，帮助学生综合所学到的知识。

（五）改进教学方法

大学过去不重视教学方法的改革，但知识的爆炸、信息技术的发展迫使大学不得不考虑教学方法的改革。改革的走向是重视学生的自主探究，由重视教学的结果到重视教学的过程，同时注重评价与反馈。如果说个人电脑的发明扩大了个人的大脑功能，帮助个人整理、记忆信息，那么互联网的出现就是扩大了人类集体的大脑，把人类的知识、智慧都集中起来了，供所有人检索使用。

1. 要重视信息技术应用和网络文化的建设。信息技术在教育中的应用必然会引起一场教育革命。网络文化的特征是虚拟性、跨文化性、开放性、交互性。网络文化是虚拟的，但又是实实在在存在的，网友交往是可以虚拟的，但又是很具体的。网络文化是没有国界的，没有民族、性别、年龄的限制，信息是开放的。这固然打开了人们的眼界，但如果信息不实，也会受到误导。网络文化是相互交流的，但又具有个性，每个人都可以自由选择自己需要的信息。

2. 要重视研究网络文化对传统教育的冲击。信息化、网络化在教育中的应用有如下一些优势。

（1）互联网为学生提供了全新的学习环境、丰富多彩的学习平台。学生在互联网上可以检索许多知识。

（2）促进教育资源的共享，学校的优秀课程也可以挂到网上，由学生自由选修。

（3）改变了教师的角色。在当今信息化时代，教师已经不是知识的唯一载体，也不是知识的权威。教师的作用在于为学生设计良好的学习环境，指导学生收集、处理信息，帮助学生学习。因此，教师是教学的设计者、指导者、帮助者，是与学生共同学习的伙伴。

（4）促进教学模式和方法的改变，突破了过去统一的教学模式，为个别化学习提供了条件。

（5）拓宽了教育领域，为终身教育提供了广阔的学习环境。

当然，网络文化也有消极影响，应该加以预防。既然网络是虚拟的，就可能有不实的信息或不良的信息，同时会遇到一些不良分子的干扰。另外，青少年容易沉溺于网络游戏，荒废学业。

五、我国高等教育的几个问题

我国高等教育近几年来有了跨越式的发展，开始进入大众化的阶段。高等教育的职能也在变化。20世纪末我国高等教育还处在精英教育的阶段，主要培养高级专门人才。现在进入大众化阶段，在办学思想上、培养目标上、培养模式上都应该有所改变。以下几个问题值得我们思考。

1. 加强学校与社会的联系。我国高校与社会的联系不够密切，与企业联系很少。这不仅影响到学校科研成果的转化，也影响到学校的发展。高等学校有人才的优势，国家应该把高等学校纳入国家科技创新体系。

2．正确处理好政府干预和学校自主办学的关系。扩大高等学校的办学自主权已经喊了多年，但落实得不够。高等学校要办出特色，就要有自主办学的权力，包括招生录取、专业设置、课程设置、培养模式、与社会的联系等。

3．正确处理好普及与提高的关系。当前我国高等学校趋同化现象特别严重，许多学校都想升格办大学，都想办成清华、北大。高等教育进入大众化阶段，高等学校就应该是多层次、多样化的。社会也需要多层次、多样化人才。其实任何层次的学校都能办出特色，办成一流。

4．正确处理好掌握知识与培养能力、提高素质的关系。高等学校不仅要给学生传授渊博的知识，更要培养学生学习的能力，特别是判断的能力、批判性思维，不迷信权威，才能在学术上有所创新。

5．正确处理好教学与科研的关系。高等学校是培养人才的地方，也是知识创新的基地。因此，教学和科研不能偏废，两者是互相促进的。但现在职称评定等都着重于科研成果，对教学重视不够。同时对不同层次的学校在教学和科研上也应有不同的侧重，不能用一个标准评价学校。

6．正确处理好基础研究与应用研究的关系。高校的科学研究也应该根据性质的不同对基础研究与应用研究有所侧重。总体上讲，高层次的大学应该加强基础研究，因为大学学科齐全，人才资源丰富，比较有条件进行基础研究。基础研究可能一时很难转化为生产力，但它是科技创新的基础，它的成果具有深远的影响。我们看到诺贝尔奖获得者基本上是在基础研究上有所突破。

7．正确处理好基础知识与专业知识的关系。过去我们重视专门人才的培养，批判通才教育，近年来又反过来，批判专业过窄，强调通才教育。我认为，在当前知识爆炸、知识不断更新的时代，需要加强基础知识。再加上市场经济条件下自主择业，双向选择，大学毕业生需要有较宽厚的知识才能适应，因此强调培养通才有一定道理。但是，高等学校毕竟不同于基础教育，大学毕业生应该能够为经济社会发展服务，没有一定的专业是难以实现的。因此在加强基础性通识教育的同时，不应该过分削弱专业教学。

8．正确处理好学科分化与综合的关系。当前学科越来越分化，同时也越来越综合，更重要的趋势是综合，许多新的知识都生长在学科交叉点上，因此学校要重视跨学科的建设。

9．正确处理好教与学的关系。前面已经讲到，在当今信息化时代，教学模式要改变。要以学生为主体，充分发挥学生的学习积极性和主动性。高等学校是最不重视教学改革的，但形势逼着，已经到非改不可的时候了。

以上讲得不对的地方，请大家批评、指正。

谢谢大家！

学习型社会的理论和实践

——在北京师范大学教育学院博士课程班的演讲
（2007 年 6 月 12 日）

党的十六大提出了全面建设小康社会的目标，提出要形成全民学习、终身学习的学习型社会。那么什么叫学习型社会？今天我们就来讨论这个问题。

一、学习型社会提出的背景

最早提出学习型社会这个概念的是美国学者赫钦斯（R. H. Hutchins），1968 年时任芝加哥大学校长的他出版了《学习型社会》（*The Learning Society*）这本书。此后，学习型社会的概念就在国际上流行。

我们首先了解一下学习型社会提出的背景。20 世纪有两大教育思潮对世界教育起了重大影响，一是终身教育思潮，二是全民教育思潮。我先来介绍一下这两大思潮的由来和它们的影响。

（一）终身教育思潮

终身教育（Lifelong Education）又译"终生教育"，主张教育应贯穿于人的一生，而不是一次就完成。终身教育一词始见于 1919 年的英国，第二次世界大战后广见于教育文献。1965 年 12 月，法国成人教育家保尔·朗格朗（Paul Lengrand）在联合国教科文组织于巴黎召开的促进成人教育国际委员会第三次会议上大力提倡终身教育，并于1970年出版《终身教育引论》一书，对终身教育的背景、意义、目的、原则、内容和方法进行了系统论述。1972年联合国教科文组织教育发展委员会发表报告《学会生存——教育世界的今天和明天》，从历史和现实两个视角对终身教育进行了全面阐述。这两个文件奠定了终身教育的理论基础。在联合国教科文组织等国际组织的推动下，终身教育在世界各国广为传播，成为20世纪后半叶各国教育改革和发展的重要指导思想。

对终身教育的理解不一，较为普遍的认识是，终身教育乃是"人们在一生中所受到的各种培养的总和"。它包括了各个年龄阶段的各种方式的教育，既有正规教育也有非正规教育，既有学校教育也有家庭教育、社会教育。对终身教育的理解有一个发展过程，开始人们把它作为成人教育的同义词，为成年从业人员因生产的不断变革而进行的各种职业培训，后来发展为惠及人的一生的各种教育形式和整个教育过程。《学会生存——教育世界的今天和明天》指出："最初，终身教育只不过是应用于一种较旧的教育实践即成人教育（并不是夜校）的一个新术语。后来，逐步地把这种教育思想应用于职业教育，随后又涉及整个教育活动范围内发展个性的各个方面，即智力的、情绪的、美感的、社会的和政治的修养。最后，到现在，终身教育这个概念，从个人和社会的观点来看，已经包括整个教育过程了。"

终身教育在20世纪60年代盛行，有重要的历史背景。第二次世界大战以后，科学技术的迅猛发展引起了生产技术、生产工艺和生产组织的不断变化，并由此引起了社会的深刻变化，要求人们不断学习以适应这种变化。正如《学会生存——教育世界的今天和明天》所说的："科学技术革命使得知识和训练有了全新的意义，使人类在思想和行为上获得许多全新的内容和方法，并且是第一次真正具有普遍意义的革命。"

我国对终身教育的认识较晚，我给大家讲一段故事，说一个笑话。1971年联合国恢复我国的合法席位，相继联合国教科文组织也恢复我国的席位。1974年我国正式派代表团参加联合国教科文组织第十八届大会。我作为教育方面的顾问参加了这次大会，当时根据"文化大革命"中的思维方式，主要是去"反帝反修"。联合国教科文组织大会和联合国大会一样是一个马拉松会议，长达50天（现在为了节约经费，已经缩短到20天）。为了参加这次会议，我们在国内做了充分的准备，一个月以前就集中学习，阅读有关材料。当时我负责教育委员会的材料。教育界就我一个人。那届大会刚好要制定教科文组织中长期教育规划。有关教育的提案有100多条，提案的内容可以分为两大类。一类是发展中国家如非洲、拉美等国家提出的，要求联合国教科文组织关注普及初等教育，扫除文盲，并要求立项援助。发展中国家很穷，文盲很多，儿童没有受教育机会，要求立项。第二类是发达国家，要求关注青年的失业问题，为成人教育和终身教育立项。关于成人教育，我还有所认识，如我国扫盲、业余补习学校（职工学校、农民夜校）等。但这与西方发达国家提出的成人教育也有所区别。我国的成人教育往往是学历补偿教育，为没有上过学的工农补习文化，达到小学毕业、中学毕业的程度。西方发达国家的成人教育主要是岗位培训、继续教育。至于什么叫终身教育，却从来没有听到过。周围的教师也都不知道什么是终身教育。于是按照当时的阶级斗争的思维定式认为，既然终身教育是发达国家提出来的，发达国家全都是资本主义国家，因此终身教育肯定是资产阶级教育思想。于是在分委会讨论时，我就大力支持发展中国家提出的扫除文盲和普及初等教育的提案，而对终身教育就置之不理。等到表决时，对于发展中国家提出的扫盲、普及初等教育的立项，我就高高举手；对于终身教育的立项，我也不敢反对，因为不了解，只好弃权。当时阿尔巴尼亚还是我国的盟友，其代表坐在我的右前方，他常常转过头来看我，看我举手他就举手，看我不举手，他也就不举手。

在会议期间，法国教育部部长在凡尔赛宫举行隆重的招待会，在互相交流中，有一位澳大利亚代表问我，中国是如何解决青年失业问题的。我一句话就把他顶了回去。我说："我们中国没有人失业，中学毕业生全部上山下乡，中国农村有广阔的天地！"现在想起来很可笑，但当时自以为立场很坚定。实际上反映了我自己的闭目塞听，才闹出了这样愚蠢的笑话。

1976年"文化大革命"以后，我们才看到前面我讲到的联合国教科文组织教育委员会1972年的教育报告《学会生存——教育世界的今天和明天》。这本书由华东师大邵瑞珍先生等翻译，但直到1979年才由上海译文出版社出版。这本书全面阐述了终身教育的历史必然性及其深远的意义。

实际上，1965年，法国学者朗格朗在联合国教科文组织召开的成人教育大会上就以终身教育为主题做了学术报告。他认为，数百年来，一个人的生活被分成两半，前半生用于受教育，后半生用于劳动，这是毫无科学根据的；教育应是一个人从生到死一生中继续着的过程，因此，要有一体化的教育组织。今后的教育应当是，随时能够在每一个人需要的时刻，以最好的方式提供必要的知识和技能。他建议联合国教科文组织批准终身教育的原则。他说："人凭借某种固定的知识和技能就能度过一生，这种观念正在迅速消失……现在教育正处于实现其真正意义的进程中，其目标不是为了获取知识的宝库，而是为了个人的发展。"它包括了教育的所有方面，各项内容，从一个人出生的那一刻起一直到生命终结的不间断的发展，包括了教育的各个发展阶段各个关头之间的有机联系。这个思想一提出就受到世界各国的响应，许多国家都立法推进终身教育，如法国就于1972年立法。

1980年，在准备中国教育学会和北京市高教局为北京市高等学校干部举办的教育讲座时，我查阅了马克思的《资本论》第一卷第十三章，发现马克思在100多年以前就有终身教育的思想。马克思说："现代工业从来不把某一生产过程的现存形式看成和当作最后形式。因此，现代工业的技术基础是革命的，而所有以往的生产方式的技术基础本质上是保守的。"他又说："大工业的本性决定了劳动的变换、职能的更动和工人的全面流动性。"他还指出："大工业还使下面这一点成为生死攸关的问题——用适应于不断变动的劳动需求而可以随意支配的人员，来代替那些适应于资本的不断变动的剥削需要而处于后备状态的、可供支配的、大量的贫穷工人人口；用那种把不同社会职能当作互相交替的活动方式的全面发展的个人，来代替只是承担一种社会局部职能的局部个人。"简单地说，就是要用全面发展的人来代替片面发展的人。怎么能做到全面发展？那就要学习，工人要接受教育，要把生产劳动和教育结合起来。只有这样，工人不仅体力得到发展，脑力也得到发展，才能够适应大工业机器生产的不断变革。虽然马克思没有使用终身教育这个词，但他这些话语中不是包含终身教育的思想吗？因此终身教育不仅不是资产阶级独有的教育思想，而是十分先进的、有远见的教育思想。20世纪60年代提出来并很快流行不是偶然的，是社会发展的必然，也是教育发展的必然，因此我把它称为20世纪最重要的教育思潮。

可惜我们对它的认识可以说落后了30年。我国政府在正式文件中第一次提到终身教育概念的是1993年公布的《中国教育改革和发展纲要》。随后，1995年全国人民代表大会通过《中华人民共和国教育法》才正式提到要建立终身教育体系，并且两处提到终身教育。

我在想，《资本论》第一卷我在新中国成立初期学习政治经济学课程时就读过了。在苏联时我又读过一遍，回国以后讲教育学时总要讲到马克思关于全面发展的论述，也总要引用《资本论》的论述，为什么我就没有读懂呢？现在想起来，这也并不奇怪，由于我们长期生活在小农经济的环境中，看不到生产的变革，不理解教育与生产劳动相结合的根本意义。例如，恩格斯在《共产主义原理》一文中还提到："教育可使年轻人很快就能够熟悉整个生产系统，它可使他们根据社会的需要或他们自己的爱好，轮流从一个生产部门转到另一个生产部门。"我当时就不理解，党教育我们一辈子在一个岗位上做一个螺丝钉，怎么可以从一个岗位转到另一个岗位？直到20世纪80年代后期，我国经济发生革命性转变，许多工人下岗转业，才真正体会到大工业生产的变革，并由此而造成的大批工人下岗流动。下岗工人再上岗就必须重新学习、参加职业培训，这不就是终身教育吗？

20世纪末和21世纪初，人类社会进入了知识经济的时代，进入了学习化社会，每一个人都必须不断学习才能适应社会的变革，才能使个性得到充分全面的发展，终身教育向终身学习的概念发展。终身学习更强调学习者的主动性和主体性。终身学习已经成为每个社会成员生活的一部分。

终身教育的思想也是在发展的。开始只是一种理念，在实践中人们也常常把它与传统的成人教育联系在一起；后来逐步认识到它的深远意义，把它扩展到整个教育，直到后来它演变为终身学习的概念。终身学习更体现了学习者的主体性和主动性。学习已经成为人的生活的一部分，成为人的发展的动力、社会发展的动力。

（二）全民教育思潮

1990年3月5日至9日，联合国教科文组织、联合国儿童基金会、联合国发展计划署和世界银行在泰国宗滴恩召开了世界全民教育大会。有162个国家和地区、31个政府间组织、135个非政府组织的1 350余人参加。会议通过了《世界全民教育宣言》和《满足基本学习需要的行动纲领》两个主旨文件，提出在20世纪末要达到三大目标：（1）改善和普及初等教育，使世界80%以上的14岁青少年的文化水准达到国家规定水平；

（2）世界成人文盲率降到1990年的一半，使男女识字率相等；（3）为青年人和成人提供更多的受教育机会，开设扫盲班、技巧训练班和其他专业课，以满足他们不同类型的学习需要。

基本学习需要包括人们为生存，为充分发展自己的能力，为有尊严地生活和工作，为充分参与发展，为改善自己的生活质量，为做出有见识的决策，以及为继续学习所需的基本学习手段和基本学习内容（如知识、技能、价值观和态度）。

全民教育大会的核心是教育的民主化和普及化。会议推动20世纪末各发展中国家的普及教育，特别是九个超亿人口国家的教育普及。我国国务委员兼国家教委主任李铁映参加了会议，我国是签字国之一，承诺20世纪末普及九年义务教育。

1996年联合国教科文组织又发表了国际21世纪教育委员会提交的报告《教育——财富蕴藏其中》，提出21世纪教育的四大支柱，即（1）学会求知；（2）学会做事；（3）学会共同生活；（4）学会发展。报告认为："终身学习是打开21世纪光明之门的金钥匙。"

我国的学习型社会就是在这样的背景下提出来的。

二、学习型社会的内涵

我的理解是，学习型社会就是以学习求发展的社会，就是不断创新的社会，就是把学习作为人的生活的一部分的社会。学习型社会建立在全民学习、终身学习的基础之上。

德国学者戴尔（R. H. Dare）在《终身教育与学校课程》（*Lifelong Education and School Curriculum*）一书中把终身学习理论概括为20条。

（1）以"生活""终身""教育"三个概念为基础。

（2）教育并非在正规学校教育结束时便宣告结束，它是一个终身的过程。

（3）不限于成人教育，它包括所有阶段的教育。

（4）既包括正规教育，也包括非正规教育。

（5）家庭在终身教育过程的初期起着决定作用。

（6）社会在终身教育中也起着重要作用，并从儿童时就开始。

（7）中小学、大学和培训中心之类的教育机构固然是重要的，但它们不过是终身教育的几种机构，它们不再享有教育的垄断权，也不再能够脱离其他社会教育机构而独立存在。

（8）终身教育从纵的方面寻求教育的连续性和一贯性。

（9）终身教育从横的方面寻求教育的整合。

（10）终身教育与英才教育相反，它具有普遍性，主张教育的民主化。

（11）终身教育在内容、手段、技术和时间方面，既有灵活性，又有多样性。

（12）终身教育促使人们能够适应新的变化，自行变更要学习的内容和技术。

（13）终身教育为受教育者提供各种可供选择的教育方式和方法。

（14）终身教育有两个领域，即普通教育和专业教育，它们不是独立的，而是相互联系、相互作用的。

（15）终身教育有助于提高个人或社会的适应能力和革新能力。

（16）终身教育发挥矫正的效能，克服现行教育制度的缺点。

（17）终身教育的最终目标是维持、改善生活质量。

（18）实施终身教育的三个主要前提条件是：提供适当的机会，增进学习动机，提高学习能力。

（19）终身教育是把所有教育加以组织化的一种原则。

（20）在付诸实施方面，终身教育提供一切教育的全部体系。

戴尔把终身教育的目的、功能、条件、方式、方法以及教育内容的各种关系说得非常全面，而且有可操作性。学习型社会就是建立在这样终身教育的基础上。40多年来，终身教育的概念有了很大的发展，从20世纪的终身教育发展到21世纪的终身学习，从教育的理念发展到教育实施、终身教育体系的建立。

终身学习更具有自觉性、自动性，《学会生存——教育世界的今天和明天》指出："教育的目的在于使人成为他自己，'变成他自己'……不应培养青年人和成人从事一种特定的、终身不变的职业，而应培养他们有能力在各种专业中尽可能多地流动并永远刺激他们自我学习和培训自己的欲望。"

美国著名管理学学者彼得·圣吉（Peter Senge）在《第五项修炼》（*The Fifth Discipline*）中讲到学习型组织的艺术和实务，提出了以下五项修炼。

（1）自我超越（Personal Mastery）。学习不断理清并加深个人的真正愿望，集中精力，培养耐心，并客观地观察现实。

（2）改善心智模式（Improving Mental Models）。我们通常不易察觉自己的心智模式，以及它对行为的影响……我们学习发掘内心世界的图像……进行一种有学习效果、兼顾质疑与表达的交谈能力——有效地表达自己的想法，并以开放的心灵容纳别人的想法。

（3）建立共同愿景（Building Shared Vision）。一个缺少共有的目标、价值观与使命的组织，必定难成大器。有了渴望实现的目标，大家会努力学习，追求卓越，不是因为他们被要求这样做，而是因为内心想要如此。

（4）团体学习（Team Learning）。每个人都参与学习。团体的集体智慧高于个人智慧。当团体真正在学习的时候，不仅团体整体产生出色的成果，个别成员成长的速度也比其他的学习方式要快。

（5）系统思考（Systems Thinking）。企业和人类活动都是一种系统，互相影响，息息相关。五项修炼也是一个整体，少了系统思考，就无法探究各项修炼之间的互动关系。

圣吉特别强调第五项修炼"系统思考"，同时认为五项修炼是一个整体。圣吉说："'系统思考'也需要有'建立共同愿景''改善心智模式''团体学习'与'自我超越'四项修炼来发挥它的潜力。'建立共同愿景'培养成员对团体的长期承诺。'改善心智模式'专注于以开放的方式，体认我们认知方面的缺失。'团体学习'是发展团体力量，使团体力量超越个人力量加总的技术。'自我超越'则是不断反照个人对周遭影响的一面镜子；缺少自我超越的修炼，人们将陷入'压力—反应'式的结构困境。"他又说："真正的学习，涉及人之所以为人此一意义的核心。透过学习，我们重新创造自我。透过学习，我们能够做到从未能做到的事情，重新认识这个世界及我们跟它的关系，以及扩展创造未来的能量。"

三、学习型社会的实施

学习型社会是建立在全民学习、终身学习的基础上的。根据上面戴尔和圣吉两位管理学者对终身学习的解析，要形成学习型社会，就必须使社会各种组织都成为学习型组织，政府应该是学习型政府，企业应该是学习型企业，社区应该是学习型社区，学校应该是学习型学校，家庭应该是学习型家庭。

学习型组织是一个善于搜集、整合、运用和创造知识的工作单位，它能运用各种策略，结合生活和工作，给单位的每一个成员提供吸收知识和创造知识的机会和空间，使单位中的个人和团队不断学习和创新。

我认为，学习型组织应该有如下基本特征。

第一，有一个共同理想、共同愿景。

第二，解决问题时能有新的思维。

第三，人员之间能坦率地相互沟通。

第四，为了一个共同目标，共同学习，不断学习。

第五，具有创新精神。

学校应该创建学习型组织。学校本来就是学习的场所，为什么说学校还要创建学习型组织？学校如果只有学生学习，教师不学习，校长不学习，没有共同的愿景，没有形成学习的团队，就不能算是学习型组织。学校要形成学习型组织，就必须建立共同的学校发展愿景；必须创建民主、平等、和谐的学校文化；必须建立团队共同学习、不断学习的氛围，校长应是学习团队的带头人；必须建立能够发挥教师创新精神和不断探索教育问题的机制；教师能不断反思自己的教育行为并不断改进和完善；学校具有灵活的应变机制。

以上不成熟的理解，供大家参考。

谢谢！

中国当前教育改革的几个问题

——在陕西师范大学的演讲
（2008年2月27日）

主持人（党怀兴）：各位老师，各位同学，晚上好！大家已经看到了，这个屏幕上有顾明远先生简单的介绍。顾先生是国内外知名的教育家，今天晚上我们见到真人了。亲聆教诲，非常荣幸！下面让我们以热烈的掌声请顾先生开讲。（掌声／笑声）

顾明远：老师们，同学们，晚上好！非常抱歉来晚了，这是最不应该的，做老师的应该准时。原来我以为是七点半，但是到了这儿说是七点，所以就晚了，非常抱歉！刚才屏幕上介绍了好多，其实，最主要的没有介绍。（笑声）最主要的是什么呢？就是我是小学老师出身，我当过小学老师，当过中学老师、中学校长，在北师大工作了几十年。这是我一生最主要的经历。

那么今天我讲什么呢？我想今天晚上的时间对大家来说非常宝贵，时间也不能太长了。我就讲一讲进一步解放思想，深化教育改革，落实十七大的教育任务。今年（2008年）是我国改革开放30周年。大家知道，我们取得了很大成绩，30年来我们经过了两次思想大解放。第一次思想大解放是1978年。1978年，实践是检验真理的唯一标准的大讨论，解放了思想，1978年十一届三中全会召开，这是第一次思想大解放，之后我们取得了很大成绩。第二次思想大解放是1992年。1992年，邓小平同志到南方视察，讲了话，强调不要讨论姓"资"姓"社"了，要先做起来，发展是第一要义。第二次思想大解放以后，我们又取得了很大的成绩。这十几年来，大家可以看到变化确实很大。今年是改革开放30周年，我们的任务仍然是要进一步解放思想，然后深入教育改革。

党的十七大报告里面有许多新的亮点。在教育方面，报告提出优先发展教育，建设人力资源强国。这是第一次把教育问题放到了改善民生、促进社会发展这么一个大的标题下来谈。过去历届党的报告或政府的报告都把教育放在文化教育里头。这一次，把教育放在改善民生、促进社会发展这个栏目里头。我觉得它的意义很大。为什么有很大的意义呢？我觉得它说明我们的党、我们的政府对教育本质的认识有了一个新的飞跃。大家知道，长期以来，我们把教育仅仅看作阶级斗争的工具。"文化大革命"结束前，特别是"文化大革命"期间，把教育作为政治斗争的工具，搞运动首先在学校里搞起来，首先批判知识分子。改革开放以后，邓小平在第一次全国教育工作会议上就讲到教育要为社会主义建设服务。1985年《中共中央关于教育体制改革的决定》里头讲到教育要为社会主义现代化建设服务，社会主义现代化建设要依靠教育。这对教育本质的认识就有了一个转变，也就是从把教育作为阶级斗争的工具转到教育为社会经济建设服务。但是总体上来讲还是强调了教育的社会功能，为社会服务的功能，没有把教育看作是人自身发展的重要途径。这一次，把教育放在改善民生、促进社会发展这个题目里头，我觉得对教育的认识更为全面了。

教育确实是有政治的功能，我们不能脱离政治，任何一个国家的教育都不能脱离政治。美国的教育口口声声强调美国的利益，日本的教育也在强调日本的利益，每个国家的教育都要强调本国的利益，教育确实离不开政治，要为政治服务。教育当然也要为经济服务。我们经济增长靠什么？靠人才。特别是现在，科学技术迅猛发展，国际竞争十分激烈，说到底这是人才的竞争，是创新精神的竞争，所以要靠教育，经济的发展要靠教育。但是教育还有其他的功能，如文化的功能。教育是传承文化的一个手段，而且教育传承文化应该是它最本质的功能。如果没有文化，我们就不会有教育。人类产生以后即有文化，人类之所以与其他动物不同，就是因为人类有文化。人类要发展，就要传承文化。所以，传承文化是教育最本质的功能。同时，教育是发展人自身，实现人自身再生产、再发展的一个途径。人类要发展，就要靠教育，所以这一次把教育放在改善民生之中，说明教育是人发展的必要途径，是人的权利，受教育是人的权利。正是因为受教育是每一个人的权利，所以现在提倡教育要公平，教育公平是一个比较大的问题。所以我觉得这是一个非常重要的变化。

改革开放30年，教育最大的成绩有哪几个方面？我觉得一晚上也讲不完，恐怕三天也讲不完。但是归纳起来，可以有以下几个方面。

第一，教育观念上的变化。以阶级斗争为纲转变为科教兴国，转变为把教育放在优先发展的战略地位上，这是一个很大的转变。

第二，教育的发展。这是大家有目共睹的。我们用了短短的几十年的时间，如果从1985年《中共中央关于教育体制改革的决定》颁布算起的话，那么到现在为止，也就是20多年的时间，我们普及了九年义务教育。在13亿人口，而且是在农村人口占百分之七十几的情况之下，我们普及了九年义务教育，这是不是可以算是一个很大的成绩？过去的发达国家都用了半个多世纪，甚至用100多年来普及九年义务教育，我们才用了20多年时间。我们的高等教育得到了跨越式的发展。高等教育在1980年，毛入学率只有2%，也就是100个同龄人里面只有2个人能够上到大学。去年（2007年），高等学校的毛入学率已经达到了22%，也就是100个青年中，可以有22个人能够上大学，这还不算成人高等教育，所以教育有了很大的发展，这个我想大家都看到了。

第三，教育制度的改革。以上说的成绩是从哪里来的呢？都是通过解放思想、通过改革取得的。要没有改革，不可能有今天的这样的发展。大家想想，30年以前，如果没有解放思想，不可能恢复高考。没有高考制度的改革，也不可能有今天这样的局面。"文化大革命"中间没有高考，读书无用论在全国蔓延。但是就高考这么一项举措，便使读书无用论像乌云似的一扫而光。除了高考，其他的改革还有很多，包括招生制度的改革、就业制度的改革、学校内部制度的改革等等，关于改革恐怕可以说很多。

第四，科学研究的繁荣。1979的时候我国召开第一次全国教育科学规划会议。当时成立中国教育学会，我也参加了。1979年4月，那个时候我们统计了一下，全国搞教育科学研究的，总共不满400人。没有专职的研究队伍，只有一些师范大学有搞教育学的教师，搞心理学的教师，却不是专职的，只是兼职搞一点科学研究，算一算，加在一起不到400人。但是现在科学研究队伍有了很大的发展。现在各个省区市都有教科所，大学都有研究所，理工科大学也有高等教育研究所。我们现在的学位共有12个门类，有文学、经济、农学、医学、工学、历史学、管理学等等。从1986年开始教育学就是12个门类之一。1981年开始招收研究生，后来就有教育学硕士点、博士点，现在很多大学里面都有硕士点、博士点，培养了数量可观的教育学的硕士、教育学的博士。另外一个很大的特点就是科学研究走到了教育第一线，深入到基层。现在，很多中学、小学都在搞实验，都在搞科学研究，科学研究已经群众化，科学研究呈现了一个百花齐放的局面。

我觉得改革开放30年来教育方面的成绩概括起来就是：观念的转

变，事业的发展，制度的改革，科研的繁荣。当然，我们现在在教育上还有很多的问题。党的十六大、十七大都对教育提出了很高的要求，这次十七大提出优先发展教育，建设人力资源强国。应该说我们经过30年的努力，已经从一个人口大国转变为人力资源的大国。我国原来是人口大国，13亿人口，是世界第一，但是文化教育比较落后，经过30年的努力，现在已经成了人力资源的大国。我们现在差不多有2.5亿人在各级各类学校里面学习。小学有1.3亿人左右，初中现在有7 000多万人，高中现在也有将近5 000万人。也就是说，现在我们义务教育全部普及了。高中的毛入学率大致是在60%，也就是说义务教育以后还有40%的人上不了高中。至于大学，现在普通高等学校的在校学生是1 900多万人，加上成人高校，有将近2 500万名大学生，还有100多万名研究生。以上加在一起，有2.5亿人在各级各类学校里面学习。这应该说是一个人力资源的大国，这毫无疑问是一个大国。

但是，这还不是人力资源强国。我们到现在还没有培养出获得诺贝尔奖的学者。当然我觉得获得诺贝尔奖的学者不是培养出来的，不是靠我们学校教育培养出来的，但是我们的学校教育要为他们打下一个基础。我们现在的学校教育存在很多问题，学生负担这么重，压力这么大，是很难培养出诺贝尔奖的获得者的。

温家宝同志两次去看望科学家钱学森。钱学森今年已经是96岁，今年胡锦涛同志也去看他了。钱学森两次对温家宝同志讲，他现在最关心的是我们国家50年来为什么没有培养出科学创新方面的领军人物、大师级的人才、拔尖的人才。原话我记不清了，就是这个意思。另外，他还提出，要把自然科学和人文科学结合起来。他说自然科学和人文科学要联盟，他自己非常受益于他的夫人，他的夫人蒋英是个音乐家。他说，他有的时候在科学研究上遇到困惑，就听听音乐，这增加了智慧。他说自然科学要跟社会科学和人文科学结合起来，培养高素质的人才。

我刚才讲诺尔贝奖获得者不是学校培养出来的，但要靠学校打基础。打什么基础？打好学习的基础，打好专业兴趣的基础，就是我们要培养学生对科学的爱好、对学科的兴趣。我经常讲，没有兴趣就没有学习。有两句话，我认为是我的教育信条，当然这不是我发明的，早就有人讲过。一条是"没有爱就没有教育"，另一条是"没有兴趣就没有学习"。

没有爱，不爱孩子，不爱学生，怎么教育学生？当然我们现在哪一位老师都会讲"我是爱学生的"，哪一位家长都会讲"我是爱孩子的"。确实每一位老师、每一位家长都爱学生、都爱自己的孩子，但是可能并不知道什么叫爱，怎么爱，不会爱。我们有很多老师、很多家长不会爱。所以有的家长说："我今天打你也是爱你啊，也是为了将来你好啊，今天我送你去学什么奥数班，学什么特长班也是为了你好，为了你将来上好的大学。"孩子能理解吗？孩子不理解，孩子并不领你这个情。所以要爱孩子，首先要了解孩子，要理解他，要理解他的需要。孩子有很多的需要，有学习的需要，有玩的需要，老不让他玩，那他就会有意见了。老是让他做功课，他就对学习厌恶了。他有玩的需要，有自尊的需要，要尊重他，不能用话伤害他。孩子有很多很多的需要，但我们的老师、我们的家长并不大了解，不理解孩子，不信任孩子。

没有兴趣就没有学习。首先要培养学生的兴趣。他对学习没有兴趣，怎么会努力学习？他对语文没有兴趣，怎么会喜欢语文课？对数学课没有兴趣，怎么会喜欢数学课？但是现在的教育里头有一个很大的弊端，就是不培养学生的兴趣，强迫学生去学习。我们的教育计划，我们的作业，我们的评价制度，都是强迫学生去学习，而不是引起他们的兴趣。

苏联教育家苏霍姆林斯基是一个农村中学的校长。他讲过这样的话："如果一个孩子到了十二三岁的时候还没有自己的兴趣爱好，做老师的、做家长的要为他担忧。"担忧什么？就是担心他将来长大了以后没有自己的爱好，没有自己的特长，没有自己的兴趣，变成了一个平庸的人。我们现在的教育就是在培养平庸的人。去年暑假的时候，有朋友给我打电话，说："孙子要考大学了，他的功课……他考什么大学比较好，考什么专业比较好？"我就反问他："你的孙子喜欢什么专业？"他说："不知道。"所以现在考大学填报志愿，不知道志愿是谁填的。很多学生的志愿是爸爸妈妈填的，甚至是爷爷奶奶填的。（笑声）要考大学了，还没有自己的爱好，那他将来怎么能够为事业去追求呢？所以要想获得诺贝尔奖，首先要对学科有兴趣，有爱好。有的同学来看我，让我给题词，我就给他们写了一句话：兴趣加毅力是成功之母。有了兴趣，再加上勤奋，将来就会有成绩。我看到好多诺贝尔奖获得者的发言，都讲到这个问题，《参考消息》上刊登过他们的讲话。前几天，《参考消息》上登了一位诺贝尔奖获得者的话，朋友给他打电话，祝贺他获得诺贝尔奖了。他说："别跟我开玩笑了，哪有这个事？"他都不相信自己获得了诺贝尔奖，说他从来都没有想过，他就是对自己的专业比较爱好，就是执着追求。所以我觉得我们现在越想得诺贝尔奖越是得不着。（笑声）上次，诺贝尔奖获得者到了上海，好像是去年吧，跟青年对话，就讲这个话——越想得奖的人越得不到奖。我们现在的功利主义太厉害，我们现在的大学也好，科研单位也好，老是想得奖。这种功利主义对我们学科的建设、科学的发展没有好处。

我们为什么还不是人力资源强国？我们现在有多少东西是自己创新的？就拿汽车工业来讲，有多少汽车，街上跑的汽车，是我们自己的品牌？我们可以说中国现在是世界各国汽车的加工厂。全部自主产权的有吗？没几个。有人说奇瑞算是一个，奇瑞是我们中国品牌。有多少是我们自己原创的？少得可怜。我们现在是世界的加工厂，而不是原创地。我们出口赚的钱只有一点点。就说我国义乌出口的小商品，如袜子什么的，生产几万双袜子才能换一个芯片回来。所以怎么能说我们是一个强国？另外，从我们受教育的程度来看，我们15岁以上人口的受教育的程度现在是8.5年，比过去当然好得多了，比30年以前（1978年）要好得多了。30年以前，我不记得了，好像只有五六年吧，现在到了8.5年。但是现在发达国家都超过了12年。这是从人均受教育的年限来讲，从人才的存量来讲，我们跟人家差距更大。所谓人才的存量，是指25岁以上的受到高等教育的人数。25岁到65岁，这么一个年龄段，受过高等教育的人，在欧美发达国家已达到26%。我们是多少呢？我们是6.5%。所以党的十七大提出，要建设人力资源强国。我的理解，要建设人力资源强国，第一，要提高全民族的文化素质，提高全民族的受教育水平，使广大的群众都有受教育的机会。第二，要有一批拔尖人才。所以我们现在讲教育公平。教育公平并不等于是平均主义，教育公平主要指教育机会的公平、教育过程的公平，不是指教育结果的公平。如果说是教育结果公平的话，也是说教育要使每个学生的潜力得到充分发展。教育机会要均等，大家要同在一个起跑线上。教育过程要均等，教育过程也就是教育资源的配置要均衡，不能给这个学校投入的钱多，给那个学校投入的钱少。过去我们搞重点中学，那就是重点投入，国家投入很多，给薄弱学校就投入很少，就造成了现在的不公平。教育公平就是在资源配置上要均衡，而且应该向弱势群体倾斜。为什么要向弱势群体倾斜呢？因为弱势群体长期受到歧视，只有向他们倾斜，更多地照顾他们，这样他们才能够跟上一般发展的水平。为什么我们对少数民族学生要降分录取呢？因为少数民族的教育不发达，经济不发达，如果我们还是一样对待，那么他们永远落后于汉民族。我们只有对他们倾斜，给他们一些优惠，那么他们才能够逐渐地跟上一般的水平。

对其他弱势群体也是这样子，特别要向农村倾斜。城市里农民工子弟上学的问题长期被忽略。农民工在城市里给大家盖楼，给大家修路，做出了很大的贡献，但是孩子不能在城市里上学，这不合理吧？这是由于户籍制度的障碍，因为户口不在城里就上不了学。经过这几年大家的呼吁，现在比较好了。现在对农民工的子弟，很多城市重视起来了，但是还不够，他们受教育现在还有很大的困难。现在又出来新的问题：农民工子女接受义务教育（有关部门）都安排了，到了上高中了怎么办？还要回到乡里面去上高中，回原籍上高中，不能在城里上高中。我觉得这个问题也应该解决。既然在城里上了小学，上了初中，为什么不能在城里上高中？又是一个户口问题。户口问题、教育经费问题等一系列问题，都涉及教育公平问题。所以还要进一步解放思想，思想解放了，制度问题也就解决了。教育公平问题，这是大家关心的。建设人才强国，就要促进教育公平，要照顾弱势群体。教育公平并不等于结果公平，说人人生来平等，这是讲权利的平等。实际上，人生下来就不平等。一个生在西安，另一个生在贵州山区里，你说能平等吗？人的平等指的是人的权利的平等，人人都有同等的权利，同等生存的权利、受教育的权利。人生下来就是有差异的，因为人的智力有差异，有的是智商100，有的是90，有的是120。另外是环境的差异，有的人生在城里，有的人生在乡下；有的人生在东部地区，有的生在西部山区，能一样吗？不一样的，是不是？另外，努力的程度不同。有的人很努力，有的人不努力，努力的程度不同，结果当然不同。所以不能说教育平等就是绝对的平等，绝对的平均主义。所以我们在教育平等的过程当中，一个是要向弱势群体倾斜，这是一条。另外一条还是要承认差异，而且要重视差异，我们讲平等并不是说不要拔尖人才，我们刚才讲了建设人才强国没有拔尖人才是不行的。印度的普及教育不如我们，我们基本上普及九年义务教育了，印度普及教育只达到70%，还没有真正的普及，但印度靠什么？靠100万名人才。印度在国际组织里头的人比我们多，联合国教科文组织、联合国粮食及农业组织、世界卫生组织，很多很多的组织都有印度人。当然印度有一个优越的条件——官方语言除了印地语以外还有英语，英语是印度的官方语言之一。英语在我国就没有在印度那么普及，所以我国在国际组织中的人才就很少。所以我们要建设人才强国就必须要有一批拔尖人才，国际性的人才，能在国际上竞争的人才。不能搞平均主义，我们要注意儿童存在的差异，承认差异，培养差异。刚才讲了培养兴趣，培养学生的兴趣爱好，使他们从小就有一些专业意识、专业兴趣，这是我们要建立人力资源强国的任务。

党的十七大还提出来要形成全民学习、终身学习的学习型社会，促进人的全面发展。也就是说我们要成为一个强国，全民都要学习。全民学习是科学技术发展的要求，是人类追求全面发展的梦想的要求。关于终身学习，我给大家讲一个笑话。1971年联合国恢复了我国的合法席位，紧接着教科文组织也恢复了我国的席位，因此要派代表参加会议。联合国教科文组织每两年开一次大会，1972年恢复我国席位以后没有来得及派代表团，只派了几个代表，清华大学副校长张维院士去参加了。1974年中国正式派了代表团，5个正代表，5个副代表，3个顾问，我是作为代表团顾问（去参加会议），教育就我一个人，因为是教科文嘛。（笑声）我们为了参加这个大会做了一个多月的准备，准备大会的材料，我就负责教育方面的问题。教育里头有各个国家的提案，像我们开人大会议有提案一样。1974年是第十八届大会，正在搞一个中长期的规划，中长期规划有许多项目。教育方面的提案有100多个，可以分为两类。第一类提案是发展中国家，就是第三世界的国家，非洲、拉美等国家提出的，希望联合国教科文组织立一些扫盲、普及初等教育的项目；第二类提案是发达国家提出来的，说要发展成人教育，发展终身教育。对成人教育我还知道一些。我国也有成人教育，但我国的成人教育主要是学历补偿教育。没上过小学的，上成人小学；没上过中学的，上成人中学。这种成人教育就是学历补偿教育。发达国家的成人教育主要是职业培训和岗位培训。我们现在也在转变，如电视大学，过去实施学历教育，都是学历补偿，现在我们逐渐转变为岗位培训。

终身教育到底是怎么回事？那时大家都不知道什么叫终身教育。根据当时"文化大革命"的思维定式，认为终身教育都是资本主义国家提出的，资本主义国家提出的当然都是资产阶级思想。联合国教科文组织大会是马拉松会议，50天。听说现在少了，因为没有那么多钱了，听说现在开十几天，最多20天，那时候是50天。首先是大会辩论，每个国家都要讲一遍。我们就讲反对帝国主义，反对霸权主义，反对跨国公司，（笑声）认为跨国公司就是对第三世界的剥削，所以要反对。答辩完了以后，召开分委员会议，共有5个委员会，我参加的就是教育委员会。每个国家的代表在教育委员会上也要发一次言。最后对中长期规划进行表决。对于扫除文盲，第三世界要扫除文盲，普及初等教育，我就高高地举手。咱们支持第三世界国家，对不对？对于终身教育，我也不敢反对，因为我不懂，只好弃权，弃权也等于反对。（笑声）那时阿尔巴尼亚是我国的盟友，是社会主义阵营的，虽然和苏联闹翻了，但还是支持我们的。其教育代表就坐在我斜对面，他老回过头来看我，看我举手他也举手，看我不举手他也不举手。（持续的笑声）开完会以后，法国教育部部长在凡尔赛宫宴请各个国家代表团，很隆重的宴请，气氛非常隆重，但是吃的东西太少了。（轻微笑声）大家拿一杯水或一杯酒，走来走去，就聊天嘛。有个澳大利亚代表就问我，中国怎么解决青年的失业问题？（笑声）我说，我们中国没有失业，（笑声）中学毕业生全部上山下乡去了，（笑声）农村有广阔的天地。（笑声／掌声）一句话就把他顶回去了。现在想起来觉得特别可笑，这是个愚蠢的笑话，但那个时候觉得立场特别坚定。这上山下乡不就是失业吗？到了"文化大革命"以后，我们再学习，就发现联合国教科文组织有本书，这本书大家可能有，很多老师都看过。我觉得这是一本非常好的书，是20世纪教育方面最有影响的一本书，叫作《学会生存——教育世界的今天和明天》。这是联合国教科文组织专家委员会专门研究讨论后写成的报告，这个委员会的主席就是法国的前总理富尔，《学会生存——教育世界的今天和明天》这本书在1972年出版，我们到1976年才看到，由华东师范大学邵瑞珍先生翻译，她是一位心理学家，一位老教师，是她翻译出来的。但是1976年我国还没有一个出版社敢出版这本书。到了1979年，才由上海译文出版社第一次出版。这本书讲到科学技术的发展已经使人类进入了学习型社会、学习化社会，只有终身学习才能适应社会发展需要。

我们再往前看一看，1965年，法国学者朗格朗在联合国教科文组织成人教育大会上做了一个关于终身教育的报告。后来出了一个小册子，叫《终身教育引论》。他提出来，把人一生分成两半，前半生是学习，后半生是工作，是毫无科学根据的。现在应该是每一个人在他需要的时候，都能够得到学习的机会，这就是终身教育。那么这个终身教育是不是资产阶级教育思想呢？

1980年初，我开始研究现代生产和现代教育的关系，再翻一翻马克思的《资本论》。马克思的《资本论》有三句话。第一句话："现代工业的技术基础是革命的，而所有以往的生产方式的技术基础本质上是保守的。"第二句话："大工业的本性决定了劳动的变换、职能的更动和工人的全面流动性。"这第二句话，我在1980年讲课的时候、做报告的时候，还要花一番工夫解释什么叫劳动变换，什么叫工人的流动。在恩格斯的《共产主义原理》里头还有一句话，他说，到了未来的社会，一个人可以根据他的兴趣爱好和社会需要，从一个岗位转到另外一个岗位。怎么转到另一个岗位？过去党教育我们一辈子在一个岗位上，做一颗螺丝钉，怎么转来转去，转到另一个岗位？不理解。怎么流动？不理解。那么，到了90年代我们就可以理解了。我们为什么有那么多下岗工人？为什么要下岗？不就是因为生产的变革吗？生产变了，工人不适应了，不就是要流动吗？不就是要失业吗？不就是要下岗吗？为什么90年代朱镕基当总理，一个命令让把所有的纺织机器、纺织纱锭全部"砸烂"，为什么？就是不能再生产了，那个东西太落后了，纺织出来的东西没人要，没法出口。机器太落后了，过去评劳动模范靠一分钟接多少个线头，现在还要接线头吗？现在都是计算机自动化了，完全变了。第三句话很长，我把它缩短了，就是要用全面发展的人代替局部发展的人。只有用全面发展的人代替局部发展的人，这个大工业生产才能继续下去。这是关系到大工业生产能不能生存的生死攸关的问题。140年以前（1867年）马克思就讲了，我学教育学的时候就学过，《资本论》看过了几遍，讲教育学的时候我也对学生讲过，怎么就没有弄懂呢？一碰上终身教育怎么就没有弄懂呢？后来我才明白了，因为我们生活在一个小农经济的环境当中，我们没有生活在大工业生产的环境当中。我们的工业化还没有完成，80年代的时候我们还没有完成工业化。就算是现在，我们的工业化也还没有最后完成，我们的农业的工业化还没有完成，我们的农业还是处于一个小农经济的状况之下，还没有完成。所以我们不能理解在大工业生产条件下马克思100多年以前讲的话，所以闹出了这么个笑话。

终身教育是现代教育的一个重要的标志。有的人讲："什么叫现代教育？一句话，就是终身教育。"国家有没有建立一个终身教育体系，就说明国家的教育现代化是不是完成了，是不是建立起来了。我们比世界上发达国家落后了约30年，人家是1965年提出来的，我们是1993年在党中央、国务院发布的《中国教育改革和发展纲要》中才第一次提到终身教育，所以我们晚了约30年。党的十六大、十七大都提出来要勤于学习，终身学习，形成学习型社会，促进人的全面发展。最终目的就是促进人的全面发展，这是人类的最高追求。

当前大家最关心的问题是素质教育。我今天不讲高等教育。我现在满脑子想的都是基础教育，因为我现在是中国教育学会的会长，中国教育学会是研究基础教育的。其实我当了多年的大学副校长，我过去对大学比较熟悉，现在我转到了基础教育，因为我对基础教育也有深厚感情。刚才讲了我是小学教师出身嘛，中学老师我当了好多年。但是我觉得我们现在的基础教育确实让人担忧，有的时候想起来都睡不好觉。孩子五六点钟就起床，10点或11点才睡觉，听说有的地方老师还规定必须12点才能睡觉，还要家长签字，就是12点的时候签字。这不是折磨孩子吗？放暑假，没有暑假。参加各种班，奥数班，什么班，等等。放寒假，没有寒假。过春节，我们大人过7天，他过3天。（轻微笑声）没有幸福的童年，没有自己的兴趣爱好，学习是强迫的。当然这里头有个社会的问题，不光是教育的问题。社会竞争非常激烈，社会矛盾转移到教育上来。实际上教育承受不了，学校承受不了，老师承受不了，校长承受不了。社会的矛盾压在我们老师身上，压在我们校长身上，最终是压在我们学生身上。我们的学生体质下降，思想品德滑坡，学生现在非常脆弱。五六十年代，六七十年代，虽然那个时候有阶级斗争，也还没有听说过孩子跳楼啊，自杀啊。现在怎么动不动就跳楼呢？前几天有个新闻报道，说有个女儿老玩电脑，老玩游戏，妈妈就批评她，说了几句，她一会儿就不见了。哪去了？阳台上跳下去了，没有了！这怎么弄啊？现在这个社会环境对我们教育来说是个很不好的环境。有很多不好的网吧，不想学习的孩子往网吧去，这是一个不好的方面。另外一个方面，用功的孩子一天到晚埋头写作业。我们讲减轻负担，教育部发减轻负担的文件，新中国成立以来大致发了38次减轻负担的文件，但是减不下来。学校要减负，家长不答应，家长说"不能输在起跑线上"。别人家的孩子上什么补习班，他也要让自己的孩子上补习班；别人家的孩子补课，他也要让自己的孩子补课。我觉得我们现在的教育已经被扭曲了，已经被异化了。教育本来是培养人的，现在变成摧残人。所以我最近提出了两个建议，登在网络上，有的人赞成，有的人骂我；有的说对，有的说不对。第一个建议就是前几年我提出来的，废除"三好学生"的评选。评什么

"三好"啊，小孩正在成长的时候，怎么就说A是好学生，B就不是好学生？我们把过去成人的一套，成人评模范、评先进的一套用到小孩身上，制造人为的竞争，这于理也不合啊。我们的教育方针要求学生德智体全面发展，也就是人人都要"三好"啊。我们的教育方针并没有说德智体美全面发展只要10%的学生达到，那就是说我们的教育方针是针对每一个学生来讲的，那为什么只评10%的"三好"，90%的都不是"三好"？这符不符合教育规律？孩子正在成长当中，从理论上也不符合，从实际上也不符合。孩子在成长当中，他有的时候会犯错误。你一下子老早地给他定终身啦，说A是"三好"，B不是"三好"。对此，网上吵来吵去，有的人赞成，有的人不赞成。并不是我要炒作，我只是诚心诚意地从心底觉得这个不好，对孩子的成长不利。为什么呢？因为10多年以前就有一位朋友跟我讲，他说他的孙女上小学一年级，刚上学，第二个礼拜就回来跟他说："爷爷，我是班上第二号种子！"爷爷就问她什么是第二号种子，她说："我们老师排队了，谁第一聪明，谁第二聪明，我是第二聪明。"（持久笑声）过了一个学期，她又回来讲："爷爷，我们班上有八个笨蛋！"爷爷问她怎么有八个笨蛋，她说："我们开班会了，老师说谁是笨蛋谁站起来。八个同学站起来了。"（笑声）你想从小他就认为自己是笨蛋，那他长大了还能成才吗？从小对自己没有自信心，没有自尊心，他将来能成才吗？我听了以后，觉得不要再评"三好学生"了。再加上现在评"三好"的做法出现许多弊端，成年人中的一些恶习被带到了学校。为了评"三好"，学生可以给老师送礼、走后门，还有跟同学搞好关系，就是让同学要选自己，种种弊端。我过去在北师大当副校长，有时也负责招生，要求保送生必须是三年"三好"。有的学生挺好的，只有两年"三好"。怎么办呢？中学校长对另外一个学生干部说："你将来肯定能考上大学。你呀，把你的'三好'借给他吧。"（笑声）这就是弄虚作假。所以我们后来不敢要保送生了。

前几年我讲了这一条建议，最近我又讲了一条建议，我说折磨孩子的奥数班可以停止了。网上又吵了一大通，这是怎么回事呢？2007年11月我在成都，成都市青羊区是中国教育学会的教改实验区，我们在这里搞了十几年的实验。那里的局长很有思想，他搞了四条减负令，叫教育局长令。第一道令就是小学生书包的重量不能超过学生体重的十分之一。（持续笑声）第二道令是布置作业不得超过多少小时，每学期考试不得超过几次，等等，我记不清了。但是这第一道令最突出了，有一段时间网上也在争论，说这是治标的办法，治标不治本，这都是形式主义，等等。但是我赞成。首先这对减负有措施、有行动，不是停留在口头上。同时对小学生有利，小学生本身只有四五十斤，要背十几斤的书包，身体怎么吃得消？现在要用拖车，（笑声）用拉杆式书包嘛。（笑声）那孩子受得了吗？首先把书包减下来，我赞成。成都市青羊区为了贯彻教育局长令开了一次座谈会，正好我到了成都。参加座谈会的有三部分代表，一部分是老师，一部分是学生，一部分是家长。就谈对减负令，老师有什么意见，学生有什么意见，家长有什么意见。大家都说赞成，学生当然更赞成了。有一个学生就说希望国家规定一天无作业日，（笑声）就像无烟日、无车日一样。（笑声）有的学生讲，作业还是要做的，但是最讨厌的是那种重复的、没有意义的、练习多少遍的作业。那个学生说得很好。最后要我说。我说我赞成书包要减轻。要减轻学生学业负担，首先是老师要上好每一节课，让学生听懂学会，这样就可以少布置课外作业。其次是学校减轻了学生的负担，家长不要再增加负担，不要买那么多辅导材料，不要让孩子上那么多补习班。我最讨厌奥数班，奥数班摧残人才。我说，奥数班的题目，有的连博士生都做不出来，让小学生去做奥数，有什么好处？我刚说完，一个男孩，估计也就五年级，举手起来说："顾爷爷，您说取消奥数班，但是如果我不上奥数班，就上不了好的初中；上不了好的初中，就考不上好的高中；上不了好的高中，就考不上好的大学；上不了好的大学，毕业以后就找不到好的工作，我怎么养家糊口啊？"（持续笑声／长久掌声）也就是10岁或11岁的孩子，讲出这个话来，你说可笑不可笑？（笑声）完全是家长给他灌输的，完全是家长的话，对不对？还养家糊口呢！（笑声）现在这个社会已竞争激烈到这么个程度。要说这奥数班，我也是个"始作俑者"。奥数班一开始成立的时候，我在北师大当副校长。我们过去不参加国际奥林匹克数学和科学比赛，后来说要参加国际比赛了，那怎么办？当时临时抱佛脚，国家教委就让几个附中，包括清华附中、北大附中、北师大附中办集训班，这像体育国家队训练似的，集中训练。于是就从各个省区市高中学生里选拔在数学、物理、化学方面有天赋的学生，成立了奥林匹克班。我就让北师大附属实验中学办了数学班，清华附中、北大附中分别办了物理班、化学班。集训了以后，第一年就一炮打响了，数学就拿了五块金牌，物理、化学都拿到了金牌。后来这些学生都被清华、北大免试录取了。一些中学看到学生得了奖可以免试保送入学，于是就都办起了奥数班。后来就有一批商人，看到这里的商机，觉得有利可图，于是在社会上办起各种各样的奥数班，并且从中学延伸到小学。小学升初中也要看奥数的成绩，这样就泛滥起来。所以我们觉得这就被异化了，原来并没有这个意思，所以我说现在教育被异化了。本来是培养人的，现在是在摧残人。你说奥数不是摧残孩子吗？为什么只有奥数班，很少有奥物班、奥化班？因为物理、化学都要做实验，很难办得起来。数学一张纸就可以办起来了。（轻微笑声）所以我觉得现在的奥数教育可以说是走到了死胡同。我觉得必须改革，否则我们国家要想培养拔尖人才，要想培养诺贝尔奖的获得者那是难上加难。

2006年，温家宝同志召开座谈会，分别是有关基础教育、职业教育、高等教育、教育管理的座谈会。基础教育座谈会我去参加了。当时我们都讲教师队伍的重要性，全社会都应尊重教师。后来就提到免费师范生的问题。有人说是我提的，其实不是我提的。（轻微笑声）我声明不是我提的，温家宝同志早就深思熟虑。当时大家都讲到了教师的重要性，华东师大的叶澜老师，南京的一个中学校长，还有成都市青羊区的一位小学校长，他们讲完了我讲。我说现在社会上不尊重教师，一定要让全社会尊重教师，要吸收优秀的青年上师范，可以免交学费，或者贷款由政府来还。温家宝同志就说，不，就要免费。他说他今年（指2006年5月4日）到北师大去访问、考察。北师大送给他一份礼品，是他父亲的毕业证书和一封保证书，保证将来做教师。他说："我今天已经把财政部部长带来了，我们一起商量，先在六所部属师范大学试行，全部免费，可能要有几十个亿。"所以温家宝同志早就想好了。2007年在政府工作报告里，温家宝同志就讲到免费师范教育。免费师范教育虽然在六所师范大学试行，但是它向社会表明，全社会都要尊重教师，尊师重教首先要尊师。温家宝同志同时提出要培养一批教育家，让长期从事教育工作的、懂得教育的教育家来办教育。为什么免费师范生要服务十年呢？就是希望这些免费师范生能够一辈子从事教育工作，成为教育家。当然还要吸收优秀的青年来从事教育工作。我觉得我们确实需要有一批教育家来办教育。

现在我们教育的外部条件不太好，我刚才讲了很多，社会竞争压在我们头上，但是教育内部是不是也应该改革呢？我们的老师是不是不要让孩子写100遍作业，写10遍作业行不行呢？不要做100个题，做10个题行不行呢？我说教育是一门科学，同时也是一门艺术。我刚才讲了，评选"三好学生"不符合教育规律。教育是一门科学，学生成长有规律，要懂得这个教育规律，要研究学生。同时教育又是一门艺术，老师要钻研这门艺术，艺术是要创造的。艺术不像科学，科学可以重复，做一个实验，可以重复，这个实验才算成功，才能证明你是对的。教育有很多经验是不可重复的，教育是有个性的。老师的风格也是有个性的，每个教育家的风格也是有个性的，要建立自己的风格。虽然外部环境不太好，但是我觉得教育内部还是有改进的必要。关键是我们的教师。要造就一批真正热爱教育工作，真正热爱孩子，真正能够钻研，能够把教育看作一门科学，同时也把教育看作一门艺术的忠心耿耿的教育者。我们现在也有很多优秀教师，他们教的学生，负担并不是很重，他们不是布置很多作业，他们是用他们的教育艺术来把知识教给学生，用他们的人格感染学生。胡锦涛同志在2007年教师节前夕的优秀教师座谈会上就谈到，教师要用自身的知识魅力和人格的魅力来赢得社会的尊敬。

今天我就讲到这儿。谢谢大家！（持续热烈的掌声）

主持人（党怀兴）：刚才大家已经聆听了顾先生的报告。感谢顾先生！大家猜一下顾先生今年高寿？

听众：80。

主持人（党怀兴）：80岁高龄的顾先生站在这里，滔滔不绝，侃侃而谈。实在是让人敬佩！（持续掌声）应该说顾先生讲的当前中国教育的几个问题确实是最前端的。各位只要按顾先生说的去做，去思考，我想各位一定能成为未来的教育家。希望陕西师大能出现更多的教育家。再次感谢顾先生！（持续热烈的掌声）

接下来请顾先生回答同学们提出的问题。

学生A：顾先生，您好！我最近暑假回家做了一个调查。我们村辍学风气非常"流行"，许多初中生是在进入初一或初二时辍学的，而他们大部分是由于厌学而辍学的。您如何看待这种现象？谢谢！

顾明远：现在辍学并不是因为经济问题，现在义务教育都免费了，不存在上不起学的问题，当然有些家庭（有困难），比如说住宿生可能增加一些负担。辍学的主要原因就是厌学。为什么厌学呢？就是教育不得法，学生学业负担太重，学习成绩不好。特别是初二辍学的情况是最严重的，这我也知道。为什么呢？因为到了初二，家长一看，说："你这功课都不及格，反正考高中也没有希望了，还不如早一点去打工呢。"从机会成本来讲，打工和上学差别很远，还不如早点打工去呢。所以就辍学了。我觉得，教育公平的问题是国家的责任。现在教育要做两个转变：一个转变是从"人民教育人民办"转到"人民教育由国家来办"，义务教育都是国家负担的；另一个转变就是由数量的发展转变到质量的提高。头一个转变是政府的责任，教育公平是政府的事。第二个转变就是我们老师的责任、学校的责任、校长的责任。

　　学生B：顾老师，您好！我在寒假期间曾经和一个小学生家长交流过，他就给孩子报奥数班，负担很重。我就说家长应该把负担减轻一点，他说这个事情家长没办法减轻，学校也没办法减轻。他的意见是，如果要减轻孩子的负担，应该从高往低减，从高等教育减到高中，再减到初中，然后减到小学。大学招收学生的时候不是看各科综合成绩，大学某一个专业，比如物理专业，应主要看学生在高中物理方面的表现，而不是看综合成绩。这样才能培养学生的兴趣，或者是减轻负担。您怎么看这个问题？

　　顾明远：我觉得这个问题要讲的话，还可以讲半个钟头。（轻微笑声）首先，我觉得这个问题很复杂。怎样解决呢？小学升初中，不要附加条件。现在重点中学收孩子要附加条件，要奥数班的成绩，看你还有什么特长，你钢琴弹得怎么样，各种附加条件直接增加了家长的负担。不要附加条件，是很好解决的，那大家就都不上补习班了，奥数班不也就消失了吗？其次，这是我们传统文化的问题。怎么说是传统文化的问题呢？孩子上学对家长来说有好几层意思。一层意思是孩子上不上得了好的学校，考得好不好，考的是重点中学还是普通中学，是家长的面子。孩子如果考得不好，上不了好的学校，家长没有面子。外国人不讲家长的面子，外国人是孩子怎么样就怎么样，他跟家长没关系。我们是一切跟家长有关系，考到清华大学，家长的面子就好看了。这就是传统，对不对？还有一些传统，比如说读书做官的传统观念，因而我们长期以来不重视职业教育，做家长的都不希望自己的孩子考职业高中。在制度上，国家也是不重视职业教育，为什么不把最好的中学办成职业高中，而要把最差的高中变成职业高中？这说明国家还是不重视职业教育。国外的家长没这个概念，孩子动手能力强，那么就去职业高中；他思维能力好，那就去上普通高中。所以这里有很多深层次的问题。现在，家长无奈，老师也无奈，不能怪家长，也不能怪老师，这是传统势力的问题。所以要解放思想，而且制度也要变化。如果说职业高中毕业生的工资甚至要比普通大学毕业生高，是不是就会有一部分人不去挤着上普通大学，而是上职业高中？所以还是要有些制度上的保证、观念上的转变。这个问题比较复杂，这不是怪哪一个家长，环境就这样。但是，我们这个环境、这个传统是不是也应该改一改？（掌声）

学生C：顾老师，您好！在您刚才精彩的讲话中，我们听到您提到了小学、初中、高中和大学，但是很遗憾我没有听到您提幼儿园。我是学前教育的大三学生，我想问一下，这是不是也能说明在当前的教育改革的过程中，我们国家还是对学前教育不够重视？谢谢！（掌声）

顾明远：这位同学说得很好，对我的批评也很好。（笑声）我觉得应该重视学前教育，还有特殊教育。我在北师大当教育系主任的时候，就在全国设立了第一个特殊教育的本科专业，我这不是吹牛，事实摆在那里。1979年我当教育系主任，我就成立了一个特殊教育专业，招本科生。但是这个专业不景气。为什么不景气呢？很多人不愿意干这个工作。特殊教育专业学生毕业以后也转行了，转到了别的专业里头去了。外国很多志愿者专门去做特殊教育的工作，很多大学的本科生、博士生去做特殊教育的教师。幼儿园也是这样。我们这几年对幼儿教育确实重视得不够。现在有很多地方提出来要普及十二年教育，要发展高中教育。我个人的意见，如果要讲义务教育的话，不是向高中延伸，而是应该向学前延伸。（持续掌声）因为学前3岁到6岁这个时候，是人一生发育最关键的时候。它要比高中重要得多。所以国家如果真正要延长义务教育的年限的话，应该先向前延伸，不要先向后延伸。后面当然也要普及，高中也要普及，但是不一定作为义务教育。因为现在全世界也很少有把义务教育延长到12年的，大多是9年。我国台湾省，现在高等学校的毛入学率已经超过80%，但义务教育还只是9年。美国现在高等学校毛入学率达到80%了，但高中也不是义务的，义务教育的确应该向学前延伸。

学生D：顾老师，您好！我是陕西省的。我知道陕西省今年是第一次实行面对高中新课程的改革，我在寒假的时候做了一次调查。这次改革有以下几个特点：一是课程的量大，二是课程的深度有所增加，三是在课文的内容的安排上有所复杂化，四是关于课程改革特别是在乡村地区师资力量的配备不是很足。面对这些问题，您有什么看法呢？你认为这次课程改革能成功吗？谢谢！（掌声）

顾明远：我认为基础教育课程改革的方向是对的。本来基础教育课程改革的目的是不要光强调死记知识，要培养学生的创造能力、创造意识。为什么要搞探究性学习呢？为什么高中要搞模块呀？要搞选修啊？都是因为我刚才讲的培养学生的爱好，根据不同的学生因材施教，让他们自己选。这个方向是对的。但是改革过程当中，我觉得现在确实存在不少问题。据我所知，现在正在修改课程标准，内容上会有所修改。另外一个，我们确实是准备不足，特别是师资的准备不足。尤其是在农村地区，老师对改革的理念也不是了解得很充分，改革本身要求的业务能力也还达不到。有这个问题，现在正在改。

主持人（党怀兴）：让我们再一次以热烈的掌声感谢顾先生精彩的报告，并且祝福顾先生健康长寿，健康快乐！谢谢大家，谢谢顾先生！
（持续热烈的掌声）

（录音整理：周先进、郭辉、张京京、乌兰图雅、鲍婷、王珊、叶青）

改革开放30年中国教育的改革与发展

——在澳门教育工作者联合会主办的报告会上的演讲
（2009 年 11 月 6 日）

我们刚刚庆祝了中华人民共和国建立60周年，去年（2008年）纪念了改革开放30周年。60年来，特别是改革开放30年来，中国教育取得了巨大的成绩，可以概括为四个方面：教育观念的转变、教育事业的发展、教育制度的创新、教育科学的繁荣。

一、教育观念的转变：从教育为阶级斗争服务到科教兴国

1978年"实践是检验真理的唯一标准"的讨论，打破了禁锢思想的精神枷锁。邓小平在科学大会上提出了两个重要的观点：科学技术是生产力，知识分子是工人阶级的一部分。在教育界，我们开展了教育本质的大讨论：教育是阶级斗争的工具还是生产力？这次讨论几乎持续了10年。有的说，教育是上层建筑；有的说，教育是生产力；有的说，教育既是上层建筑，又是生产力。通过讨论得到共识：教育的本质应该是传承文化、创造知识、促进人的发展的活动；教育有多种功能，即政治功能、经济功能、文化功能等。

1995年中共中央、国务院在《关于加速科学技术进步的决定》中提出要实现"科教兴国"的战略。党的十七大报告指出："优先发展教育，建设人才资源强国。"这在思想上就把教育是阶级斗争的工具转变为教育是现代化建设的基础。

二、教育事业的发展：从人口大国到人力资源大国

1985年《中共中央关于教育体制改革的决定》提出普及九年义务教育。到2005年，九年义务教育已经在全国范围内普及，基本上扫除了青壮年文盲。这是在经济还不发达，农村人口占70%，而且是在人口高峰期间实现的，其意义非同一般。此外高中阶段教育有了很大发展，2008年入学率达到74%。

随着各级教育规模的发展变化以及普及水平的逐步提高，各级教育规模的金字塔结构更趋合理，金字塔顶端与底端的差距明显缩小，如图1所示。在大力发展中等职业教育和稳步发展高等教育政策的推动下，位于金字塔上半部分的高中阶段和高等教育在校生规模明显扩大，2008

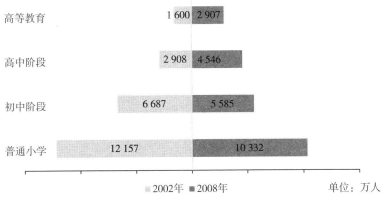

图1　2002年、2008年各级各类教育在校生规模比较

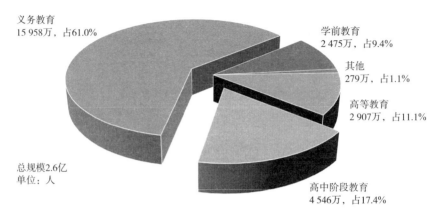

义务教育
15 958万，占61.0%

学前教育
2 475万，占9.4%

其他
279万，占1.1%

高等教育
2 907万，占11.1%

总规模2.6亿
单位：人

高中阶段教育
4 546万，占17.4%

图2　2008年各级各类教育在校生规模构成

年与2002年相比，分别增长56.3%和81.7%；而主要受学龄人口减少因素的影响，位于金字塔下半部分的小学、初中规模明显缩小，与2002年相比，减幅均超过15%。

从在校生构成来看，义务教育仍是主体。如图2所示，2008年，各级各类在校生总数中，义务教育①占61.0%，高中阶段教育占17.4%，高等教育占11.1%，学前教育9.4%，其他占1.1%。

义务教育普及率实现高位增长。如图3所示，"九五"以来，全国小学净入学率一直保持在98.5%以上，2008年继续保持高位小幅增长，小学学龄儿童净入学率达99.54%，比2007年提高0.05个百分点，比2002年提高0.64个百分点。其中，小学女童净入学率达到99.58%，连续三年超过男童，全国绝大多数省份男女童入学率性别差异基本消除。

如图4所示，2008年，全国高中阶段招生的普职比为50.8∶49.2，其中，中等职业教育的招生比例在2007年的基础上又提高了0.06个百分点，与2002年相比已提高了8个百分点。近年来，高中阶段招生的普职比结构

———————

① 义务教育中含特殊教育。

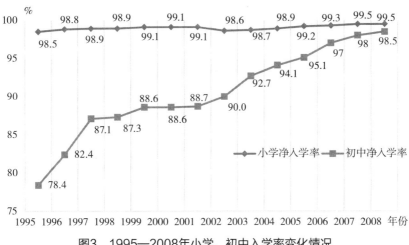

图3 1995—2008年小学、初中入学率变化情况

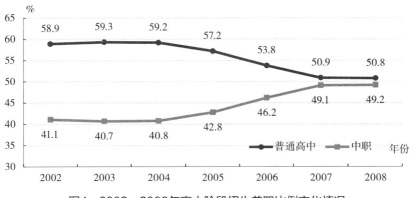

图4 2002—2008年高中阶段招生普职比例变化情况

已逐步趋于稳定。在全国31个省级行政区划单位中，湖北、陕西、广西、山东等11个省级行政单位中等职业教育的招生比例已超过了高中阶段的招生比例。2008年，中等职业教育招生比例不足40%的地区仅有内蒙古和西藏。

学前教育发展比较缓慢。2008年幼儿在园人数为2 475万人。学前三年毛入学率为47.3%，学前一年毛入学率为70%。

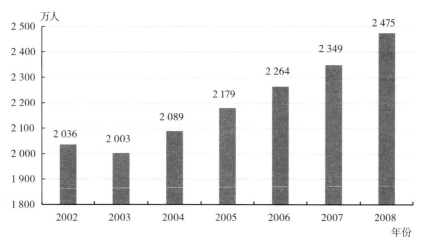

万人

图5　2002—2008年学前教育规模变化情况

全国在园幼儿规模增长明显。如图5所示，2008年，全国幼儿园数达13.4万所，新入园幼儿为1 482.7万人，比2007年增加49.1万人，增长3.4%；在园幼儿达2 475万人，比2007年增加126万人，增长5.4%，是5年来规模增长最快的一年。

高等教育实现了跨越式的发展。1978年在校大学生为85.6万人，2008年在校大学生为2 569万人（如果包括成人高校学生，则达2 700万人）。毛入学率1980年为2%，2008年为23.3%。研究生在校人数1980年为18 830人，2008年为128.3万人。

如图6所示，2008年，全国各种形式的高等教育在校生总规模达到2 907万人，比2007年增加207万人，增长7.7%。高等教育普及水平在上年基础上得到进一步提高，毛入学率达到23.3%，比2007年提高0.3个百分点，比2002年提高了8.3个百分点。

职业教育也有了较大发展。2008年中等职业学校在校生2 057万人，占高中阶段在校生的45.2%。高等职业教育在校生近2 300万人。

改革开放以来全国人民受教育程度有了较大提高。劳动人口人均受

图6　2000—2008年高等教育在校生规模及毛入学率变化

教育年限1980年为5.33年，2008年为9.3年。我国已经从一个人口大国转变为人力资源大国。

三、教育制度的创新：从集权到分权

1977年我国恢复高考。1985年《中共中央关于教育体制改革的决定》确立了"统一领导，分级管理"的体制，基础教育建立"地方负责，分级管理，以县为主"的体制，建立了基础教育督导制度，并实施了课程管理改革和校内体制改革。在高等教育方面，进行了招生考试制度、成本分担制度、教师聘任制度、分配制度、后勤社会化等一系列改革；20世纪90年代又开始了高等教育领导体制改革，实行"共建、调整、合作、合并"的方针，实行三级办学、两级管理。

30年来教育制度创新最大的成就是建立了一整套教育法律法规，依法治教。先后建立的教育法律有：《中华人民共和国学位条例》（1980年，

2004年修正），《中华人民共和国义务教育法》（1986年，2006年修订），《中华人民共和国教师法》（1993年），《中华人民共和国教育法》（1995年，2009年修正），《中华人民共和国职业教育法》（1996年），《中华人民共和国高等教育法》（1998年），《中华人民共和国民办教育促进法》（2002年）等。[①]

四、教育科研的繁荣：从一枝独秀到百花齐放

改革开放以前，只有一门教育学。改革开放后从国外引进了许多教育思想，最早引进的是四大流派：赞科夫的发展教育、苏霍姆林斯基的和谐教育、布鲁纳的结构主义教育、布卢姆的目标分类法。此外，各个教育分支学科也不断出现，教育科学从一门教育学发展到教育学科群。

（一）教育科研的特点

改革开放以来教育科研呈现以下特点。

第一，走出书斋。过去教育科学研究主要在师范院校的教学中开展，研究的范围也只是围绕中小学的教育教学工作。改革开放以后，科研人员开始走出校门，结合我国教育改革中的理论问题，从宏观到微观开展了广泛的研究，为国家的教育决策服务，为学校提高教育质量服务。

第二，走入群众。过去只有少数师范院校教师搞研究。1979年恢复了中央教科所，各省、自治区、直辖市都建立起教科院、教科所，甚至有的县也有教科所。1980年开始招收研究生，《中华人民共和国学位条例》颁发以后，教育科学是12大门类之一，许多师范大学都建立了教育学、心理学的硕士点和博士点，30年来培养了大批教育学硕士、

---

① 《中华人民共和国教育法》于2015年第二次修正；《中华人民共和国高等教育法》于2015年修改；《中华人民共和国民办教育促进法》于2013年、2016年修正。——编者注

博士。教育科研队伍越来越大。据估计，1979年全国教育研究人员不足400人，今天已有几十万人。同时，教育科研已经不限于专职的研究人员，广大教师也都在开展各种实验研究。教育科研已经成为群众性的活动。

第三，走向世界。我们不仅引进国外教育理论，我们还走出去，参加各种国际组织和国际学术会议，与世界各国学者交流，合作开展科研，召开各种国际会议。

（二）展望未来

展望未来，教育科学研究要以科学发展观为指导，进一步解放思想，贯彻落实党的十七大精神。党的十七大提出："优先发展教育，建设人力资源强国。"其具体要求是："优化教育结构，促进义务教育均衡发展，加快普及高中阶段教育，大力发展职业教育，提高教育质量。"要贯彻落实十七大任务，仍然要进一步解放思想，转变观念。各级领导都要把教育观念统一到中央的认识上来。一是教育要先行，把教育放在优先发展的战略地位。二是全力推进素质教育。要实现两个转变。一是从人力资源大国向人力资源强国的转变。这意味着全国人民受教育年限要增加，全民素质要大大提高，预计到2020年劳动人口受教育年限达到11.2年，与此同时要培养一批拔尖创新人才和各学科、各领域的领军人物。二是要从数量的发展转变到提高教育质量上来。各级各类教育都要把提高质量作为工作的重点，督导、评估、监测都是为了保证质量。

五、未来教育改革的主要任务

（一）高等教育改革的任务

第一，实现高等教育大众化的转变。高等教育大众化不只是一个数量概念，而且是结构的变化。要把重心放低，培养大批高等职业技术人才，以适应社会人才多元化的要求。另外，当前高等学校趋同化十分严重，需要改变。社会经济发展需要多种人才，高等学校要结合各自的特点，正确定位，不能盲目攀比。教育行政部门对高等学校要分类分层管理。

第二，集中力量建设一批世界一流大学，培养一批学术带头人、学科领军人物以及各行各业的拔尖创新人才。这要通过"211工程"和"985工程"来实现。这种拔尖创新人才，不限于自然科学，也包括社会科学、管理科学等。

高等学校可分为两类。这两类学校的办学路径是不一样的。第一类是大众高等教育，主要以社会生活和经济市场需要为导向，培养社会经济发展急需的人才。第二类属于精英教育范畴，应以学术为导向，以学科为中心。当然，世界一流大学不是不要面向社会、面向市场，特别是工程、农林、医学等专业，但一流大学更要担负起创新知识的重任，要在促进学科发展上下功夫。

第三，对于高等教育培养目的的理解也需要进一步明确。我国高等教育的培养目标走过一条S形的路径。新中国成立初期批判通才教育，重视专业教育；改革开放以来批判专才教育，主张通才教育。两者都有偏颇。高等教育总体上是一种专门教育。通才教育总不能样样都通，总还是要有一定的专业，否则大学毕业很难找到岗位。但在当代科技迅速发展的形势下和市场经济的条件下，要给学生比较宽厚的知识。至于加强通识教育，主要不是培养通才，而是要提高学生的文化素质。

（二）大力发展职业技术教育

大力发展职业技术教育是教育结构调整的重要内容，当前要把发展中等职业技术教育放在重要位置。职业技术教育在我国不发达，有观念的障碍，也有制度的障碍。譬如，烟台经济技术开发区需要3万名技术工人，但那里的职业中学只有培养2 000人的能力。因此，需要统筹规划。特别要转变观念，不能认为职业教育就是低水平的，职业教育同样可以办成名校，同样可以出人才。当然，职业技术学校毕业生就业容易、就业形势好，也会促使人们观念的转变。

（三）基础教育改革任重道远

当前基础教育主要面临两个问题，一是教育公平，二是素质教育。

做到教育公平，要解决两大问题：一是国家要增加投入，并且要向弱势地区、弱势群体倾斜，包括农村教育、农民工子女教育、生理障碍儿童教育等；二是解决城市学校的均衡发展问题。

推进素质教育，20年来已有所进展，特别在小学阶段，各地都开展了各种实验，取得了一些成绩，但仍然步履维艰。最近各地政府都出台了许多举措，例如，不允许在假期补课，保证每天一小时体育锻炼，等等。对素质教育要有一个正确认识。什么叫素质教育？素质教育就是培育、提高全体受教育者综合素质的教育。它以促进人、社会、自然的和谐发展为价值取向，以德、智、体、美等全面发展的合格公民为培养目标，以全面贯彻党和国家的教育方针为根本途径，以教育质量的全面提升为主要任务。素质教育有以下几个特征。

一是面向全体。不是只面向能够考上大学的学生。要相信人人都能成才，相信每个孩子都在某些方面有优势，关键是教师。黑龙江省呼兰区就有这样一个学生，初二时因为功课不好而辍学，但老师发现他喜欢画画，就动员他上学，最后他考上了清华大学美术学院。

二是全面发展。不能只重视智育而忽视德育和体育，更不能只重视考试成绩而不顾学生的思想品德和身体健康，不重视学生的智力发展和审美能力的培养。

三是重视学生的创新精神和实践能力的培养。要改革课堂教学，根据基础教育新课改的精神，更多地采用探究式学习方法，培养学生发现问题、解决问题的能力。鼓励和组织学生参加社会实践，让学生了解社会，把课本中学到的知识运用于实践。

四是培养学生的主动精神，注重学生个性发展。全面发展不是不要个性，全面发展也不是平均发展。人是有差异的，每个孩子的天赋不同，爱好、特长不同，要因材施教，给学生提供最适合的教育，发挥他们的主动性、积极性，使他们的个性、特长得到充分的发展。

五是着眼于学生的终身可持续发展。当今社会千变万化，一个人只有不断学习、终身学习，才能适应科学技术的发展和社会的变化。基础教育是打基础的，一定要为学生的终身可持续发展打好基础。

素质教育推行艰难，原因是很复杂的，有教育外部的原因，也有教育内部的原因。

第一，考试的竞争，升学的竞争，说到底是就业的竞争。当今就业困难，再加上社会分配不公，家长总希望孩子能考上好的大学，将来找到好的工作。于是高考的竞争延伸到中考，延伸到初中和小学。社会各种竞争又推波助澜，加重了学生的课业负担。

第二，传统的人才观、价值观对教育的影响，认为考上大学的是人才。中国人还有面子问题，认为考上大学，考上名牌大学才有面子，于是不重视学生素质的提高，只注重考试的分数。

第三，劳动人事制度重学历轻能力，助长了家长追求高学历。

第四，招生考试评价制度的改革滞后。考试以卷面成绩为准，一考定终身。政府以升学率为政绩，社会以升学率评价学校和教师，助长了应试教育，忽视了素质教育。

第五，教育投入不足，资源分配不公。城乡之间差距、学校之间差距很大，优质教育短缺，择校问题是推进素质教育的最大障碍。

第六，教师队伍水平不均衡。城乡之间、校际之间的差别主要表现在教师队伍的水平上。因此，要促进教育均衡发展，首先要提高农村和薄弱学校师资的水平。

素质教育出路何在？最重要的是要进一步解放思想，深入改革，综合治理。

一是切实落实教育先行战略，增加教育投入，促进教育公平，提高教育质量。

二是改革劳动人事制度，变重学历为重能力，从而转变大众的教育观念。

三是建立终身教育体系，为每个学生的发展提供学习机会，建立职业技术教育与普通教育的立交桥。

四是改革评价考试制度。

总体来讲，这30年是让孩子有学上，今后的教育是要让孩子上好学。要办人民满意的教育，就要办好每一所学校，教好每个学生，让每个学生都获得成功。

学习和理解《教育规划纲要》

——在华中科技大学的演讲
（2010年6月9日）

　　《教育规划纲要》已经公布征求意见，不久要召开全国教育工作会议正式公布。《教育规划纲要》的制定是一件大事，有着很重要的社会与教育背景。本次《教育规划纲要》的制定体现了教育决策的民主化、科学化，提出了很多新思想，必将对我国教育的改革和发展起到巨大的推动作用。

一、《教育规划纲要》制定的背景

　　《教育规划纲要》的制定是十分必要和适宜的，有其特定的社会和教育背景。我们可以从三个方面来理解为什么要制定《教育规划纲要》。

　　第一，《教育规划纲要》的制定是我国经济社会发展的要求。我国经济社会已经发展到一个新的历史时期。今后10年是我国建设和谐的全面小康社会和创新型国家的关键时期。国家与社会建设需要大量适应新时期发展的创新型人才，而教育是培养人才的基础。没有一流的教育就没有一流的人才，也就建设不成一流的国家。这就需要我们对目前的教育进行较大的改革，对未来的教育进行合理的规划和设计，使教育的发展与经济和社会的进步相匹配。否则，教育将会成为我国经济与社会发展的瓶颈性障碍。《教育规划纲要》在序言中也提出："教育是民族振兴、社会进步的基石，是提高国民素质、促进人的全面发展的根本途径。"所以《教育规划纲要》是在谋划适应今后10年我国经济与社会发展的教育改革和发展。

第二，《教育规划纲要》的制定是国际形势的需要。从国际形势来看，当前世界格局深刻变化，国际竞争日益加剧。而国际竞争的实质则是科技的竞争，这使得科技进步呈现出日新月异的态势。中科院院士卢嘉锡曾在1995年对第二次世界大战后50年的科技发展做过一个概述。他说，概括起来，当代科学技术的发展具有如下特色：（1）在发展速度和发展过程上具有加速发展和急剧变革的特点；（2）既高度分化又高度综合，而以高度综合为主的整体化趋势；（3）科学技术转化为生产力的速度越来越快。科学技术的迅速发展与革命性变革把人类带入了一个新的时代，即知识经济时代。在知识经济时代，国际竞争就是知识竞争，归根结底是人才的竞争，而我们却没有足够的人才优势。我们知道，中国的国际地位越来越高，可以说，没有中国参与，很多国际问题都解决不了，如气候问题、财经问题、金融危机问题以及反恐问题等。可是我们的人才却与之很不相适应。比如，据报道，联合国总部的工作人员大致有4万多人，其中中国人仅有300多人，而且这些人还不是高级官员，只是专业工作人员，如翻译和参与整理资料的人等。我们在很多其他的国际组织中没有高官。我们在世界银行有个高官，是副行长、首席专家——北京大学教授林毅夫。还有一个是世界卫生组织的总干事，是个香港人。这种高官屈指可数。我们国家的地位高了，可是没有懂得国际游戏规则、能够进行谈判、在国际上发表我们意见的人才。我们急需培养有国际视野、有创新精神的人才。

第三，《教育规划纲要》的制定是我国教育现状的需求。新中国成立60年来，特别是改革开放30年来，我国教育取得了伟大的成就。1978—2007年，全国小学学龄儿童入学率从94%提高到99.5%，初中毛入学率从20%提高到98%，高中阶段教育毛入学率从不到10%提高到66%，高等教育毛入学率从不到1%提高到23%，学前教育毛入园率从很低水平起步，达到44.6%。可以说，我们实现了从扫盲到普及九年义务教育，再到今天的全面实现城乡免费义务教育；从恢复高考到高等教育的跨越式发展；从充斥文盲到今天的人力资源开发处于发展中国家较好水平；等等。但是，我国教育还不适应国家经济社会发展和人民群众接受良好教育的要求。这表现在：教育观念相对落后，内容、方法陈旧，中小学生课业负担过重，素质教育推进困难；学生适应社会的能力不强，创新型、实用型、复合型人才紧缺；教育体制不活，学校办学活力不足；区域教育发展不平衡；教育投入不足。所以，迫切需要对教育进行改革。

《教育规划纲要》是进入21世纪以来我国第一个国家级教育改革和发展规划纲要，是符合中国国情、体现时代要求的教育发展规划蓝图，是适合中国教育现状的前瞻性设计。

二、《教育规划纲要》制定的过程

2006年，我国已经开始了《教育规划纲要》制定的酝酿工作，正式步入制定程序则是2008年。在《教育规划纲要》制定伊始，国务院就成立了以温家宝同志为组长、刘延东同志为副组长、国家科教领导小组成员参加的《教育规划纲要》领导小组。胡锦涛同志也高度重视，并在《教育规划纲要》制定的过程中多次做出重要指示。

《教育规划纲要》具体的制定工作大致经过了四个阶段。

第一个阶段自2008年8月起，至2009年5月结束。这一阶段的主要任务是调研。在这期间，国家科教领导小组召开第一次会议，成立了以刘延东同志为组长、14个部门参加的工作小组。2008年8月29日温家宝同志在领导小组会上做了《百年大计，教育为本》的重要讲话。之后，组织成立了有500多位专家学者直接参加、近2 000人参与的11个重大战略专题组，开始进行调研。《教育规划纲要》工作小组还邀请了各政党团体和各类院校、科研机构、企事业单位和海外高校负责人等各领域100多位高层专家组成咨询组，开了多次咨询会议。除此之外，还委托8个民主党派中央、4个社会研究机构、6个教育学会以及世界银行研究院、欧盟总部等国际组织及我国驻外60个教育处进行了国内国际的调研。在调研过程中，获得了大量的建议和意见。2009年1月上旬至2月底，又归纳了4个方面的20个热点、难点问题向全社会公开征求了意见。

第二个阶段从2009年5月开始，到2010年2月结束，是文本撰写和研讨阶段。文本初稿形成后，先后4次大范围征求意见，并在此基础上对文本进行了40轮大的修改。刘延东同志召开多次专家咨询会议，听取各界人士意见。2010年1月，温家宝同志亲自召开5次座谈会，分别听取各级各类学校校长、教师以及家长和学生的意见，并在这之前到学校第一线视察、听课，多次发表重要讲话。

第三个阶段是2010年2月28日至3月28日的公开征求意见阶段。2010年2月28日《教育规划纲要》的讨论稿在各大媒体全文公布，在全国公开征求意见。

第四个阶段是发布阶段。2010年5月5日，温家宝同志主持召开国务院常务会议审议并通过了《教育规划纲要》。

因此，这次《教育规划纲要》的制定工作，参加人员之多、征集意见之广、持续时间之长在历史上是空前的。这是一次行政干部和专家结合、领导和群众结合的行动，凸显了教育决策的科学化与民主化。《教育规划纲要》的很多内容与表述都是集体智慧的结晶。

例如，中国教育学会提出的"努力办好每一所学校，教好每一个学生"，就被《教育规划纲要》吸纳了。我们目前的教育更多是一种应试的、突出尖子的教育，而不是针对所有学生的教育。其实，办好每一所学校是政府的责任，教好每一个学生是教师的责任。办好每一所学校，教好每一个学生，是办让人民满意的教育的具体体现。办好每一所学校，教好每一个学生，也是教育公平的最好体现。所谓教育公平，不仅指教育机会的公平，不让一个学生因家庭经济困难而失学，保障进城务工人员子女和残障儿童受教育的权利，而且应使每一个学生都享受教育过程的公平，都在"有水平"的学校接受教育。

再如，中国教育学会提出"教育均衡不等于平均发展"，要给每个学生提供最适合的教育，使每个学生都能健康成长。这个思想也被吸纳进了《教育规划纲要》。《教育规划纲要》明确提出因材施教，个性化、多样化教育的模式。教育均衡发展不等于平均发展，发展优质教育不能只是一种模式，强调教育均衡发展时也不能忘记差异。实现教育公平和均衡，需要注重使每一个学生都能健康地成长，使每个学生都能够获得成功。教育均衡内在地包含了个体发展的差异，而个体发展的差异便需要教育差异——因材施教地给每一个学生提供最适合的教育。

此外，通过凝聚大众的智慧，《教育规划纲要》有很多亮点。根据我自己的学习体会，列举如下。

强调重视0—3岁婴幼儿的教育，这在以前是不怎么关注的。这次《教育规划纲要》认识到了0—3岁对于幼儿智力、情感等各方面发展的重要性，强调了这一阶段的教育。

强调高中阶段对于学生发展的重要价值。高中阶段是人生观、世界观、价值观形成最重要的时期，学生的兴趣、爱好、专业也都是在高中阶段建立起来。因此，《教育规划纲要》提出高中阶段要因材施教，高中要多样化办学、特色办学。

《教育规划纲要》还很重视特殊教育。这是我们以前不太关注的。

我们的教育更多地关注的是正常儿童的教育，而在很大程度上遗忘了特殊儿童。现在，我们更多地关注到了特殊儿童，秉持全纳教育的理念，在《教育规划纲要》中明确地对特殊教育进行了设计。

学习型社会的创建备受重视。《教育规划纲要》提出要形成一个人人皆学、处处可学、时时能学的社会。当然，在我个人看来，这三句话还是从形式上讲的，即学习型社会就其形式来说，是要创造一个全民学习和终身学习的社会。就其实质来说，学习型社会应该是一个以学习求发展的社会，是创新的社会。其具体内涵包括：以个体的学习来追求个体的发展，以组织的学习来追求组织的发展，以国家的学习来促进国家的发展；以终身的学习来追求终身的发展，以灵活的学习来追求多样的发展，以自主的学习来追求内在的发展；把满足全体人民基本学习需求，促进全民学习、终身学习看成是建设小康社会、落实科学发展观的社会条件和根本动力。这里，需要说明一点的是，之所以把学习型社会的实质阐述为"以学习求发展"，而不是说成"以学习促发展"，意在强调学习型社会的提出和建设更是为积极地反思已有问题、追求新的发展模式和境界的过程，凸显人类在发展问题上的主体性、选择性和无限可能性。在此意义上说，学习型社会也是创新的社会。

强调树立人才培养的五个观念，即全面发展的观念、人人成才的观念、多样化人才的观念、终身学习的观念、系统培养的观念。人人成才的观念是一个非常重要的新观念。以往我们更多关注一些拔尖人才，而忽视教育中的大多数。其实，不是只有科学家、政治家才是人才，只要有社会责任心，有一定工作能力，勤奋努力，为社会做出一定贡献的都是人才。2009年，香港大学给一个清洁工老太太授予了荣誉博士学位的事件，就为我们彰显了人人成才的观念，为我们提供了很好的示范。

《教育规划纲要》中特别提到了"教育家办教育"。倡导培养教育家，并让教育家办学，就是要按照教育发展的规律办教育。我认为，教师都要努力成为教育家，这就需要教师不断地学习。教师的学习大致有这样三个方面：一是提高教学专业水平的学习，掌握学科发展的前沿，了解学科发展的最新知识；二是提高教书育人能力的学习，掌握教育学、心理学、教学法的理论和能力，不断改善教育方法；三是提高文化素养的学习。

《教育规划纲要》一个非常新颖的提法是"扩大人民群众对教育事业的知情权、参与度"。这是社会教育权的一种表现，是教育社会问责的一个表现。这在以前是没有提到过的。

《教育规划纲要》的制定是大众智慧的结晶，同时也是利益博弈的结果。教育是社会利益集结的地方，在教育改革时，各种利益的表达与冲突会更加明显。在《教育规划纲要》的制定过程中，就很明显地存在着利益诉求和冲突，《教育规划纲要》的某些地方也正是利益博弈与协调的结果。比如，中小学生负担就是一个利益冲突的问题。在《教育规划纲要》制定过程中，我们专门对"减轻学生负担"做了调研，发现这是个全社会的问题，只靠学校是不行的。2007年11月，我在成都市参加青羊区减轻学生学业负担座谈会，参加会议的有教师、学生和家长。大家都谈了减轻学生学业负担的看法。最后要我说点意见。我就说，要减轻学生的学业负担，首先教师有责任，教师要把每堂课都上好，让每个学生都听懂学会，这样就可以少布置课外作业。其次家长有责任，学校减少了作业，家长不要再给学生加码。现在许多家长把孩子送到补习班学习，周末也不得休息，有的学生每周最多要上6个补习班，不堪重负。我说："我最讨厌奥数班，人人学奥数，这是摧残人才。"话音刚落，一个小学生就举手发言。他说："顾爷爷，您说讨厌奥数班，但我们不上奥数班就上不了好的初中，上不了好的初中就考不上好的高中，上不了好的高中就考不上好的大学，上不了好的大学，将来就找不到好的工作，我们怎么养家糊口啊？"这样的话出于一个十几岁孩子之口，真是既可笑又可悲，反映了家长给孩子强加的压力。在这一问题上，政府也是有责任的。我们在调研中，一位教师说，市委书记听说高考好了，就准备庆功，并要求明年的成绩更好。这与地方政府错误的教育政绩观有关。地方政府的思想要解放，改变教育政绩观，不要给学校压升学指标，要真正为人民负责，要推行素质教育方面的问责制。在这一点上，山东省创造了很好的经验，省政府决定从全省范围规范各校教育行为。因为高考是在省域范围内进行的，全省都减轻学生学业负担，教师、家长就不会担心别的地区、别的学校加班加点。当然，减轻学生负担这个问题仍不容乐观，因为学校减轻了课业负担，家教市场又兴旺起来了。这里有一条很大的产业链，关系到许多人的利益。教师不好好上课，补课就可以赚到钱，家教中介和家教机构就兴旺，相关的教材也就热卖了。因此，《教育规划纲要》提出，要规范办学行为，建立学生课业负担监测和公告制度；不得以升学率对地区和学校进行排名，不得下达升学指标；要规范各种社会补习机构和教辅市场。减轻学生负担，是很多社会群体之间利益的协调问题。

高中文理分科也是个类似的问题。高中要不要文理分科是《教育规划纲要》制定过程中讨论的热点。据统计，有54%的人赞成文理不分科，有46%的人赞成文理分科，几乎旗鼓相当。鉴于这种状况，《教育规划纲要》没有明确是分科还是不分科，而是提出"保证学生全面完成国家规定的文理等各门课程的学习"，同时要开设多种多样的选修课。

《教育规划纲要》特别突出促进教育公平的问题。实现教育公平就要向薄弱环节、薄弱群体倾斜。例如，学前教育是我国教育的薄弱环节，尤其是农村。《教育规划纲要》提出要建立政府主导、社会参与、公办民办并举的办园体制，"重点发展农村学前教育"。义务教育同样存在公平问题。《教育规划纲要》中明确提出要推进义务教育的均衡发展。首先东西部地区差距很大，我们的调研发现，东西部教育经费可以差

9—10倍。其次是城乡差距也很大。目前，每个县城都有很好的小学和中学，但农村没有。因此，出现了县城中小学拥挤不堪，农村中小学学生严重流失的局面。农村学生都想挤到城里的学校读书。在义务教育阶段，还存在内容上的不公平，这也就是教育质量的不公平。教育部基础教育质量监测中心把四年级学生的数学能力分为四级，调研发现：发达地区如北京等四级的孩子占80%，一级的只有不足1%；落后的地区，达到四级的不足1%，一级的达到70%。因此可以说，所谓的不公平，不只是办学条件的差距，更重要的是质量的差距，因此要制定标准。《教育规划纲要》提出要建立国家义务教育质量基本标准和监测制度。另外，所谓公平的教育，一个非常重要的内涵就是因材施教，就是要给每一个学生提供最适合的教育。如果学生喜欢文学，却非要他学习奥数，这是最大的不公平。

三、《教育规划纲要》的基本框架

《教育规划纲要》的内容除序言外分四大部分：总体战略、发展任务、体制改革和保障措施。我认为总体战略部分是整个《教育规划纲要》的灵魂，因此，我想就此部分进行一些分析，然后着重谈一下高等教育。

总体战略部分明确了今后的工作方针、战略主题和战略目标。

（1）工作方针。优先发展、育人为本、改革创新、促进公平、提高质量——这20字的工作方针是有其内在逻辑的。优先发展是国家发展战略，育人为本是教育改革和发展的核心，促进公平和提高质量是今后一个时期教育改革和发展的两大重点，改革创新是全面推动教育事业科学发展的根本动力。

（2）战略主题。《教育规划纲要》提出"坚持以人为本、全面实施素质教育是教育改革发展的战略主题"，并提出其重点是"面向全体学生，促进学生全面发展，着力提高学生服务国家、服务人民的社会责任感，勇于探索的创新精神和善于解决问题的实践能力"。我国提出素质教育已有很长一段时间了，可是，有的学校实行的仍然是应试教育，正所谓"素质教育轰轰烈烈，应试教育扎扎实实"。目前的教育，不是强调学生的全面发展，而是片面发展。甚至可以说，目前培养的是应付考试的机器。很多高中用一年半或者两年把所有的课上完，然后就是复习考试，所谓的复习就是做练习题。练习到发下卷子来，"一看就会，一做就对"。在练习和考试中，高中扼杀了很多学生的创造性和兴趣。目前的教育，面向的也不是全体学生，而是一部分能考上大学的学生，很多学校把这些学生与其他学生分开，对他们进行专门的培养，而对所谓的差生则放任自流。这是需要极力改变的，因此，《教育规划纲要》明确强调面向全体学生、全面发展的精神。在学生素质方面，创新精神和实践能力在《中共中央、国务院关于深化教育改革全面推进素质教育的决定》中已提到，而《教育规划纲要》中新的提法是"着力提高学生服务国家和人民的社会责任感"，强调学生社会责任感的培养。学生都生活在社会中，对社会要有责任。可是，目前的很多独生子女缺乏对家庭、社会和自己的责任感，做起事来不思考自己的行为对家庭和社会的影响。比如，近几年大学生自杀的问题，这虽然是个别的，但时有发生。自杀的学生就缺乏对于社会和家庭的责任感。当然，除此之外，还有很多其他不负责的行为。

（3）战略目标。《教育规划纲要》的战略目标是"两个基本，一个进入"，即基本实现教育现代化和基本形成学习型社会，并进入人力资源强国的行列。教育现代化不仅是设施的现代化，更要有现代化的思想。我们现在的一些学校在进行教育现代化的验收，我认为为时过早。一个班五六十人，怎么就现代化了？至少要缩小班额。更根本的还在观念的现代化，但现在连硬件都没达到。关于人力资源方面，目前我国与发达国家还相去甚远。以主要劳动人口中受过高等教育的比例为例，2006年的时候，我们国家是6%，而OECD（经济合作与发展组织）国家则是24%。直到2009年，我们也才9.9%，2020年预计要达到20%。即使到那时，也仅仅是刚刚进入人力资源强国的行列。

对于这样一个战略目标，《教育规划纲要》把它细化为了五个方面，即实现更高水平的普及教育，形成惠及全民的公平教育，提供更加丰富的优质教育，构建体系完备的终身教育，健全充满活力的教育体制。

高等教育是《教育规划纲要》关注的一个焦点。《教育规划纲要》把高等教育的主要任务定位在提升质量上。自1999年以来，我国高等教育经历了快速发展时期，实现了跨越式发展，去年（2009年）的高等教育毛入学率已达24%。可是，随着规模的扩张，高等教育的质量问题凸显出来了，大学所培养的人才无法满足社会的需求。正是基于这样的现实，《教育规划纲要》提出要实现高等教育发展模式的转变，从注重规模的扩张到注重质量的提升。具体而言，要从三个方面提升质量，即提高人才培养质量、提升科学研究水平和增强社会服务能力。《教育规划纲要》明确提出树立人才培养在高校工作中的中心地位，强调教师要把教学作为首要任务；提出要从投入、基本建设、教学管理和改革等方面进行教学质量建设；提出要充分发挥高校在国家创新体系中的重要作用，要加强教学与科研的活动，培育跨学科和跨领域的平台，并完善以创新和质量为导向的科研评价机制，进而提升高校科学研究的水平；提出高校要具有很强的社会服务意识，全方位地服务社会，从科技成果转化，到社会咨询与科普，再到公民素质提升和文化传播与弘扬，等等。

《教育规划纲要》不但关注高等教育的质量问题，还关注结构与特色问题。在结构方面，《教育规划纲要》关注院校类型结构、学科结构和高等教育的区域结构。目前，这些结构不尽合理。首先，高校存在着一股升格风。专科学校想升格为学院，学院想升格为大学，一般本科想升格为研究性大学，各个高校都想办成清华、北大那样，层层攀比。这与我们的文化有关。中国有很多优秀文化，但也有些不好的文化，比如好大喜功、相互攀比，等等。当然还有文化之外的因素。现代社会所需要的是多样化的人才，各种人才都要培养。一流大学还是要办，但不是所有高校都要成为一流大学，这也不可能。美国4 000多所大学也并不都是一流的，有博士点的也只有五六百所，在世界上有名的也只有五六十所。其次，学科结构同样存在问题。高校普遍存在求全、求大的趋势。学科盲目扩张，毫无特色，存在很严重的同质化现象，这造成了高校毕业生的就业困难。最后，区域布局不均衡。目前，我国高等教育存在很严重的区域失衡。因此，《教育规划纲要》明确提出优化区域布局，从投入、招生和政策上重点支持中西部高等教育，以提高中西部高等教育的水平，实现布局的均衡。

要实现高等教育质量的提升和办学特色的凸显，就要进行体制和制度的改革。首先，要进行人才培养体制的改革和高校内部管理体制的改革。《教育规划纲要》的一个特点就是以人才培养体制改革为起点，因为教育的根本目的是培养人才。高校应率先实施创新人才培养模式的改变。《教育规划纲要》提出要培养多样化的人才，加强学校之间、校企之间、学校与科研机构之间的合作以及中外合作等多种联合培养方式，形成体系开放、机制灵活、渠道互通、选择多样的人才培养体制。在当前，尤其要加大应用型、复合型、技能型人才培养的规模，加快发展专业学位研究生教育，强调人才培养的社会需求导向。同时，还要加强本科生参与科研的能力，把提高学生的参与、探究、创造能力作为高等学校主要的任务。当然，要实现人才培养体制的改革，注重学思结合、知行统一、因材施教，还要有教育质量评价和人才评价制度的改革作为基础。《教育规划纲要》提出要注重评价的科学性、多样性和广泛参与性。

其次，在学校内部管理上，要努力克服官僚化的倾向，实现高校管理的去行政化。当前高校的行政化太浓。这既表现在形式上，也表现在内容上。表现在形式上、制度上是行政层次太多，办一件事情要经过层层审批。有些事情领导之间互不通气，互相推诿。领导与教师互不沟通，互不交心。过去学校领导都有几位教授朋友，时常交流，现在的校长能和几个教师成为朋友？行政化的表现，就是教授在办学上，在学校发展上，在学科、专业发展上几乎没有发言权，都是学校行政会议做决定。这样就形成不了学校共同的愿景，学校行政的决定未必为广大教师所认同，形成不了统一的学校文化。高校要去行政化，不仅是取消行政级别，还要取消行政的思维管理模式，加强学术的力量。

最后，高考制度也要改革。在《教育规划纲要》制定的过程中，公众对于高考改革的意见很大，建议也非常多，所获得的一个共识是高考不能取消，高考又必须改革。我们主张学校依法自主招生，学生多次选择，逐步形成分类考试、综合评价、多元录取的考试招生制度。具体来讲，高考制度的设计可以实行梯次考试，逐步实现专科不考试；本科统一考试，但试题的难度降低，科目要减少，如只考数学、英语、语文；重点大学或者专业性较强的院校，可以单独考试，或笔试，或面试，自主招生。这样既保证重点大学招生录取的自主权，又给考生提供多次考试的机会，避免一次考试定终身的遗憾。教育要改革，要创新，高考制度改革也是如此。改革创新要有一个宽松的环境，特别是舆论界要支持创新，支持第一个"吃螃蟹的人"，不要只是用挑剔的眼光来看待创新，怀疑创新。例如，这次北大招生改革，实行39所中学校长实名推荐制，本来是一项改革创新的尝试，但媒体炒得沸沸扬扬，而且说有八成人不赞成，这种势头似乎想把这次改革的尝试扼杀在摇篮里。这种舆论环境很不利于改革创新。

可以说，《教育规划纲要》充分体现了改革创新精神。要落实《教育规划纲要》，关键在于解放思想，锐意创新，勇于试验。教育发展在于改革，教育改革在于创新，教育创新在于学习和大胆试验。

在浙江省永康中学的讲话

（2010 年 10 月 14 日）

今天与老师们一起交流，我非常高兴。刚才陈校长说是裴娣娜老师拉我过来的，其实我是自愿过来的。对永康中学，我不陌生。陈校长在北京开会的时候，我们见过面，照过相，也写过字。

今天跟大家见面，对我来说也是一次学习的机会。我去过很多地方，每去一个地方几乎都要去中小学。我教过小学，在中学工作的时间更长，有7年。我对中小学是非常有感情的，对中小学老师也有感情。今天来这里，我非常高兴。

现在是教育发展的一个很好时机。浙江师范大学将永康中学作为附属学校，在做推进基础教育课程改革的工作，对于你们来说就更好了。

7月13日至14日中央召开了全国教育工作会议，颁布了《教育规划纲要》。我想老师们都读过了，这里不想做系统的介绍。

我最想讲的一点是《教育规划纲要》里最中心的思想就是"培养人才"，20字方针就是为了培养人才。20字方针中，最重要的是第二句，就是"育人为本"。全社会都在关注我们的教育。我们取得了很大的成绩，我们普及了九年义务教育，现在上学已经不难了，义务教育是免费的，不要自己出钱了，现在学校也不需要自己筹钱了，应该说现在取得了很大的成绩。

温家宝同志去看望钱学森，钱学森每次都提到培养创新人才，他最关心的是我们的教育能不能培养出杰出人才。

《教育规划纲要》强调要建设人力资源强国。现在我们是人力资源大国，有13亿人口，在校大学生也是全球最多的。但是，我们的国民素质还不高，拔尖、创新人才不多。今后10年是建设小康社会的关键时期，靠什么？靠人才。人才培养靠学校。世界发生经济危机之后，经济面临着转型的问题。经济要转型，靠什么？靠科学技术创新，谁来掌握科学技术？是人才。谁来培养人才？是教育。

学校要"育人为本"，学校本来就是育人的地方，不育人还干什么？但是有些学校没有做到，不是育人为本，而是升学率为本，分数为本。

现在学校和家庭中有很多反教育行为。老师们想一想，我们的教育工作中有没有反教育行为？有一个网站上说"父母是祸害"。不是说不要孝敬父母，而是父母一天到晚只唠叨让孩子读书，老是说你的成绩如何如何。结果使学生非常压抑，反而学得不好，反而不能得到发展，所以出现了"父母是祸害"的说法。这种说法是从英国开始的，其实一开始说的是孩子的叛逆。

七八年前，浙江省金华出现过学生杀母亲的事件，这个学生叫徐力。为什么要杀母亲？中央广播电台有一个"知心姐姐"叫卢勤，有一次开座谈会我们谈过这件事。她说她去杭州监狱看他，发现徐力很漠然，没什么后悔。后来交谈了，他说自己的任何需要都得不到满足。想出去玩，母亲不让他玩；想干点别的什么事，不让他做，只让他做功课。每个人都有各种需要，如果任何需要都得不到满足，那人生还有什么意思？这就是父母的反教育行为所造成的恶果。这种反教育行为不是培养人才，而是摧残人才。

现在我们感觉到困惑，为什么素质教育推行不了？就是因为有这样的反教育行为的存在。不是学校自身造成的，不是老师造成的，甚至也不是父母造成的。这是整个大的社会环境，这是社会矛盾在教育上的反映。这里我举个例子。

2007年我在四川省成都市青羊区，当时该区的教育局局长发布了好多条"减负"令，包括很多细小的规定，其中一条是小学生的书包重量不能超过自身重量的十分之一。社会上议论纷纷，说治标不治本。但我很赞成。现在有些学生不是背书包上学，而是拉着拉杆箱上学，背着几十斤的书包，对小孩子的身体有损害。他们开了一个座谈会，有老师、家长、学生参加，大家对"减负"都是赞成的。在座谈会上，小孩说："我希望国家规定，有一天无作业日，就像无车日、无烟日一样。"学生的要求多么低，多么简单！也有一个孩子说："不是不要作业，而是不要布置反复练习的枯燥的那种作业。"最后我说了几点。第一，要减轻学生负担，老师首先要把课上好，让每个学生听懂、学会，这样课后巩固一下就行了，不要再布置那么多的作业了。第二，家长不要给学生增加负担。家长不要给孩子上这个那个补习班，给买那么多的辅导材料。我说我最讨厌办奥数班，人人学奥数是摧残人才。这时一个小孩站起来说："我不上奥数班，就上不了好的初中；上不了好的初中就考不上好的高中；上不了好的高中就考不上好的大学；上不了好的大学，就找不到好的工作。我怎么养家糊口啊？"这个十几岁的孩子讲的话，反映了家长的意思，这是社会的矛盾加重了学校的负担，是社会的竞争压力，是不正确的人才观所造成的。

这不能怪学校，不能怪老师。这里还有中国传统文化的影响。中国传统文化总体上是优秀的，但也有封建的糟粕。例如，家长把子女当作自己的私有财产，如果孩子考上清华、北大，家长就觉得有面子，如果孩子考上一般的大学，家长就觉得没面子。于是把压力转嫁到了教育身上、孩子身上。国外就不是这样，孩子18岁以后的发展是孩子自己的事。在中国，你的孩子评上了"三好学生"，我的孩子没评上，我就没面子。这种文化造成了许多家长有很多的反教育行为。

我看到一个材料，说一个孩子，家长非要让他上各种补习班，托了各种关系，花了很多钱，孩子上了重点中学。但功课还是跟不上，孩子对学习越来越没有兴趣。父母非常后悔，想让孩子转学，可孩子不同意，说："转学的话，我多么没面子呀！"

《教育规划纲要》里面有一句话：对学生提供适合的教育。我认为这就是最好的教育。教育要有适合学生发展的各种条件，学生不能说生下来就有很大的区别，但总是有差异的。有的人智商高，有的人智商低，再加上环境的影响、努力的程度，以后差异就会扩大。分化最厉害的是初中二年级。有一些是智力的问题，而在很大程度上是教育问题。

学习中会有很多坎儿。以前我学过游泳，在"文化大革命"时，我是"逍遥派"，没事干就去学游泳，游到50米之后就游不下去了，这里有个坎儿，到了这个距离我就不能继续。这个坎儿过去了，就会顺利自如了。学习也是一样。我反对的是人人都去上补习班，人人都去上奥数班。我们的社会环境不好，造成了很多的反教育行为。

我们的教师，本来是不应该出现反教育行为的。家长不大懂得教育，我们教师不应该不懂。但我们教师也会犯很多错误。

我在中学工作的时候也犯过错误。我当过中学教导处副主任，学生在背后叫我"凶主任"。我对学生要求很严，犯了错误就找学生谈话，可发现没有一次谈话是成功的。学生犯了错误，叫他来谈话，是最没用的办法，特别是请他们的父母过来是最无效的，没有倾听他们犯错误的原因。我感觉谈话法是最不成功的方法，越谈火气越大。这就是我个人的反教育行为，不懂得孩子的心理。首先要倾听他们。德育里的谈话法是不大管用的，不谈还好说，一谈火气上来了，越谈火气越大，最后谈崩了。

没有爱就没有教育。教师一般都爱学生，但是什么是爱学生？教师布置作业，对学生说："我是为了你好啊。"学生不领这个情，学生会说："不是为了我们好，是为了您的虚荣心好。"所以我们要理解孩子，首先要信任孩子，相信他们都会进步，愿意进步，相信每个人都会成才。所以《教育规划纲要》里有一句话，就是要面向全体学生，树立人人成才的观念。

苏联的马卡连柯，在20世纪二三十年代的时候教育了一批孩子，他教育的都是战争后的流浪儿，是习惯不好、经常犯错的孩子，最后都教育成功了。他的《教育诗篇》里写到一个好偷东西的孩子，他却让这个孩子到区里去取款，这个孩子因为老师的信任，完成了任务，并且后来逐渐转变了，犯错误的孩子变成了好孩子。

另外要理解孩子。要理解他的需要，他有学习的需要、好奇的需要、玩的需要、交朋友的需要。到了初中，开始有男女之间的异性往来的需要了。父母、老师都很头痛，怎么疏导，怎么告诉他们友谊和爱情的区别？闹得不好，反而触发他的逆反心理。

怎么理解？就要沟通。要让孩子能够跟你讲他的心里话。现在很多孩子不愿跟家长沟通。我曾经做过心理咨询，有的家长就问我："为什么孩子不愿跟我沟通？"我就说："首先要学会倾听，他要讲什么东西，你就不耐烦了，下一次就不会跟你讲了。"教师也是这样，要学会沟通。有一个故事，不知真假。说一个女孩，不愿跟父母交流，但在网上与网友交流得很好。母亲知道了，也开了个号，跟女儿交流得很好。后来说见一面吧，到了约定的地方，门一推开，发现是自己的妈妈。为什么在网上能沟通，生活里不能？因为网上是平等的，能耐心地倾听，没有代沟。孩子跟父母、跟老师都是有代沟的。孩子一方面信任老师，一方面却不愿意把什么话都跟老师讲。你如果学会沟通了，学会理解了，学生信任你了，学生就会喜欢上你的课。

我还要特别强调的是培养学生的兴趣。

以前讲教育学，说要引起学生的学习动机。这很重要，就是要激发学习兴趣，兴趣是最好的学习动力。但现在不重视学生的学习兴趣。比如语文课，老师讲得很多，那是老师的体会，而不是学生的体会。所以我提出来要以学生为主体。以学生为主体，就是要让学生有兴趣学习。现在的学生考大学，报志愿不是按他的兴趣，而是按分数。分数高了报好的学校好的专业，分数差了报差的学校差的专业。这样怎么有学习兴趣？怎么能培养出人才？

诺贝尔奖的获得者不是我们教育培养出来的，而是他们按照兴趣研究获得的。这次（2010年）化学奖的获得者已经85岁了，你说是培养出来的吗？香港中文大学的高锟，很执着，认为光纤可以传输很多信息。当初人家讥笑他，但他不管人家笑话他，执着研究，终于成功。获奖时，他已经有轻度的老年痴呆了。30年前，他并没想过要得诺贝尔奖。他就是执着，看准了就去做。

《教育规划纲要》里面讲培养人才，特别关注人才培养体制的改革。

早期教育很重要，要早一点让幼儿养成好的习惯。现在的幼儿教育养成了不好的习惯，幼儿园小学化了，是让幼儿学文化知识，而不是开发他们的智力。对幼儿来讲，身体最重要。体、智、德是幼儿教育要做的。学前教育特别重要，是人才培养的基础。

接下来讲到了小学教育、中学教育，讲到了培养体制改革，要转变教育观念，要树立人人成才的观念、人才多样化的观念，并不是考上大学就是人才。

我们要改变教育方法，改变教育内容。过去教学有教学大纲，要求得非常细。现在国家只颁布课程标准，比较宏观，要求不那么细了，就是要给老师一个灵活的空间。就给一个标准，课怎么上你们自己去研究。《从百草园到三味书屋》过去规定一定要讲三节课，现在不是，你可以上一节课，也可以多节课。怎么运用课程标准，教师大有操作余地。

我是提倡九年一贯制的，小学和初中连在一起。但《教育规划纲要》没写上去。因为我们国家太大，做不到每个地方都这样办学校。但比如我们永康中学，可以和哪个小学连起来，搞课程的一贯制。一贯了，课程就可以充实、调整。小学生的潜力是很大的，而初中课程很多，衔接比较难，如果实行一贯制就可以连接起来考虑课程的安排。课程不是死的，而是活的。还是那句话——最适合的教育，就是最好的教育。

要让每个孩子的潜能都得到充分的发展。我觉得到初中，课程设计是很重要的。我不很了解你们学校的情况，你们的毕业生出路到底如何？你们要根据毕业生的出路设计你们的教学，让每一个学生都能够成功。

前几年在哈尔滨开会，一个农村学校的10个毕业生讲他们的经历，他们中有企业家，有养猪的，有大学生，有高中生。有一个清华大学二年级的学生，他讲他初二的时候本来要辍学了，但老师做他爸爸的工作，说："你的孩子喜欢画画，以后会有出息的，还是让他上吧。"于是爸爸就让他上了，后来考上了职业中学，毕业后在广告公司做了几年，赚了钱。后来又考上了清华大学的美术学院。如果那个初中老师没有发现他的潜能，当时他就辍学了。所以，我们的教育要让每个孩子都成功。

你们可以调查调查，你们的学生多少上了重点中学，多少上了职业高中，他们毕业之后都做些什么，学校里哪些东西最有用。要根据学生的需要来设计课程。

我们的每个教师都要上好课，这是我们的责任。认认真真备好课，不仅要备教材，而且要备学生。现在的班级学生数很大，但如果能发挥学生的主体作用，培养他们自学的能力，就能把每个学生教好。要改变我们教师的思维，改变我们的行为，要相信孩子的各种潜质，他们的想象力比我们丰富得多。

前几天我在丹东一所学校听了一节作文课。老师的课上得很简单，就是画一个圆，让学生想象，让学生说这是什么。有的说是月亮，有的说是地球，有的说是眼睛。然后让学生作文。最后叫几个学生起来读自己的作文。许多学生写了很生动的故事，反映了学生丰富的想象力。

永康中学是百年老校，希望你们在裴娣娜教授团队的带领下，既继承传统，又不断创新，在教学改革中创造新的培养方式，培养更多的人才。

《教育规划纲要》解读

——在陕西师范大学的演讲

（2010 年 12 月 29 日）

主持人（郝文武）： 我们非常荣幸地请来了我国当代著名的教育家顾明远先生为我们做学术报告，我们表示热烈的欢迎和衷心的感谢！（鼓掌）顾老师非常关心我们陕西师范大学教育学科的发展，自20世纪80年代以来多次来我们学校指导工作，指导我们的学科建设，已经三次来我们学校做学术报告，还是我校《当代教师教育》杂志顾问委员会的主任。在全国学习、贯彻、落实《教育规划纲要》的重要时候，顾老师不辞辛苦又来为我们做关于《教育规划纲要》的解读。下面我们欢迎顾老师为我们做报告！（鼓掌）

顾明远： 尊敬的各位老师，同学们，大家下午好！我今天非常高兴再次来到陕西师范大学和大家见面。大家正在学习、理解和贯彻《教育规划纲要》。那么借这次机会我就把我自己对《教育规划纲要》的理解给大家做一个介绍。

一、为什么要制定《教育规划纲要》

早在2006年的时候中央就打算要制定这个纲要。2006年8月19日，中共中央政治局第34次会议就是学习教育的问题。这是我国历史上少有的全体中央政治局委员学习教育怎么改革。2006年的6月至11月，温家宝同志开了四次座谈会，分别是有关基础教育、职业教育、高等教育以及教育管理的，来听取教育改革的意见。我认为这个《教育规划纲要》是党中央、国务院在研究国内、国际形势以及我国经济和社会发展任务的基础上做出的重要举措。

胡锦涛同志多次讲要坚定不移地实施科教兴国战略和人才强国战略。我们可以从2006年到今年（2010年）中央连续发布的三个规划纲要中看出中央对国家的整个规划。第一个规划纲要是2006年2月9日颁布的《国家中长期科学和技术发展规划纲要（2006—2020年）》。实现全面小康社会要靠科学技术，包括各个领域的科技创新。

第二个规划纲要是今年6月颁布的《国家中长期人才发展规划纲要（2010—2020年）》。科学技术发展要靠什么呢？靠人才，所以中央出台了一个人才发展规划纲要。那么人才靠谁来培养？靠教育。所以最近又召开了新世纪以来的第一次、改革开放以来的第四次全教会，全教会以后颁布了《教育规划纲要》。我们可以从这三个规划纲要看出制定《教育规划纲要》的必要性。

从国内发展形势来看，我国经济社会已经发展到了一个新的历史阶段，今后的十年是我国全面建设小康社会，加快推进社会主义现代化建设，建设创新型社会的新阶段。从我国经济发展的情况和形势来看，我国经济发展的方式正处在一个转型时期，推动产业结构的升级，转变经济发展方式。我们要建设一个资源节约型、环境友好型社会，就必须依靠科技进步和提高劳动者的素质。所以，科学技术是第一生产力，人才是关键，教育是基础。

这里我还特别要指出的一点是，中央十七届五中全会对"十二五"我国经济社会发展做了规划。"十二五"规划里有一句话不知道大家注意到没有，过去讲我国"经济增长方式"要转型，这次十七届五中全会讲我国"经济发展方式"要转型。两字之差说明我们对经济发展方式又有了一个深刻的认识。人们一听经济增长往往认为是国内生产总值的增长，现在你看，报纸上很少提到国内生产总值，更多的是提到发展，科学发展。

科学发展是要建设一个资源节约型、环境友好型的社会，同时要顾及民生的改善。所以我们有必要培养大批的人才，包括一般人才和拔尖创新型人才。当然一般人才也是要有创新能力的，但还要培养一批杰出人才。所以《教育规划纲要》开宗明义，提出教育是民族振兴、社会进步的基石，是提高公民素质和促进人民全面发展的根本途径，同时也寄托着亿万家庭对美好生活的期盼。从全国范围来讲，教育是我们社会进步的基石；从个人方面来讲，教育是个人全面发展的途径；从家庭方面来讲，教育就是改变家庭命运的一个期盼。强国必须强教，优先发展教育、提高教育现代化发展水平是建设小康社会发展的奋斗目标。从国内形势来看，教育对建设富强、民主、文明、和谐的社会主义国家具有重大意义。

从国际形势来看，世界格局发生了深刻的变化，科学技术日新月异，国际竞争日益激烈。国际竞争说到底是综合国力的竞争，也就是人才的竞争，是民族振兴能力的竞争。我们要和国外竞争，说来说去取决于我们的实力。实力有硬实力和软实力，我们经济的发展和我们的军事是硬实力。软实力就是我们的文化，中国的文化，传统的中华文明。现在还有人提出巧实力，就是要靠我们的智慧。这次朝鲜半岛的问题，中国就用智慧使朝鲜半岛紧张的情势缓和下来，中国起了很重要的作用

（这是我个人的理解）。所以从经济上讲，我们要和国外竞争，要靠硬实力和软实力。我们长期以来是世界的工厂，但是我们作为世界的工厂仅仅是加工的工厂，原材料加工。技术是人家的，甚至材料也是人家的，我们就是加工，我们所能得到的利益是微乎其微的。一件产品几百美元，我们真正能挣到的只有几个美元，因为知识产权是人家的，品牌是人家的。我们很少有自己的品牌。我们的汽车没有自己的品牌，最近北京要搞自己的品牌。我们街上跑的汽车都是人家的品牌，人家的知识产权，所以要靠技术创新，这是从经济上讲。

从政治上讲，我们国家的政治地位在提升，重大的国际事务如果没有中国参与就难以解决。刚才讲到的朝鲜半岛的问题，没有中国就很难解决。金融危机问题，中国在缓解金融危机中也起了很重要的作用，还有其他如气候问题、环境问题、反恐问题等都必须要有中国来参加。但是，我们在人才的培养上与我国国际地位极不相称。我们在国际组织中工作的人员数量还不及印度、巴基斯坦。因此，我们急需提高公民素质和国际化人才培养的质量。联合国秘书处最近统计的数据显示：2009年7月1日至2010年6月3日，在联合国工作的人员是44 131人，其中中国人只有332人。中国人占世界人口的五分之一还要多，但是我们在联合国的工作人员连1%都不到，而且我们的高管很少，具有高级职位的只有13人。大部分工作人员都是从事翻译以及一些其他的专业工作。联合国职员分好几级，如P级、D级，D级我们就很少，大都是P级。非常任理事国印度（我国是常任理事国）在联合国秘书处担任高级职位的有14人，比我们还多。美国就更不用说了，有49人。我们和他们相差很远，这跟我国的地位是很不相称的。我国是五个常任理事国之一，我国人口比美国多很多，但是我们的工作人员很少，在其他国际组织中也一样。世界银行组织我们有一个高管，是首席专家林毅夫，北大经济研究所的所长。世界卫生组织也有我们的人。其他组织，高级职位很少有我们的人。而这些组织的游戏规则都是由这些高管们制定的。现在我们非常需要培养国际人才，培养有国际视野，懂得这些规则，能够从事国际事务的人才。

从教育内部来看，新中国成立以来，特别是改革开放30多年来，我国教育发展取得了伟大的成就：普及九年义务教育，高等教育实现了跨越性发展，等等。真的很了不起。我国有13亿人口，在这么短的时间里实现九年义务教育是很不简单的事情。但是，教育仍然不能完全适应国家经济社会发展和人民群众接受良好教育的要求。这表现在哪里呢？这表现在：教育观念相对落后；内容方法比较陈旧；学生就业创业的能力不强；创新型、实用型、复合型人才紧缺；教育体制机制不灵活；学校办学活力不足；教育布局机制不合理，城乡区域教育发展不平衡；等等。这些《教育规划纲要》序言里都提到了。我们取得了很多成绩，但是问题还是很多。所以深化教育改革，促进教育发展，提高教育质量，这是全社会的心声，全社会都在关心。现在社会最关心的是三个问题。一个是子女的教育问题，一个是住房问题，一个是保险问题。这三大问题，教育是第一位的。我们从这些可以看出为什么要制定《教育规划纲要》了。

二、《教育规划纲要》的主要内容

《教育规划纲要》除了序言以外，总共分了四个部分。第一部分是总体战略，第二部分是发展任务，第三部分是体制改革，第四部分是保障措施。

（一）总体战略

1. 工作方针

《教育规划纲要》提出的工作方针，可以用20字来概括，就是：优先发展，育人为本，改革创新，促进公平，提高质量。

怎么理解这20字？教育优先发展，这是我国社会主义建设的发展战略，是贯彻落实科学发展观，加快建设人力资源强国，推进社会主义现代化，实现中华民族伟大复兴的重要战略部署。这是我国社会发展的战略部署。其实，这是邓小平同志健在的时候就已经提出来的。20世纪80年代，小平同志就提出即使把我们的经济发展速度减慢一点，也要把教育搞上去，一再强调科学技术是第一生产力，人才是关键，教育是基础。所以我们党在十六大、十七大都把优先发展教育作为发展战略。中央第34次学习会议上胡锦涛同志也一再强调教育优先发展，这次在全教会上胡锦涛同志的重要讲话又讲到强国必先强教，必须优先发展教育。优先发展教育不是停留在口头上，而是要落实在实际的各种行动上。胡锦涛同志讲，在党和国家工作全局中必须始终把教育摆在优先发展的战略地位上。考虑全局的时候要考虑教育，要切实保证经济社会规划优先安排教育发展，各个省、自治区、直辖市制定社会发展规划首先要安排教育，财政资金优先要保证教育的投入，公共资源要优先满足教育和人力资源规划需要。

育人为本，这是教育改革和发展的根本目的，也是教育的核心。教育的根本目的是什么？就是育人。那为什么《教育规划纲要》还那么强调育人为本？这是因为我们现在很多地方不是坚持育人为本，而是以考试为本，以分数为本，并不是着眼于培养人才。《教育规划纲要》特别强调育人为本，这是《教育规划纲要》的核心，是教育的核心。教育的根本目的是培养德智体美全面发展的社会主义建设者和接班人。人力资源是我国经济社会发展的第一资源。在各种资源中，人力资源是第一资源。教育是开发人力资源的主要途径。教育要关心每一个学生，为每一个学生提供适合的教育，促进每一个学生主动地、生动活泼地发展。促进公平和提高质量是教育改革和发展的两大工作重点。

我们以后教育工作的重点，一是促进公平，二是提高质量。促进教育公平是国家的基本政策，教育公平是社会公平的重要基础，也是公民依法享有受教育权利的要求。一个人生下来如果不受教育，那他就成为愚昧的人，不是文明的人，那还能谈得上社会的公平吗？一个家庭如果都是文盲，那怎么能谈得上社会的公平？所以，教育是社会公平重要的基础，同时也是每个公民的权利。从人权的角度看，人有生存的权利、发展的权利、受教育的权利。我们对教育的认识逐渐深入，过去教育为社会服务，为政治服务，教育是阶级斗争的工具。后来，确立以经济建设为中心，就强调教育为经济服务。最近几年我们对教育有了新的认识，教育的根本目的还是促进人的发展，有了人的发展才能真正为社会服务。受教育是人的权利，每个人生下来都有受教育的权利，是生存的权利，也是发展的权利。这是我们对教育逐渐认识的一个过程。同时，我们经济发展到这个水平，我们也有能力促进教育的公平。几年以前，很难提出教育公平的问题。现在经济发展到这个阶段，我们已经有能力实现教育公平的发展。

　　提高质量是教育改革和发展的核心任务，建设人力资源强国关键是提升教育质量，正如温家宝同志讲的，只有一流的教育才有一流的国家实力，才能建设一流的国家。改革开放30多年来，我们解决了学龄儿童没学上的问题，现在义务教育免费了，而且西部地区还有补助，学龄儿童都可以上学，不会因为经济困难而上不了学。那么今后的任务是要解决好上好学的问题，上有质量的学的问题。现在我们普及了九年义务教育，但是普及的水平还不高，而且很不均衡。城乡不均衡，城里的水平很高，农村的水平很低。城市里有优质学校（过去所谓重点学校），质量比较高，农村学校的质量比较低，这怎么谈得上是公平呢？最近在全国几十个县市搞了检测，结果使我们大吃一惊。把小学四年级数学能力分为四个等级，第四级是最高的。全国31个省区市是一条斜线，好的市县80%的学生达到四级；而质量差的市县70%的学生是一级，达到四级的学生还不到2%——就是这么一条斜线。这说明我们虽然普及九年义务教育了，虽然说都有学上了，但是质量差别很大。我觉得促进教育公平和提高教育质量是一个问题的两个方面。所谓不公平就是质量不均衡，就是有的地方高，有的地方低。不是说现在没有学上，学生都有学上，只是质量有差别。要促进公平就要提高质量，提高质量不是要把好的学校拉下来，而是要把差的学校提上去。促进教育公平，提高教育质量。我们把它作为一个问题，是我们今后工作的重点。

改革创新是教育发展的强大动力，是完成优先发展、育人为本、促进公平、提高教育质量的根本保证。通过什么来保证？要通过改革创新。我们提出要优先发展教育，要增加教育投入，《教育规划纲要》提出到2012年国家财政性教育经费支出要占国内生产总值的4%，要实现这个目标，恐怕是要靠改革创新。因为这个目标不是今天提出来的，是在1993年就提出来了。1993年的《中国教育改革和发展纲要》中就已经提出，到20世纪末教育经费就要达到国内生产总值的4%，但经过17年我们仍没有达到。而且这次写进去时也有很大的争议。因为我们国家很大，需要钱的地方确实很多。就像是切蛋糕，给教育切多少，给卫生切多少，给科技切多少，给军事切多少。最后经过讨论还是觉得要写上去，而且温家宝同志保证此届政府一定要实现。这4%是对全国来讲，不是一个省一个市是4%，不是这样来计算，而是按照全国来计算。促进教育公平，就要向弱势群体、薄弱环节倾斜。要实现城乡一体化，促进教师在城乡之间流动。这些都需要通过体制改革和创新来实现。有很多的省区市已经定下来，教师和校长要在城乡之间流动，教师如果不到农村去支教就不能评职称。这说起来容易，做起来如果没有体制的创新是很难的。有的教师有孩子、有老人要照顾，到农村去的话他有家庭的困难，有交通的问题、住房的问题、工资待遇的问题等一系列的问题。

现在的免费师范生也要制度创新。一开始全部都到农村去，一去就是十年。现在政策有了调整，规定免费师范生可以考硕士研究生，政策鼓励师范生到农村去，到教育的第一线去。这要由改革创新来实现。

提高教育质量，推进素质教育也需要改革。我们提出素质教育已经20年了，现在还是有困难。我们依然需要进行改革，进行人才培养体制的改革、招生制度的改革、学校管理制度的改革。

工作方针这20字之间的关系是：优先发展是国家发展战略，育人为本是教育改革和发展的核心，促进公平和提高质量是教育改革的重点，改革创新是实现教育改革、全面推动教育发展的根本保障。这是《教育规划纲要》的第一部分里工作的总框架。

2. 战略目标

《教育规划纲要》的总体战略中讲到战略目标，战略目标概括起来是"两个基本，一个进入"。"两个基本"是基本实现教育的现代化，基本形成学习型社会，"一个进入"是进入人力资源强国的行列。这是我们今后十年的战略目标。

（1）怎么理解教育现代化呢？教育现代化并不等于房子盖得现代化，并不等于设备的现代化。当然教育现代化要有一些硬指标，但最关键的还是人的观念，人的教育观念的现代化。我把教育现代化的特征归纳为九条。

一是受教育者的广泛性和公平性。《教育规划纲要》中讲到要发展特殊教育、民族教育，从国际上讲是全纳教育，就是全部都要受教育，这就是保证教育的公平性。必须满足不同群体对教育的需求，即办让人民满意的教育。人民满意的教育就是满足公共群体的教育要求，这里就包含教育的公平和质量。

二是教育的终身性和全时空性。《教育规划纲要》倡导全民终身学习。终身教育是在20世纪60年代提出来的。这个问题我是接触得比较早的。1974年我去联合国教科文组织开会的时候，当时并不懂得什么是终身教育。因为我们生活在一个小生产的社会，没有看到社会的变革，工人一辈子是工人，农民一辈子是农民。随着工业化的发展，到了八九十年代我们对终身教育就比较理解了。那时我们那么多的下岗工人，怎么办？那就要再学习，包括自己去谋职业，开个小店，也还是要学习的，要学习怎么经营。马克思讲过："大工业的本性决定了劳动的变换、职能的更动和工人的全面流动性。"在我们小生产的社会里就不好理解。随着时代的进步，终身教育已经不是为了适应生产的变革，不是为了谋生，而是实现人的全面发展的必然途径，是形成学习型社会的必然途径。《教育规划纲要》讲到全民学习、终身学习，形成学习型社会，促进人的自我发展。现在，终身教育已逐渐被终身学习这个概念所代替。终身学习强调学习者的主动性，把学习作为生活的一部分。老年人退休了还在学习，是为了提高自己的生活质量，为了促进自己各方面的发展。所以终身学习已经成为人的生活的一部分。

三是教育的生产性和社会性。现代教育是现代生产的产物。工业化以后才有现代教育。现代教育必须和生产劳动结合，和社会的实践相结合。生产劳动是广义的，不是狭义的劳动。现在的学校不能闭门办学，要走向社会，了解社会，参与社会的实践，培养实践能力。

四是教育的个性化和创造性。工业社会强调的是统一、标准化。一个螺丝刀也要标准化，几号螺丝、几号螺母要标准。信息化社会强调的是个性，年轻人都强调个性。以前买衣服都是一个颜色、一个样式。现在买衣服都喜欢个性化，这是社会变革的必然。个性的核心就是创造性，我们要承认每个人的个体差异性。所以我们一再提出要给每个学生最适合的教育，不是统一的教育。有的人是形象思维好，就要根据他的形象思维来培养他。有的学生逻辑思维好，有可能他对自然科学理解得就比较好。我们要对不同的学生提供最适合他们的教育，要培养学生的兴趣和特长。我曾经提出过"没有兴趣就没有学习"的教育主张。

五是教育的多样性和差异性。我们的社会已进入多元化的社会，我们要有大批高素质的劳动者，还要有一批高水平的管理者、一大批科学技术和文化人才。传统社会是两极分化，要么是"人上人"，要么是"人下人"。现在社会中产阶级是主要的，所谓中产阶级，是指从事各种职业的知识分子，其中有一般的人才，也有拔尖的人才。我们既要强调公平，又要承认差异，公平和差异是现代教育的必要选择。要认识大众教育和精英教育的区别。我们现在已经进入大众化的教育时代。过去我们上大学的只有2%、5%、8%，在1998年的时候只有9%，今年我国高校毛入学率已经达到27%，这说明不是培养少数精英。我们不能用培养精英的办法来培养所有人，但这并不是说我们就不要精英了，精英还是要的。对大多数人来讲，不能用过去那种培养精英的方法来培养。现在的高考是用过去选择精英的办法。高等教育的发展任务之一是到2020年要达到40%的毛入学率，那个时候就不是用选拔精英的办法，40%的人不都是精英。所以时代不同了，现在是大众教育时代，大众教育不是不要精英，培养的办法要有所不同。

六是教育的信息化和数字化。信息化已经成为现代教育的基本特征，信息化必将给教育带来一场革命。教育信息化，我们对它的理解、对它的应用、对它的认识还很不够。教育的信息化并不只是做一些多媒体的课件，或是发发电子邮件，绝对不是这样子的。信息化最大的特点是互联互动，通过网络来和学生沟通。不是把书本的知识搬上屏幕，就算是信息化。要改变教学的方法，特别要强调学生的学习自主性，通过网络互动和学生沟通，而且要彻底改变传统的师生关系，老师不是唯一的知识载体，老师要和学生共同学习，也要向学生学习。学生的知识可能比我们还丰富，他们通过各种渠道来获得知识。现在一本小小的电子书可以将整个图书馆的书籍放在里面，你爱看哪个看哪个，所以要整体改变我们的教育方式。

七是教育的变革性和创造性。现在的社会是不断变革的社会，现代教育也要不断地变革和创新才能适应形势的发展。教育改革有没有尽头？没有尽头。社会在变化，教育必须要改革。《教育规划纲要》强调改革创新是教育发展的强大动力，我想这就是教育现代化的特征。

八是教育的开放性和国际性。经济的全球化带来了教育的国际化，有些专家反对教育的国际化。那么怎样来理解教育的国际化？国际化并不等于说是西方化，也不是把西方的东西照搬过来。所谓国际化是国际人员的交往，财力资源、信息的交换，项目的合作和跨国的教育，这是避免不了的。全球化对经济影响很大。美国的次贷危机一下子使全球都发生了危机。美国最近又要发行钞票，又会影响世界的金融，影响中国的经济。经济的全球化对文化教育带来了很大的影响。文化教育不可能封闭，所以《教育规划纲要》讲要扩大开放，更好地吸收世界一切优秀文化成果，吸收国外先进教育经验，为我所用。《教育规划纲要》同时又讲要培养具有国际视野，通晓国际规则，能够参加国际事务、国际竞争的国际化人才。所以，开放性、国际性是现代教育很重要的特征。

九是教育的科技性和法治性。现在的教育不是凭经验，而是建立在高度的理性基础上的，过去的传统教育大都凭经验，现代教育恐怕不能凭个人经验，一定要坚持科学化、民主化。《教育规划纲要》的形成就是科学化、民主化的一个典范——经过两年时间的全民讨论，征求了几百万人的意见。最近我国又成立了国家教育咨询委员会，为进一步贯彻落实《教育规划纲要》进行科学指导。另外一个就是法治性，就是要制定法律，要依法治教。

我把教育现代化归纳为这九个方面。检查我们的教育是不是实现了现代化，要看这几个方面是不是都做到了。我们中国人性子很急，有几个发达地区提出要率先实行现代化，或者是已经实现现代化了。房子盖得漂亮了，经费也多了。现在经费确实是增加了不少。但是不是符合这几个特征呢？在最发达的长江三角洲，一个班的人数是多少？一个班还是四五十个人，发达国家一般都是二三十个人。二三十个学生，老师才能照顾得到，才能真正做到教育公平。一个班五六十个人，有些县一个班有100多个学生！我们的老师还是用灌输式的方法来教育孩子，不发挥学生的主动性和积极性，不注意学生的个性发展。这也能叫现代化？我们真正要基本实现教育现代化还是要经过很大的努力。我们当时讨论的时候，很多人不大同意写"基本实现教育现代化"，很多专家怀疑十年后我们能不能基本实现教育现代化，有些人很担心，我也很担心。因为我们国家那么大，光说东部地区，北京、上海很容易实现，但是要在全国范围内基本实现教育现代化谈何容易。但是最后经过讨论，大家认为目标还是要定得高一点，因为教育先行嘛。我们要按照小平同志的三步走方案——到2050年达到中等发达国家水平，教育要先行，就要基本实现教育现代化。

（2）什么是学习型社会？我个人理解，学习型社会就是以学习求发展的社会，就是创新型社会。学习型社会与终身教育思潮是同时兴起的，20世纪60年代开始提出学习型社会。当今社会是靠学习来求得发展的。社会组织要通过不断地学习促进组织的发展，企业要通过学习来不断地发展。我国经济要转型，经济发展方式要转变，经济结构转变。不学习能创新吗？搞得好的企业都有自己的研发团队，产品要不断创新、不断改革。现在科技的竞争完全是靠创新，我们要学习，要研发。党的十七届四中全会提出，共产党是学习型政党，政府应该是学习型政府，社区应该是学习型社区。我们的学校也应该是学习型学校。不断研究学校怎么发展，学院怎么发展，这都要通过学习。从个人来讲，要通过学习来不断完善和超越自我，逐步实现人的全面发展。人的全面发展是我们的最终目标。马克思讲人的全面发展，就是指人的脑力、体力充分自由地发展，就要靠学习，不断地学习来完善、超越自我。到2020年基本实现学习型社会需要很大的努力。

（3）进入人力资源强国的行列。这也是今后十年发展的战略目标。实行科教兴国战略、人才强国战略都是为了发展我们的社会。《教育规划纲要》说人力资源是我国社会发展的第一资源，人力资源强了，中国的国力才能强。还是那句话，科学技术是第一生产力，人才是关键，教育是基础。我们现在是人力资源大国，我们有2.7亿人在各级各类学校学习。我们现在的大学生人数已经超过美国，是世界的第一位，但我们远不是人力资源强国。要建立人力资源强国，就要从两个方面着手。一个是要提高全体国民的素质，这就要延长公民受教育的年限。我国现在主要劳动人口受教育的年限是9.5年，而发达国家、中等发达国家已超过了12年。我国主要劳动人口中受过高等教育的比例是9.9%，而发达国家已经超过25%。就是到2020年我国劳动人口接受教育的年限也仅仅能达到11.2年，受高等教育的比例也只能达到20%，跟发达国家相比还有差距。另一个方面，要有一批杰出人才。像钱学森、钱伟长、季羡林这样大师级的人物，他们的战略眼光能够引领信息科技，引领先进文化，引领社会不断进步。钱学森问，我们的教育为什么培养不出杰出人才？我们要非常紧迫地培养杰出人才。从《教育规划纲要》的字里行间中可以看出我国对杰出人才和创新人才的渴求。

到2020年，教育目标可以细化成五个方面：一是实现更高水平的普及教育，普及高中阶段教育，普及学前教育；二是惠及全民的公平教育；三是提供更加丰富的优质教育；四是构建体系完备的终身教育；五是健全充满活力的教学体制。最后达到基本实现教育的现代化，基本形成学习型社会，进入人力资源强国。

3. 战略主题

总体战略中一个很重要的问题就是讲到战略主题。坚持以人为本，全面实施素质教育，是教育改革和发展的战略主题。

素质教育已经推进20多年了，但是推进得并不好。有人讲素质教育在口头上讲得轰轰烈烈，但实际工作中应试教育做得扎扎实实。所以推进素质教育是我国的战略主题。关于素质教育，过去学术界也有争论，有的说，有了教育方针为什么还要提素质教育？我的理解是，因为教育方针贯彻得不好，因为很多学校没有很好地贯彻教育方针，所以提出素质教育。

提出素质教育有两大背景，一个背景是克服应试教育的弊端，另一个背景是时代的要求。从国际发展来看，到了20世纪80年代各国都在提质量问题，都在提高教育质量。我们提出素质教育也就是提高教育质量。素质教育翻译成外文也就是高质量的教育，所以素质教育不是另搞一套，素质教育就是贯彻教育方针，核心是解决好培养什么样的人、怎么培养人的重要问题。它的内容，首先是要面向全体学生，不是面向一部分学生。现在有些学校是面向一部分学生，面向一部分好的学生，可以升学的所谓的好学生。有的学校把有可能考上重点大学的学生专门组成一个班。过去叫重点中学，现在不叫了，反正有这样的学校。这些学校里头有实验班、非实验班。有的学校把实验班、非实验班分得非常清楚，不是面向所有学生，只是面向一部分功课好的学生。其次要促进学生的德智体全面发展，特别要注重学生德育。着力提高学生服务国家和人民的社会责任感、勇于探索创新的精神和善于解决问题的实践能力。

1999年全国教育工作会议的决议中提到了创新精神和实践能力，现在《教育规划纲要》加了一个"着力提高学生服务国家和人民的社会责任感"。我觉得这个非常重要。我们现在的青少年缺乏责任心，缺乏对社会的责任心，缺乏对家庭的责任心，甚至缺乏对自己的责任心。我国的核心价值观包括中国特色社会主义、邓小平理论等。对于社会公民来讲，最重要的，一个是诚信，一个是正义。恰恰我们社会上就缺少诚信和正义。我国现在城市独生子女都被家长溺爱惯了，养成自我中心主义。有一个孩子，考试考得挺好，考了100分，可回家大哭一场，家长问为什么，她说某某同学也考了100分。别人也考了100分，她心理就不平衡了，这就是自我中心——我是第一位的，别人不能。我特别气愤的是，复旦大学18个学生去黄山探险，遇险了，在黄山困了十几个小时，救援队去救了，一个救援人员摔下去牺牲了，被救的这18个学生居然一点表情都没有，而且还有人讲这些救援人员就应该为他们服务，为他们这些纳税人服务。你们是什么纳税人？你们还在吃纳税人的饭呢！你们现在还是大学生，吃纳税人的饭，纳税人是社会上工作的人！怎么能说出这样的话？一点儿人性都没有，一点儿人情都没有！你说这个事情可悲不可悲，气愤不气愤？有的孩子遇到一点儿不痛快的事就跳楼了，对自己不负责任，对其他人不负责任。这就特别强调要提高学生对国家、对家庭、对社会的责任感。

怎样推进素质教育？《教育规划纲要》提出"三个坚持"。首先是坚持德育为先，立德树人。德是最重要的，能力再强，没有德也就没有用。希特勒的素质也不低啊，能力也不低啊，但是他就是没有道德，没有人性。人与动物的区别就是人有道德。人和动物一样都有趋利避害的本能，但是人和动物不同的是动物只有趋利避害这种本能，而人有理性，人是有意识的，动物没有意识，没有理性。人要是缺乏了理性还是人吗？所以立德树人是第一位的。其次是坚持能力为重。要培养三种能力：学习能力、实践能力、创新能力。当然能力很多，还有交往能力、表达能力等。这里只是指三个最基本的能力。最后是坚持全面发展。全面发展不等于平均发展，而是要做到"三个统一"：文化知识学习和思想品德修养的统一，理论学习和社会实践的统一，全面发展和个性发展的统一。

（二）发展任务

《教育规划纲要》第二部分讲的是发展任务，我简单讲一讲。

要积极发展学前教育。现在对学前教育非常重视。这是一开始制定《教育规划纲要》的时候我们没有想到的。一开始是11个调研组，没有针对学前教育的。我们没有想到制定《教育规划纲要》的过程中提意见最多的就是学前教育。孩子要从小培养，学前教育对人的一生非常重要。当时的两会期间提得最多的也是学前教育，所以国务院专门开了常务会议讨论学前教育发展的问题。这在我国历史上还是第一次。《教育规划纲要》提到了一些要求：全面普及一年学前教育，基本普及两年学前教育，有条件的地区普及三年学前教育，等等。学前教育要以公办教育为主，政府为主导，但并不是由政府来包办。因为学前教育还不是义务教育。有人提出把学前教育也纳入义务教育。后来大家讨论，觉得我国财力上还达不到，我国教育经费连占国内生产总值的4%都没有达到，如果实施学前义务教育，教育经费就还要大量增加。所以还是要动员社会各界、社会各种力量来办学前教育。但是政府要主导，政府要主动引导，动员社会力量办学前教育。

关于义务教育，提到两点，一个是巩固，另一个是提高。我刚才已经讲了九年义务教育已经普及了，但水平不高，所以要巩固。西部地区、农村地区辍学率还是相当高的。为什么辍学？不是上不起学，因为现在上学不要钱。最主要的原因是教育质量不高，学生厌学，学生学不下去了，还不如退学，还不如早点去打工。最高的辍学率出现在初中二年级，学生一看上高中没有希望，就打算早点打工，早点赚钱。所以要提高教育质量，巩固和提高质量是一件事，只有质量提高了才能巩固。

我们讲的教育公平主要是针对义务教育阶段，主要讲入学机会的公平和教育过程中的公平。教育资源要合理分配、公平分配。义务教育的均衡发展也不可能全部做到均衡发展，全国各地发展程度还很不一样，东西部地区发展不一样。我去年（2009年）走了一些地方，东部地区和西部地区教师的工资待遇相差很大，所以不可能全国都一样。但是不能在县里只搞一个重点中学，其他都是薄弱学校。现在县城里的实验小学的人数是最多的，差不多都是七八十人一个班，有的100多人一个班。有人还告诉我有200多人一个班的。因为城市里的实验小学名气大，办得好，农村里的孩子都跑到那里去了。有些农村地区是有房子没有学生。甚至有的学校老师数和学生数差不多。我校有一个干部到农村一个县挂职，他回来讲，有一个农村小学有50多个学生、41个老师，（笑声）学生都跑到城里上学去了。所以要在县域实现教育均衡发展还有很多问题要解决。要实现城乡均衡发展，就要办一些寄宿学校，便于学生上学。今天早上起来看电视，看见校车出了问题了，湖南的一个黑校车翻车了，死了十几个学生。这关系到农村学校调整和建立寄宿学校的问题。义务教育不得设立重点学校和重点班，要办好每一所学校，教好每一个学生。

《教育规划纲要》提出要减轻学生负担。减轻学生负担就是我这个组调研的。我领导的第二组就是素质教育组，最难的一组。素质教育，包括减轻负担、考试制度的改革、课程改革等。我们调研组专门到河南、山东等地调研。我们觉得减轻学生课业负担，政府有责任，同时家庭也有责任。减轻学生负担是全社会的问题。

我讲一个故事给大家听。成都市青羊区是中国教育学会的实验区，我们每年都到那儿去。2007年11月青羊区教育局局长发布了四个减负令。其中第一号令是规定小学生的书包重量不得超过他身体的十分之一。（笑声）我很赞成。小学生本来就只有四五十斤，要背十几斤的书包。有一张照片是放学了，一个奶奶替孙子背着书包。书包重量要减下来，有些书可以不用天天带，少拿一些辅导材料，学生不要带水壶，可以带个杯子，学校提供饮水，把书包重量减下来是可以解决的。为了落实这四个减负令，青羊区教育局召开座谈会，参加的有小学生代表、家长代表、老师代表。他们的发言我大都不记得了，但是有两个小朋友的发言我记得很清楚。一个小孩说："我希望国家能定一天无作业日，就像无车日、无烟日一样，有一天不要让我们做作业。"（笑声）你看这小学生的要求多么简单！还有一个小孩说："作业是要的，但我不希望老师布置反复练习的枯燥的那种作业。"他们要我讲讲我的意见。我说，要减轻学生负担，第一，老师要把每一节课上好，每一节课让学生听懂、听会，那么就可以少布置一些作业。当然这个问题也不是很容易做到。第二，学校减少了作业，家长不要再增加作业，不要买那么多辅导材料，不要让孩子上这个班那个班。我最讨厌的就是奥数班，奥数班是摧残人才。我刚说完，一个小学生起来说："顾爷爷，您说不要上奥数班，不上奥数班，我就上不了好的初中；上不了好的初中，就考不上好的高中；考不上好的高中，就考不上好的大学；上不了好的大学，毕业以后就找不到好的工作。我怎么养家糊口啊？"（笑声）一个小学生说出这样的话来，真是既可笑又可悲。所以素质教育推行不了，不只是教育问题，更是社会问题在教育上的反映。减轻学生学习负担，全社会有责任。

社会的很多矛盾压在教育身上。找工作难，一些好学校的毕业生可以找到好的工作，上不了大学的很难找到好工作，只能去打工。我们这次调研发现政府有责任，学校有责任，家庭有责任。政府有责任，政府不要给学校施加压力，不要用升学率来评价学校和教师。调研过程中我们召开了有各界人士参加的咨询会。一名特级教师说，他们那里虽然也提素质教育，但一到考试结束，升学率高了，市委书记就高兴地请客吃饭，并要求明年还要比今年高。（笑声）政府对学校的评价不要以升学率为标准，要看这个学校教育教学工作是不是进步了，培养出来的人是不是很好，要综合地评价，不能光从升学率来评价。在调研的时候发现，山东就做得好。山东从2008年开始所有学校星期六、星期天不准上课、补课。顶风而上的几个校长都给撤了。因为高考录取在全省进行，所以全省不补课，大家的心理就平衡了。如果这个地区补，那个地区不补，那个不补的地区就会心理不平衡。我们现在为什么人人都要上奥数呢？家长也是无奈，说别人的孩子上奥数，自己的孩子不上奥数，心理不平衡。其实家长也看到学生学得真苦，也真的不愿意让孩子上补习班，但又不得不上，所谓"不能输在起跑线上"。其实这个起跑线是害了学生。我最近就收集了一些资料，有份资料中说，有个孩子本来成绩平平，上了补习班，花了很多钱，家长走后门让他到了重点中学。到了重点中学跟不上，自尊心也受了影响，孩子越来越自卑，越来越郁闷。家长也后悔，跟孩子说要不转学吧，到另外一所学校去。孩子不干，说没有面子。中国人很爱讲面子，孩子也要面子。这其实把孩子给害了。所以我们一再提倡适合的教育，以适合的程度教育学生。如果非要让一个学习平平的学生上重点班，结果反而害了他。

关于高中阶段教育，主要是提出办学的多样化。高中阶段是一个人发展的重要阶段。一个人的人生观、价值观、世界观的形成基本在高中阶段。他的兴趣爱好、他的特长也在这个阶段得到充分发展。因为义务教育主要是普及教育的阶段，要求基本都是一样的。高中阶段是一个人专业发展慢慢定向的时候。《教育规划纲要》讲要推动普通高中多样化发展。去年讨论的时候，讨论最多的是高中要不要文理分科，多数人赞成分科，我是少数派，我反对分科。我说大学都要通识教育，高中分科是不是太早了一点儿？多数人赞成分科，主要是说高考要文理分科，要是高中不分科，负担就更重了。其实考试也要改革，不能光从现在的考试来认识高中要不要分科。《教育规划纲要》没有提分科不分科，而是说要保证学生全面完成国家规定的文理各门课程的学习。目标就是不要分科，都要学。但这要创造条件，开设丰富的选修课。高中阶段的教育要多样化。什么是多样化呢？就是要减少必修课，增加选修课，让学生来选择，在高中要给学生选择权。像国外的中学差不多有几百门课程，都是不统一的，让学生根据自己的爱好去选择。你要想考好的大学，像哈佛大学，你就要选难的课程。你要是想去上一个普通的大学，你可以选择容易的课程。高中数学就有三类，一类叫普通数学，一类叫速成数学，一类叫高级数学。你要想考知名的大学，你就要选高级数学。

《教育规划纲要》还提到要大力发展民族教育。我们是多民族的国家，要大力发展少数民族教育，还要进行民族团结教育。《教育规划纲要》还提出关心和支持特殊教育，也就是全纳教育。残疾儿童是最弱势的群体，需要更多关爱。

要大力发展职业教育。职业教育特别重要。我们前一段时间不大重视职业教育，于是就出了问题，我们现在就缺少技术工人。一直到2005年开了全国职业教育座谈会议，才重视起职业教育。这个时候才开始发现我们缺少技术工人。你看我们现在报纸上讲的，我们造航空母舰到哪儿去请工人呢？到乌克兰去请工人。因为以前苏联造航空母舰都在乌克兰造（在黑海那个地方）。我们没有高级的焊接工人，那么厚的钢板要焊在一起，就要有高级的技术，我们没有这种技术，就要到国外去请人。所以职业教育要重视起来。全国建立重点职业教育基地，上职业高中还有补助，每个学生都有补助。

关于高等教育，是全面提高高等教育质量，包括三个方面：第一，提高人才培养的质量，包括研究生的质量、本科生的质量；第二，提高科学研究的水平；第三，优化结构，办出特色。现在高等教育一个很严重的问题是同质化，都想办成清华、北大那样。专科要升学院，学院要升大学，大学办得要像北大、清华一样，同质化，没有特色。要克服这种同质化倾向。所以要建立高校分类管理体制，高校要分分类，分分等级，使之结构优化。要大力发展高等职业教育，培养高级职业人才。高等教育要去行政化，去行政化不是只去行政级别，还要去行政的管理方法。要提倡教授治学，学术要靠教授，这是高等教育的发展规律。

（三）体制改革

体制改革部分包括六大改革。六大改革中第一大改革是人才培养体制改革。这次体制改革和以往不同，以往一提体制改革就是管理体制改革、工资制度改革、后勤改革等。这次讲改革第一条就讲到人才培养体制的改革。袁贵仁同志讲凡是妨碍人才培养的、一切不利于人才培养的都要改革。我们的目标、我们的核心就是育人为本。所以六大改革，第一就是人才培养体制的改革。人才培养体制的改革里提出来要更新观念，要树立五个观念：一是全面发展的观念，是德智体全面发展，不要片面发展，不能光重视智育，不重视体育，不重视美育；二是人人成才的观念；三是多样化人才的观念；四是终身学习的观念；五是系统培养的观念。我认为这里头很重要的一个观念就是人人成才的观念。什么是人才？不要把人才和天才混淆起来，只要是有社会责任心，勤奋工作，为社会做出贡献的就是人才。人才中有少数是天才或杰出人才。杰出人才毕竟是少数，我们要把所有的人都培养成人才，都培养成对社会有用的、能对社会做出贡献的人。当然这其中包括精英人才，所以要培养多样化人才。

香港大学为我们树立了一个很好的榜样，香港大学给一位文化程度不高的清洁工老太太授予名誉博士学位。因为这个清洁工为香港大学工作了一辈子，受到学生的爱戴，受到老师的尊重，这也是人才。这种人才也是社会所需要的。所以我一直强调不要把小孩分成三六九等，呼吁停止"三好学生"的评选。评选"三好学生"不符合教育规律，不符合少年儿童身心发展的规律。小孩子的发展不是线性的，是曲折的，他们有的时候会犯错，有的孩子非常调皮。把他们从小就分成三六九等，这部分是"三好"，那部分不是"三好"，就会伤害大部分孩子。这不符合教育的方针。教育方针是人人都要"三好"，全面发展。人人都要"三好"，怎么能少数人是"三好"呢？再加上现在评选的方法，是选听话的、学习好的，这样能培养创新人才吗？我是有感而发，我去过好多学校，听过好多意见。

我记得1986年我在哈尔滨开会的时候，黑龙江大学有个教师就讲现在的教育是埋没男孩的教育。那个时候小学升初中还要考试，男孩因为调皮，学习不如女孩，考初中考不上好的学校，考不上好的学校就遇不上好的老师，男孩就埋没了。男孩一般到初中才意识到要好好学习。有一次我到一个小学，看到学校的光荣榜上"十佳少年"中九个是女孩子。我就问这个学校的校长："你这是什么标准呢？"无非是听话，功课好。

最近，中国青少年研究中心副主任孙云晓写了一本关于男孩的书，说现在的教育对男孩是压抑的、不公平的。有人说，评"三好学生"是为了树立一个榜样。但是一个学校的"三好"比例只有百分之五、百分之十，后面的同学永远也追不上，这就起不了榜样的作用。而评上"三好"的同学也会产生虚荣心，以自我为中心。再加上现在评选中出现许多弊端，有的小学生为了评"三好"、拉选票，给老师送礼，给同学送礼。这种成人的恶习传染给了小学生。最重要的是要树立人人成才的观念，我们不要歧视某一个学生，特别是对那些所谓的差生（我一般不喜欢说"差生"这个词）。所谓的差生总是有原因的，他为什么学习不好，可能是遇上了什么困难而没有解决，后来学习就跟不上了；或者是因为父母离异，受了什么刺激了。老师要了解他，发现原因，包容他，而不是抛弃他。（给大家展示一张照片，标题是"差等生伺候优等生吃饭"。）这张照片很震撼人心。一个学校的夏令营，把学生分为上、中、下三等，命名为上士、中士、下士。上士吃饭三菜一汤，还有一杯红酒。中士吃两菜一汤。下士就站着伺候上士，等上士吃完，收拾好才能吃饭。你看那个孩子的眼神，这是对孩子人格的侮辱。这是一种反教育行为。现在学校有很多反教育行为，家庭里也有很多的反教育行为。

另外,《教育规划纲要》讲到要注重学思结合,就是把学习和思考结合起来,不能只灌输。强调知行统一,因材施教。温家宝同志去年到北京市三十五中去听课,听课以后也讲要学思结合、知行统一。为什么要减轻负担?减轻负担不是说学生不要学习了,而是使学生有时间思考,有时间去参加实践。现在的学生从早上6点钟起来到晚上11点钟睡觉,一天到晚做题,没有时间去思考,变成考试的机器。我特别反对现在的高中三年级的复习,高一、高二把所有的课程学完,到了高三就是做题。所谓复习就是做题,翻来覆去不断地做。老师要求学生做到拿到卷子一看就会,一做就对,要到这个程度。这不是机器是什么?这是扼杀学生创造力的最坏的一点。所以要学思结合,知行统一,因材施教。《教育规划纲要》还提出要培养学生的兴趣,没有兴趣就没有学习。要从幼儿园开始保护孩子的好奇心,逐步培养他们的兴趣,到中学里就要培养他们的专业兴趣,并且形成自己的专门志向。但是现在的学生没有自己的兴趣。高中毕业生,你问他想考什么专业,他说不知道;你问他喜爱什么专业,他说不知道。那怎么报志愿?凭分数报志愿,考过600分就可以上重点学校,考500分就上地方学校。这是以分数为志愿,不是学生的志愿,是爸爸妈妈的志愿、爷爷奶奶的志愿。什么专业比较热门、比较好就业,就报什么专业,并不是学生喜欢的专业。历史上所有的杰出人才都有自己的兴趣、爱好、专业志向,不断地钻研,这样才能成为大家,才能真正做出成绩来。

苏联教育家苏霍姆林斯基曾经说过,一个孩子如果到了十二三岁还没兴趣爱好,做老师的要为他担忧,担忧他将来什么都不关心而成为一个平庸的人。所以要从小培养兴趣。《教育规划纲要》特别强调培养学生的兴趣,而且要因材施教。什么是因材施教?就是给每个学生提供适合的教育,这才是最好的教育,也是最公平的教育。学生喜欢文学,喜欢艺术,非要让他去学奥数,这是对他最大的不公平。《教育规划纲要》提出给每一个学生提供最适合的教育，使每个学生生动活泼，主动地发展。

六大改革里的第二项改革就是考试招生制度的改革，是大家最关心的问题之一。关于招生制度改革，我们调研了国内和国外很多的事例，如美国怎么考试，怎么招生，美国哈佛大学怎么招生，怎么面试。但是许多办法拿到我们中国来就行不通，因为我们的社会现在还没有真正建立诚信制度。例如，要求学生做义工，学生可能走个后门到街道办事处去盖个章就行了。中国人讲人情，很多情况无法控制，所以改革起来很难。但是考试制度必须改革，否则很多老师说素质教育难以推进。

有考试就有应试，但是考试又不能取消。目前在我们国家，考试还是最公平的，所谓分数面前人人平等。但是要改革。改革的方向主要是克服一考定终身，多次考试，让学生多次选择。另外，学校自主招生。这样逐步形成分类考试、综合评价、多样录取的考试招生制度。最近清华、北大几个学校联盟，自主考试，这本身也是改革。自主招生人数很少，只占录取人数的5%，份额很少。北大去年提出来39所学校，今年126所学校校长实名推荐。这种改革一出来就遭到大家的质疑，媒体质疑，家长质疑，怀疑这里头有没有暗箱操作啊，怀疑会不会有腐败啊，怀疑有没有走后门的啊。我经常给媒体讲，不要人家一提出改革你就质疑，要这样，我们30年改革也不能成功。改革中有这样那样的问题，我们可以选择利多于弊的一种方法。没有一种十全十美、只有利没有弊的办法，我们只能从利多弊少中找出一个方法来。考试关系到千家万户，人人都有发言权，做得不好就会影响社会的安定，所以不能一步到位，要逐步地来。这几年不断在改，考试的内容在改，注重能力的考查，不光是知识。但是考试本身的制度也还要改。例如，高职院校不再考试录取。上海几年以前就试行高等职业学校、高等专科学校不考试，中学会考合格就直接申请注册入学。考试招生制度改革的另一个方向是减少考试科目，降低考试难度，减轻学生负担。只考语文、数学，外语将来实行等级考试，达到一定的等级就可以了。考完了语文、数学就可以按分数录取。如果你要想考重点大学，那就报什么专业就考什么专业的知识和能力。你要考生命科学，就考考你的生物学；你要想学环境科学，就考考你的天文地理。这样就引导高中生选择自己喜爱的科目。这样才能培养出真正的人才，这就叫分类考试、分类录取、多元录取。

（四）保障措施

第四部分是保障措施，包括六个方面的重大措施。我这里主要讲讲教师队伍建设的保障措施。

教育质量要落实到教师，教师水平高了才能有质量，所以教育是要以教师为本。百年大计，教育为本；教育大计，教师为本。所以六个保障措施，教师队伍建设列为第一。这包括以下几个方面。

第一，提高教师的业务水平，特别要加强师德的建设。刚才我举的很多例子都和师德有关系。现在，教师的学历基本上达到要求了，我倒不担心他们教不了课，担心的是他们不会教课，担心他们不知道用什么样的态度对待学生，所以师德很重要。最近我们正在制订教师的专业标准，包括幼儿园教师专业标准、小学教师专业标准、中学教师专业标准。其中头一条就是师德。另外，就是提高业务水平，特别是要提高农村教师的业务水平。实行免费师范生也是为了加强教师的建设。

第二，提高教师的地位和待遇。对义务教育阶段教师实施绩效工资，效果还是比较好的，当然也出现了一些问题。出现的问题是义务教育阶段教师与高中教师的工资矛盾。高中教师工资问题，国家也正在想办法。对义务教育阶段教师来讲，绩效工资实现以后，教师工资还是有了很大的提高，很多地方的工资基本可以和公务员相等。

第三，统一教师职称。小学教师、中学教师不分系列了，都可以一直评到正高级职称，这是提高教师社会地位的重要举措。

第四，要教育家办教育。温家宝同志一再讲，要让懂得教育的教育家办教育。什么是教育家办教育？其意义在哪里？我认为，提出"教育家办教育"这个口号来，有三层意义。一是要让全社会都来尊师重教。以前有知识就能当教师，现在不是了，不光要会讲课，还要懂得教育规律，懂得青少年成长规律。二是确实要培养一批教育家，一批长时间从事教育工作的教育家。一辈子从事教育工作，热爱教育事业，热爱儿童，而且有先进的理念，有自己的教育思想，有自己的教育经验，甚至有自己的教育风格，这样的人就是教育家。每个人的教育风格是不同的。教育既是一门科学，又是一门艺术。科学是可以重复的，不能重复的发明、发现就不是科学。艺术讲创造性，是不能重复的。教育是不能重复的，即使是特级教师的课也不可能搬到你的课堂上，你的课必须是你自己的创造。三是要由懂得教育的人来管理教育。我们可以调查一下，有多少教育局局长是教育出身的。现在很多教育局局长是乡长出身或区长出身。我并不反对乡长、区长当教育局局长。但当了教育局局长就应该好好学习，就要真正懂得教育，不能瞎指挥。教育家办教育，有这么三层意义。

今天我就讲到这里。

谢谢大家！

主持人（郝文武）：非常感谢顾老师！让我们对顾老师精彩的演讲再次表示衷心的感谢！（掌声）两年前顾老师就来我校做过报告。顾老师80多岁了，（掌声／呼声）两个多小时的报告，顾老师精神饱满，激情奔放，思想清楚，逻辑顺畅。我们深受启发，收获很大。同学们回去了要认真学习。谢谢顾老师！

（录音整理：周先进、郭辉、张京京、叶苗、鲍婷、孟倩、权梧桐）

论教育家办学

——在第三届京师教育论坛上的演讲
（2011 年 4 月 23 日）

2010年7月13日至14日，中央召开了新世纪第一次全国教育工作会议，胡锦涛、温家宝都做了重要讲话，会后发布了《教育规划纲要》，这是党中央、国务院着眼于国家现代化建设全局和建设小康社会需要而做出的战略决策，是对未来十年我国教育事业发展进行的全面谋划和前瞻性部署。

近年来，世界格局发生深刻变化，科技进步日新月异，国际竞争日益激烈。国际竞争是综合国力的竞争，说到底是人才的竞争，是民族创新能力的竞争。从国内形势来看，今后十年是我国全面建设小康社会、加快推进社会主义现代化、建设创新型国家的关键时期，工业化、信息化、城镇化、市场化的深入发展，经济发展方式的转变，产业结构的升级，资源节约型和环境友好型社会的建设，都必须依靠科学技术和提高劳动者素质，科学技术是第一生产力，人才是关键，教育是基础。

新中国成立以来，尤其是改革开放以来，我国教育事业取得了伟大成就。但是正如《教育规划纲要》所指出的，当前我国教育还不能完全适应国家经济建设和人民群众接受良好教育的要求，主要表现在：教育观念相对落后，内容和方法比较陈旧；教育体制机制僵化，学校办学活力不足；教育结构和布局不尽合理，区域之间、学校之间发展不平衡，教育经费投入不足；学生适应社会和就业、创业能力不强，创新型、实用型、复合型人才严重短缺，尤其是具备国际竞争意识、通晓国际规则、能够参与国际事务的高级人才少之又少，这与我国的国际地位极不相称。深化教育体制机制改革，促进教育公平，提高教育质量，已经成为全社会的共同心声。

教育大计，教师为本。有好的教师，才有好的教育。《教育规划纲要》提出的推进我国教育事业发展的六项保障措施中，第一项就是加强教师队伍建设。其中指出，要"创造有利条件，鼓励教师和校长在实践中大胆探索，创新教育思想、教育模式和教育方法，形成教学特色和办学风格，造就一批教育家，倡导教育家办学"。温家宝同志也曾经在不同场合多次阐述教育家办学的思想。

一、提倡教育家办学的意义

我认为，提倡教育家办学主要有两方面的意义。

一是让全社会树立尊师重教的观念。教育是一项崇高的事业，教师是一个崇高的职业。伟大教育家夸美纽斯说过，教师是太阳底下最光辉的职业。但是，长期以来教师不被社会重视。谈到科学家、艺术家，人们都觉得很崇高。唱一首歌、拍一部电影就可以成为歌唱家、艺术家，就可以在全国走红。但是一说到教师，人们都觉得很平凡。许多人在学校辛辛苦苦、兢兢业业工作一辈子，为教育事业做出了贡献，但还不能被称为教育家，这显然是不公平的。现实当中，有很多人长期从事教育工作，培养了大批人才，而且有自己的教育思想和教育风格，他们就是教育家。提倡教育家办学的一个重要意义就在于，要让全社会都尊重教育、尊重教师。

二是让全社会都知道一个基本的道理：教育是有规律的，要按照规律来办教育；教师是一个专门的职业，不是什么人都可以胜任的。

一般说来，教育规律可以分为外部规律和内部规律两种。外部规律是指教育和社会政治、经济、文化等领域之间内在的、本质的联系。内部规律是指教育本身的规律，首先是儿童身心发展的规律，其次是施教的规律，这两者互相联系。按照教育规律办教育，就会事半功倍，否则就会贻误青少年成长，影响人才的培养，进而影响国家发展。

教师是一种专门的职业。随着时代发展，人们对教育规律的认识在不断深化，教师专业化也逐步被提上议事日程。1966年联合国教科文组织在《关于教师地位的建议》中指出："应该把教师工作视为一种专门职业，教师职业必须经过持续不断的学习和严格考核以后才能获得。"教师教育分为三个阶段：一是职前教育；二是入门教育，也就是在担任教师工作之初所要接受的教育；三是继续教育，就是经过了一段时间实践之后再学习、再接受培训，只有这样才可能成为合格的教师。

我们目前正在制订教师专业标准，包括幼儿园教师、小学教师、中学教师的专业标准等。今年2月至3月，我们又研制了教师资格考试标准，同样也包括幼儿园、小学、中学几部分。今后，包括师范院校毕业生在内，只有通过相应的笔试和面试之后才能取得教师职业资格证书，进而才能从事教师职业。今年，这项工作先在两个省市试点，以后将在全国铺开。

二、什么样的教师才能称得上教育家

一说起教育家，大家就会想起中国的孔子、朱熹、蔡元培、陶行知，西方的柏拉图、夸美纽斯、杜威等，而当前的教育家没有几个人能说得出来。事实上，我们有1 200多万名教师，不可能没有教育家。为什么说不出谁是教育家呢？一是我们缺乏既有系统教育理论又能将理论付诸实践的影响全面的教育家。目前教育工作者大致分为两类：一类是教育实践工作者，包括教师和基层教育行政工作人员，他们辛勤工作在第一线，但很少有理论的创新；另一类是教育理论工作者，他们一般具有系统的教育理论，但很少参与教育实践，所以他们的理论往往不能有效地影响教育实践。这两类人都有不足之处。二是我们把教育家看得太高，标准太高，要求他们既要有系统的教育理论和创新的教育思想，又要有教育实践经验。三是我们对一些优秀教师的成就、思想及经验总结、宣传、介绍得不够，许多优秀教师有先进的教育理念和丰富的教育经验，但是大家并不知道，他们没有被社会认可。

那么，教师具备什么样的条件才能称得上教育家呢？我想主要有以下三个方面。

一是热爱教育，热爱学生，长期从事教育工作，一辈子献身于教育事业。

二是勤于思考，善于实践，有自己独立的教育思想和观点。

三是工作业绩出色，经验丰富，有自己的教育风格，在教育界有一定影响，被广大教师公认。

三、如何成为教育家

教师的职责是教书育人，是使学生充分发挥潜能并健康成长。《教育规划纲要》把"育人为本"作为教育工作的核心，然而在现实当中有许多学校、教师并不是以育人为本，而是以升学、分数为本。要想改变这种现实，就要由懂得教育的教育家来办学。那么如何才能成为一个教育家呢？

（一）要正确认识教师的职业特点

教师的职业特点是由它的职业对象、职业内容和职业手段所决定的。首先，教育的对象是活生生的人，是正在成长中的少年儿童，而不是无生命的物质。工人工作的对象是机器和产品，医生工作的对象是人的肌体和生理，而教师工作的对象是人的思想和精神，归结为一句话就是"在塑造人的灵魂"。儿童是最具有主观能动性的，每个人都不一样，其个性、特长可谓千差万别。其次，教师的职业内容是教书育人，是帮助儿童成长，是提供教育服务，也就是韩愈说的"传道授业解惑"。再次，从职业手段来看，工人要用车床、机器，医生要用听诊器、手术刀，而唯独教师使用的工具和手段非同一般，他们是用自己的知识、才能、品德和智慧来教育学生，而且是在和学生共同活动的过程中来影响他们。孔子当老师的时候什么都没有，甚至连书本都没有，但是孔子培养了3 000多名弟子，他所依靠的就是自己的知识、智慧和人格。当然，当今信息技术的普遍应用，许多教师开始采用多媒体手段辅助教学，但是机器永远代替不了人的感情。对学生成长而言，再精密的机器、再高级的程序都远不如教师的人格魅力对学生的影响那样生动和细腻。

基于以上分析，教师职业有以下特点。

第一，具有复杂的脑力劳动的特点。教师要做好本职工作，就必须认真钻研教材，深入了解每一个学生，要用自己的脑子去独立思考。

第二，具有极大的创造性和灵活性。少年儿童正处于身心快速发展的阶段，他们无时无刻不在发生变化。这个班和那个班不一样，今年和去年不一样，甚至今天和昨天也不一样，所以我们的工作极具创造性和灵活性。

第三，具有鲜明的示范性。教师的一言一行都在起示范作用，都在影响着学生，几十双眼睛天天对着你，把你当作一面镜子。我当过小学教师，也当过中学教师，我发现一个班主任是什么样子，他所带的这个班往往就是什么样子，有些学生写出来的字都和老师写得很相似。因此，教师的一言一行都有示范作用，教师在学校里面要非常谨慎，不要用消极的言行来影响学生。有的教师说，教师也是人，有普通人的喜怒哀乐。是的，教师也有自己的生活。但是既然担任教师这个职业，就应该考虑到自己的言行对学生的影响。当然不能当着学生的面是一套，背着学生又一套，而是要提高自己的修养，用真诚的、真实的自己面对学生。

第四，具有长期性和长效性。教育的目的不可能在短时间内实现，其效果也不会是立竿见影，正所谓十年树木，百年树人。有时教师不经意的一句话也许会影响学生一辈子，既可能是激励学生一辈子，也可能是伤害学生一辈子。教育又是一项系统工程，要有一个系统培养的观念，幼儿园、小学和中学要有机衔接，学校、家庭和社会要相互配合。

（二）努力更新教育观念

《教育规划纲要》明确指出，深化教育改革的关键是更新教育观念。作为新时代的教育工作者，应当牢固树立以下观念：全面发展观念、人人成才观念、多样化人才观念、终身学习观念以及系统培养观念。此处我仅就人人成才观念和多样化人才观念做一些阐述。

有的教师只喜欢学习好的学生，认为学习好的才能成才，学习差一点的就不能成才，因而也就不喜欢（学习差一点的学生）。许多学校在举办校庆活动时，往往都会对学校出了多少科学家、多少名人津津乐道，而绝不会提到那些普通劳动者。难道普通劳动者就不是你的校友？为什么不能让他们出现在你的纪念册上？在这一方面，香港大学为我们树立了一个很好的榜样。香港大学曾给一个学历并不高的老太太授予名誉博士学位，理由就是她干了一辈子清洁工，而且兢兢业业、尽职尽责，受到师生的尊敬和爱戴。我们每所学校的校友大多数都是普通劳动者，难道这些人当中就没有工作得很优秀的？这就是一个人才观念问题。我们不能把人才观等同于天才观，或者把人才等同于天才。凡是有社会责任感，勤奋学习，努力工作，为社会做出贡献的人都可以称得上是人才，而且应当相信只要努力人人都可以成才。天才当然会对社会做出贡献，有时甚至是重大的贡献。比如，政治家会影响到整个社会，科学家会影响到他所研究的整个领域。但天才只是极少数，多数人仍然是普通的劳动者，而普通劳动者也是对社会有用的人才。

人才观及教育观在很大程度上决定我们对学生的态度和教育方式，所以我们要努力更新自己的思想观念。这里我主要谈两点主张。

1. 没有爱就没有教育

教师的爱不同于父母的爱，但又胜过父母的爱。教师的爱是对民族的爱，对国家未来的爱，也是不求回报的爱。我不太主张报恩的观点，我认为作为一个教师，教育学生是我们应尽的责任，无所谓报恩不报恩。当然学生尊敬父母、尊敬教师也是一种责任，而且这种责任心要靠我们来启发和培养。

要想做到爱学生，首先要了解学生、相信学生。相信什么？相信他们个个都是要求进步的，都是能够成才的。有的学生可能在学习上会遇到一些困难，有的可能会在行为上犯一些错误，这都属于正常现象。关键是教师要善于和他们沟通，了解他们为什么学习出现了困难，为什么行为出现了反常。有一点可以肯定，他们不可能天生就是这样的。现实当中我们往往会面临一个很棘手的问题，这就是父母跟孩子沟通不了，教师和学生也沟通不了，所以首先要设法解决沟通的问题。家长和教师都要善于倾听孩子的意见，而不要孩子一开口就反驳说："你错了，不对。"另外，我们要善于理解孩子，因为理解是取得信任的前提。只有建立在理解和信任的基础之上，教师对学生的爱才会变得厚重而且稳固。

其次，要以正确的方式来满足孩子的需要。所谓正确的方式，是指我们不能无条件地满足孩子的一切需要，而是要满足他们合理的需要，否则热爱就会变成溺爱。马斯洛曾经提出过人的五种需要，这些需要不仅大人有，孩子同样也有。比如安全的需要，为什么孩子最初总是不愿意到幼儿园去，因为他离开了父母，感觉不安全，但当他去的时间长了也就慢慢适应了，这时他也就有安全感了。再比如社会交往的需要，中学生在生理上已经基本发育成熟，进入青春期以后他们往往会有与异性交往的需要，甚至早恋，这也是正常的需要。有些学校对此采取极端、粗暴的办法予以禁止，有的甚至把学生的名字公布在网上，这是一种反教育的行为。正确的做法是要适当地引导他们，让他们成为学习的伙伴，把主要精力放在学习上，而且学会对自己的行为负责。还有尊重的需要，教师和家长要尊重孩子的人格，任何无视孩子的人格尊严、动辄伤害或侮辱孩子的做法都是错误的。因为这样做的结果往往是孩子因为长期蒙受屈辱，要么变得极度自卑、敏感；要么自暴自弃，消极抵抗；要么铤而走险，用极端方式进行报复，杀害父母的事件就是例证。尊重学生的人格，一是要做到不随意训斥、责骂、挖苦学生，尤其不在公众场合这样做；二是要对学生一视同仁，不要把学生分为三六九等，不要厚此薄彼。许多地方评选"三好学生"，就是人为地把学生分成三六九等，被评上的学生往往能享受种种特权，没被评上的学生，尤其是教师眼中的"差生"，似乎永无出头之日。这种现象，加上各地评选"三好学生"过程中普遍存在的徇私舞弊行为，在学生中造成了许多不良后果，与"三好学生"评选的初衷背道而驰。这在一定程度上也是反教育行为。

2. 没有兴趣就没有学习

《教育规划纲要》明确提出：坚持以人为本、全面实施素质教育是教育改革和发展的战略主题。对教师而言，以人为本就是要以学生发展为本，就是要发挥好学生的主体性。所谓发挥学生主体性，其核心就是激发学生的学习兴趣，调动学生学习的主动性和积极性，使其潜力得到充分发挥。培养创新型人才,首先要从培养兴趣爱好开始。一个孩子如果到十二三岁还没有自己的兴趣爱好,老师就该担心了。有一本书,名字叫《兴趣是最好的老师》,讲了几十个科学家是如何从小培养兴趣的,里面提到一个德国科学家叫李比希,他从小喜欢做药的实验。有一次他随父亲(父亲是一个药剂师)到图书馆查找资料,图书馆里众多的化学图书引起他极大的兴趣,于是他立志做一个化学家。一次在学校里做实验时发生爆炸,炸坏了教室,校长把他开除了,他只好到爸爸的一个朋友的药房里去做学徒。到那里他又做实验,不幸又发生爆炸,把人家的房顶掀掉了,于是他只好回家自学。后来他考上了波恩大学,再后来成为一个科学家,并且被誉为农业化学之父,现在我们使用的化肥就是他最早发明的。类似的例子还有很多,它们都无一例外地证明了兴趣对于学习的重要性。

如何培养学生的兴趣?首先,我们要把学习的选择权还给学生。义务教育虽然是打基础的教育,但是也要允许学生有所选择,为此我们还应当努力培养学生的选择能力和选择意识,这对于高年级学生而言尤为重要。我们之所以要减少必修课,增加选修课,鼓励特色办学和多样化办学,目的都是让学生有所选择,使学生的特长、才能得到充分发挥。现在有些地方和学校不理解这种做法,把选修课变成必修课,而且运用考试来加以约束,这和新课改理念是不相符合的。学生不仅可以选择学习内容,也可以选择学习方法。随着信息技术的迅猛发展,整个社会的信息化程度在不断提高,这给教育制度、教育内容、教育方法以及师生关系带来翻天覆地的变化。教师不仅是书本知识的传授者,也是学习环境的策划者以及学习活动的指导者和参与者。每一个学生都要学会根据自身爱好和特长来选择适合自己的学习路线和学习策略,此外还要学会正确地选择和处理信息,只有这样才不至于在眼花缭乱的信息面前迷失方向。单就必修课而言,针对不同的学生应当设置不同的层次,而不宜强求一致。例如，美国的高中，数学分为三个层次，一是普通数学，二是速成数学，三是高级数学。美国高中学生可以从中选择适合自己的层次。普通数学要求最低，每个学生都可以选择。有的学生学习成绩很好，但不一定喜欢数学，那么他就可以用一年的时间学完高中所有的数学，而把其余的时间用于学习自己感兴趣的学科。对数学有专长的学生可以选择高级数学。其他学科也采用同样的做法。这样做的目的就是尽可能多地为学生提供选择余地，满足不同特长学生的需要。目前我国也有部分学校在进行分层教学实验，这是一个好的势头。

其次，改革人才培养模式。《教育规划纲要》明确提出：深化教育教学改革，创新教育教学方法，探索多种培养方式，进而形成各类人才辈出、拔尖创新人才不断涌现的局面。要注重学思结合，注重知行统一，注重因材施教。因材施教的核心就是要给每个学生提供最适合的教育，因为只有适合学生发展的教育才是最好的教育，也是最公平的教育。学生的兴趣各不相同，有的喜欢文学，有的喜欢艺术，有的喜欢科学。但是，当前许多学校的招生政策导致大批的学生都去学奥数，包括一些对奥数毫无兴趣的学生。我认为，学奥数本身并不是什么坏事，但它只适合少数具有数学天赋的学生，如果逼迫毫无兴趣的学生去学奥数，则势必会扼杀他们其他方面的才能，这无疑是不公平的。关于学思结合和知行统一，过去我们强调得比较多的是注重培养学生分析问题和解决问题的能力，我认为还应该加两点，这就是发现问题和提出问题的能力。教师的责任不仅仅在于把学生从无知引导到知，从知之甚少引导到知之甚多，而且还在于要把学生从知之甚多再次引回到未知的世界，只有这样他们才会更进一步地去思考、创造。美国的中学教育从表面上看很自由，但其实很有计划，他们的教师在学习环境设计上颇具匠心，而且重视让学生自己去选择，重视培养学生文献检索、信息搜集和判断能力的培养，这些都值得我们借鉴。

最后，高等学校应该参与到高中人才培养当中来。目前我们中学和大学的衔接很成问题，中学几乎都是考试训练，学生到了高三基本变成了考试机器。许多学校对学生的要求是"拿到卷子一看就会，一写就对"。在这样的强化训练之下，学生还有什么兴趣和创造力可言？大学的学习方法和中学完全不一样，这使得许多学生一进大学就不适应，这一问题的解决需要多方面努力，其中之一就是大学要参与到高中人才培养当中来。

（三）要精通所教学科知识

作为教师，首先要掌握自己所教学科的知识体系，这是毫无疑义的。教师不光是要掌握知识，而且要深刻理解本学科的本质，它的发展历史、来龙去脉、最新的发展趋势，以及它与其他学科和社会发展的关系，等等。现在学科知识发展很快，分化也日益激烈。不宜要求教师对某个专业方向钻得很深，但应要求教师掌握本学科的整个知识体系，了解当前本学科的发展趋势。今后的教师资格考试，将更加注重考查教师对所教学科知识体系以及学科本质的把握水平。

（四）勤于学习，善于思考

要想成为一名教育家，就要不断地学习，学习教育理论知识，学习别人的优秀经验。与此同时，还要善于反思和总结自己的实践经验并将其上升为理论，以不断提升自己的专业素养。现在都在讲教师发展。教师怎样才能发展？主要靠学习，主要在自己的教育教学工作中学，善于反思自己的教学行为，哪些是好的，哪些有欠缺。北京某所小学一名新语文老师讲《荷塘月色》，第一次上课50分钟没有讲完，提了91个问题。课后专家同她一起看她上课的录像，分析哪些问题提得不合适，哪些话语是多余的。她重新备课，第二次上课上了45分钟，问题减少到40多个。课后专家再一次与她一起分析研究。等到第三次上课，终于40分钟上完课，问题提得恰当，减少到31个，语言精练，她上了一堂很成功的课。这位老师觉得收获很大，她说："这3个月是痛苦的3个月，也是幸福的3个月。"她在实践中得到了提升。

在实践中遇到问题，再去学习教育理论、心理学理论，就会有的放矢，得到提升。也要学习外国的先进教育经验，但是要学其真经，而不能只是停留在道听途说上，真经学到手再加以本土化才可以为我所用。

教师还应该学习一些通识知识，来丰富自己的学识，提高自己的文化修养。我认为，教师要有点悟性，有点教育智慧、教育艺术。悟性从哪里来? 从读书中来，从丰富的知识中来。教理科的老师不妨读点文学，教文科的老师不妨读点科普读物。这样既增长了知识，又能提高修养，从丰富的知识中悟出人生的价值、教育的价值。当然现在老师很辛苦，时间很紧张，但如能每天抽出1小时或半小时读书，长此以往，一定会有好处。

（五）身体力行，坚持不懈

教育家需要一定的理论知识，更需要扎扎实实的教育实践。如果能够认真上好每一节课，教好每一个学生，而且能几十年如一日坚持下来，就可能成为一个教育家。任何专家都不是一蹴而就的，需要长期磨炼。许多老教育家如上海的段力佩、吕型伟、于漪，北京的陶淑范、霍懋征等都是一辈子从事教育工作，在工作中不断努力，有理论有实践，培养了大批人才。他们的教育人生，就是教育家成长之路，是我们的榜样。我相信在座的老师一定能和他们一样努力学习，认真工作，将来成为教育家。

今天就讲到这里。

谢谢大家!

大学教育学院发展面临的机遇和挑战
——在北京师范大学举办的教育学科发展研讨会上的发言
（2011年7月2日）

去年（2010年），我国颁布了《教育规划纲要》，为我国教育未来十年的发展描绘了一幅宏伟的蓝图。《教育规划纲要》强调教育是民族振兴、社会进步的基石，要坚持教育优先发展的战略地位，这为我国大学教育学院的发展提供了千年难逢的发展机遇，同时也带来不小的挑战。如何抓住机遇，应对挑战？我想讲三个问题。

一、当前我国的教育到底要解决什么问题

虽然《教育规划纲要》的内容很明确，措施很具体，政策也很有力，但是否仅仅依靠《教育规划纲要》就能解决中国所有的教育问题？我想，教育问题不光是教育本身的问题，往往是社会诸多矛盾在教育领域中的一个集中反映。但教育本身有没有问题？这值得我们认真反思。而要解决诸多复杂的教育问题，首先还是要回归教育的原点，回答教育究竟是什么，我们究竟如何理解教育这一问题。

今天我们的教育常常受到三股"拉力"的影响。一是国家要培养合

格的公民，希望他们成为有利于国家发展、社会发展的人才；二是家长把教育看成是敲门砖，认为自己的孩子是天才，望子成龙，个个都成拔尖人才；三是市场把教育作为逐利的工具。媒体则对这三股"拉力"推波助澜，有时会误导民众对教育的理解和追求。这几种力量之间难以取得平衡，因此教育上的很多问题也难以解决。

今天我们要找到这三股"拉力"的平衡点，最终还是要回到"人的发展"这一教育问题的原点上。通常说来，人的发展受遗传、环境、教育这三个因素的影响，因此教育活动的开展也离不开这三个方面。无论是国家希望培养社会主义事业的建设者、接班人，还是家长希望孩子成才，首先都要尊重人的发展，促进人的发展。个性得到充分自由的发展的人才能成为人才，才能更好地为社会服务。最近，我写了个微博，题目叫《不要把学生培养成"瓜裂裂"》。因为前段时间，江苏瓜农发现自己地里的西瓜一个个都爆炸裂开了。开始不知道是什么原因，后来才发现是用了膨大剂，西瓜的瓤生长太快，皮就裂开了。网民称它为"瓜裂裂"。由此我想到，我们教育领域是不是也在使用膨大剂，从小给孩子灌输许多所谓的知识。幼儿园提前让孩子识字算术，小学上奥数班、英语班，不断给孩子加压。孩子虽然不会像西瓜那样爆裂，但身心受到摧残。家长想揠苗助长，结果适得其反，个个成了书呆子，弱不禁风，变成"瓜裂裂"。

当前，我国教育面临着两大任务，一是促进教育公平，二是提高教育质量。其实这两个问题归根到底还是一个问题，即教育质量的问题。教育不公，是因为教育质量不均衡。改革开放30多年来，我国投入了大量的人力、物力和财力，建设新校舍，购买现代化的设备，特别是很多城市学校在硬件设备上已经达到甚至超越了发达国家的水平。但各所学校之间仍然有很大的差距，这些差距主要是教育质量上的差距。因此，要解决教育不公平的问题，关键还是要提高教育质量，要把提高质量放在当今教育工作最重要的位置上。尽管我们现在在提倡均衡发展，但由于我国国土面积大，区域发展不平衡，因此，不均衡恰恰是中国教育长期发展的一个基本特征。我们现在只能做到相对均衡，《教育规划纲要》提出的发展目标也只是在县区内实现教育均衡，省一级的均衡还难以达到。而中西部环境存在差异，学生个性之间也存在差异，人人都去学奥数，人人都去学舞蹈，就是对学生最不公平的教育。因此，公平而有差异是中国教育发展的必然选择，适合学生的教育才是最好的教育，也是最公平的教育。

二、中国教育科学如何发展，如何建设

教育科学现在还不科学，有点像中医，尽管现在中医的针灸、中药等已经有了初步的研究成果，但还远远不如西医那么科学、那么精密。现在的教育也是如此，更多的时候是一种经验科学，还没有成为真正意义上的科学。有人问我教育有没有规律，教育当然有规律，任何事物发展都是有规律的，但是我们还没有认识它，因此现在的教育规律谁也说不清楚。

我们常常说教育有两大规律，一是外部规律，二是内部规律。这太抽象，任何事物发展都有外部、内部两大规律，问题是怎么具体地认识它。首先对于教育的外部规律，我们现在的认识还不深入。例如，教育与经济的关系，舒尔茨创造了教育经济学，提出人力资本理论，认为教育在经济增长中起到很重要的作用。但它到底有多大的作用？舒尔茨20世纪60年代提出的公式在今天是否适用？以前世界银行的研究曾指出，小学阶段的教育对经济增长的贡献率最大。现在到了知识经济的时代，这个观点还适用吗？这些问题还需要进一步的检验。另外，十几年前我们在讨论到底是教育先行还是经济先行时，教育界认为应该是教育

先行，经济界则认为没有经济支撑，教育很难发展。我当时就提出了一个假设：在工业化之前是经济先行，经济发展了，才能发展教育。当时教育的发展水平很低，受教育的人数也很有限。但工业化之后，知识一旦与生产结合，那就必然要求教育先行。邓小平同志提出"科技是第一生产力"是有时代条件的，在畜牧业、农业社会，科技还派不上用途，只有在现代社会中科技才能真正成为第一生产力。

至于教育的内部规律——人的成长规律更是说不清楚。过去的心理学实际上是行为心理学，从人的行为来研究人的心理机制，不像生理学，可以用解剖了解病理。现在认知科学和脑科学正在研究教育的机理，但还是最初步的。人的认识、人的发展的规律和机制究竟是什么，现在还说不清楚。

因此，目前的教育科学还是一门经验科学，我们可以从两方面来发展教育科学。一方面，从脑科学、认知科学着手，研究儿童青少年发展的心理生理机制。另一方面，从总结经验着手。总结经验又可以分为两个方向，一是鲜活的经验，二是历史的经验。教育研究要深入实际，研究实际问题，总结实践经验，包括我国自己的经验和外国的经验、现在的经验和历史的经验。当然，还有一个方面，就是从哲学层面、教育观念层面来思考我们的教育。但观念层面、哲学层面也离不开实践，也要从经验中、实践中提炼成哲学理念。因此，无论从历史角度还是哲学角度，我们都要重视教育实践。

三、教育学院的使命是什么

大学教育学院是从过去的教育系演变而来的。过去的教育系培养的是教育行政干部和师范院校的教师。例如，新中国成立前北师大教育系的毕业生是很少的，每年只招收十几名学生，毕业后去当督学、行政人员或者开展教育实验。新中国成立后，我们向苏联学习，培养中师教育学教师。现在中师也取消了，教育学院未来的发展定位应该是什么？我想有以下四个方面的工作我们可以开展。

第一，教育学院应该培养小学、幼儿园和特殊学校的教师，这三类教师是当前我国最需要的。

第二，协助其他学科培养高水平的中学教师，如欧美发达国家的中学教师都是在其他专业学科中完成学业后再到教育学院学习教育学科的知识和教师的职业技能。

第三，开展教师的继续教育，提高在职教师的专业水平。

第四，培养研究生，培养未来的教育理论工作者和教育研究工作者。

至于教育学院的科研工作，又回到了教育科学发展的问题上。怎么做才能使教育科学真正成为一门科学？现在教育科学已经发展成学科群，已经可以数出几十门分支学科。但由于人力有限、编制有限，教育学院不可能什么都研究。因此，各个教育学院要有特色，在某一方面独树一帜。现在教育学院发展的趋同化很严重，没有自己的特色。最近，学位办批准了一批研究生培养一级学科。我想说说我对一级学科的理解。当时，设置一级学科的初衷是要求学生打宽基础，提倡交叉，不要把研究生的研究方向划分过细。现在大多数教育学院不是这样理解，认为有了一级学科授权就可以自主设置博士、硕士授权点，细化出更多二级学科。我觉得有些误解。

以上是我个人对教育学院未来发展的几点思考，希望能为大家讨论这个问题起到一个抛砖引玉的作用。

青年知识分子应负起中华民族伟大复兴的使命

——在杭州师范大学的演讲
（2011 年 10 月 10 日）

我们正处在一个伟大的历史时期。今后一个时期是我国全面建设小康社会，建设创新型、资源节约型、环境友好型的现代化国家，实现中华民族伟大复兴的关键时期。青年知识分子应该负起这个伟大而神圣的使命。

一、不能忘记历史

中国是一个文明古国，有着辉煌的历史。世界古代有四大文明，即古埃及文明、古印度文明、巴比伦文明以及我们的中华文明。但是除了中华文明延绵不断地发展到今天，其他三大文明或因为外族入侵，或因为内部混乱都中断过，只有中华文明没有间断过，而且在发展过程中显示了巨大的凝聚力。

中华文明在历史上曾经有过许多创造发明，为世界文明做出了重大贡献。明末清初，我国的国内生产总值达到世界第一位。

根据当代经济历史学家安格斯·麦迪森的计算，历史上在公元元年时中国的国内生产总值占世界总量的26%，仅次于印度，是世界第二大经济体。公元1000年，中国国内生产总值占世界总量的22.7%。随后一直在20%左右。公元1500年，中国超过印度，成为世界第一大经济体。公元1830年，中国国内生产总值占世界总量的32.9%，远高于欧洲国家的总和。但是鸦片战争以后，中国受到列强的侵略，加上清政府的腐败，经济一落千丈。1870年我国国内生产总值占世界总量的比例降到17.2%，1913年又下降到8.9%，以后又逐年下降。1950年至1980年一直徘徊在4.5%。直到1998年上升到11.5%。去年已超过日本，成为世界第二大经济体。

今年（2011年）是中国共产党建党90周年、辛亥革命100周年。100多年来，中国人民前仆后继，为人民的解放事业而斗争。特别是在中国共产党领导下，浴血奋战，终于推翻了封建主义、帝国主义两座大山，建立了中华人民共和国。改革开放30多年来，我国经济社会有了飞速的发展。2010年国内生产总值已达6.1万亿美元，跃居世界第二位。

我们不能忘记历史。列宁说过："忘记历史就是背叛。"忘记了历史等于一个人失去了记忆，就会失去努力的方向、前进的动力。

二、当前面临的挑战

虽然改革开放以来我们取得了巨大的成绩，但是我们还面临着许多挑战。世界风云变幻，经济全球化带来的激烈竞争，国内矛盾的凸显等，都对我们提出了挑战。

（一）国际形势

中国的和平崛起让发达国家不安。美国总统奥巴马在2011年的国情咨文中四次提到中国。发达国家在政治上不断散布"中国威胁论"，鼓动中国周边国家遏制中国。最近中东动乱，美国国务卿希拉里公然希望中国也来个"民主革命"。西方国家还千方百计支持达赖，企图分裂中国。美国还不断插手我国南海地区，同时联合日本、韩国，不断地搞军事演习，名义上是针对朝鲜，实际上是向中国示威。最近奥巴马访问英国，和英国首相联手与青年学生打乒乓球。美国《华盛顿邮报》刊登了这样的照片，把它视为美英"新时代"的开启，并评论称："美国现在比以往更加注重与欧洲盟国的合作，保证领导地位不被中国取代。"

发达国家在经济上也不断向我们施加压力，不断施压让人民币升值，同时不断制造贸易摩擦，向我国出口产品征收什么倾销税等。

美国一直把中国视为竞争对手。奥巴马在2011年国情咨文中不仅四次提到中国，还特别关注中国的教育。他说："中国和印度等国已意识到，它们在做出一些变革后将能够在新世界里与其他国家进行竞争。所以，它们开始对孩子进行更早和更长时间的教育，它们投资于研发和技术。"他又说："美国要想赢得未来，就必须赢得教育的竞争。"

（二）国内形势

我国正处在快速增长期，也是矛盾凸显期。就拿经济发展来说，我国经济正处于发展方式转型时期。过去我国经济增长主要依靠廉价的劳动力，现在将要走到刘易斯拐点，即劳动力成本在增加，廉价劳动力的优势将消失。同时，我国经济一直是外向型经济，以出口为主。现在要向内向型转变，这就要扩大内需。要扩大内需，就要增加劳动者的工资收入，老百姓有了钱才能消费，但同时也就增加了产品的成本和价格。这是一对矛盾。

我国经济发展方式转型过程中最需要的是技术创新、产品创新。我国经济虽然增长得很快，但缺乏自己的核心技术和品牌。我们街上跑的各种品牌的汽车，什么大众、奥迪、本田等都是外国的品牌。外国公司转移到中国加工的产品，其品牌和技术都掌握在外国人手里，企业的真正"大脑"还在国外。中国缺乏全球公认的品牌。最近几年评选的全球100个最有价值的品牌中，美国占了51个，而中国榜上无名。

现在苹果iPad很流行，有的是在中国组装的。美国权威市场调查机构iSuppli 2010年2月公布了iPad的物料清单和详细成本，不同型号iPad在美国的售价从499美元至829美元不等，其物料成本分别为229.35美元到346.15美元之间。资料表明，在中国组装的费用只是销售价的2%。

从国内的社会情况来看，也是在一片大好形势下矛盾突出，一是贫富的差距在扩大，二是官员的腐败引起人民群众的极大不满，三是青年就业问题矛盾突出。另外，群众最关心的问题尚待解决，例如房价居高不下，社会保障尚未到位，子女教育竞争激烈，等等。

（三）教育形势

教育问题也是矛盾重重。去年（2010年）中共中央颁布了《教育规划纲要》，现在正在贯彻落实中。正如文件所说的，新中国成立以来，虽然教育发展取得了伟大的成绩，但教育仍然不完全适应国家经济社会发展和人民群众接受良好教育的要求。这表现在：教育观念相对落后，内容和方法比较陈旧；学生适应社会和就业创业能力不强，创新型、实用型、复合型人才紧缺；教育体制机制不活，学校办学活力不足；教育结构和布局不尽合理，城乡、区域教育发展不平衡；教育投入不足。因此，深化教育改革，促进教育公平，提高教育质量，是全社会共同心声。

近些年来，我国的国际地位有了极大的提升，重大的国际事务如果没有中国参加就难以解决。但是我国的国际人才培养与我国的国际地位极不相称。我国在国际组织中的人员数量还不及印度和巴基斯坦。

联合国秘书处统计数据显示：2009年7月1日至2010年6月30日在联合国秘书处就职的44 131人中，中国人仅有332人，其中具有高级职位的人员仅为13人，大部分中国职员从事的都是翻译工作和一般事务工作。中国是五个常任理事国之一，而且人口占世界人口的1/5，但在联合国秘书处就职的人员连1%都不到。而作为非常任理事国的印度在联合国秘书处就职的高级职员有14人，比中国人多。而美国高级职员达到49人。当然，联合国设在纽约，美国雇员会多一些，但高级职员也是他们居多数。印度由于过去是英国的殖民地，英语是印度的官方语言之一，所以没有语言障碍，同时印度人也懂得西方的行事规则，所以他们在国际组织中的人员较多。我国就缺乏这样的人才，所以在其他国际组织中的中国人也很少。而国际游戏规则都是高管们制定的，由于我们在国际组织中缺乏高级职员，我们的发言权就很有限。因此，我们急需培养具有国际视野、懂得国际规则、能够参与国际事务的国际性人才。

就高等教育来讲，高等学校趋同化现象十分严重，学校没有特色，没有突出的优势。专科学校总想升格为本科院校，本科院校又总想升格为研究型大学，层层攀比。对于一所具体的学校来说，为了发展，似乎这种追求高水平是有道理的。但是对整个国家来讲，就造成了教育结构的不合理，人才结构的不合理，直接影响到经济社会建设。当前高等学校对创新型、技能型、复合型人才培养重视不足，已经造成了技术工人荒。

在学校内部重科研轻教学的现象也影响了人才培养。其实本科生是基础，本科生质量不高，研究生的质量也难以保证。

现在高等学校毕业生就业困难并不能说明我国人才过剩，而是存在结构性的矛盾，企业想要的人才招不到，农村需要人才，毕业生不愿意去。所以高等教育必须改革，要调整结构，包括层次结构和专业结构，使它适应国家经济社会的发展。

三、青年知识分子的使命

胡锦涛同志在清华大学成立100周年庆祝大会上的讲话，对青年寄予巨大的希望。他说："青年是民族的希望、国家的未来，青年学生是国家的宝贵人才资源。"他给青年学生提出了三点希望：一是希望同学们把文化知识学习与思想品德修养紧密结合起来；二是希望同学们把创新思维和社会实践紧密结合起来；三是希望同学们把全面发展和个性发展紧密结合起来。

这三点希望十分中肯，十分重要，同学们要认真学习这篇讲话。要做到这三点，具体来说，同学们要珍惜大学的宝贵时间。大学时代是人生中最自由、最幸福的时代。我曾经在北师大迎新会上致辞，我说："新同学走进大学的门不容易，你们为了高考在中学学习很辛苦，到了大学就不一样了。"我说："如果把你们比作一群活泼可爱的海豚，在中学，为了应付考试，你们挤在一条小溪里，互相拥挤，互相竞争。那么到了大学，就像游入了大海，可以由你们自由游弋，无拘无束地探究真理，充分享受学习的幸福。但要珍惜时间，大学四年是短暂的，如不抓紧，很容易就过去。"

第一，要树立一个理想。现在青年人不愿意讲理想，愿意讲梦想。理想也好，梦想也好，总之要有一个奋斗目标，否则就没有动力。古人说："志存高远。"有了一个目标、一个志向，你就有了努力的方向，也有了努力的动力。当然理想、目标也是可以改变的，随着环境的变化而改变。我个人在新中国成立前就抱有工业救国的思想，报考清华大学建筑系，没有考上，当了小学老师。觉得教育儿童也很重要，第二年就报考了北京师范大学。但报效祖国的理想没有变。当然理想也包括个人的人生理想。人生理想与报效国家的理想总体上是不矛盾的。

第二，要认识自己的责任。知识分子是社会的中坚。历来的社会变革都是从知识分子的觉悟开始的。国际共产主义运动是由马克思、恩格斯等一批有觉悟的知识分子掀起的，我国"五四运动"也是先在有觉悟的知识分子中开展起来的。虽说现在高等教育已经大众化，但在我国，劳动人口中受过高等教育的还只有9.9%，到2020年也才能达到24%，仍然是少数。因此，知识分子是我国重要的人才资源，尤其在知识经济时代，要靠他们创造知识、技术、财富。同时要靠他们来引领社会先进文化，弘扬中华优秀文化，吸收世界一切优秀文明成果，繁荣我国社会主义先进文化。

第三，要在大学期间抓紧时间多读一些书。这里不仅指学校专业课程要求读的书，而且要利用大学的图书馆广泛地浏览更多的书，以此来丰富自己的知识，提高自己的修养，提升自己的思想品位。这样才能真正担当起社会中坚的使命，个人的人生发展也会受益无穷。

第四，要积极参加社会实践，丰富自己的社会经历，培养社会能力。只有在社会实践中才能认识社会，认识自己的价值。参加社会实践，不仅增长了我们的知识，锻炼了我们的能力，而且能够培养我们认识事物的思维方式，树立服务国家、服务人民的理想，规划个人的生涯。

总之，老一辈革命家为我们打好了江山，第二代、第三代前辈为我国现代化建设打下了坚实的基础，中华民族正在崛起，最后实现中华民族伟大复兴的重任就落在你们身上了，你们任重而道远。

最后送给同学们以下四句话。

一是正确对待自然。每个人都是自然的一员，爱护自然，保护环境，也就是保护我们自己的生存家园。我国是一个资源短缺的国家，我国水资源不到世界人口的平均水平。但我们用水很浪费。就拿日常生活中喝茶来讲，开会时一杯茶水总是喝不完的，一瓶矿泉水也总要浪费一大半。所以我总要把没有喝完的矿泉水带走。中国请客吃饭也是浪费很大。这些陋习应该改一改。

二是正确对待社会。我们都是社会的一员，生活在同一个社会里，我们对社会就有责任。我们要为社会的发展做出自己力所能及的贡献。古人说"修身，齐家，治国，平天下"，个人总是和社会联系在一起的，是与我们的国家联系在一起的。有了大家，才有小家，才有个人。

三是正确对待他人。我们一生总要和许多人打交道，因此要学会与人相处。联合国教科文组织面向21世纪的报告《教育——财富蕴藏其中》一书就提出了21世纪学习的四大支柱，即学会认知、学会做事、学会与人相处、学会生存。要善于与人相处，就要有包容的思想，要懂得尊重别人，尊重别人的价值观，换位思考，多看别人的优点，善于向他人学习。这样才能和谐，生活才能幸福。

四是正确对待自己。要认识自己，做到这一点最不容易。如果这一点做到了，其他三个正确对待也就容易做到了。老子曰："知人，智也；知己，明也。"正确对待自己就要正确对待遇到的困难和挫折。现在有些青年就做不到这一点，遇到一点挫折就跳楼，这是懦弱的表现。还要能正确对待自己的荣誉，不要因为有了地位、有了荣誉就忘乎所以。许多犯错误的干部就是因为不能正确对待自己的地位和荣誉。这值得我们警惕。

能够做到这四个正确对待，就是一个高素质的人、高尚的人。我希望以此和大家共勉。

谢谢大家！

办好每一所学校，教好每一个学生

——在杭州名师名校长论坛上的演讲
（2011 年 11 月 9 日）

尊敬的各位代表：

下午好！

今天我讲的内容是"办好每一所学校，教好每一个学生"。

《教育规划纲要》提出了20字总方针：优先发展，育人为本，改革创新，促进公平，提高质量。这20字方针要落实到每一所学校、每一个学生的身上。

优先发展教育是国家的发展战略，育人为本是教育的根本目的，促进公平和提高质量是今后教育工作的两大重点。要达到上述目的就要通过改革创新来实现，改革创新是教育发展的动力和途径。教育要发展只有通过改革。

促进教育公平，提高教育质量，是一个问题的两个方面。正是因为教育质量不均衡，才出现了教育不公平，促进教育公平必须从普遍提高教育质量开始。《教育规划纲要》明确提出："办好每一所学校，教好每一个学生。"真正做到了这点，质量也有了，公平也有了。

办好每一所学校，教好每一个学生，是教育本质的体现。教育的本质就是促进人的成长和发展，就是培养人才。学校是培养人才最集中、最有利的场所。古今中外都十分重视学校的建设。我国古代很早就有学校，称为"校""庠""序"等。古希腊斯巴达、雅典设置有体操学校、文法学校、弦琴学校等。

办好每一所学校，教好每一个学生，是教育公平的最好体现。办好每一所学校是普及教育的要求，教好每一个学生是普及教育的根本目的。

教育公平，不仅指教育机会的公平，即不让任何学生因性别、年龄、民族、宗教信仰、家庭经济状况而失学；而且要实现教育过程的公平，就是要合理配置教育资源，办好每一所学校。我国现在普及的九年义务教育都是免费的，学生不会因为性别、年龄、民族、宗教信仰而失学，这已经达到教育机会的基本公平。当然这个问题也要相对来看，有些贫困地区，因为办学很困难，还没有完全做到让孩子一个不漏地上学；还有特殊的儿童，长期不受重视，也有未能就学的。国外是非常重视特殊教育的，国际组织也非常重视特殊教育。迄今为止，我国的特殊教育还没有被放在一个十分重要的位置，缺口很大。北师大是第一所有本科特殊教育的院校，1979年筹办，1985年招生，但是今年招生报名的只有两个人。人们对特殊教育的观念还没有转变。

还有很多传统观念，例如，我们重视教育与经济的关系，但对教育与文化的关系研究得不够。教育与文化的关系很密切，文化传统正在影响着教育的现代化。现在教育竞争十分激烈，过去叫升学率，现在叫考上北大、清华的比例，都是受传统文化"学而优则仕"的影响。照这样的观念来讲，中国办两所大学就可以了，一所清华、一所北大就可以了，也就没有什么不公平了。但是人是有差异的，不可能人人都适合去学清华、北大的课程。中国人很讲面子，考上高职与考上清华、北大相比，面子不好看。这就是中国人的文化心态。这与外国人不一样，外国人的孩子到了18岁以后，不一定说非得要进哪一所大学，要看孩子的能力来培养，要适合他的天赋。我们不是这样，有很多文化的因素在里面。

实现教育公平有很多问题，从行政部门来讲就是资源的配置，包括硬件的配置，也包括软件的配置，特别是教师的配置。所以我们要办好每一所学校。

教好每一个学生更是凸显了教育结果的公平。教好每一个学生，并非每个学生平均发展，而是根据学生的天赋、特长和爱好因材施教，使每一个学生的潜在能力都得到充分的发展，每一个学生都获得学习的成功。这就是最大的公平。

办好每一所学校，教好每一个学生，是办好让人民满意的教育的具体体现。免费九年义务教育的普及，使全国儿童都有学上。现在的问题是，不仅使所有学龄儿童有学上，而且要上好学，享受有质量的教育。这样才能使家长满意、人民满意。世界全民教育的理念，提出要让社会每个成员都接受有质量的教育。这是全世界人民的愿望，特别是全民教育多哈会议强调要办有质量的教育。

办好每一所学校，教好每一个学生，是新时期推进素质教育、提高教育质量的要求。我国教育已经发展到一个新的历史时期，即由数量的发展转变到质量的提高的新阶段。提高质量的前提就是要办好每一所学校。《教育规划纲要》提出："要提高义务教育质量，建立国家义务教育质量基本标准和监测制度。"每所学校都要按照国家确定的教育质量基本标准办学。

办好每一所学校是全社会的责任，政府、社会、学校、家庭都有责任。

第一，政府要落实党的十七大提出的"优先发展教育，实现教育公平"的发展战略，合理配置本地区的教育资源，包括财物资源和人力资源。政府还要遵循教育规律，用正确的教育理念指导和管理学校，为办好每一所学校创造必要条件。减轻学生的学业负担，政府有责任。山东省发了红头文件不补课，这在省域之内可以做到。潍坊不补课，烟台补课了，潍坊的教师心理平衡吗？全省不补课，教育竞争才能缓和，负担才能减轻。因为高考是在全省考，名额分配到各个省，是固定的。在省域之内做到减轻负担，大家都减轻负担了，省域之内也不排名了。现在有的省区市还在排名，按照地区在排名，按照学校在排名。所以《教育规划纲要》特别强调政府的责任。政府要创造条件，不要给学校施加压力。

第二，学校要在校长的带领下形成一个懂教育、有理想、有激情、有水平的教师团队，充分利用各种资源把学校办好，办出特色，办出水平。要重视学校的文化建设，做到教书育人、管理育人、环境育人。学校建设在细微之中，学生的成长在活动中，很细微的地方就体现学校的文化。所谓特色不是办一个什么班，不是办一个英语班、辅导班就是特色学校了。特色学校是根据学校的历史、环境、文化、传承而形成的一种特色和风格，并不是办一个什么班就是特色学校了。

第三，办好每一所学校，社会有责任，全社会都要尊师重教。温家宝同志一直讲要请懂得教育的教育家来办教育，同时实施免费师范生教育。这都表明国家重视教育，重视教师，要让全社会来尊师重教。让教育家办学，并不说指定谁是教育家，谁不是教育家，而是要让全社会都来尊重教师，优秀的教师也是教育家。这也给教师指明了一个方向，应该钻研业务，钻研教育规律，朝教育家的方向努力。全社会都要尊师重教，支持学校的工作。社会的舆论、媒体的介入、学校周边环境的整治等，都要从有利于办学出发，支持学校。

第四，办好每一所学校，家长有责任。家长要与学校保持联系，了解学校情况，支持学校工作。家长应该经常与教师沟通，了解孩子在学校的表现，配合教师的工作，共同促进学生的成长。最主要的还是要求学校要和家长沟通。有的时候学校有很好的措施，家长不理解、不支持。像减轻负担，家长不支持，学校减轻负担了，家长安排孩子到校外去读补习班。我们要向家长传播先进的观念，不仅要有观念交流，而且要有实际行动，让家长看到结果，看到实效。

北京育才小学有一个班，五天只上四天课，有一天在社会上课。一开始家长不同意，学校就采取自愿报名，一开始只有一个班，结果孩子们走上了社会，受到锻炼，而且提高了质量，孩子的能力增强了，家长看到了成绩。第二年就有两个班愿意参加了。做实验的时候，要让家长看到成果，如果改革不能让学生受益，家长也不会同意，所以更重要的是学校要和家长沟通。

郑州有一所学校搞了开门办学，每天接待四五十个家长，可以进任何教室，可以参加校务会议，校长办公会也可以参加，是开放的。我就很赞成。关键是能不能坚持。该举措从去年10月开始，我今年5月又去了，我问校长坚持了没有，他说还在坚持。所以学校要采取一些实际的行动，让家长看到成果。当然这种坚持也会有问题，一开始家长非常踊跃，以后就去得少了。这是一种开放的教育，我们要学这种精神，跟家长沟通的精神。

学校要有一个良好的学习环境，要让学生乐意在那里学习，成为生动活泼、有浓厚学习氛围、优雅舒畅的乐园。现在有些地方并不是这样的，学生愿意到网吧去，不愿意到学校去。

我这儿有几张学校的照片，请大家欣赏一下。

第一张图是成都市郊区农村小学文翁书院。这是城郊接合部的一所学校，环境非常优美。

第二张图是重庆市谢家湾小学的校门，是专门设计的，因为是重庆嘛，是红梅花儿朵朵开。学校有一个理念，叫"六年影响学生的一生"。当时大家也有争议，说学生的一生哪能光是受这六年的影响，但是至少小学的六年会影响到他们的一生。我是赞成这个口号的。

第三张图是走廊瓷砖，是孩子们的作品。这都是学生画的，然后烧出来。这就是学校建设的细微处。

第四张图是成都新建的金沙小学，也有文化的氛围，非常好。这是学生活动的场所，非常大。

当然还有很多好学校。我今天上午参观了杭州市上城区的胜利小学，看到学校的文化氛围也很好。

前段时间我到东北师大附小，教室是90平方米。当然这需要有经济条件，教室一般是60平方米。它的走廊跟教室一样大，走廊之间没有墙壁，用柜子隔开，可以临时推走，班级可以活动。总之，学生在活动中成长，要有活动空间。

教育大计，教师为本。学校要有一支热爱教育事业、热爱儿童、业务精干的教师队伍。教师要树立正确的教育观念。《教育规划纲要》提出五大观念：全面发展观念、人人成才观念、多样化人才观念、终身学习观念、系统培养观念。

没有爱就没有教育。对教育事业的爱、对儿童的爱，是出于对国家、对民族未来的责任，不同于母爱而超越母爱，是一种无私的爱、不求回报的爱。教师的爱要建立在师生相互信赖的基础上。教师要尊重学生，善于与学生沟通，师生互相理解，互相信赖。

教师要懂得教育规律。我要讲一个反教育的行为，大家看看这几张照片。

第一张，这个地方正在搞夏令营，把孩子分为上士、中士、下士三等，上士吃三菜一汤，还有一杯红酒，下士站在旁边侍候上士吃饭。

第二张，高三课堂上一个口号是"生时何必久睡，死后自会长眠"。这对学生造成的压力有多大啊！

还有搞绿领巾的。这不是创新，是把人分为三六九等，是旧的东西，是封建社会的东西，这些都是反教育的现象。

另外还有暴力。现在都在议论"虎妈""狼爸"，这都不是正确的教育观念，也许确实能够使孩子在学习上有所成功，但是孩子的人格将来是不是健全的，这值得怀疑。过去是鞭子下面出孝子，不打不成才，这都是旧社会的，是封建社会的，是培养奴隶的一种方法。鞭子只能培养奴才，不能培养人才。

没有兴趣就没有学习。现在我们的孩子不是很有兴趣地去学习，而是"被教育"和"被学习"。要改变这种状况，让孩子主动、积极地学习，充分发挥他们学习的主动性。

教师要上好每一节课，要让每一个学生都能听懂、学会。教师上好一节观摩课很容易，但是要上好每一节课不容易。上好每节课，教会每个学生，教师要不断地钻研教材，还要钻研学生。

要给每个学生提供适合的教育，因材施教，增加选修课，把学习的选择权还给学生。公平而有差异，这是普及教育的必然选择，不能只讲公平，不能没有差异。

最后我讲三句话：教育的发展在于改革，教育的改革在于创新，教育的创新在于学习。

（录音整理：刘晨元）

"二战"后世界教育发展的历程和中外教育的比较
——在上海师范大学的演讲
（2011 年 12 月 19 日）

　　非常高兴能和上海师范大学的老师和同学们在这里探讨一些问题。鲁迅曾经写过一篇文章叫《老调子已经唱完》。我说，我现在是老调子还没唱完，老唱老调子。为什么老调子没唱完？因为现在的教育还是原来的样子，还是没有多少改变。所以后来，我说我只好再唱老调子，希望唱到以后教育能有所变化。所以我今天也是唱老调子。我今天演讲的题目是《"二战"后世界教育发展的历程和中外教育的比较》，希望就此和大家一起探讨。

一、认清形势，厉行改革

　　《教育规划纲要》的第三部分是体制改革，一共有六大体制改革，其中第六项就是"扩大教育开放"。文件提出："借鉴国际上先进的教育理念和教育经验，促进我国教育改革发展，提升我国教育的国际地位、影响力和竞争力。适应国家经济社会对外开放的要求，培养大批具有国际视野、通晓国际规则、能够参与国际事务和国际竞争的国际化人才。"那么为什么要提出扩大教育开放？

新中国成立以来，教育发展虽然取得了伟大的成绩，但是正如《教育规划纲要》里所指出的："我国教育还不完全适应国家经济社会发展和人民群众接受良好教育的要求。"其具体表现是："教育观念相对落后，内容方法比较陈旧，中小学生课业负担过重，素质教育推进困难；学生适应社会和就业创业能力不强，创新型、实用型、复合型人才紧缺；教育体制机制不完善，学校办学活力不足；教育结构和布局不尽合理，城乡、区域教育发展不平衡，贫困地区、民族地区教育发展滞后；教育投入不足，教育优先发展的战略地位尚未得到完全落实。"所以一定要深化教育改革，促进教育公平，提高教育质量，这是全社会的共同心声。我们要建设人力资源强国、实现中华民族的伟大复兴，就必须认清形势，厉行改革。所以《教育规划纲要》强调教育改革是教育发展的强大动力。只有通过改革，教育才能很好地发展。

另外，我们要看看我们的国情。应该说，我们的国家过去是一个经济大国，而且是一个经济强国。根据当代经济历史学家麦迪森的计算，历史上在公元元年的时候，我国的国内生产总值占到世界生产总值的26%。当时仅次于印度，是世界第二大经济体。到了公元1000年的时候，我国的国内生产总值占到了世界生产总值的22.7%，后来大致稳定在20%左右。到了公元1500年，中国超过了印度，成为世界第一大经济大国。到了公元1830年，在鸦片战争之前的10年，中国国内生产总值占到了世界的32.9%，远远高于欧洲国家的总和。鸦片战争以后，我国的国内生产总值开始下降，到了1870年，其比例下降到17.2%，到1913年下降到8.9%。1950年至1980年，我国的国内生产总值占世界生产总值的比例一直徘徊在4.5%。到了1989年，上升到11.5%。改革开放30多年来，我国的经济取得了很大的发展，到了2010年，我国的国内生产总值达到了6.1万亿美元，已经超过日本，成为世界第二大经济体，但是我国占世界生产总值的比例还不是太高。

随着我国的经济发展，我国的国际地位有了极大的提升。现在，重大的国际事务，如果没有中国的参加，就难以解决。现在中国加入了20国集团，并在其中发挥了很大的作用。如克服金融危机、反恐、治理环境污染等重大的国际事务，都需要中国的参加。但是，我国在国际组织中的工作人员数量还不如印度和巴基斯坦。因此，我国急需提高国民素质，培养创新人才、国际性人才，而且很需要培养拥有国际视野的国际性人才。从2009年7月1日到2010年6月30日，在联合国秘书处供职人员是44 134人，但是中国人只有332人，不到1%。中国人口占世界人口的1/5，但是我们在联合国的人员不足1%，不如印度。其中高级职位的人员我们只有13人，其余300多人大部分从事翻译的工作或其他的秘书工作。我们作为一个常任理事国，还不如印度，印度高级官员是14人，美国是49人。在其他国际组织中，也是这个样子，我们的人数很少。这些国际组织的规则都是这些高管制定的，这些高管都是外国人，不是中国人，所以我们在这些组织中的发言权就很少。这样，我们这个国家的地位和我们在国际组织中的人数就很不相称。所以，我们需要扩大开放，培养国际化人才。

从国内形势来看，今天我国经济社会发展到一个新的历史阶段。今后十年，是我国全面建设小康社会、推进社会主义现代化、建设创新型国家的关键时期。从经济形势来看，经济发展方式要转型，推进产业结构升级，转变经济发展的方式，要建设一个资源节约型、环境友好型的社会，这必须依靠科技的进步和劳动者的素质。科学技术是第一生产力，人才是关键，教育是基础。2006年以来，国家发布了三个规划纲要，第一个是《国家中长期科学和技术发展规划纲要（2006—2020年）》，第二个是《国家中长期人才发展规划纲要（2010—2020年）》，第三个就是《教育规划纲要》。这说明了教育的重要地位和作用。因此，我们需要教育改革，要借鉴世界教育的先进理念和经验。其实我国教育遇到的很多困难，外国早就遇到了，我们可以吸取外国的经验教训。

二、第二次世界大战后世界教育发展的历程

（一）第二次世界大战后世界教育发展的三个阶段

第一个阶段是20世纪50年代和60年代，这是教育大发展和大改革的年代。1945年第二次世界大战结束时，各个国家就开始酝酿改革了，出现了很多法案。例如，法国的《朗之万–瓦隆法》，英国1944年的改革，美国的《退伍军人权利法》，等等。但是在50年代之前，除了美国以外，即使是发达国家，中等教育都还没有完全普及。欧洲国家高等教育的毛入学率也都没达到10%，都还比较低。但是到了60年代末，发达国家普遍都普及了12年义务教育，高等教育毛入学率也超过了15%。所以高等教育大众化是从20世纪50年代开始的。特别是苏联发射的世界第一颗人造地球卫星上天，引起了世界范围内的一场教育革命。各国都非常吃惊，美国认为自己的教育落后了，于是出台了《国防教育法》，联邦政府投入41亿美元来进行教育改革。当时中学改革的内容之一就是课程改革，课程改革是核心，加强科学、数学、外语新三门的改革，编写了新的数学、新的物理、新的化学、新的生物教材。当然高等教育也进行了改革，主要是设备的改革，增加奖学金，扩大高等教育入学的名额，等等。这就是那个大发展、大改革的年代。

第二个阶段是20世纪70年代和80年代，是学习型社会和终身教育思潮兴起的年代。这个时期的代表作是朗格朗的《终身教育引论》、联合国教科文组织的报告《学会生存——教育世界的今天和明天》。我认为终身教育是20世纪最有影响的教育思潮之一。编写《学会生存——教育

世界的今天和明天》的委员会主席是法国前总理富尔。他说道，过去对终身教育的理解主要是和成人教育、职业教育结合在一起的，现在不是了，现在进入了学习化社会，要将所有的教育都纳入到终身教育体系之中。在这方面，我国在1993年中央文件《中国教育改革和发展纲要》里才第一次提到终身教育，比西方落后了约三十年。这是第二个阶段。

第三个阶段是20世纪80年代中期一直到现在。这个时期主要是教育民主化和提高教育质量的时期，这也是这一时期教育最重要的两个特点。随着世界和平与发展的进程展开，尤其是苏联解体后，世界形势缓和了。但是国际竞争日益激烈，特别是经济方面的竞争，教育民主化和提高教育质量的呼声也越来越高。它的标志是1990年在泰国召开的全民教育会议，会议提出我们的教育要满足每个人的需要，要在九个超过一亿人口的发展中国家普及教育，满足每一个人的需要。这九个国家也开了许多次会议。后来，一次非常重要的国际会议上又提出，要使每个人都接受有质量的教育。所以，全民教育思想是20世纪80年代以来的重要思潮。

1983年，美国就发布了《国家处在危机之中：教育改革势在必行》的报告。这是由于19世纪70年代经济危机以后，日本经济逐渐赶上美国，很多日本的电子产品、汽车倾销到美国，美国意识到了危机。1989年，美国制定了《中小学数学课程及评价标准》。随后，美国科学院又制定了国家科学教育的标准，提高科学教育的水平。1994年，又制定了社会课程的课程标准。老布什当总统的时候，提出重建学校。克林顿当总统的时候，又通过了《2000年目标：美国教育法》。总之，美国总统上台的时候，都提出要当教育总统，要进行教育改革。英国也是，在80年代有很多改革，其中最重要的是《1988年教育改革方案》，重视基础教育。日本也提出了教育改革的八个原则。总之，这一时期，各国都在进行教育改革。

1996年，联合国教科文组织发布了《教育——财富蕴藏其中》的报告，提出了21世纪教育的四大支柱，即学会认知、学会做事、学会与人相处和学会生存，论述了学习型社会的特征。这份报告和联合国教科文组织的上一份报告一样，在国际上起到了很重要的作用，产生了很大的影响。

21世纪以来，各个国家对教育都非常重视，把它看成是增强综合国力的一个重要途径。它们首先关注的是教育公平。2010年5月11日，英国新上台的联合政府将公平摆在政策的核心地位。政府为了使贫困儿童能接受到公平的教育，增加了70亿英镑经费。而且英国政府要求牛津、剑桥这些精英大学将更多的名额给予贫困生。2001年美国出台了《不让一个孩子掉队法》，第一条就提出，要给予弱势群体儿童一定的帮助，缩小他们与一般儿童之间的差距。澳大利亚在2007年陆克文做总理的时候，将教育革命作为重要的政治纲领，来改善公共教育。

通过这些例子来看，这些国家进入21世纪以来，非常重视教育，提高教育的质量，并为此出台了很多法案。2009年奥巴马上台以后，就积极推行教育新政，要资助教育，搞了一个《美国复苏与再投资法》，向教育领域投入了100多亿美元，全面提高美国从学前教育到高等教育的质量。英国还成立了一个国家卓越教育委员会，要建立世界一流的教育体系，以确保英国的国际竞争力。德国为提高大学的教育质量，对高中毕业生实施了预备学年，就是高中毕业以后，先去参加社会实践，之后再选专业。这样选的专业目的性更强，学习的目的性也更强。日本也重提了间隔年，和德国的目的差不多，就是让学生先去体会一下社会，获得社会的体验，提高学习的质量。最近，新西兰还提出要重塑教育价值观。到底教育的价值观是什么？提出重塑教育价值观，就是要提高人的发展。

这一时期的第三个特点是加快推进信息化。奥巴马政府在积极推进经济刺激方案中就涉及信息技术领域，提出：要建设21世纪的教室，为更多的教室配备计算机；要加强对教师的技术培训，让新的技术在美国中小学当中充分发挥作用；要协助学校在课程中融合更多的技术元素，让所有的儿童都能有机会使用互联网。奥巴马政府希望小学生都能够利用互联网，用互联网来学习。所以，信息技术的发展对教育的改革、对教育的革新恐怕是不可避免的。我经常讲，信息技术绝对会在教育领域引起一场教育革命，在教育的培养方法上，教育内容上，师生关系上，都会引起很大的革命。信息化的趋势是越来越明显，所以《教育规划纲要》的保障措施里也有一条，就是加强信息化的建设。但是我们对信息化、互联网的认识，我觉得还有很大的差距。去年，我们在杭州开会的时候，请了工业和信息化部专家委员会的副主任来讲课，我听了以后很受启发，我觉得我们对互联网的认识，至少在我的脑子里还比较落后。我们认为信息化就是搞一个课件，做一个演示文稿。其实，信息化最根本的就是互联网，互联、互动。这个在我们的教育中还没完全做到，将来可能会改变我们的整个课堂教学。

（二）教育面临的困难

当然，现在世界各国的教育也遇到了很多的困难。例如，需求与供给之间的矛盾。包括中国，需求很旺盛，但是供给不足。我国的教育投入到2012年要达到国内生产总值的4%，这是温家宝同志承诺的。其实1993年就提出来了4%这个目标，到现在已经18年了，还没达到，2012年才能达到。但是，这4%还远远不够，真正要成为一个教育大国，成为一个人力资源强国，教育经费占4%还远远不够。我国财政支出的教育经费确实在增加，从绝对数字来看确实在增加，因为我国的国内生产总值增加很快，每年增加10%。但是，我国民间的教育经费在降低，国家的钱增加了，民间的资本反而退出来了，民办学校有些在退出。教育的投入不光是政府的投入，还有民间的投入，还有家长的投入，还有社会的投入。我国教育投入的总额低于其他国家。另外，还有高学历教育与低就业之间的矛盾。不光中国，世界各国就业都很困难。其他，如教育管理效率低下，教育失败严重，学生厌学、逃学、吸毒、自杀、欺侮弱小等现象，这些问题各个国家都存在。

（三）教育发展的特点

综合起来看，半个世纪以来，教育的发展呈现出了以下几个特点。

一是教育民主化和教育平等。教育民主化已经成为世界各国教育的主要趋势，教育民主化的核心就是教育平等。受教育是一个人的权利。长期以来，我们没有把受教育看成一个人的权利，教育总是为这个服务，为那个服务，都是强调它的工具性，没有强调受教育是人本身的发展权利。直到党的十六大的时候，我们才提出以人为本。过去我们没有提以人为本，记得20世纪七八十年代，很多文章都批判以人为本，认为以人为本是资产阶级的思想。教育也是这个样子。教育过去是阶级斗争的工具，是无产阶级专政的工具，后来是经济建设的工具，但没有讲到受教育是学生自身发展的需要。其实，受教育是人自身发展的需要，这是最根本的。既然受教育是每个人的权利，就要实现教育公平。所以许多国家制订了照顾弱势群体的计划。比如，美国在20世纪60年代就提出"提前开始计划"，有的翻译成"开端计划"，有的地方翻译为"提前发展计划"，这些计划主要是针对一些移民、弱势群体进行提前教育。法国叫"教育优先发展区"，主要针对教育落后地区进行优先发展，增加经费和编制。

二是教育的终身化。终身教育已经把一切的教育纳入自己的体系当中，包括正规教育、非正规教育，使这个社会进入到一个学习型的社会。从我们国家普通教育来讲，就是培养学生终身学习的意识和能力。

三是教育的信息化。互联网的发展正在改变整个教育体系和教育过程，改变教育方法，改变师生关系。

四是教育的国际化。我们有些人甚至有些教育部门的领导反对提教育国际化，我觉得他们的理解有些片面。所谓的教育国际化不是教育的同质化，教育国际化并不像经济的全球化那样一体化，教育一体化是不可能的。教育的国际化是指教育的交往越来越频繁，国际合作越来越广泛。现在留学生越来越多，年龄越来越小，甚至小学生都出去留学。每年有很多中国学生出国留学，同时也有很多外国学生来中国读书。还有合作办学，互相承认学位，互相承认学分。所以教育国际化是不可避免的，我们也只有通过国际化才能学习世界先进的教育理念，才能跟上形势，不能再封闭自守了。所以国际化还是一个很重要的趋势，不光是中国。

五是普遍重视教育质量。刚才我已经谈过了。

三、中外教育的比较

我们是东方文化，和西方文化不同，每个国家的文化都不同。我们如果不研究文化，很难研究清楚国家之间的教育。举一个例子来讲，同样是发达国家，美国的教育和欧洲的教育就不一样；同样是欧洲国家，英国的教育和法国的教育就不一样，法国的教育同德国的教育也不一样。但是发展水平不同的国家，比如中国和日本，日本是发达国家，中国是发展中国家，很多的教育思想和观念都一样。我们经常送孩子去补习班，日本的家长也送孩子去私塾补习，日本70%—80%的孩子礼拜六和礼拜天都去上私塾。中国叫"应试教育"，日本叫"考试地狱"。为什么呢？因为我们都是东方文化，属于东方文化圈或儒家文化圈。所以不研究一个国家的文化，就很难研究这个国家的教育，也很难进行比较。

经常有人问："我们中国教育好还是外国教育好？"最近，讨论得很厉害的一个是"虎妈"，另一个是"狼爸"。所以很多人说，还是我们中国文化好啊！还有这次上海学生参加国际学生评估项目考了第一名，外国很重视，很震惊，觉得中国了不起。所以很难讲是中国教育好还是外国教育好，这不能简单地回答。因为我们传统不同，教育理念不同。我觉得各有特长，各有不足。应该说，我国重基础，西方国家重个性、重创造。两者都重要，所以要互相学习，互相补充。

但是也有一些不同。首先观念不同。西方国家对儿童的权利的意识比我们要强，他们把儿童的权利放在第一位，我们往往把儿童看作教育的对象，看作工具，政府把儿童看作未来的接班人、建设者。当然我不否定儿童是未来的建设者、接班人，但是儿童在成为人的基础上才能成为建设者和接班人。你不发展他的个性，他能成为好的接班人吗？能成为好的建设者吗？这是不矛盾的。我们的家长把孩子看作"敲门砖"，特别是中国人讲面子，把孩子看作自己的东西、自己的财产。如果你的孩子考上了清华，而我的孩子考上了上海师大，我会觉得没面子。因为一般认为清华比上海师大好。其实不见得，上海师大难道就不出人才，就不出大师级的人了？但是中国人讲这个东西，把孩子看作自己的面子，而不看孩子的成长。这种观念就和国外不一样，国外把儿童放在第一位。最近我们一个老师到澳大利亚去访问，澳大利亚人就说："你们中国人把熊猫看作国宝，我们的国宝是儿童。"什么是好学生？美国人说："我们的学生都是好的，没有一个是差的。"2002年，在盐湖城开冬奥会，我们中国代表团带去了两个熊猫娃娃。他们去参观一个学校，就告诉这个学校的校长："一个娃娃送给你们学校最好的男生，一个娃娃送给你们学校最好的女生。"校长说了："我们学校个个都是好学生，送给哪一个呢？"最后，校长只好把这两个娃娃放在橱窗里头，说："送给最好的男生们，送给最好的女生们！"而我们把学生分成三六九等。所以，我到处呼吁不要评什么"三好学生"了，从小把学生分成三六九等，这不符合教育规律，损害了大多数人的自尊心。我们还是用计划经济的思维、用劳动模范的思维来对待孩子。

我们是以教师为主体，人家是以学生为主体。我们上课的时候，教师可以滔滔不绝地讲，有的教师讲得眉飞色舞，但这是自我欣赏，学生听进去了多少？所以，基础教育新课程改革提出探究式，其实探究是一种方法，它的思想背景是把学生放在主体地位。这个思想我在1981年的时候就提出来了，当时我就提出："学生既是教育的对象，又是教育的主体。"当时引起了很大的争论，很多人反对，我还是坚持。到现在，原则上都接受了，但是真正行动上接受了没有？我看还没有接受。在教育方法上，我们重视讲授式，美国重视探究式。我们过去认为美国基础教育质量不好，美国人甚至不会算数，要借助计算器来算。那其实只是一般的孩子，真正的好学生水平相当高。拿基础教育考试的成绩来讲，我们大部分学生都是80分以上，人家可能只有60分或70分，比我们低，但是人家有高峰，有100分的，有100多分的，而我们没有。其实美国通过探究式教学，学生学习的效果要比我们好，学生各方面能力都得到了培养。最近上海学生参加了PISA（国际学生评估项目），成绩很好。我觉得上海的成绩说明我们这几年教改确实有成绩。另一方面，我感觉上海的水平不能代表全国。全国的水平还是在中等，甚至是中等以下。许多学校的水平还很低，各地差距很大。最近国外有一份报告，中国学生参加SAT（美国学术能力评估测试），就是美国的高考，平均分数比美国低300分。主要的差距在考生批判性思维能力的阅读和写作。上海的《文汇报》报道了一件事，美国伊利诺伊大学的一位教授在复旦大学做访问学者，他给奥巴马总统写了一封信，题为《请让教育松口气儿——致奥巴马的一封信》。信中说，近期对中国学生的报道有些误导，他告诉奥巴马政府不要将学生的测试成绩作为衡量学校优劣的标准。

最近，教育部公布了《幼儿园教师专业标准（试行）》《小学教师专业标准（试行）》《中学教师专业标准（试行）》的征求意见稿，现在正在征求意见。标准里要求教师不仅要掌握学科知识，而且要有对教育的正确认识、对学生的正确认识、对学生的正确态度。以后要像会计师、律师那样，建立教师资格注册制度。这样才能逐渐提高教师的水平。教育的最根本问题还是教师的水平问题，其他世界各国也非常重视教师的水平。所以，作为教师，我们还有很多工作要做。

谢谢大家！

（录音整理：高光）

加强农村教育改革，推进农村教育发展
——在中国农村教育改革与发展政策高层论坛上的演讲
（2012 年 7 月 7 日）

各位来宾：

上午好！

今天参加中国农村教育改革与发展政策高层论坛，我十分高兴。温家宝同志2011年8月28日在《一定要把农村教育办得更好》的报告中指出："中国人口有13亿多，超过半数生活在农村，一半以上的学龄儿童在农村。农村教育是农村的希望。农村教育发展了，农民素质提高了，就会形成巨大的人力资源优势；相反，如果农村教育跟不上，众多的人口就会成为发展的巨大压力。"这充分说明了我国农村教育改革与发展的紧迫性和必要性。中国教育政策研究院长期关注我国教育体制机制改革以及农村教育的改革与发展，成立两年多来已经提出了50余份有分量、有见解的高水平政策建议；并已有多份政策建议或咨询报告获得胡锦涛同志、刘延东同志、戴秉国同志等批示，部分政策建议已经转化成为国家政策，在服务政府决策、提供政策咨询中发挥了重要作用，为国家教育政策智库建设奠定了良好基础。

一、农村教育是我国教育体系的重要组成部分

我国是世界上最大的农业国，有7亿农民在农村，约80%的小学和70%的初中分布在农村。在建设具有中国特色社会主义国家、提升我国综合国力竞争力、实现人力资源大国向人力资源强国转变的历史进程中，农村教育发展发挥着不可替代的作用。农村教育能够提高农村人口素质，推进农业产业化发展，提升农业科技化水平，进而促进农村经济社会发展，农村现代化发展必须重视农村教育。

进入新千年，国家出台了一系列政策法规促进农村教育事业的发展。2003年，国务院颁布了《关于进一步加强农村教育工作的决定》；2005年，国务院下发了《关于深化农村义务教育经费保障机制改革的通知》，促进了各地农村教育改革和实验的不断兴起；2006年，农村教育的发展迎来了社会主义新农村建设的发展新机遇，农村教育发展目标、农村教育投入体制、农村教师队伍建设等问题成为农村教育发展急需解决的重点和难点。2010年，《教育规划纲要》提出重点发展农村学前教育，将农村教育发展提到了更为重要的位置。随着我国教育发展的加快和改革的推进，农村教育逐渐成为关系到教育公平乃至国计民生的重中之重。

二、我国农村教育改革与发展的关键政策

改革开放30多年来，我国农村基础教育取得了巨大成就，基础设施不断改善，适龄人口入学率不断提高，贫困地区义务教育工程取得长足进展，义务教育阶段家庭经济困难学生"两免一补"政策实施范围不断扩大。但不可否认，我国农村基础教育，尤其是中西部贫困地区的农村基础教育，仍然面临很多发展困境，如经费不足、师资匮乏、人才培养模式错位等，制约了农村经济社会的良性发展。

（一）"以县为主"教育管理体制有待完善

我国实行"在国务院领导下，由地方政府负责，分级管理，以县为主"的基础教育管理体制和财政体制，这是对原有农村基础教育财政管理体制的一个重大突破，成效值得肯定，但管理体制仍然面临诸多问题。首先，相当一部分县级政府缺乏足够的财力，特别是中西部以农业为主的县长期存在财政能力薄弱的问题。其次，省级政府财政责任不明确，"以县为主"的管理体制对各级政府的教育财政责任没有明确规定，尤其是省级政府的财政责任不明确，在农村教育中并未发挥应有作用。这种政府间财力与基础教育事权责任的不对称，是农村基础教育经费短缺的制度性原因。

（二）农村教育发展的不均衡问题仍然突出

我国是农业大国，农村人口占总人口的大多数，义务教育的重头戏在农村。《教育规划纲要》明确提出将建成覆盖城乡的基本公共教育服务体系，实现基本公共教育服务均等化，缩小区域差距。我国从实施九年义务教育以来，取得了显著的成效，但义务教育城乡差别依然存在。与城市义务教育相比，低入学率、低升学率、高辍学率是农村义务教育发展中出现的重要问题。而基础教育阶段城乡教育机会的差距，教育经费、教学条件、师资力量等因素造成的教育质量的差距形成了逐级累积的结果，导致城乡学生接受高等教育机会的差距。教育资源的相对缺乏对农村学生的全面发展产生了不良影响，使得农村学生走向社会的竞争力不足，获得较好社会工作、待遇的机会少于城市学生。

（三）农村教育质量和水平有待进一步提高

公平和质量已成为当今世界教育的发展趋势和追求目标。随着我国九年义务教育的普及和高中教育的发展，城乡教育公平的问题得到改善，提高农村教育质量成为农村教育发展的重点。目前我国农村教育质量不高存在多方面的原因，不仅仅是教育本身的问题。与城市教育相比，农村教育质量低下也是教育不公平的表现之一。教育公平不仅体现在入学机会的均等，也体现在教育过程中享有高质量的教育资源。提高农村教育质量需要进行完善教学内容和方法、改善办学条件、加强教师队伍建设、加强信息交流等多方面的努力。

（四）农村学前教育的发展相对薄弱与滞后

学前教育是国民教育的起点，直接影响教育的起点公平。目前我国农村学前教育是教育体系中相对薄弱的环节，还存在着许多困难和问题。这具体表现为：（1）一些地方政府和领导对学前教育的重要性认识不足，对学前教育支持力度不够；（2）一些政府学前教育财政性投入较少，经费缺乏保障，办园条件总体水平不高；（3）农村幼儿教师数量上严重不足，整体素质偏低，专业素质亟待提高；（4）尚未建立完善的学前教育管理体制机制，缺乏对幼儿园的监管和督导。针对这些问题，《教育规划纲要》明确提出要重点发展农村学前教育，为我国学前教育发展和政策研究者指明了方向。

（五）农村教师队伍建设发展面临诸多困难

农村基础教育师资队伍的建设是提高农村教育质量的关键。目前在我国农村教育发展中，师资队伍建设面临诸多困难和问题，直接影响了农村教育的改革与发展，主要表现在以下几个方面：（1）师资队伍结构不合理，包括年龄结构、学科结构和学历结构不合理，教师老龄化现象严重，教师学历水平不高；（2）师资数量不足，特别是教育教学观念较旧，专业素养亟待提升，代课教师人数较大，教育质量较难得到保障；（3）农村教师工资待遇较低，缺乏社会保障，教师队伍不稳定，流失严重；（4）农村教师培训经费和机会不到位，教师教育教学能力和水平的持续提升面临困难。因此，急需加大经费投入和师资培训力度，提高教师待遇，努力建设农村师资队伍。

（六）针对农村留守儿童教育急需采取有效措施

改革开放后，大量农村剩余劳动力向城市流动。我国城乡户籍制度限制、城市学校借读费和学费高、打工所在地政府的支持力度小等诸多因素使得大量农民工将子女留在乡村上学，从而产生了农村留守儿童这个特殊群体。从根本上说，留守儿童的教育问题是城乡长期二元分割所导致的必然结果。城乡二元格局将城市和农村的儿童人为地区别开来，使得在城乡儿童教育资源的获得上产生了不平等问题。同时在留守儿童的教育中出现了安全问题、学习问题、道德品质问题、心理问题等，对农村留守儿童的健康成长产生了较大的负面影响。

要改革与发展农村教育，实现农村教育水平的提高，使其在促进农村经济社会发展方面发挥出更大的功能，必须致力于解决农村教育改革与发展的政策问题，为农村教育政策的制定和进一步完善建言献策。

三、对中国农村教育改革与发展政策论坛的希望

为进一步制定、完善农村教育政策，促进农村教育改革与发展，促进教育公平，提高教育质量，本次高层论坛邀请了关心、研究农村教育的决策者、专家学者、实践推动者，对城乡一体化与农村教育改革、落实"4%教育投入"背景下的农村教育体制机制改革、农村教师与校长队伍建设与发展、农村学校布局调整、农村留守儿童教育、农村学前教育发展等政策的改革与完善，基于深入研究与思考，提出政策建议，进行深入研讨。并且，通过集思广益，综合大家的观点与建议，形成对我国农村教育政策进一步制定与完善的政策建议，为中央决策提供研究和观点的支持、咨询和参考，推动我国农村教育政策的改革与完善，为促进农村教育的改革与发展做出积极贡献。

相信在各位专家学者和关心农村教育发展的有识之士的共同努力

下，未来我国农村教育改革与发展的政策将更加完善。由此农村教育发展将拥有更大空间，并将在促进城乡协调发展、农村经济社会科学发展中做出更加重要的贡献！

预祝论坛圆满成功。祝各位专家一切都好。

谢谢大家！

让教育回到原点

——在首届全国霍懋征教育思想论坛开幕式上的演讲
（2012 年 8 月 18 日）

各位老师：

上午好！

今天能够来参加霍懋征教育思想研究会组织的论坛，我非常高兴。

霍老师是我们教师的榜样，我觉得她的教育思想非常有必要继承、发扬、传播。她一生为教育事业做出了巨大的贡献，培养了众多的人才，而且教育理念是非常先进的。今天这个论坛，我就不专门谈霍老师的教育思想了，过去谈过几次。我今天就围绕着《让教育回到原点》这个题目讲一讲吧。

去年有一个论坛要我发言，我就讲没有什么新鲜的东西可说，没有什么新鲜的想法。过去鲁迅在香港演讲的时候的题目叫《老调子已经唱完》，我的发言相反，叫老调子还没有唱完。一是我自己也没有什么新东西。这几年的工作主要是帮助教育部搞点调研。最近这几年我也没有读什么书，所以只能唱老调子。二是我觉得老调子真还没有唱完，我们过去唱的调子现在还要继续唱，因为教育改革的目标还没有完全实现。我们提倡素质教育已多年，现在素质教育推行得还不是很好，有的地方还是应试教育是主要的。我过去呼吁取消奥数班，现在大家还在搞奥数。前天有一个人跟我讲，北京市的奥数生产链大概是20亿元。你想想看，我们几十万名学生学奥数，一节课200块钱，一年下来多少钱？还有培训机构，还要出辅导材料，等等，一年就是几十亿元。我十几年以前就呼吁停止"三好学生"的评选，但到现在还在评。我们中国人的思维方式，总是"虽然什么什么样，但是还是要这样"。虽然评"三好"有很多弊端，但是还要评，还要把它作为升学的条件。所以我觉得我还是要唱这个老调子。老调子没有唱完。

我觉得我们要回到教育的原点。现在都把教育当作工具：家长把教育当作孩子考上好的大学、找到好的工作的敲门砖；学校把教育作为提高升学率的敲门砖；地方政府把教育作为自己政绩的敲门砖，升学率高了，政绩就有了；我们的校外辅导机构，当然不是说都不好，但有很多校外辅导机构把教育作为赚钱的工具。

到底教育是什么？教育考虑不考虑儿童的幸福？考虑不考虑儿童的需要？考虑不考虑儿童的权利？要回答这些问题，就需要回到教育的原点予以思考。

教育到底是什么？教育就是传承文化，培育人才，促进人类的发展。从个体来讲，促进个体的全面发展；从人类来讲，促进人类的全面发展。鲁迅有很多思想很有超前性，现在仍然很有意义。我建议老师们读读鲁迅的一篇文章，1919年在《新青年》上发表的，《我们现在怎样做父亲》这篇文章。它的中心思想就是要反对封建的教育，要讲民主，要把儿童放在中心的地位。他批评旧式的教育不是儿童本位，而是老子本位。父亲讲的话，句句都是对的，儿子都得服从。过去的封建教育就是这样。本来儿童是我们发展的未来，但是旧的教育是老子本位。鲁迅说从进化论的观点来讲，任何动物第一是生存，第二是繁衍，第三是发展。要生存当然要吃要喝。要把自己的种族繁衍下去，就要以幼儿为中心，幼儿是我们的希望。要发展，自然界中很多动物、植物都牺牲自己，让自己的后代很好地发育成长。鲁迅讲，有觉悟的父亲，要扛住封建的闸门，让儿童走出去，幸福地生活，健康地成长。我觉得他这个话到今天仍然非常有意义。

有些家长把儿童作为满足自己虚荣心的工具，不是为了儿童的成长，而是为了满足自己的虚荣心。从幼儿园开始就要上这个班那个班，就要学习知识，就要学奥数，等等，而不考虑孩子将来的幸福。我们的家长都希望自己的孩子将来有幸福的生活，但是不是知识越多就越幸福了呢？不一定。在大学里面工作的人知道，考上大学的大学生，甚至于研究生，知识可能很丰富了，但有的没有健全的人格，所以出现一些不正常的现象。每年差不多都有研究生跳楼的，这就是没有健全的人格。

知识是需要的，但是光有知识是不行的。知识也不等于智慧，知识要真正变成智慧，还要经过自己的思考，内化为自己的一种理念。可是我们现在重视的主要是知识，很少重视儿童的人格培养。幼儿园、小学是基础的基础，可以说奠定一生，有些事情看起来是小事儿，但是可以奠定他一生的人格。比如说小孩子在幼儿园里面养成了讲卫生的习惯，长大了就懂得卫生了。在幼儿园的时候，培养他和同伴的关系，长大了就善于人际交往，就能够跟人家合作。20世纪80年代，有一个美籍华人老太太，她一辈子搞幼儿教育，她看了我们的幼儿教育之后非常诧异，她说美国是资本主义国家，中国是社会主义国家，美国人把儿童送到幼儿园是为了让幼儿过集体生活，进行人际交往（美国是不主张寄宿制的，认为孩子不能离开父母，把孩子送到幼儿园的目的是让孩子过集体生活，大家玩一玩），为什么中国的孩子到了幼儿园就只让学知识，而不讲集体交往了？她觉得不可思议。

我有一个学生，现在已经是副教授了。十多年以前，她在我那儿读完博士以后，生了孩子不到一年就到日本去访学一年半。回来以后她发现孩子的性格不像她想象的那样。她自己是很开朗、很有自信的人。她的孩子，她让孩子做什么，孩子就说"奶奶不让我做""爷爷不让我干"。这也不让干，那也不让干，孩子很没有自信心，性格也不开朗。她就不断地纠正，孩子现在已经上小学四年级了，但她感觉还是不理想。这些例子可以说明，越是小孩，对他的人格的培养越重要。这种潜移默化的人格培养，不是靠说教，不是靠书本的知识。

所以，我觉得我们要回到教育的原点，教育就是传承文化、培养人才。鲁迅讲一要生存，二要繁衍，三要发展。人类要发展，就要把儿童放在中心的位置，就要考虑他们的需要。我们现在很忽视学生自己的需要，忽视了儿童的权利。我们现在的学生是"被学习"和"被教育"，而不是主动地学习。霍懋征老师讲没有爱就没有教育，她用全部的爱心，把学生放在很重要的地位。她考虑到学生的接受能力，考虑到学生的发展水平。我听过霍老师的课，我们还把霍老师的课录下来，拍成了电影。听她的课感觉是一种享受，学生并不感觉负担重。一个学期的课本只有几十篇课文，但是她一年可以讲100多篇课文，旁征博引，使学生学习非常有兴趣。所以，我经常补充一句话：没有兴趣就没有学习。20世纪90年代有些学校开展愉快教育，有些老师就不同意，更有一些中学校长不同意，说学习是刻苦的，怎么能愉快？我就说刻苦和愉快并不矛盾。愉快了才能刻苦，不愉快，强迫式学习是学不好的。愉快学习，就是要培养学生的兴趣。现在有些孩子跑到网吧里面可以几天几夜不睡觉、不吃饭，很刻苦，为什么？他们有兴趣。如果我们的教学能够像网吧那样吸引学生，那么学生就会废寝忘食，就会刻苦学习。所以，愉快教育和刻苦学习没有什么矛盾，从心理学来讲也是一个问题的两个方面。愉快属于感情的范畴，刻苦是属于意志的范畴，是两种不同的范畴。只有有了愉快的心情才能够刻苦。所以我很赞成愉快教育，特别是小学应该提倡学生愉快地学习。

怎么才能让小学生真正享受到教育的快乐、享受到教育的幸福？还是那句话，就是要为学生提供最适合的教育，要因材施教。因材施教就是要给学生提供一种适合的教育，让每个学生的潜能得到充分发挥。你说我本来喜欢语文，喜欢文艺，你非要让我学奥数，是不是对我最大的不公？反过来也是。我们曾在黑龙江省呼兰县（现呼兰区——编者注）开过一次义务教育的现场会。那次现场会组织得很好，有十个校长来讲自己是怎么办学的，一个人讲五分钟。还有十个老师讲，十个毕业生讲。有的毕业生是企业家，很有钱，有的是农民，还有的是理发师。我印象最深的是清华大学二年级的一个学生，他说他到初中二年级的时候就辍学了，因为他的功课很不好。他说："我的爸爸说了，你也考不上高中了，算了，还是回来种地吧。种地还可以赚钱，上学还要交钱。"那时义务教育还不免费，还要交钱。这个学校里面有一个老师就做他爸爸的工作，说："义务教育还没有完，另外你的这个孩子喜欢画画，你还是让他上吧，说不定这个孩子将来会有出息的。"家长听了以后，就让他回去上了。他因为喜欢画画，初中毕业以后就考上了艺术职业高中。毕业以后就到一个广告公司画画，赚了一点钱。过了几年以后，他又考上了哈尔滨师范大学艺术系，但他没有上。第二年他再考，考上了清华大学艺术学院。也就是说，老师发现了他喜欢画画，他自己也努力发挥特长，考上了清华大学。

我们首先要把学生放在第一位。以人为本，在学校里面应该以学生为本。我在1981年曾经写过一篇文章《学生既是教育的客体，又是教育的主体》，引发了争论，争论了好几年。现在大家基本上认可学生的主体地位了。学生是主体，老师是主导。

另外一个问题，在当前信息化的时代背景之下，我们怎么搞教学？我们长期以来都觉得信息技术的革命一定会引起教育的革命，教育一定会发生革命性的变化。当然我们现在老师们都在做课件，用信息技术手段上课。但是我觉得做课件是最低级的应用。真正的信息化，不光是做做课件的问题，而且课件既有好处，也有坏处。我是不主张什么课都做课件的，也不主张一堂课完全用课件。课件有它的优点，优点之一是形象化。远方的东西看不到，用这个可以看到；古代的东西看不到，可以在这个里面看到。但是它也有弊端。第一，人机对话不如人人对话。你在课件上画一个圆，学生感官上就是看到一个圆，如果老师在黑板上画一个圆，那就大不一样了，如果老师能够把这个圆画得很好，学生就会对这个老师非常佩服。所以人机对话跟人人对话不大一样，人人对话有感情在里面。第二，有的时候课件束缚你的思维。我有时候做课件，本来我讲课讲到哪儿算哪儿，后来一看跟写的提纲不一样，就不敢放开了讲。第三，有的时候用了课件是节省时间了，但是影响学生的思考。一个标题出来，一个概念出来，很快过去了，没有让学生思考的过程。老师在黑板上写一写，写的时候就是学生思考的过程。所以我对用课件是有保留的。我不是不赞成用，而是要合理地用，有效地用。将来信息化的发展，最关键还是要通过互联网做到师生之间的对话、师生之间的沟通、老师和家长的沟通。而且国外已经出现了一个趋势，叫作翻转式教学。过去是在课堂上听课，回家做作业。将来可能要回家听课，到课堂上做作业。很多课程可以在网络上学习了。现在哈佛大学、麻省理工学院已经把40多门课程放到网上了。回到教室干什么？跟同学讨论，跟老师讨论；回到课堂上做作业，做作业遇到困难了，老师加以辅导。现在国外在大学里面已经慢慢实行了，可以在网上注册大学的课程获得学分。20世纪60年代曾经有程序教学，就是给你设定一门课，设定一些台阶，比如十个台阶，共十分。第一个台阶完了以后给你一分，第二个台阶完了以后给你两分。第二个台阶进不去的话，退回第一个台阶重新来，给你一个新的比较容易的内容。学会了，进入第二个台阶。第二个台阶可以了，就到第三个台阶。满了十分以后，这门课就算学完了。

信息化引起的变化很大。信息化要改变教师的角色。教师已经不是唯一的知识载体。孔夫子的时候，连课本都没有。孔夫子本身就是知识载体，靠他的智慧和知识进行教学。我们长期以来也是老师讲，学生听，老师是知识的载体，还有课本。现在老师已经不是唯一的知识载体，学生可以从多种渠道获得知识。现在两岁的孩子玩iPad就已经很熟练了。用iPad可以上网，可以看电视。

老师的主导作用在哪里？就是启发学生的学习兴趣，启发学生的潜在能力。同时，设计适合每一个学生的最好的教育，指导学生能够正确地处理不同的信息。信息并不等于知识，现在的垃圾信息很多。我的手机经常收到买房子的信息、上辅导班的信息。知识也不等于智慧。我们要使学生真正成为人才，就要培养学生的智慧。老师要指导学生获取正确的信息，处理好这些正确的信息，能够转化为智慧，所以老师是一个帮助者、设计者、指导者。

另外一个问题，是拔尖创新人才培养的问题。怎么拔尖？我又想到鲁迅1924年在北师大附中做的演讲《未有天才之前》。他认为最重要的是要有天才生长的泥土。我们现在首先要给拔尖创新人才提供一个能够生长的环境，即能够生长的泥土。鲁迅讲，好花很好看，如果没有好的泥土，就不会长出很好的花来，泥土甚至比花还重要。每个人确实有差异，有的孩子聪明一些，有的孩子差一些，但是要拔尖是在他们生长到一定的时候才行。袁隆平选水稻种子，总不能把秧插进地里就选吧？只有长到一定程度以后才能看出来这棵稻子有什么优势，能够经得住风吹，或者穗子特别大，这时候才能选好种子。我们现在是生下来就要拔尖，说这是个天才。这种方式怎么能够培养拔尖创新人才？还是要普及大多数人的知识，要在培养一般人才的基础上发现拔尖的。当然我们要及早发现，及早培养。我不反对搞一些超常儿童实验班，但不是说一开始就去"掐尖"，这个"掐尖"并不一定真正成就人才。还是要在普遍的、提高教育质量的过程当中来发现人才，发现一些确实有天赋的，就像刚才讲的清华大学艺术学院的那个学生一样。所以我们老师要有眼光，不要认为门门都好的学生是好学生，不一定。我们经常拿钱锺书和钱伟长做例子。钱锺书考清华的时候数学零分，清华还是收他了，最后他成为大师级的文学家。钱伟长读中学时历史学得最好，连《史记》都能够背得出来，考清华的时候物理很差，但是清华收他了，因为他历史好，语文好。以后他受到科学救国、工业救国的影响，又转学物理了，后来成为著名的物理学家。本来读中学时数理化考得并不好，但是后来还是成为物理学家，就是他当时有报国的精神，发奋地学习，把报国作为他的志向。

所以，培养学生的兴趣，培养学生的志向，是我们基础教育的根本任务。同时要培养他们克服困难的毅力，经得起挫折的磨炼。有了这样一种健全的人格，将来就能做出成绩来。

所以，我觉得我们现在要回到教育的原点，就是要培养人。不是把教育作为工具，不能把孩子作为工具。

附：问答实录

参会教师：我是一名比较年轻的老师，非常热爱我的事业。在工作中我确实遇到了一些自己解决不了的问题。我最大的问题就是怎么能够像霍老师那样，让整个班级的学生都能够像你想象的那样去学习、生活，让他们快乐、善良、不自私、团结。平时大多时候班里大部分的孩子都能够这样做，但是总有小淘气、小特别，对这些孩子我有时候不知道怎么办。

顾明远：每个老师都会遇到这样的情况。我当老师的时候也遇到过。我年轻的时候，在北师大附中当了四年的教导处副主任。当副主任的那段时间，学生背后就叫我"凶主任"。我也有很多教训。学生犯了错误了，我就把他叫到办公室谈话。我后来想想，没有一次谈话是成功的，越谈话越不行。一开始还心平气和地跟他谈，越谈火气越大，因为他根本不听。每次谈话都是不欢而散。后来我总结了经验教训，我觉得关键还是要了解他——他为什么要这样？为什么这样表现？为什么在班里捣乱？首先要了解原因，跟他交朋友，以朋友的态度对待他，不是以老师的态度，不是以家长的高高在上的态度。所以我们讲要以学生为中心。对小孩子有的时候要蹲下来跟他讲话，这样他感觉双方是平等的。

另外，我觉得教育中的很多事情，我们可以细细琢磨。比如说我的孩子三岁的时候，礼拜天到动物园玩，很高兴。我说我不能抱你，你现在已经很重了，出了门要自己走。他答应得很好，一出门就让你抱。那时候年轻，打他两下。后来想想这孩子也不是不想走，也不是走不动，而是你不抱他，他看见的都是大人的腿，看不见什么东西，抱起来以后才能看到很远。一个孩子在学校里面调皮也有原因，比如说他要引起别人的注意，他要故意做一些坏的动作引起老师的注意，或者因为别的什么原因。所以首先要了解他。其次，还是要学生自己解决问题。调皮的学生组织能力是很强的，你可以让他组织活动，信任他。他觉得你对他信任，可能组织得比别的学生好。很多老师喜欢听话的孩子，喜欢老实的孩子，这也可以理解。但是老实的孩子将来不一定很有出息，没准儿调皮的孩子有出息。

我有一个亲戚在职业高中当过老师，他说职业高中都是考不上好的中学的学生才上的。过去我们不重视职业教育，我们的制度有问题，不应该说职业高中的孩子比别人低一等。现在就是这样，让他们没有自信。他说这些孩子，你就要对他好，只要真正关心他，他比那些好学生跟你的关系还好，比听话的孩子对你的感情还要深。

为什么说教育既是科学又是艺术？我们的老师要从这里面逐渐体会到教育的智慧，体会到教育的艺术。

主持人： 我们大家刚才非常有幸地聆听了顾先生深刻的思考。他提出教育要回到原点，强调人格的培养和知识的学习并重。提出教育要与时俱进，在当前教育信息化、国际化、现代化背景下，要反思我们原有的知识观、能力观和价值观。老教育家的这些思考，给了我们很好的启迪，对我们的教育实践有指导意义。衷心感谢顾老师！

（录音整理：张小武）

谈谈职业技术教育

——在北京培黎职业学院的演讲
（2012年12月4日）

各位领导，各位老师：

下午好！

刚才学校领导介绍了我的很多头衔，其实我就是一名普通教师，我是小学教师出身，到现在做了60多年的教师，对教育很有感情。所以，我觉得凡是教育工作，我都愿意尽我自己的力量。不管是大学、中学还是小学，我都愿意去，也都应该去，所以没有什么好稀奇的。我做了一辈子的教育工作，从1948年到现在，60多年了，总该做出一点成绩。但是成绩不是很大，不好跟那些大师级的人物比。刚才余校长说到20世纪30年代的胡适等人，我们怎么好跟他们比，老一辈的我都不敢比，更不用说跟他们这些大师了。

你们学校是一所职业学院，又是民办的职业学院，我是非常愿意来这儿的。我一直提倡国家办学要重视民办教育，公办学校当然是国家办学的一个主体，但是民办学校也是我们教育体系里一个很重要的组成部分。《教育规划纲要》里面讲得很清楚，民办教育不仅是一个重要的组成部分，而且是教育生长的一个增长点以及教育体制改革很重要的一部分。20年前，我就提出我们国家应该发展职业技术教育，所以我很想和大家一起来交换一些意见。

大家知道党的十八大刚开过，十八大上有一些新的亮点。十五大的时候提两个文明建设，物质文明和精神文明建设；十六大时提三个建设，经济建设、政治建设和文化建设；十七大时提出了四位一体，经济建设、政治建设、文化建设和社会建设；这次十八大提出了五位一体，就是经济建设、政治建设、文化建设、社会建设和生态文明建设。我觉得我们对社会的发展有着逐渐深刻的认识，对于教育也有着逐渐深刻的认识。过去一讲教育，工具论的色彩比较浓重，"文化大革命"前和"文化大革命"中，把教育当作阶级斗争的工具；"文化大革命"后又把教育当作经济建设的工具。当然，教育离不开政治、经济，但是教育的本质是什么？教育的本质还是培养人，还是人类自身发展和超越的途径。过去都是工具论，教育很少提到人的发展，十七大以后就好多了，把发展教育放在改善民生的部分来谈。这次十八大改善民生和社会建设里面首先谈到了教育，这是我们对教育认识逐步深化的一个过程。十年前还在批判"以人为本"，现在我们常常提"以人为本"，我认为这是一大进步。其实，教育的本质就是传承文化、创造知识、培养人才，就是人类自身的发展、自身的超越。自然界中的任何动物、植物都要生存、繁衍和发展，要生存就要吃要喝，要繁衍就要生儿育女，要发展就要靠教育，要把上一代的经验和积累下来的文化传承给下一代，使我们自己能够超越自己，不断地发展。这是教育的本质，职业技术教育也要遵循这样的教育本质。

一、职业技术教育发展的历史

职业技术教育是现代大工业生产的产物。大工业生产以机器生产为特征。在手工业时代，技术的传递主要靠父传子、师传徒，只有大工业以后才出现了正规教育。同时，机器生产加剧了社会内部的分工，简化了工厂内部工人的职能。大工业生产就不是一个人，而是一条生产线完成一个产品的生产。这同时也造成了人的片面发展，人只能做一样工作，不像手工业时代一个人生产一双鞋，现在皮鞋的帮、皮鞋的底都分工完成，一个人只会生产一个零件。但大工业本身不断的变革又要求人不断地学习、不断地发展，特别是要求体力和脑力的全面发展。

另外一方面，大工业生产又打破了行业的壁垒，采用先进的科学技术，从而产生了工艺学。过去行业之间的壁垒是很严格的，各个行业之间的核心技术都有高度的保密性。大工业生产打破了行业之间的界限，有了工艺学，使职业技术教育有了必要性和可能性。

职业技术教育有一个发展的过程。职业技术教育最早出现在中学阶段，过去的中学主要是教会学校，主要传授文法、修辞、圣经等。17世纪大工业出现后，开始出现实施职业技术教育的机构，主要是实科中学和工艺学校，注重传授现代学科和自然科学知识，培养从事医学、法律、机械、经济等职业的技术人才。随着生产力的发展、科学技术在生产上的应用，竞争日益激烈。为了提高生产率，增强竞争力，各国开始重视职业技术教育，并在20世纪初通过各种职业技术教育的法案。例如，英国国会1902年就颁发了《巴尔福法》，美国国会1919年通过了著名的《史密斯-休士法》，法国1919年通过了《阿斯蒂埃法》，这些法律都极大地促进了职业技术教育的发展。

第二次世界大战以后，职业技术教育进入了一个新的发展时期。国际竞争的主要形式由热战进入冷战，转为经济实力和科学技术力量的竞争。大战中发展起来的核子、电子等新的科学技术推动了生产力的发展，促进了20世纪60年代教育的大发展、大改革，职业技术教育得到进一步的重视。第二次世界大战以前，即便是发达国家的教育，特别是高等教育，也没得到很好的普及。除美国外，其他国家高等教育的毛入学率都没有超过10%。20世纪60年代后，特别是70年代，世界各国的教育都进入了大发展的阶段，很多发达国家的高等教育毛入学率都达到了40%甚至50%。职业教育在这一时期也得到了很大的发展，美国1963年通过《职业教育法》，1968年又进行了修订。日本"日经联"（日本的一个经济组织，是日本政府的主要后台，在日本很有势力）1952年就提出要发展职业高中，1955年提出《关于适应新时代要求的技术教育的意见》，到60年代普通高中和职业高中几乎各占一半。虽然日本在"二战"后还一直保留和发展了短期大学，这也是职业类的教育，但以女生为主，不太能适应工业社会的发展，因此1969年日本又建立了五年制的高等专门学校，主要招收男生。1976年又创立了职业性的专修学校，男女生都招收，招收的学生有的初中毕业，有的高中毕业。专修学校的学制很灵活，可以一年，也可以两年完成学业，一年修满800课时即可；学校规模要求也不高，一二百人即可办学。法国和德国都是在60年代建立起短期的高等职业技术学院。在这之前，职业技术教育主要由技术高中和职业技术学校承担。随着生产的发展，社会对学历要求的提高，法国和德国都感到发展高等职业技术教育的必要。当然，现在法国和德国的职业技术高中还存在。前几年我去参观了法国的一所职业技术高中，设备非常先进，这所职业技术高中主要培养城市下水道规划、城市供热等方面的技术工人。我去参观时正好有三名北京城市建设学院的老师在那里访学，他们告诉我，北京城市建设学院的设备还不如这所高中的设备先进。德国对职业技术教育更为重视，法律规定，凡普通中学毕业后不上大学的都要接受一年义务职业教育，叫"义务职业教育年"，所以德国的制造业至今在世界上都处于领先地位。

从各国职业技术教育发展的历史来看，有两点值得我们注意。一是随着科学技术的发展，经济转型的20世纪60年代职业技术教育受到高度重视，而且确实推动了生产的发展。我国台湾也是在60年代大力发展职业技术教育，这对经济转型起了重要的作用。我去台湾访问时他们告诉我，台湾大部分的职业技术学校是60年代建起来的，而且大部分是私立的，当时台湾当局没有资金，主要是私人办起来的。但前几年，台湾的私立职业学校举行了游行示威，抗议台湾当局在经济发展起来之后，仍不给职业学校补贴，还对职业学校有政策歧视。可见，经济转型期职业技术教育都会受到高度的重视，而且确实也推动了经济生产的发展。二是职业技术教育向高层次发展。原来是职业高中、短期职业大学，现在是职业大学、本科教育。例如，苏联解体后，俄罗斯通过的《高等教育法》把所有的高等学校都称为职业教育，因为俄罗斯认为学生从高等学校毕业后终究是要去社会上从事职业的，这也是有一定道理的。

二、我国职业技术教育发展中的若干问题

我国"文化大革命"以前，职业技术教育主要是借鉴苏联的模式：一种是技工学校，培养有技能的工人，主要归劳动部门管理，不归教育部门管理；另一种是中等专业学校，培养初级技术人员，由各专业部门举办。这个体制为新中国成立初期的经济建设准备了人力资源，对当时的经济发展起了重要的作用。"文化大革命"期间，我在燕化东方红炼油厂劳动，认识一位中专毕业的技术员，我看他技术确实很过硬，确实很能干。技校和中专确实为我们国家培养了一大批各行各业的专业人才。但是这一制度在"文化大革命"中受到严重的破坏，技工学校和中等专业学校都被撤销了，因为当时认为职业学校是一种对人的歧视，没有做到人人平等。

"文化大革命"以后恢复教育秩序，但职业技术教育似乎没有恢复元气。20世纪80年代创立了一批职业高中，但主要是针对考不上高中的学生，专业都是餐饮业、旅馆业等，真正技术方面的专业很少。中等专

业学校大多升格为高等专科学校，而且这些专科学校都想升为本科，都向普通本科院校看齐，成了本科的"压缩饼干"。职业教育受到了很大的损失。虽然1996年通过了《中华人民共和国职业教育法》，但职业技术教育一直没有受到重视。特别是1999年高等学校扩招后，职业技术教育受到了很大的冲击。

直到2005年，国务院召开全国职业教育工作会议以后，随着我国经济发展方式的转型，我们国家出现了"民工荒"，培养技术人才和应用人才的要求日益迫切，职业教育才被重视起来。特别是2010年《教育规划纲要》颁布以后，国家出台了一系列教育政策，如增加投入、免费制度、助学金制度等，职业技术教育有了较大的发展。

我国职业技术发展不起来，原因来自两方面，一是观念问题，二是制度问题。从观念上看，社会上仍然存在着轻视甚至歧视职业技术教育的观念，总认为职业教育低人一等。实际上从世界各国发展的情况来看，职业技术教育在经济发展过程中的地位是十分重要的。我们受传统观念的影响很大。（1）"学而优则仕"。大家都愿意考公务员，不愿意从事技术工作。（2）好大喜功、互相攀比。家长讲面子，认为你的孩子考上大学了，我的孩子考上职业学院，我在面子上就挂不住。（3）自古以来我们的教育内容重经典轻技术。我们考古挖出来的文物都显示出高超的技术，但为什么技术失传了呢？就是因为长期以来，这些技术只掌握在一部分工匠手中，知识分子没有总结这些技术，当然官方也不让知识分子去总结，认为技术为皇家所有，应为皇家所垄断，因此技术很难传承。（4）传统的思维方式严重阻碍了职业技术教育的发展。所以李约瑟提出中国古代科技那么发达，为什么近代科学没有在中国发生，而是在西方发展起来的，中国还需要向西方学习呢？很多人说因为我们封建社会时间太长，但我认为这不全面。欧洲的中世纪多黑暗，很多科学家都遭受了宗教的迫害，布鲁诺就因主张太阳中心说被烧死了，但西方科学还是得到了发展。我认为很重要的原因就在于我们的教育内容重经典轻技术，我们的思维方式比较笼统，重归纳轻演绎。我们的"四书""五经"只讲结论，句句是真理，但不讲论证。科学是要讲严谨的论证和细致的证明的。因此，我认为是我们的思维方式影响了科学的发展，不光是封建社会时间长。

从制度上看也有一些原因。（1）长期以来我国没有把发展职业技术教育放在应有的位置。原因是我国长期处于小农经济的社会，小农经济不需要太多的技术，没有太大的改变，农村里一头牛一张犁就可以耕田，老太太一根针一根线就可以纳鞋，这都是几千年不变的，所以我们不重视职业技术教育的发展。（2）上个世纪末的高校扩招打击了中等职业教育的发展。（3）中等专业学校的升格影响了职业技术教育的发展，职业教育应该是分层次的。（4）与企业的脱节影响了职业技术教育的发展。德国的"双元制"主要是工厂和企业在办教育，一个星期五天有三天都在工厂里，只有两天在学校里学习。我们做不到，我们80年代的时候教育部职业技术教育研究所专门去德国考察，引进了德国的"双元制"，在天津开展实验，但是开展不起来，因为我们的企业不参与。（5）工资制度不合理，技术工人与管理层差距太大。这些都是制度问题。

那么出路何在？第一，政府重视。《教育规划纲要》把发展职业教育放在十分重要的位置，指出："发展职业教育是推动经济发展、促进就业、改善民生、解决'三农'问题的重要途径，是缓解劳动力供求结构矛盾的关键环节，必须摆在更加突出的位置。"国家也采取了一系列措施来发展职业教育。

第二，应该从就业制度上加以倾斜，使职业技术教育的毕业生就业有优势，能够吸引青年报考职业技术学校。我多次提议，我们职业技术学校毕业生的起点工资应该高一些，甚至应该高于普通大学毕业生，这样才有吸引力。《教育规划纲要》提到一些措施：中等职业教育免费，贫困家庭资助，实行"双证书"制度，执行"先培训、后就业"和"先培训、后上岗"的规定，等等。

第三，随着高等教育入学率的扩大，职业技术高校采取注册录取、自主招生的办法，学生免于参加高校入学考试。现在考试制度正在改革，我在很多年前就提出了这个意见，这个意见有些地方早就开始实行了，如上海。高等职业学校可以考一些专业需要的知识和动手能力等，但不用参加国家统考，实行自主招生，这样就解放了一批学生。上海前几年有一批职业技术院校，实行这一制度后，报名的人很多，有一批自己愿意动手的学生就可以投入更多时间来学习职业技术，生源质量也可以提高。现在浙江、江苏也开始实施了。我主张将来的高考应采用分类高考的形式，专科学校可以不考，本科考试科目减少，如外语就可以不考。但是这并不等于说外语可以不用考，而是采取社会等级考试，水平达到四级或者五级就可以了。至于你是90分还是91分都没有关系，只要你达到水平就可以了，但是如果是高考科目，那1分就差别很大了。这样，有些科目让学校自己来考，比如，学生要想考生命科学专业，那就考考生物；如果学生想考环境科学专业，那就考考天文、地理等。这样就能真正招到一些好的学生，现在一刀切的方法不利于人才的培养。当然，高考关系到千家万户，是个很复杂、很敏感的话题，高考改革最后到底怎么办，国家还没出台最后的方案，但有些地方已经出台了一些试点方案。

第四，建立健全职业教育课程衔接体系，完善职业学校毕业生直接升学制度。包括中等职业院校升入高等职业院校，高等职业院校升入本科院校，都应该互相连接起来。

此外，还要改革工资制度，增加技术工人的起点工资，争取企业的支持。

三、学校的内部改革

从职业技术学校内部来讲，也值得认真改革。

第一，要消除职业技术学校低人一等的思想，树立自信心、自尊心、自强心。要充分认识职业技术教育在国家建设和人才培养上的重要作用。温家宝同志说，职业教育是为人人的教育。我认为，不论哪种类型的学校都可以办成有自己特色的名校。就以职业学校为例，新中国成立前上海的立信会计学校就是一所专科学校，但是很有名，新中国成立后的很多会计师都是这所学校毕业的。所以我们要认识到，任何层次、任何类型的学校都可以办成一流的学校。

对学生教育来讲，也是要树立他们的自尊心、自信心、自强心。我们现在招来的学生确实比别的学校的学生考分低一些，是在"三本"之后，但我们要相信人人都能成才。可能他们的考分低一些，但他们能力不一定差，特别是动手能力，他们也有自己的优势。事实上，许多学生换一个环境就转变了。比如，我一个同事的孩子在北京上学时和社会上不三不四的人在一起，根本不好好学习，更别提考大学了。后来我这个同事就把他送到美国去，结果他上了大学，现在还找了份不错的工作。可见，环境变化了，学生也会变化。这样的例子还有很多，所以为什么前段时间很多学生都要出国呢？就是因为他们想规避我国的高考，出国后换了一个环境，重新树立了自尊心，不像在国内考不上大学没有面子。所以我们也可以让学生发展得很好。比如，你们学校很多毕业生工作就不错，有的也很有成就，这些事迹都可以拿来激励学生。

第二，要在培养方式上厉行改革创新。首先，这里提出一个理念：给每个学生提供最适合的教育。在制定《教育规划纲要》时我就提出了这个理念，当然当时主要针对的是基础教育，主要是为了培养学生的兴趣，我经常说"没有兴趣就没有学习"。我们现在的教育最大的问题就在于学生处于"被学习"和"被教育"的状态，而不是主动学习；是痛苦地学习，而不是愉快地学习，对学习没有兴趣。所以，我提出要"给每个学生提供最适合的教育"，"最适合的教育"才是最好的教育，也才是最公平的教育。比如，现在大家都在学奥数，奥数本身没什么好坏，但它只适合一小部分有数学天赋的孩子，如果人人学奥数，就不是好事了。一个孩子本来喜欢文学、艺术，但非要他学奥数，不就是埋没了文学、艺术人才吗？

为什么要提出这个理念？因为每个人的智力水平是不同的，每个人的智力结构是不同的，每个人的非智力品质是不一样的，每个人的生活环境也是不一样的。每个学生的智力水平不一样，比如，一般学生的智商是100，有的学生智商是120，有障碍的只有80或70。每个人的智力结构不一样，美国心理学家加德纳的多元智力理论提出每个人都有以下八种智力：语言智力、音乐智力、数理逻辑智力、空间智力、身体—动觉智力、自我认知智力、社交智力和自然观察者的智力。但每个人的智力结构是不同的，有的人语言智力强，有的人音乐智力强，有的人数理逻辑智力强。就拿思维来讲，思维的品质也有各种类型，有逻辑思维、形象思维之别，还有敏捷性、深刻性、逻辑性、开阔性的不同。比如，有的孩子思维很敏捷，老师一提问他就举手回答，但可能回答得不深刻。有的孩子虽然思维缓慢一些，但考虑问题深刻。从人的气质来讲，心理学上有胆汁质、多血质、黏液质、抑郁质四种气质类型。胆汁质的人情绪强烈，反应迅速；多血质的人情绪易表露，也易变化；黏液质的人情绪比较弱，心情比较平稳；抑郁质的人情绪不丰富，很少外露。所以，每个人都是不一样的。

我国《学记》上就说，教师首先要懂得教学规律，"君子既知教之所由兴，又知教之所由废，然后可以为人师也"。知道什么可以教，什么不可以教，这样才能当老师。又说："使人不由其诚，教人不尽其材，其施之也悖，其求之也佛。"这就是说如果你不诚信教学，不因材施教，那么就达不到你预期的教育目的。《学记》中还说，教师要了解学生学习的情况，了解他们的优势和劣势，根据不同的情况指导他们学习。"学者有四失，教者必知之。人之学也，或失则多，或失则寡，或失则易，或失则止。"这也就是说，学生学习往往有四种失误：或者贪多，或者不求进取、学得太少，或者把学习看得太容易，或者遇到困难即停止。教师了解了学生的这四种失误，才能扬长避短。所以不论是古代还是现代，都要求我们了解学生，备课不光是备教材，还要研究学生。

教育既是一门科学，也是一门艺术。教育是一门科学，因为教育是有规律的，人的成长有规律，每个阶段的特点不同，幼儿有幼儿的成长规律，少儿有少儿的成长规律，青年有青年的成长规律，但我们对这些规律的认识还很不够。我经常说教育科学有点像中医，中医能治病，但是有的时候说不出道理来，比如经络就没办法拿出来看。有的西医看不起中医，说中医不科学，拿不出数据来。说中医不科学，但中国13亿人口怎么健康生存下来了？我们五千年的历史靠什么传承下来呢？西医到中国来不过一百年的历史，而我们长期依赖于中医来防病、治病。教育也是如此，虽然现在脑科学比较发达，确定了大脑内部的功能，但每个人大脑内部到底是怎么运作的、怎么认知的？有的可以用仪器测出来，如思维的敏捷性，但思维的深刻性就很难测出来了。所以，我认为教育是个科学，但很多规律我们还不清楚。教育更是一门艺术。科学讲究的是重复，不能重复的就不是科学，可是艺术讲究的是创新，同样一幅画，原创就是艺术，模拟就是赝品了，艺术和科学刚刚相反。而我们的教育就有点像艺术，我们每节课是不能重复的，我去年教过的学生和今年教的学生是不一样的，我今天教的学生明天可能就会有变化。另外，教学工作也是有个性的，有的老师讲课很活泼、很生动，有的老师讲课很严肃但很有逻辑性，每个教师的风格都是不一样的，是不可能重复的，我们不可能把公开课搬到我们自己的课堂上。因此需要我们用心研究教育，研究我们的学生，研究我们的课堂。

这里我跟大家分享一个因材施教的故事。我们曾在黑龙江省呼兰区开过一个现场会，一个清华大学的学生介绍他的经历。他说，他在初中时因为学习成绩不好，爸爸让他辍学，老师去做家长的工作，说："这娃喜欢画画，让他上学吧，将来可能会有出息。"爸爸答应了，后来他毕业后考上了艺术职业高中，毕业后去了一家广告公司画画，工作几年后考上了清华大学艺术学院。这就是很典型的成功例子。其实这个老师并不能预测到这个学生一定能考上清华，但他发现孩子对画画很有兴趣，如果当时这个老师没说这句话，这个学生很可能就辍学了。所以，为每个学生提供适合的教育体现了以人为本、以学生为本、人尽其才的思想。

第三，要把学生放在学习的主体地位，尊重学生的选择权，把被动学习转变为主动学习。这就要从培养学生的学习兴趣开始。没有兴趣就没有学习，这是颠扑不破的教育真理。兴趣是学习最好的动力。每个孩子都有好奇心，家长和老师要保护儿童的好奇心，逐渐培养他们的兴趣爱好。苏联教育家苏霍姆林斯基曾经说过："我们的孩子如果到十二三岁，还没有自己的兴趣爱好，我们就要为他担忧了，担忧他长大后对什么事情都漠不关心，成为一个平庸的人。"我们职业学校的学生也有自己的兴趣爱好，有的孩子动手能力强，我们就要更好地培养他们的动手能力；有的孩子善于创造发明，我们要鼓励他创造发明；有的孩子要继续深造，我们就鼓励他好好学习理论知识。我们现在最大的问题就是学生没有兴趣，没有自己的爱好，考大学的时候不是凭兴趣爱好，而是凭分数，分数高就报名牌大学的热门专业，分数低就报地方院校的一般专业。这是我们教育的弊端。

这里我再举几个例子。牛顿小时候对许多东西感兴趣，上学时把精力用到机械制造上，忽略了学校的课程，成绩很差。上中学时对几何原理、基础物理、哥白尼太阳中心说等问题产生浓厚兴趣，后来发现了牛顿定律。德国的化学家李比希，他父亲是药剂师。李比希从小喜欢动手制造颜料、染料、化学药品。但他在学校并非好学生，上课也想着化学问题，有一次在同学面前表演炸药爆炸，被学校开除。但他说："我长大了要当化学家。"15岁的他到父亲朋友皮尔斯先生那里当学徒。皮尔斯腾出阁楼让他当实验室，他有一次实验发生爆炸，把屋顶又给炸了。后来经过努力他成为农业化学的开路人。达尔文在自传中曾经介绍过他年轻时如何迷恋自己的事业的故事。有一次他去采集甲虫，剥去树皮，发现两只罕见的甲虫，于是一手抓了一只。就在这时候，他又瞧见第三只新种类的甲虫。他就把手里的甲虫塞到嘴里。谁知它排出了极辛辣的液体，把他的舌头烧得疼痛难忍，只好把它吐出来。还有香港中文大学的前校长高锟，60年代时研究光纤，大家都讥笑他，说一根头发丝怎么能传递那么多信息，但是他坚持研究，最终获得了诺贝尔物理奖。这都说明兴趣加勤奋，就是成功之母。

第四，改革课程。减少必修课，增加选修课。要培养学生的兴趣就要让学生有充足的选择机会，我们的课程就应该多样化。在课程上也要尊重学生的选择权，学生有了选择权才能发挥学生的主体性、主动性、积极性。所以，课程的改革对于一个学校很重要，高等学校更应该把选择权交给学生。现在高中都倡导多样化办学，增加选修课，哪怕选修课的时间很少，也可以帮助学生开阔眼界，调动学生的积极性。当然，职业学校还应加强实践课程。职业技术学校的学生往往理论学习比较差，他们对理论可能也不感兴趣，但动手能力比较强，要发挥他们的长处，加强实习环节。他们技术熟练了，遇到问题时他会想到理论。那时再学理论，效果会更好。当然，其他学校也是如此。

说到这里，我想与大家分享一下我的教育信条：没有爱就没有教育，没有兴趣就没有学习。我们要爱每一个学生，不能光爱听话的学生、学习好的学生。我们职业学校的学生可能考试成绩差一点，但只要我们教育得法，他们都是愿意进步、愿意成才的。另外，这些学生学理论可能差一点，但他们也有自己的优势。我有一个亲戚，他在职业技术学校里当过几年教师，他就说，职业学校的学生虽然学习一般，但是他们很讲义气，老师对他好一点，他会比好学生对老师更有感情。我在中学待过几年，也发现功课很好的学生对老师的感情一般，但是一些功课差的学生，只要老师给予一点帮助，他就跟老师建立了很深的感情。我们职业院校的学生虽然在高考中并不是最优秀的学生，但他们都是最可爱的学生，都有他们的长处，所以我一再强调首先要培养他们的自尊心、自信心和自强心。因此，我们要相信每一个孩子。

美国著名教育家雷夫来中国讲学，他得了美国的总统奖、英国的女王奖，他写了一本书《第56号教室的奇迹》，讲他自己教育的故事。他从事教学工作已经30多年了，教的是小学五年级，就在第56号教室。他所在社区是一个西班牙裔和非裔的移民社区，社区环境很不好，酗酒、吸毒、打架斗殴都有，但孩子到了他的教室以后都变好了，很多人都成才了。为什么给他颁发总统奖呢？就是因为他的很多学生很有成就。我总结他的经验就是两点。第一点是他相信每个学生。他来中国，有人就问他："我们中国著名的教育家霍懋征说'没有教不好的学生，只有不会教的老师'，你同意这个说法吗？"雷夫说："我不同意，我不可能教好每一个学生，但是我相信每一个学生。"其实，这两句话并不矛盾，霍懋征强调的是一种理念，作为老师首先要有信念教好每一个学生，当然学生能不能成才，还受很多其他因素的影响，雷夫也强调这一点。同时，也有人问他："你做出这么大成绩，是不是每个学生都很喜欢你？"他说："不一定每个学生都喜欢我，但他们都信任我。我信任学生，他们也信任我。"所以他的学生毕业后每次回到学校，都会作为志愿者帮助他在学校开展活动。第二点就是组织活动。新生一来，雷夫就组织他们演莎士比亚的剧，每个孩子都演一个角色，并千方百计地把角色演好。在演的过程中，学生就学会了跟别人合作，学到了责任感，所以慢慢就变好了。另外，雷夫还组织球赛，培养学生之间的合作精神。当然学生也会犯错误，有一个学生在球队里不能与同伴合作，雷夫就让他退出球队，但并不惩罚他，还和他一起吃饭，等到学生再次提出要回到球队时，雷夫就告诉他，如果能和同学合作，就可以重新回到球队。所以，我在我的教育信条"没有爱就没有教育，没有兴趣就没有学习"中又加了一条"学生成长在活动中"。作为职业院校，我们更要在实践中、在活动中培养学生。除课程以外，课外活动可以让学生自己去组织，发挥他们的主动性。

最近我看《中国教育报》报道了成都市中学生成功地组织了一个"国际青少年和平文化节"，有11个国家300名青少年参加。导演和主演都是中学生。孩子们站在台上的表现和成长令人感到震撼和惊喜。他们和联合国教科文组织合作，联合国教科文组织帮他们请国外的学生，但所有的组织工作都是由中学生来完成的，老师只是帮忙出出主意。可见中学生既然有这个能力，大学生就更有这个能力了。他们可以组织很多活动，他们的聪明才智是我们很难预料到的。

此外，我们也要加强通识课程。通识课程可以引起学生的兴趣，虽然职业院校里通识课程课时有限，但我们需要通识课程，让学生了解世界，了解文化，拓宽学生的视野，提高学生的修养。要加强课外社团活动，不要把课外活动视为可有可无的事，它是课程的重要部分。因为课外活动具有自愿性、自主性、无强迫性，容易引起学生的兴趣，同时培养他们的表达能力、组织能力、交往能力。

第五，改进教学方法。要改变教师"满堂灌"的状况，采用启发式、探究式、参与式的方式。当前信息化时代，教师的作用已经发生了根本性的变化。教师已经不是知识的唯一载体和权威。教师的作用在于为学生设计一个学习环境，根据学生的特点，设计学生自己的人生发展、学习路径，指导学生学习，帮助学生学习。教师是设计者、指导者、帮助者。学校教育主要有三种教学模式：灌输式、启发式和参与式。现在国外又产生了一种"翻转式"教学，即在家里利用网络听课，回到学校讨论、做作业。要充分利用网络，整合各种资源进行教学。现在哈佛大学、斯坦福大学有很多课程都已经放在网络上了。我们现在生活在信息社会，制作课件、利用多媒体进行教学当然为大家提供了便利，但它只是信息化的一种形式。比如，幻灯片（PPT）有时会限制教师讲课时思维的自由，也可能会限制学生的思考时间，淡化师生之间的感情。比如，一个老师在黑板上画一个零部件，画得很好，学生就会很惊喜，幻灯片就没有这种感受了。再如，老师在黑板上一边写概念，学生可以一边在下面思考，在幻灯片上学生就是一掠而过了。所以做幻灯片是使用信息技术最低级的方法，更重要的是要利用网络与学生互动、沟通。此外，最近网络上出现了一个可汗学院，一个在美国学习的孟加拉裔美国人，为了帮助他在外地的亲戚学习，利用网络开发了一套学习的方法，把一个课程分成十个等级，就像我们过去的程序教学法，完成一个等级后才能进入下一个等级，十级都完成了，就修完了一门课程。现在可汗学院已经有30多万名注册学生，这就是很好地利用网络技术的一个例子。再如3D打印机的出现，将来也会改变我们的生产模式，如零件就不用车床制造了，直接用3D打印机打印出来。有人预言，3D打印机将开启人类的第三次工业革命。所以信息技术的发展将会对教育带来革命性的变革，不光是教育方法，整个的教育内容、教育观念都会发生根本性的变革。

2012年4月，经济合作与发展组织发表了《为21世纪培育教师，提高学校领导力：来自世界的经验》报告，汇集了来自世界各地60多个研究机构的250多名研究者的意见。该报告指出，21世纪学生必须掌握以下四个方面的技能：（1）思维方式——创造性、批判性思维，问题解决、决策和学习能力；（2）工作方式——沟通和合作能力；（3）工作工具——信息技术和信息处理能力；（4）生活技能——公民、生活和职业，以及个人和社会责任。报告说："这些变化对教师的能力要求有深远的影响，教师必须将21世纪的生存技能更有效地教给学生……使他们成为终身学习者，掌握无定式的复杂思维方式和工作方式，这些能力都是计算机无法轻易替代的。"要培养这些能力，就要把学生放在学习的主体地位，把选择权还给学生，给学生提供适合的教育，使他们有兴趣地、主动地学习。同时要组织各种活动，使学生在活动中学习。青年人是喜欢活动的，无论是文体活动还是科技活动，都能激发学生的兴趣，培养他们的能力。

第六，建立实习基地，加强与企业的联系。《教育规划纲要》指出："建立健全政府主导、行业指导、企业参与的办学机制，制定促进校企合作办学法规，推进校企合作制度化。"希望这种法规早日出台。德国的"双元制"就是校企合作的典范。学校还可以建设一些创业基地，供学生创业。

谢谢大家！

教育变革中的教师专业化

——在北京市小学骨干教师进修班上的演讲
（2013 年 1 月 24 日）

各位老师：

上午好！

大家知道，我国教育有了巨大的发展，当前已经处在教育发展的转折点上，即由数量的发展转变到质量的提高。提高质量依靠谁？要依靠教师。所以说，教育大计，教师为本，加强教师队伍专业化建设是当务之急。现在大家都在谈论教师专业化，怎么认识这个问题？这还需要从世界教育改革和发展的大的形势说起。我今天分四个问题来讲：一是20世纪90年代以来的社会变革，二是教育变革的内容，三是教师专业化的要求，四是介绍一下教育部颁布的教师专业标准的基本精神。

一、20世纪90年代以来的社会变革

第一，20世纪90年代，自苏联解体、东欧剧变以后，世界的政治形势发生了变化。东西方的冲突缓和了，但经济竞争加剧，冷战变成了商

战。争夺能源和其他资源成了这个时期国际竞争的焦点。中东的局势说明了大国在那里进行能源的争夺。

第二，科学技术迅猛发展。以核子、电子为代表的新的科学技术推动了生产力的高度发展。信息技术的快速发展改变了世界面貌。大家都说乔布斯改变了世界，现在正酝酿着第三次工业革命。如果说，第一次工业革命用机器扩大了人的手的功能，第二次工业革命扩大了人的脑力，那么新的工业革命由于互联网的运用，将可以集中人类的智慧，极大地扩大人脑的功能。新的工业革命具有新的特点，它意味着人在社会生产体系中的作用发生了重大变化。生产不是靠土地、靠资本，而是要靠知识、靠技术的革新，所以大家把它叫作知识经济。在知识经济中人的知识、人的创造能力是最重要的资源。但是教育远不能适应这种需要。

第三，社会现代化带来地球生态问题，使人类陷入困境。科学技术的进步固然给人类带来了物质文明，但地球正在遭受严重的破坏，资源枯竭，环境污染，人类生存条件愈来愈恶化。1989年联合国教科文组织在北京召开的迎接21世纪的教育研讨会上，各国教育家提出"学会关心"的口号，希望人们关心自然环境，关心他人，尊重多元文化。90年代初提出了可持续发展的理论，认为不能以牺牲后代的利益来发展经济。

第四，国际竞争的激烈和科学技术的迅猛发展，要求人力资源的支撑。培养具有国际视野的、有领导力的创新人才，成为各国发展战略的重点。90年代各国都进行了教育改革。日本在1984年就提出第三次教育改革；英国于1988年颁布了《教育改革法》；美国于1991年出台了《美国2000年教育战略》，2001年又颁布了《不让一个孩子掉队法》。这些都要求教育改革，提高教育质量。

二、教育变革的主要内容

那么教育变革的内容有哪些？可以归纳为以下几方面。

（一）教育的民主化、大众化

20世纪下半叶是世界教育大发展、大变革的年代，特别是六七十年代。如果说第二次世界大战前，即使是发达国家，除美国外都没有普及高中，高等教育毛入学率没有超过10%的话，那么，第二次世界大战以后经过和平时期，人口剧增，教育有了较大的发展，发达国家普及了中等教育，高等教育进入了大众化阶段，甚至普及化的阶段。大众追求教育的民主、教育的公平和教育的选择权。

（二）教育的现代化

1957年苏联成功发射世界上第一颗人造地球卫星，震惊了世界。美国认为自己的教育落后了，1958年颁布了《国防教育法》，开展了大规模的教育改革，特别是课程的改革，开始了教育现代化进程。继60年代的课程改革以后，美国于90年代又进行了新一轮的课程改革，强调能力和情感、价值观的培养，更重视教育质量的提高。特别是信息技术在教育中的应用，使教育教学过程发生了革命性的变革，促进了教育现代化。

（三）教育的信息化

信息技术的发展和在教育领域的应用极大地改变了教育的环境和手段。教育信息化，特别是信息网络化，改变了课堂教学的模式、教师的角色和师生的关系。教师已经不再是知识的唯一载体，不是传授知识的权威，学生可以从多种渠道获取知识。那么教师的作用在哪里呢？在于为学生设计良好的学习环境，帮助学生学会处理各种信息，使学生不至于在信息海洋中迷失方向。因为信息不等于知识，知识也不等于智慧。今天更重要的是要培养学生的智慧，因此教师将成为学生学习的设计者、指导者、帮助者。当前国外出现了一种叫"翻转式"的教学模式，即在网上听课，回到教室里讨论，接受教师的辅导。其实我国教师的远程培训也是采取这种方式。

（四）教育的个性化

随着教育现代化和信息化的发展，教学小班化、个性化有了更有利的条件。教学可以为不同的学生设计不同的课程和进度，给学生提供最适合的教育。我国有些学校也在尝试实行个性化教育、走班制教学，根据学生学习的水平设计不同水平的课程。例如，数学学得好的学生可以在A班上课，差一些的在B班上课，同理，语文学得好的在A班上课，差一些的在B班上课；或者根据学生不同的爱好，不同的课可以在不同的班级上。同时开设各种选修课供学生自由选择。当然这在高年级才适宜。

（五）教育的终身化

终身教育是在科技进步带来的生产变革的背景下提出来的。生产的变革带来了劳动的变换、职业的变动和工人的流动。要克服由于这种劳动变换带来的下岗失业，人们就要不断接受教育，接受再培训。科学技术的发展、知识的爆炸使得一个人已经不能只接受一次教育，必须终身学习。随着教育的发展，终身教育的理念已经扩大到所有教育领域，包括基础教育，从小教育学生有终身学习的意识和自学的能力。终身学习成为形成学习型社会的重要途径。

（六）教育的国际化

随着经济全球化的到来，国际交往越来越频繁，国际合作越来越广泛。留学生增多、学者交往频繁、课程网络公开、各国互相承认学位和学分等都促进了教育国际化。中国出国留学的学生越来越多，越来越低龄化，形成了出国留学大潮。外国在中国办学也多起来，如宁波诺丁汉大学、上海纽约大学等。到中国来留学的外国学生也在不断增加。因此从小培养学生了解世界、了解各种文化、扩大视野就十分必要。

三、教师专业化的要求

在历史上教师的职业虽然被许多思想家、教育家捧得很高，如夸美纽斯说"教师是太阳底下最光辉的职业"，但是教师并非专业化的职业。只要有知识的人就可以在不同层次的学校任教。中国古代的秀才，或者当官退下来的知识分子都会开馆办学。

教师专业化的概念是在普及教育以后，要求提高教育质量的前提下才提出来的，也就是在20世纪教育大发展、大变革的基础上提出来的。最早提出的是世界劳工组织和联合国教科文组织于1966年提出的报告《关于教师地位的建议》。报告提出："应把教学工作视为专门的职业，这种职业要求教师经过严格的、持续的学习，获得并保持专门的知识和特别的技术。它是一种公共的业务。另外，对于在其负责下的学生的教育和福利，要求教师具有个人和集体的责任感。"

提出教师专业化的重要意义至少有两个。一是为了提高教育质量。因为：（1）教育是有规律的，儿童的成长是有规律的，只有掌握了这些规律，才能取得较好的教育效果；（2）科学文化知识在发展，教师只有掌握了最先进的科学文化知识，才能培养适应时代的人才。二是有利于教师社会地位的提高。社会职业有一条铁的规律，即只有专业化，才有社会地位，才能受到社会的尊重。如果一种职业是人人可以担任的，则在社会上是没有地位的。教师如果没有社会地位，教师的职业不被社会尊重，那么这个社会的教育大厦就会倒塌，这个社会也不会进步。

大家普遍认为，教师专业化有以下一些要求。

第一，要有较高的专门（所教学科）知识和技能体系，了解学科的本质、发展历史和发展的趋势。

第二，经过较长时期的专门职业训练，掌握教育学科知识和技能，并经过一段时间的临床实习，真正掌握教书育人的能力。

第三，有较高的职业道德，敬业爱生，即热爱教育事业，爱护学生。

第四，教师应有教育教学的自主权，自己设计，自己上课，有自己的教育风格。在职业生活中，有对于专业工作判断和行动的独立性，自主地规定适合本职业的资格条件。

2012年3月，经济合作与发展组织发表了《为21世纪培育教师，提高学校领导力：来自世界的经验》报告，汇集了来自世界各地60多个研究机构的250多名研究者的意见。该报告指出21世纪的学生必须掌握以下四个方面的技能。

思维方式：创造性、批判性思维，问题解决、决策和学习能力。

工作方式：沟通和合作能力。

工作工具：信息技术和信息处理能力。

生活技能：公民、生活和职业，以及个人和社会责任。

报告说："这些变化对教师的能力要求有深远的影响，教师必须将21世纪的生存技能更有效地教给学生……使他们成为终身学习者，掌握无定式的复杂思维方式和工作方式，这些能力都是计算机无法轻易替代的。"

四、教师专业标准的基本精神

去年教育部颁布了《幼儿园教师专业标准（试行）》《小学教师专业标准（试行）》《中学教师专业标准（试行）》。这三个专业标准分别对幼儿园教师、小学教师、中学教师的专业提出了要求。这是贯彻落实《教育规划纲要》的具体措施，是严格教师入职资格、规范教师行为、促进教师专业发展、实现教育现代化的必要的制度建设。教师专业标准由基本理念、基本内容、实施建议三部分组成。基本理念是精神，是指导思想；基本内容是核心，是对教师最基本的要求。教师专业标准是一个合格教师的基本要求。

教师专业标准的基本理念是十六个字四句话：学生为本，师德为先，能力为重，终身学习。教师专业标准的基本内容由三级指标体系构成：第一级指标体系分为三个维度，即专业理念与师德、专业知识、专业能力；第二级指标为领域；第三级指标为基本要求。幼儿园、小学、中学在二级、三级指标中各有不同。教师专业标准有以下特点。

第一，强调对教师专业的理解和认识。教师对教育工作要有正确的认识，要热爱教育事业，热爱学生。教师不是一般谋生的职业，而是一种需要有点献身精神的事业，它关系到儿童的未来、国家的命运。各级教师要认识各学龄段儿童的特点，懂得教育规律和学生成长的规律，并尊重这些规律，给学生提供适合的教育。

第二，强调教师要了解有关教育法律、政策，了解党的教育方针，明确培养什么人、怎么培养人的重大问题。教师的责任不仅是向学生传授科学文化知识，更承担着使学生身心健康成长、维护学生合法权利的责任，把学生培养成全面发展的人才。当前要认真学习《教育规划纲要》，这个规划纲要既阐明宏观的教育方针，又具体地提出对人才培养模式的改革和教育教学的要求。它是指导教师工作的指南。

第三，强调师德，把师德放在专业标准的首位，列入第一级指标的标题中。强调教师要爱岗敬业，"没有爱就没有教育"。我们的教师总体上说都是热爱学生的，但许多教师并不知道什么是真正的爱。前几天一所学校的一个教师因为学生没有完成作业，就打学生的耳光。她认为这是爱学生，但实际上她伤害了学生的身心，损害了学生的人格，对学生的成长有极其不利的影响。有些教师认为爱学生就是盯着学生的成绩，而不顾学生人格的成长。这能说是爱学生吗？真正的爱应该表现在：（1）相信学生，相信每个学生都愿意学习，都能成才；（2）了解学生的需要，如学习的需要、玩的需要、交友的需要、被人尊重的需要，要理解他们的想法，他们有时会犯错误，有时学习会有起伏，要了解其中的原因，不要随便批评；（3）要善于和学生沟通，这就需要平等对待学生，学生觉得平等了，才能对你讲心里话。为什么孩子到十来岁就不愿意和父母、老师交流？就是因为不平等，他认为你们是大人，说话总是对的，总是教训人，不能倾听孩子的诉说。因此，老师要学会倾听。我认为小学老师应该蹲着和小孩子讲话，显得平等亲切。

这里有一张照片，前几年登在《中国教育报》上。照片说明，某校夏令营，把学生分成三等：优等生为上士，中等生为中士，所谓差生是下士。你们看，上士在吃饭，三菜一汤，还有一杯红酒；中士吃两菜一汤；下士站在一旁伺候上士，等上士吃完饭，收拾好餐具以后才能吃饭。这不是对所谓差生极大的人格污辱吗？！真有这样缺德的校长！真是可叹又可气。

第四，突出生命教育。要求教师"将保护学生的生命安全放在首位"。尊重学生的人格，尊重学生的个体差异，平等对待每个学生，不要偏爱学生。《小学教师专业标准》还特别规定："不讽刺、挖苦、歧视小学生。"我曾经问过学生："你们最不喜欢的是什么样的老师？"他们说，最不喜欢的是说话损人的老师、不公平的老师。教师要主动了解和满足有益于学生身心发展的不同需求，让学生拥有快乐的学校生活。佳木斯十九中张丽莉老师为救学生而伤残的英勇事迹，汶川地震时涌现出舍身救护学生的英雄群体，体现了教师爱护学生生命的天职。

第五，教师要具有全面性、专业性、通识性的知识结构。全面性是指既要掌握所教的学科知识，又要掌握教育专业知识。这涉及师范教育一直争论的学术性与师范性，两者不可或缺。专业性也体现在两个方面，即学科专业和教育专业。对于学科专业，要求教师深入掌握所教学科的学科基本理论、基本体系、学科发展历史、学科发展趋势和前景。通识性指要求教师具有相关学科的知识。当前科学文化知识日新月异，而且知识的创新点都在交叉学科中。许多学者认为，引领21世纪科技发展的是生命科学、认知科学、信息科学、材料科学（纳米技术）四大学科及其综合。理科老师可以学点文学艺术，文科老师也可以读读科普读物，通识性还有利于教师的自我文化修养。

第六，强调教师要掌握具体的教育教学能力，包括教学设计能力、利用各种教育资源的能力、应用信息技术的能力、组织学生活动的能力、表述能力、自我控制能力和团队合作能力等。对小学教师还提出写好黑板字、毛笔字、钢笔字的能力。

第七，要努力改进教育教学方法，改变人才培养模式。要以学生为主体，充分发挥学生的主体性和积极性。要保护学生的好奇心和创造性，培养学生的学习兴趣。没有兴趣就没有学习，兴趣是学习最强大的动力。兴趣是可以培养的，老师的课讲得好往往会引起学生的学习兴趣，开展某种课外活动会激发学生的学习兴趣，师生关系好也会激发学生的学习兴趣，通过鼓励奖励也能激发学生的学习兴趣。更重要的是学生自发地对某门课程有兴趣，这样的兴趣才能持久。我的小女儿，小学时让她学英语，她不愿意学，勉强敷衍。有一次带她陪英国专家游览故宫，她和专家对了几句话，回来自己就学起英语来了。

最近读到一本书，著名的美国教师雷夫写的《第56号教室的奇迹》。雷夫是一名小学教师，专教小学五年级，他的教室就是第56号，他在那里教了30年。他从教的社区是一个最底层人群的社区，大多是移民，社区内吸毒、赌博、打架斗殴成风，孩子受到很不好的影响。但是经过他的教育，个个都取得成功，个个都成为社会上的有用之才。因此他获得美国总统国家艺术奖、全美优秀教师奖、英国女王的勋章。去年四月他应邀到我国深圳、上海、北京讲学，与中国教师对话。我读了他的书和演讲录，我觉得他的经验主要是两条：一条是相信学生，同时得到学生的充分信赖；另一条是组织活动，让学生在活动中充分展现自己。一开学他就让学生排演莎士比亚的话剧，学生努力演好自己的角色，这样就培养了他们的责任心、合作精神。他还组织其他活动，如篮球队等，通过活动培养学生良好的品质。

第八，强调教师自我发展、终身学习，教师要成为建设学习型社会的典范。教师要在工作中不断学习钻研，反思自己的教育教学行为，不断改进，不断提高，成为一名成熟的、优秀的教师。教师要把读书作为工作和生活的一部分，通过读书增进知识，提高自己的文化修养。文化修养提高了，不仅自己的生活品位提高了，而且能高屋建瓴地理解教育的真谛。

制定教师专业标准的意义在于：第一是规范教师入职标准，将来教师入职必须经过国家考试，取得教师资格证书并注册；第二是规范教师的教育教学行为；第三是作为评价考核教师的依据。

最后我送给老师们四句话：没有爱就没有教育，没有兴趣就没有学习，教书育人在细微处，学生成长在活动中。

今天就讲到这里。

谢谢大家！

中国教育学会第19次学术年会开幕词

（2006年11月18日）

各位领导，各位代表：

今天我们在美丽的古城苏州召开中国教育学会第19次学术年会。我谨代表中国教育学会向来自各地的代表表示热烈的欢迎，向承办这次会议的苏州市政府表示衷心的感谢。

今年可以说是我国重要的教育年。今年8月29日，中共中央政治局第34次集体学习讨论了教育问题，在学习会上，胡锦涛同志发表了重要讲话，强调要坚定不移地实施科教兴国战略和人才强国战略，切实把教育摆在优先发展的战略地位。党的十六届六中全会再一次把教育优先发展、促进教育公平作为建设和谐社会的主要内容。

教育是关系到千家万户的事情，是当前社会的热点问题。教育的热点主要表现在两个方面，一是教育公平问题，二是素质教育问题。关于教育公平问题，国家正在采取各种措施缩小地区间的差距，对西部地区、农村地区实施免费教育、教育投入倾斜等政策；各级政府也正在采取多种办法促进地区教育的均衡发展。当然问题不可能立马解决，但正在向均衡发展的方向进展。

关于素质教育的问题则应该是我们基层教育部门和每一所学校应负

的责任，是学校内涵发展、提高教育质量的主要内容，是每一个基层教育工作者和每名教师都应该研究和改进的问题。

胡锦涛同志在学习会上指出，全面实施素质教育，核心是解决好培养什么人、怎样培养人的重大问题，这应该成为教育工作的主题。总书记还对素质教育的内涵做了详细的解释。我们应该认真学习这个重要讲话，并把讲话的精神落到实处。

素质教育与评价制度是一线教师最关心的问题。没有促进素质教育的有力评价制度，素质教育就难以推行。因此，我们这次年会的主题就是素质教育评价与学生发展。关于这个问题，中央领导同志也有明确的意见。今年9月8日，温家宝同志视察北京黄城根小学并与教师座谈，在座谈会上温家宝同志对素质教育的评价做了精辟的讲话。他说，素质教育绝不是不要考核，而是要求考核具有综合性、全面性和经常性。他还详细地解释了什么叫综合性、全面性、经常性。温家宝同志的这些意见非常有针对性、现实性，符合教育规律。认真学习温家宝同志的讲话，领会讲话的精神，考试和评估制度改革就能找出一条推进素质教育的出路。

素质教育与考核是不矛盾的。素质教育是目的，是培养什么人的问题。考核是方法，是考核人才有没有达到素质教育的要求，是评价人才的方法。方法是为目的服务的，因此，考核是为素质教育服务的。现在之所以产生矛盾，是考核的方法过于单一、过于功利，把考试当成了目的。教育有了两个目的，当然就产生了矛盾。考核确实也起到指挥棒的作用，考什么就教什么。这就变成反客为主，把目的和方法颠倒过来了。因此，现在的问题是要摆正考核的地位，改进考核的方法，使它真正发挥检查、督促、评价、改进教师的教和学生的学的活动，促进人才素质的提高。

温家宝同志明确提出，素质教育绝不是不要考核，而是要求考核具有综合性、全面性和经常性。这就深刻地揭示了考核的规律，体现了考核是为素质教育、为培养人才这个目的服务的。他对"三性"的解释，又具体指明了考核的内容和方法，具有可操作性。温家宝同志讲，所谓综合性，就是要教学生既会动脑，又会动手。人的素质是综合的，既能动脑，又能动手，因此考核也应该有综合性，既考核学生用脑的能力，又考核动手的能力。温家宝同志讲，所谓全面性，就是要使学生德智体美全面发展。全面发展是我国的教育方针，是人才的培养目标，因此考核也要有德智体美全面发展的内容，不能只考知识，不顾其他。温家宝同志讲，所谓经常性，就是要根据学生长期的学习表现决定成绩。这是符合学生成长规律的。中小学生正处在长身体、长知识的时期，在成长过程中会有曲折，不能凭一时一事来评定学生素质的高低，更不能以一考定终身，需要长期的考察、综合的评定。

怎样落实温家宝同志的指示？首先还是要从认识入手，广大教师要认真学习温家宝同志的精辟讲话，深刻理解素质教育和考核的关系，充分认识考核是为培养人才服务的，决不能颠倒过来，把考核特别是考试作为目的。

其次要改进教育教学工作。学校的教育教学工作才是培养人才的核心，考核只是一种辅助手段。考核不只是考核学生的学习成绩，也包括考核教师的教育教学工作。它是检验、督促、改进教育教学工作和学生学习的手段。因此，推进素质教育，首先学校工作要全面贯彻教育方针，改进和完善教育内容和方法，不断提高教育教学质量。温家宝同志在黄城根小学提出的第二个问题，实际上指明了教育教学改革的方向。他说，要给学生们更多的时间接触世界、接触事物、接触生活，学习更多的知识，做更多的事，思考更多的问题，培养独立思维和创造能力。推行素质教育，除了使学生掌握基础知识和基本技能，还要了解世界，学会思考，学会创造。因此改进教育教学工作，提高教育质量才是培养人才的根本。

再次，要改革考核评价制度。按照温家宝同志提出的综合性、全面性、经常性来改进现在的考核评价制度。中小学要重视平时对学生的考核，考核的方式也要多样化。中小学生个别差异很大，要承认学生的差异性，不要用一个标准来评价所有学生。我们的教育要提倡平等而有差异。每一个人受教育的机会是平等的，但每一个人的发展是有差异的。因此，我们的评价要提倡发展性评价，即重视每个学生的不同发展，学生有发展、有进步，就是成绩，就值得赞赏，不能只看绝对成绩的高低。要多鼓励学生进步，不要把考核作为逼迫学生的手段。要营造一个良好的学习环境，让学生在这个环境中生动活泼，主动地得到发展。

这次年会我们收到全国报送的论文7 300余篇，其中有些很好的经验。这次年会就是为研讨素质教育评价和学生发展提供交流的平台。虽然时间很短，入选的文章不可能都在会上交流，但我们可以通过各种方式交流。我们这次会议专门组织了专家对话，希望代表踊跃参加。

最后，预祝大会圆满成功！

图书在版编目(CIP)数据

顾明远文集/顾明远著. —北京:北京师范大学出版社,
2018.10

ISBN 978-7-303-23976-4

Ⅰ. ①顾… Ⅱ. ①顾… Ⅲ. ①教育理论-理论研究-中国-现
代-文集 Ⅳ. ①G52-53

中国版本图书馆CIP数据核字(2018)第176353号

营 销 中 心 电 话　　010-58805072 58807651
北师大出版社高等教育与学术著作分社　　http://xueda.bnup.com

GUMINGYUAN WENJI

出版发行:北京师范大学出版社 www.bnup.com
　　　　　北京市海淀区新街口外大街19号
　　　　　邮政编码:100875
印　　刷:北京盛通印刷股份有限公司
经　　销:全国新华书店
开　　本:710mm×1000mm　1/16
印　　张:31.5
字　　数:410千字
版　　次:2018年10月第1版
印　　次:2018年10月第1次印刷
定　　价:1980.00元(全12册)

策划编辑:陈红艳　　　　　责任编辑:齐　琳　张筱彤
美术编辑:李向昕　　　　　装帧设计:王齐云　李向昕
责任校对:段立超　陶　涛　　责任印制:马　洁